全国高等法律职业教育系列教材

婚姻家庭法原理与实务

(第五版)

司法部法学教材编辑部　审定

主　编　吴国平　张　影

撰稿人（以撰写章节先后为序）

吴国平　李　燕　贺　平

张　影　赵华明

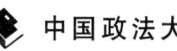
中国政法大学出版社

2022·北京

图书在版编目（ＣＩＰ）数据

婚姻家庭法原理与实务/吴国平，张影主编. —5版. —北京：中国政法大学出版社，2022.8
ISBN 978-7-5764-0600-9

Ⅰ.①婚…　Ⅱ.①吴… ②张…　Ⅲ.①婚姻法－中国－教材　Ⅳ.①D923.9

中国版本图书馆CIP数据核字(2022)第134332号

书　　名	婚姻家庭法原理与实务 HUN YIN JIA TING FA YUAN LI YU SHI WU	
出 版 者	中国政法大学出版社	
地　　址	北京市海淀区西土城路 25 号	
邮　　箱	fadapress@163.com	
网　　址	http://www.cuplpress.com (网络实名：中国政法大学出版社)	
电　　话	010-58908435(第一编辑部) 58908334(邮购部)	
承　　印	固安华明印业有限公司	
开　　本	720mm×960mm　1/16	
印　　张	20.75	
字　　数	372 千字	
版　　次	2022 年 8 月第 5 版	
印　　次	2022 年 8 月第 1 次印刷	
印　　数	1~5000 册	
定　　价	59.00 元	

作者简介

　　吴国平　男，毕业于华东政法大学。现任福建江夏学院国际教育学院院长、法学教授，兼任厦门大学、福州大学和福建师范大学法学院硕士生导师，教育部全国司法职业教育教学指导委员会委员，中国法学会婚姻家庭法学研究会常务理事，中国法学会民法学研究会理事，海峡两岸关系法学研究会理事，主要研究方向为民商法学。荣获"全国优秀教师""福建省先进工作者"等荣誉称号。主要科研成果有：《婚姻家庭立法问题研究》《我国财产继承制度立法研究》《家事法疑难问题研究》等专著，主编《中国民法学》《台湾地区继承制度概论》等著述和教材三十余本，在学术刊物上发表论文一百余篇。

　　张　影　女，中国政法大学法学学士，黑龙江大学法律硕士。现任上海商学院文法学院教授。主要研究方向为民商法学、经济法学。荣获"全国优秀教师"荣誉称号。主要科研成果有：主编《继承法学》《民法学》等教材；合著《继承法新论》《知识产权保护的理论与制度分析》；在《光明日报（理论版）》《学习与探索》《北方论丛》《中国大学教育》等核心期刊上发表《法律移植与传统法律文化》《第三人原因违约及其责任承担》《试论中国〈反垄断法〉的制度设计及功能》《理工院校法学教育的人才培养模式》等论文。

　　赵华明　女，毕业于辽宁大学法律系，研究生学历。现任辽宁公安司法管理干部学院科研处处长，《学报》主编、教授，教育部全国司法职业教育教学指导委员会委员，中国法学会婚姻法学研究会理事，辽宁省法学会常务理事、辽宁省法学会婚姻法学研究会副会长。2001年至2002年为北京大学法学院访问学者。主要研究方向为民商法学。主要科研成果有：《婚姻家庭法》《建立我国无效婚姻制度的构想》《论我国婚生子女法律制度的完善》《论网络隐私权的法律保护》等著作和论文；主持完成省部级以上科研项目二十余项。

李　燕　女，山东大学法学学士、法学硕士，复旦大学法学博士，美国乔治城大学法学院、天普大学法学院访问学者。现任山东政法学院教授，硕士生导师，山东省人民政府法律专家库成员，山东省法学会婚姻家庭法学研究会理事，山东泽权律师事务所律师。曾任济南市中级人民法院民事审判第四庭副庭长、审判员（挂职）。主要研究方向为民商法学。主要科研成果有：出版《医疗权利研究》《性别变更法律问题研究》《公共健康法原论》《婚姻家庭继承法学》等著作、教材十余部；先后在《民商法论丛》《法学论坛》《法学杂志》《社会科学》等学术期刊发表论文二十余篇。

贺　平　女，毕业于西北政法大学，研究生学历。现任陕西警官职业学院法律系副教授，陕西省法学会婚姻家庭法学研究会常务理事，陕西嘉义妇女发展中心理事。主要研究方向为婚姻家庭法学与继承法学。主要科研成果有：参编《婚姻家庭法》《中国民法教程》等教材，先后发表《我国〈婚姻法〉过错离婚条件探析》《农村妇女土地权受侵害原因探究》《非常夫妻财产制之缺位与确立》《重婚行为民事法律后果之论析》《遗产债权人利益保护之制度构建》等论文。

出 版 说 明

　　进入 21 世纪，我国法律职业岗位的设置日趋科学合理，经改革、改制建立起来的法学学科教育与高等法律职业教育并存并举、协调发展的法学教育体系已逐步完善，高等法律职业教育在全国已形成一定规模。为加强对高等法律职业教育的指导，进一步推动高等法律职业教育的顺利发展，司法部组织部分专家、学者编写了这套全国高等法律职业教育系列教材，供各有关院校使用。

　　本套教材根据教育部"高等职业技术教育应有别于学科教育，应具有更加鲜明的职业性、实践性和岗位针对性，应更加注重知识的有效传播"的要求，在编写过程中以实用性和指导性为原则，在强化基础知识、基础理论教育，突出职业能力和职业技能训练的前提下，重组课程结构，更新教学内容，突出了高等法律职业教育的办学特色，并力求切实起到帮助学生灵活运用知识、提高完成本职工作能力的作用，力求使其成为造就面向法院、检察院、律师事务所等法律实践部门应用型法律人才的必备读物。

　　本套教材调动了全国各有关院校，包括中国政法大学、南京大学、山东大学、四川大学、苏州大学、云南大学、西南政法大学、中南财经政法大学、江西财经大学、华东政法学院、西北政法学院、广东商学院、北京政法管理干部学院、上海政法管理干部学院、河北政法管理干部学院、山东政法管理干部学院、黑龙江政法管理干部学院、浙江政法管理干部学院、陕西政法管理干部学院、贵州政法管理干部学院、天津政法管理干部学院、福建政法管理干部学院、广西政法管理干部学院、湖南政法管理干部学院、辽宁公安司法管理干部学院、广东司法警官职业学院、安徽警官职业学院、江西司法警官学校、山西司法学校、福建司法学校、湖北司法学校、江苏公安司法学校、武汉司法学校、内蒙古司法学校等数十个单位的资深力量参与编写，并将分批陆续出版。第一批出版的有《民法原理与实务》、《诉讼原理》、《诉讼实务》、《刑法原理与实务》、《行政法原理与实务》、《经济法概论》、《法律原理与技术》、《法律论辩》、《中国宪法》、《法律文书》、《中国司法制度》、《案例分析方法原理与技巧》共 12 种。由于编写时间仓促，不足之处在所难免，欢迎广大读者批评指正。

司法部法学教材编辑部

2002 年 12 月

第五版说明

　　《婚姻家庭法原理与实务》一书自 2004 年出版以来，受到广大读者的欢迎，并在中国政法大学出版社的支持下，于 2010 年、2013 年和 2018 年分别出版了第二版、第三版和第四版。近年来，随着我国民法典编纂工作的正式启动，《中华人民共和国反家庭暴力法》等法律的颁布，婚姻家庭法学研究的日益深入和司法实践经验的不断积累，我国婚姻家庭法学理论也得到了极大的丰富与发展。2020 年 5 月 28 日，经第十三届全国人大第三次会议审议通过的《中华人民共和国民法典》（以下简称《民法典》）正式颁布，并于 2021 年 1 月 1 日起施行。这部《民法典》是中华人民共和国的首部民法典，是以习近平同志为核心的党中央进一步完善全面依法治国的重大战略思想而推出的具有标志性、基础性、关键性的法律，是目前我国法律条文数最多的一部法律，也是我国迄今为止唯一的以"典"命名的法律。它的颁布与实施实现了我国几代法律人的夙愿，标志着我国将从民事单行法时代迈入民法典时代。

　　为了及时反映我国《民法典》的立法精神和研究成果，以更好地适应我国法学高等教育事业的发展和培养高素质应用型法律职业人才的需要，我们根据中国政法大学出版社的安排，在第四版的基础上，重点结合我国《民法典》婚姻家庭编的立法精神和《最高人民法院关于适用〈中华人民共和国民法典〉婚姻家庭编的解释（一）》的相关规定，对本书相关内容进行了全面的更新与修订，作为第五版出版。我们希望通过修订，使本书具有理论性、实践性和指导性相统一的特点，能够对广大师生的教与学提供更好的帮助和服务。

　　本次修订工作由吴国平教授策划和组织，并负责对全书进行审阅修改和校对定稿。

本书各章的撰稿人（以撰写章节先后为序）如下：

吴国平：第一、九章；

李　燕：第二、六、十三章；

贺　平：第三、五、八、十二章；

张　影：第四、七章；

赵华明：第十、十一章。

本书不仅适用于各高等院校法学类专业的学生，也对广大公民维护自身的婚姻家庭权益具有指导意义，欢迎学界同仁、广大师生和读者朋友对本书提出宝贵意见和建议。

感谢中国政法大学出版社和各位编辑的大力支持！感谢广大师生和读者对本书的厚爱！你们的鼓励与鞭策是我们继续前行的动力！

《婚姻家庭法原理与实务》编写组
2022 年 2 月 22 日

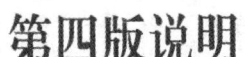

第四版说明

　　《婚姻家庭法原理与实务》一书自 2004 年出版以来，受到广大读者的欢迎，并在中国政法大学出版社的支持下，于 2010 年和 2013 年分别出版了第二版和第三版。近年来，随着我国民法典编纂工作的正式启动，《中华人民共和国反家庭暴力法》等法律的颁布，婚姻家庭法学研究的日益深入和司法实践经验的不断积累，我国婚姻家庭法学理论也得到了极大的丰富与繁荣。为了及时反映婚姻家庭法（亲属法）领域新的立法和研究成果，以更好地适应我国法学高等教育事业的发展和培养高素质应用型法律职业人才的需要，我们根据中国政法大学出版社的安排，重点结合 2015 年 4 月 24 日第十二届全国人民代表大会常务委员会第十四次会议通过的《中华人民共和国老年人权益保障法》（修正案）、2015 年 12 月 27 日第十二届全国人民代表大会常务委员会第十八次会议通过的《中华人民共和国人口与计划生育法》（修正案）、2015 年 12 月 27 日第十二届全国人民代表大会常务委员会第十八次会议通过并于 2016 年 3 月 1 日起施行的《中华人民共和国反家庭暴力法》以及 2017 年 3 月 15 日第十二届全国人民代表大会第五次会议通过并于 2017 年 10 月 1 日起施行的《中华人民共和国民法总则》等法律的有关精神，对本书相关内容进行了全面修订，作为第四版出版。我们希望通过修订，使本书具有理论性、实践性和指导性相统一的特点，能够对广大师生的教与学提供更好的帮助和服务。

　　本次修订工作由吴国平教授策划和组织，并负责对全书进行审阅、修改定稿。

　　本书各章的撰稿人（以撰写章节先后为序）如下：

　　吴国平　第一、八章；

李　燕　第二、六、十三章;

贺　平　第三、五、九、十二章;

张　影　第四、七章;

赵华明　第十、十一章。

本书不仅适用于各高等院校法学类专业的学生,也对广大公民维护自身的婚姻家庭权益具有指导意义,欢迎学界同仁、广大师生和读者朋友对本书提出宝贵意见和建议。

感谢中国政法大学出版社和各位编辑的大力支持!感谢广大师生和读者对本书的厚爱!你们的鼓励与鞭策是我们继续前行的动力!

《婚姻家庭法原理与实务》编写组
2017 年 5 月 7 日

第三版说明

　　《婚姻家庭法原理与实务》一书自 2004 年出版以来，受到广大读者的欢迎，并在中国政法大学出版社的支持下，于 2010 年出版了第二版。为了及时反映婚姻家庭法（亲属法）领域新的立法和研究成果，以更好地适应我国法学教育事业的快速发展和培养高素质应用型法律职业人才的需要，我们根据中国政法大学出版社的安排，重点结合 2011 年 7 月最高人民法院颁布的《关于适用〈中华人民共和国婚姻法〉若干问题的解释（三）》的有关精神，对本书的相关内容进行了修订校正，即将出版第三版。我们希望通过修订，使本书具有理论性、实践性和指导性相统一的特点，能够对广大师生的教与学提供更好的帮助和服务。

　　本次修订工作由吴国平教授策划和组织，并负责对全书进行审阅、修改和定稿。

　　本书各章的撰稿人（以撰写章节先后为序）如下：

　　吴国平　第一、八章；

　　李　燕　第二、六、十三章；

　　贺　平　第三、五、九、十二章；

　　张　影　第四、七章；

　　赵华明　第十、十一章。

　　本书不仅适用于各高等院校法学类专业的学生，也对广大公民维护自身的婚姻家庭权益具有指导意义，欢迎学界同仁、广大师生和读者朋友对本书提出宝贵意见和建议。

　　感谢中国政法大学出版社和各位编辑的大力支持和帮助！

《婚姻家庭法原理与实务》编写组

2013 年 6 月 1 日

第二版说明

2001 年以来，我国的亲属立法伴随着《婚姻法》（修正案）的颁布和我国民法典起草工作的启动而获得了新的进展。民法典（或法典化的民法）婚姻家庭编（亲属编）的起草，也对婚姻家庭法（亲属法）研究与教学提出了更高的要求，并进一步推进了我国婚姻家庭法（亲属法）领域学术研究和教学工作的开展。

自《婚姻家庭法原理与实务》一书出版以来，我国经济社会有了新的快速发展，婚姻家庭法领域的新情况、新问题不断出现，为了及时反映婚姻家庭法（亲属法）领域新的立法和研究成果，以更好地适应我国新时期法学教育的发展和人才培养的需要，我们根据中国政法大学出版社的安排，结合近年来我国法制建设的新情况与新发展，吸收国内外法学研究和法学教育、尤其是法律高等职业教育的新成果、新经验，对本书的内容进行了全面修订校正，在各主要章节中增加了导入案例和本案知识点的内容，并配有示范案例和习作案例，希望能够对广大师生的教与学提供更有效的帮助和服务。在修订过程中，我们参考了一些同行和前辈的研究成果，在此对他们深表谢意！

本书修订工作由吴国平教授负责策划和组织，由吴国平教授和张影教授共同担任主编，并由吴国平教授负责对全书进行审阅、修改和定稿。

本书各章的撰稿人（以撰写章节先后为序）如下：

吴国平　第一、八章；

李　燕　第二、六、十三章；

贺　平　第三、五、九、十二章；

张　影　第四、七章；

赵华明　第十、十一章。

由于我们水平有限，加上经济社会和法学研究发展的日新月异，书中难免有疏漏与不足，敬请学界同仁、广大师生和读者朋友批评指正。

《婚姻家庭法原理与实务》编写组

2010 年 4 月 1 日

编写说明

　　《中华人民共和国婚姻法》（修正案）于 2001 年 4 月 28 日经第九届全国人大常委会第二十一次会议审议通过并颁布实施，这对于进一步完善我国婚姻家庭立法，推进婚姻家庭法理论研究，依法处理婚姻家庭问题具有十分重要的意义。

　　婚姻家庭法是我国民法的重要组成部分，在我国社会主义法律体系中占有十分重要的地位，并与人们的生活有着十分密切的联系，每个自然人和家庭都离不开婚姻家庭法的调整。同时，婚姻家庭法学是一门应用性、实践性很强的学科。为了反映婚姻家庭法理论的新发展，本书在内容上以《中华人民共和国婚姻法》（以下简称《婚姻法》）和国家近几年来颁布的法律、法规为依据，广泛吸收婚姻家庭法学界最新理论研究和学科建设成果，并注意理论联系实际，把婚姻家庭法理论与司法实务问题结合起来进行研究和阐述，力求使本书内容能适应时代要求，具有时代气息和特色。本书在体例上以传统婚姻家庭法理论的基本体系为依据，但又不拘泥于传统婚姻家庭法的理论体系，在参考和吸收近年来我国婚姻家庭法最新理论研究成果的基础上，充分注意到婚姻家庭法学科的发展动态，主要阐述了婚姻家庭法的基本原则、结婚制度、夫妻关系、亲子关系、离婚制度等婚姻家庭法的基本内容，力求准确地解析婚姻家庭法的基本理论和基本问题，以进一步推动婚姻家庭法理论研究的繁荣与发展。

　　本书的主要特点是：

　　第一，富有时代性。本书以新修订的《婚姻法》、《婚姻登记条例》和最新司法解释为依据，以作者多年来在婚姻家庭法方面的教学心得和坚持不懈的研究成果积累为基础，广泛吸收婚姻家庭法学界最新理论研究成果，力求正确阐释《婚姻法》的立法精神和婚姻家庭法理论，使本书内容能体现时代气息和现实指导意义。

第二，体现学术性。作者根据《婚姻法》与相关司法解释的精神，在深入浅出地阐述我国婚姻家庭法的基本原理和有关实务问题的同时，结合理论研究和司法实践出现的新情况，对近年来学术界研究的热点问题作了必要的介绍和探讨，对进一步完善我国婚姻家庭立法提出了建议。

第三，具有实用性。根据高等法律职业院校培养"基础理论适度、技术应用能力强、知识面宽、素质高的专门人才"的培养目标，按照"适度、够用"的原则，在本书在编写上力求突出职业性和应用性，着眼于培养学生的职业能力和职业素质，使之成为适应社会需要的应用性型专门人才，体现高等法律职业教育的特色。除了介绍基本原理、基本理论和实务问题外，在每章后面还附有典型案例分析和讨论，供教师和学生在教学中参考和选用。

本书由吴国平和张影同志共同担任主编，分工负责全书的统稿工作，最后由吴国平同志负责对全书进行审阅修改定稿。

本书各章的撰稿人如下：

吴国平：第一章、第八章；

李　燕：第二章、第六章、第十三章；

贺　平：第三章、第五章、第九章、第十二章；

张　影：第四章、第七章；

赵华明：第十章、第十一章。

《婚姻家庭法原理与实务》编写组

2004 年 4 月 9 日

目录 CONTENTS

第一章　婚姻家庭法概述

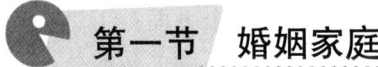

第一节　婚姻家庭

导入案例

　　孙某是一名同性恋者。某日，他和男朋友胡某来到 C 市 F 区民政局婚姻登记处办理结婚登记，被该民政局以"没有法律规定同性可以结婚"为由予以拒绝。孙某不服，遂将该民政局告上法庭，请求判令该区民政局为其办理婚姻登记。C 市 F 区人民法院审理认为，根据我国《中华人民共和国民法典》第 1041 条第 2 款、第 1046 条以及《婚姻登记条例》相关条款的规定，我国实行"一夫一妻"的婚姻制度，即缔结婚姻关系的两人须为一男一女。我国现行法律没有同性恋登记婚姻的规定，行政机关只能依据法律进行行政行为。因此，C 市 F 区民政局做出的行政行为程序合法、适用法律正确，据此驳回了原告的诉讼请求。

　　本案知识点：婚姻的概念；婚姻的自然属性；婚姻的社会属性。

　　婚姻家庭是人类社会最广泛、最普遍的社会关系。但在人类社会漫长的发展历史上，婚姻家庭并不是自始存在、永恒不变的，它是人类社会发展到一定阶段而出现的一种以两性结合和血缘联系为特征、以共同生活为内容的特殊社会关系，并成为社会关系的特定形式。而婚姻家庭制度是社会制度体系中的重要组成部分，并表现为一定的法律形式。我们学习和研究婚姻家庭法，必须从了解、研究婚姻家庭关系的本质和婚姻家庭制度的发展规律入手，理解和掌握婚姻家庭法的调整对象、基本特点、渊源形式和体系地位等基本知识，并为进一步学习婚姻家庭法的各项制度打下理论基础。

一、婚姻家庭的概念

（一）婚姻

在中国古代，人们往往将婚姻称为"昏因"，并从字面上解释其含义：①嫁娶之礼，即结婚仪式。《说文》曰："礼娶妇以昏时，故曰昏。"《白虎通》解释说："婚姻者何谓，昏时行礼，故曰婚，妇人因夫而行，故曰姻。"②夫妻之间的谓称。《礼记·经解》曰："男曰婚，女曰姻。"意即夫妻关系正式成立后，对丈夫来说称为昏，对妻子而言称为因。③姻亲关系。《尔雅·释亲》曰："婿之父为姻，妇之父为婚；妇之父母、婿之父母相谓为婚姻。"④婚姻对宗法家族的作用。《礼记·昏义》称之为"婚姻者合二姓之好，上以事宗庙，下以继后世也。"近代以来，"婚姻"一词的含义已经缩小，仅指结婚或者夫妇，不再指姻亲关系。[1] 在我国现代法中，"婚姻"一词的含义归结为两个方面：①男女双方缔结婚姻关系的行为；②由结婚行为所形成的夫妻关系，即婚姻关系本身。

在我国，一般意义上的婚姻是指为当时社会制度所确认的男女两性互为配偶的结合。这种结合形成了一种特定的社会关系，即夫妻关系，也称配偶关系。这个定义揭示出了婚姻的实质性内涵，它强调两性结合、配偶身份、为当时社会制度所确认三个层次的含义：

1. 婚姻必须是男女两性的结合。即婚姻只能存在于男女两性之间，具有异性结合的特点。这是婚姻的自然层面。目前在我国，法律并不承认"同性婚姻"，所谓"同性婚姻"是不符合婚姻的本意和宗旨的。[2]

2. 婚姻是男女具有夫妻身份的结合。即婚姻关系中的男女结合是以夫妻名义进行的，并受到法律的保护。姘居、通奸等非配偶身份的两性结合不能成为婚姻，不受法律的保护。这是婚姻的法律层面。

3. 婚姻是为当时社会制度所认可的男女两性的结合。婚姻关系是一种社会关系，必须为当时的社会制度所确认，才能上升为得到社会认可的婚姻。所谓当时，是指结婚时的婚姻家庭制度；所谓确认，是指符合法律规定的条件和程序。只有符合法律要求的男女两性的结合，才能成为婚姻。这是婚姻的社会层面。

在法学意义上，我们可以将婚姻的概念表述为：婚姻是男女双方以永久共同生活为目的，依法自愿缔结的以夫妻的权利义务为内容的两性结合。

（二）家庭

"家庭"一词在我国古代文献中最早记载在《后汉书·均传》中，在古代大多数场合被简称为"家"。我国古人曰家为"居""室内"之意思。如《说文》中曰："家，居也。"《白虎通》中曰："娶者，取也"，"嫁者，家也"。《尔雅·释宫》中曰："其内谓之家。"古代对家庭的解释，显然没有揭示出家庭的本质。

---

〔1〕 王洪：《婚姻家庭法》，法律出版社 2003 年版，第 60 页。

〔2〕 杨大文主编：《婚姻家庭法》，中国人民大学出版社 2006 年版，第 2 页。

在现代社会，人们对家庭的认识已超越了历史的局限。就一般概念而言，家庭是指以婚姻、血缘和共同经济为纽带而组成的亲属团体和生活单位。这一概念具有以下几层含义：

1. 家庭是一个生活单位。家庭是以婚姻、血缘为纽带，由亲属团体组成的生活单位。这个生活单位的内容十分广泛，包括经济生活、道德生活、政治生活以及宗教生活等。家庭的基本职能是组织家庭消费和进行家庭教育。同时，家庭还具有同财共居的特点，家庭成员通过长期共同生活，进行着情感、精神和经济等多方面的交流和互助，构成了社会中最密切的人际关系。这一特点也是家庭与其他社会单位的重要区别。

2. 家庭这一生活单位是由一定范围的亲属所构成的。它与其他单位在成员构成上的一个区别就在于它是由亲属构成的。同一家庭的成员，一般以一定的亲属关系为前提条件，具有固定的身份和称谓。组成家庭的亲属包括因婚姻、血缘和法律拟制而产生的亲属。所谓一定范围的亲属，通常是指在法律上具有权利义务关系的亲属，而非全部亲属。组成家庭成员的亲属只能限定在法定范围内，即具有法律上的权利义务关系的亲属。它包括夫妻、父母、子女、兄弟姐妹、祖父母与孙子女、外祖父母与外孙子女。我国《中华人民共和国民法典》（以下简称《民法典》）第 1045 条第 3 款规定："配偶、父母、子女和其他共同生活的近亲属为家庭成员。"因此，家庭成员一般为亲属，而亲属未必是家庭成员。

在法学领域，家庭的概念表述为：家庭是共同生活的，其成员间互享法定权利、互负法定义务的亲属团体。作为法律意义上的家庭，突出强调了家庭成员之间在法律上存在着明确的权利义务，且其成员范围具有一定的限制。

在现代社会，人们认为，婚姻家庭是人类两性和血缘关系的社会形式。在使用这两个概念时，要注意人们对这两个概念的不同解释。在学术研究领域，人们往往在不同意义上使用婚姻、家庭的概念：①广义说，即对婚姻、家庭都作广义的解释，泛指群婚制出现以后的各种两性和血缘关系的社会形式，包括群婚制、对偶婚制、一夫一妻制的婚姻以及与之相适应的各种家庭；②狭义说，即对婚姻、家庭都作狭义的解释，仅指一夫一妻制形成以来的两性和血缘关系的社会形式，即个体婚和个体家庭；③折中说，即对婚姻作广义上的解释，将群婚、对偶婚也称为婚姻；对家庭则作狭义上的解释。因为在私有制和一夫一妻制确立以前，作为经济共同体和生活单位的家庭是根本不存在的，只有在私有制产生以后才有真正意义上的家庭。所谓群婚家庭、对偶家庭，只是对"家庭"一词的借用，而非"家庭"一词的本义。作为婚姻家庭法调整对象的，当然是狭义的婚姻家庭关系。但在一些教材和专著中，出于行文方便的需要，同时也为了与恩格斯《家庭、私有制和国家的起源》中的用语相一致，在涉及原始社会的两性和血缘关系的社会形式时，对婚姻家庭兼采广义说。

（三）婚姻与家庭的关系

婚姻与家庭是两种既有联系又有区别的社会关系。婚姻存在于结合为夫妻的男女两性之间，家庭存在于婚姻双方和其他家庭成员之间。婚姻是家庭产生的前提，家庭是婚姻成立的结果。婚姻双方构成了最初的家庭关系，由此又产生了父母子女关系、兄弟姐妹关系等其他家庭关系。在我国传统大家庭中，婚姻利益服从于家庭利益，婚姻关系只是家庭关系之一。在现代核心化小家庭中，婚姻利益具有独立的主导地位，夫妻关系成为家庭关系的核心。一般而言，家庭关系包括婚姻关系，而婚姻的稳定决定了家庭的稳定。

二、婚姻家庭的属性

婚姻家庭本质上是一种人与人之间的社会关系，它与其他社会关系的不同之处在于，它是以两性结合和血缘联系为自然条件的社会关系，具有自己的特殊性。这种特殊性表现为婚姻家庭是自然属性和社会属性的统一体，具有双重特征，但社会属性是其本质特征。婚姻家庭的本质和特点，归根到底是由人的本质和特点决定的。

（一）婚姻家庭的自然属性

婚姻家庭的自然属性，是指婚姻家庭赖以形成的自然条件和婚姻家庭所包含的自然规律。男女两性的生理差别和人类的性本能，是婚姻这一结合体的生理学上的基础；通过人的自身繁衍而形成的血缘关系，是家庭这一亲属团体的生物学上的特征。这种自然属性是婚姻家庭关系区别于其他社会关系的重要特征。没有这些自然条件，婚姻家庭便无从产生。同时，在生理学和生物学领域内，某些自然规律对人类的婚姻家庭同样也起着作用，婚姻家庭立法绝不能无视这种自然属性。自然选择规律对人类两性关系的发展起到过重大推动作用。违背自然规律的要求，便会受到它的惩罚。任何国家的婚姻家庭立法，都要考虑婚姻家庭的自然属性，只是在程度和表现形式上有所区别。例如，以达到一定年龄、没有禁止结婚的血亲关系和疾病作为结婚的法定条件，以出生的事实作为确认亲子关系的依据等，都是从婚姻家庭固有的自然属性出发的。

（二）婚姻家庭的社会属性

婚姻家庭的社会属性，是指它的存在和发展决定于社会的生产关系，同时受社会上层建筑各种因素的影响和制约。

婚姻家庭是人类社会特有的社会关系，婚姻家庭的社会属性为人类所特有。作为社会关系特定形式的婚姻家庭，既反映社会经济基础的特点，也反映社会上层建筑的特点。它是社会的产物，并与社会诸关系具有多方面的内在联系。因此，婚姻家庭的本质只能决定于它的社会属性，社会属性才是婚姻家庭的本质属性。

1. 婚姻家庭关系的性质是由当时社会生产关系的性质决定的。婚姻家庭作为一种社会现象，不是从来就有的，而是人类社会发展到一定阶段的产物。它的存在和发展取决于社会的生产关系，并随着生产关系的发展变化而发展变化。马克思曾经指出："在生产、交换和消费发展的一定阶段上，就会有一定的社会制度，一定的家庭、等级或阶级组织，一句话，就会有一定的市民社会。"[1]

可见，有什么样的社会生产关系，就有什么样的社会；有什么样的社会，就有什么样的婚姻家庭关系。人类社会初期，生产条件极端低下，决定了人类祖先过着原始的群居生活，男女两性是一种杂乱的性交关系，无所谓婚姻，也无所谓家庭。后来随着生产力的缓慢提高，才相继出现了不同形式的群婚制。奴隶社会、封建社会乃至资本主义社会，都有与之相适应的婚姻家庭关系。在社会主义社会，社会成员在生产关系中的地位是平等的，男女在政治、经济、文化等各个方面都处于平等的地位，使婚姻家庭关系向着真正平等、民主、和睦、团结的方向发展。社会主义社会的婚姻家庭关系，是社会主义生产关系的反映。因此，婚姻家庭关系的性质和特点都是随着生产方式的发展而变化的。

2. 婚姻家庭关系的性质还受到当时社会上层建筑各种因素的影响和制约。婚姻家庭关系的性质由生产关系所决定，但是，生产关系对婚姻家庭关系的作用往往并不是直接的，而是通过上层建筑诸因素的影响来实现的。政治、法律、道德、文艺、宗教、风俗习惯等上层建筑的诸因素，是生产关系与婚姻家庭关系之间的中间环节，影响和制约着婚姻家庭关系。婚姻家庭形态在原始社会中是由原始道德和习惯加以确认的，在阶级社会中通常由法律来加以确认，同时以道德、宗教、风俗习惯等加以补充，使之符合社会的要求。

综上所述，作为社会关系特定形式的婚姻家庭关系，不是自然的产物，而是社会的产物。婚姻家庭的性质和特点，以及它的产生和发展变化等，都不是其自然属性所能解释的，只有从其社会属性中才能找到正确的答案。我们绝不能夸大自然属性对婚姻家庭的作用，也不能把自然属性与社会属性置于同等的地位。自然属性是婚姻家庭关系形成的前提，社会属性是决定婚姻家庭关系性质的要素。

三、婚姻家庭的职能

以婚姻为基础的家庭是社会机体中的细胞组织，从婚姻家庭产生之时就起着

---

〔1〕《马克思恩格斯全集》（第 27 卷），人民出版社 1958 年版，第 477 页。

调节两性关系的重要作用，而且还担负着多方面的社会职能。这些职能是婚姻家庭本质的外部表现，是婚姻家庭和社会的联系环节。

婚姻家庭的社会职能主要包括实现人口再生产的职能、组织经济生活的职能、教育职能、扶养职能和精神情感职能等。

1. 实现人口再生产的职能。人口和人口再生产是社会存在和发展的必要条件。以两性结合和血缘联系为自然条件的婚姻家庭，必然会通过生育子女繁衍后代，实现人类自身的再生产。家庭是人口再生产的单位，这是由婚姻家庭的自然属性决定的。

人类自身的再生产是婚姻家庭的基本职能。人类社会从个体家庭出现开始，人口的再生产就是通过家庭来实现的。目前，尽管由于现代社会生育观的进步和科学技术的不断发展，人们在生育方式上出现了一些变化，但传统的自然生育方式仍居主导地位，社会人口再生产仍然主要是通过家庭中的自然生育而实现的。与此同时，历史上的每一种生产方式，都有自己特定的人口规律，这种规律又是由婚姻家庭的社会属性所决定的，婚姻家庭是人口再生产的社会形式。在我国历史上，人口再生产具有很大的盲目性，历代统治者均鼓励生育，繁衍人口。而在现代社会，根据我国的人口状况和社会经济状况，必须采取相应的人口政策，使人口增长的速度和质量与国民经济和社会发展计划相适应。例如，我国自20世纪70年代之后，长期实行以节制生育为内容的人口政策。2015年12月27日，第十二届全国人大常委会第十八次会议表决通过了《关于修改〈中华人民共和国人口与计划生育法〉的决定》。修改后的《中华人民共和国人口与计划生育法》（以下简称《人口与计划生育法》）明确国家提倡一对夫妻生育两个子女。这意味着我国的人口发展战略发生了重大变化，目前实施的是"全面两孩"的人口政策。根据新时期我国国民经济和社会的可持续发展需要，我国《民法典》未再规定"实行计划生育"的基本原则。因此，生育职能既是婚姻家庭的自然功能，但它又必须受到社会因素的制约。

2. 组织经济生活的职能。家庭是一个经济单位，在组织家庭成员生产、生活、消费和社会经济活动中发挥着重要作用。家庭的经济职能包括生产职能和消费职能，它反映了一定社会生产方式和生活方式的要求。在原始社会，生产力极端低下，人类与大自然作斗争的能力非常薄弱，为了生存的共同需要，人们通常结为规模不大的群体，共同劳动，共同生活，共同防御野兽和自然灾害的侵袭，这种原始群体是当时主要的社会组织形式。在奴隶社会和封建社会，与其小生产的经济结构相适应，家庭仍然是组织生产和消费的最重要经济单位，家庭职能包括生产职能、生活职能和消费职能等，其中生产职能是家庭的主要职能。到了资本主义社会，随着生产技术和生产规模的日益现代化和社会化，以及社会生产组织形式的巨大变化，生产职能逐渐从家庭中分离出来，成为社会职能。除了农民、手工业者、小商人和其他小生产者的家庭以外，家庭的生产经营职能已经大为削弱，多数家庭主要承担生活消费职能。在中华人民共和国成立初期，我国广大农村家庭仍然是生产单位，城市家庭则基本丧失了生产职能。实行"人民公社化"后，农村家庭基本上不再是一个生产单位，而是一个组织生活消费的单位了。到 20 世纪 70 年代后期实行经济体制改革之后，多种经济成分又重新并存，农村承包经营户、城市个体工商户、个人合伙等经济成分的大量涌现，使农村家庭和部分城市家庭的生产职能得到恢复。在我国当今社会主义市场经济体制下，坚持和完善以生产资料公有制为主体、多种所有制经济共同发展的基本制度，各种所有制经济在市场竞争中充分发挥各自优势，相互促进，共同发展，使相当一部分家庭的经济职能又发生了变化，家庭不仅是生活与消费单位，而且也是生产单位。从历史发展的角度考察，应该说，生活与消费职能是家庭永恒不变的职能，而生产职能则会随着社会的发展变化而弱化。人类的生产随着社会大生产的普及最终将要演变成为社会的生产，生产职能将全部由社会来承担。

3. 教育职能。家庭也是一个教育单位，担负着教育全体家庭成员和培养下一代的神圣职责。婚姻家庭的教育职能在家庭产生之初就已形成，一般包括教育能力、教育水平、养育态度、教育方式等内容。在古代社会，教育相当不发达，对子女的教育主要是通过家庭教育来实现的（家庭教育也是社会教育的一部分）。在封建社会里，家庭教育在整个社会教育中占有十分重要的地位。在近现代社会，随着社会化大生产的实现，学校教育与其他社会教育有了长足发展，对下一代的教育主要由社会来承担，但家庭教育仍然有着十分重要的作用。因为家庭成员之间的血缘联系、感情联系与经济联系十分密切，家庭教育在整个社会教育中仍然有着其他教育无法替代的优势。

在家庭中，父母对子女的教育主要通过两个途径来进行：①身教，即对子女进行行为示范和引导；②言传，即运用自己的权威、经验和感情对子女进行教导和培养。对于子女的培养教育，不仅关系到每个子女的成长和家庭的兴旺，也关系到国家的未来和中华民族的伟大复兴。因此，对子女的家庭教育千万不可忽视，要充分发挥家庭的教育职能，发挥其在全部社会教育中的特殊作用。

4. 扶养职能。扶养职能是婚姻家庭的基本职能。家庭成员间的扶养包括夫妻之间的扶养、父母对子女的抚育和子女对父母的赡养。每个家庭都要重视养老育幼的责任承担，每个家庭成员之间都要在经济上相互供养、生活上相互照顾、精神上相互关心。特别是在现代社会，家庭成员之间的扶养职能已不仅仅停留在经济上的供养，还强调精神生活上的相互沟通、交流和尊重。特别是在我国现阶段，虽然各项社会保障制度已经初步建立起来，但在人口老龄化程度高、老年人的社会保障水平还不高、政府还没有足够的财力将此责任完全承担下来的情况下，仍须借助传统的家庭扶养职能，因此，发挥家庭的扶养职能具有十分重要的意义。

5. 精神情感职能。家庭是人生的驿站，心灵的港湾。在物质生活水平已经明显提高的今天，人们对精神生活有了新的追求和欲望，希望在家庭里能够得到精神上的满足与安乐，从而进一步提高生活质量。在一个正常、和睦的家庭中，夫妻之间以及其他家庭成员之间能够相互尊重、相互照顾、相互帮助、相互交流感情和内心苦乐并给予精神安慰和鼓励，从而形成和谐的心理共鸣。这种家庭成员间的情感联系，是其他社会组织和个人所无法代替的。特别是在当今社会，人们更加重视实现自己的人生价值和幸福生活愿景，精神生活的内容也更加丰富多彩，他们通过各种文体、娱乐、休闲活动，调节身心，缓解压力，增强情感交流和思想沟通，创造和睦温馨、亲密温暖的家庭生活环境和氛围，形成了社会生活中最亲密、最自然的人际关系。

第二节　婚姻家庭制度

 导入案例

望门居是母系氏族制早期流行的一种婚姻居住形式。其特点是：男女结为配偶后，并不住在一处，而分别居住在自己母亲的氏族公社里，男子通过拜访女子的方式实行偶居，女子很少去拜访男子，通常称这种婚姻为望门居住婚或分开居住婚。结为配偶的双方无共同经济生活，婚姻关系不稳定，易合易离。偶居中所生子女属于女方。这种婚姻形式在印度的哈齐人、北美洲的印第安人和大洋洲的密克罗尼西亚人中曾经存在。中国云南省宁蒗彝族自治县永宁纳西族在中华人民共和国成立前通行的婚姻制度，也是望门居住婚的一种类型。

望门居住婚的遗俗还保留在某些已经实行从夫居住婚的民族中，其表现形式有的是新娘婚后需暂住娘家，由丈夫去娘家拜访妻子，直到妻子留住娘家期满始移居夫家；有的是夫妻先过一段望门居婚姻生活，待生下第一个孩子后举行婚礼，然后妻子到夫家居住。中华人民共和国成立前，布朗族保留着前一种习俗，基诺族保留着后一种习俗。

本案知识点：对偶婚制。

一、婚姻家庭制度的概念和内容

婚姻家庭制度就是一定社会中确认和调整婚姻家庭关系的社会制度。它属于上层建筑的范畴，反映并服务于一定社会的经济基础。在原始社会，婚姻家庭方面的行为规范由道德和习惯组成；在阶级社会中，婚姻家庭制度主要由法律和起补充作用的道德、宗教、习惯所构成，其中法律是阶级社会婚姻家庭制度最集中、最典型的体现。由此可见，婚姻家庭制度由有关婚姻家庭的各种行为规范所构成，它是上层建筑的重要组成部分。婚姻家庭关系就该社会具体的婚姻家庭形态而言，指的是这种社会关系本身。而婚姻家庭制度作为上层建筑，是用以确认和规范这种社会关系的。

婚姻家庭制度的内容包括为统治阶级所制定或认可的法律以及道德、宗教、风俗习惯等。

为了阐明婚姻家庭制度发展变化的规律性，我们应当考察它和经济基础以及上层建筑之间的关系，揭示它和整个社会制度的内在联系。

（一）婚姻家庭制度与经济基础的关系

作为社会制度组成部分的婚姻家庭制度，是建立在一定经济基础之上的上层建筑，它产生并取决于一定的经济基础。有什么样的经济基础，就有什么样的婚姻家庭制度。婚姻家庭制度是一定社会的婚姻家庭形态在上层建筑领域的集中表现，并随着经济基础的变化而变化。两者之间的关系具体表现为：

1. 婚姻家庭制度产生并决定于经济基础。自婚姻家庭出现以来，不同类型的社会各有与其经济基础相适应的婚姻家庭制度。婚姻家庭制度的产生、变化和发展，归根到底是由经济基础决定的。如原始社会中的群婚制、对偶婚制（为方便起见，此处对婚姻家庭采广义解释）均以原始公有制的生产关系为其经济基础。奴隶社会、封建社会和资本主义社会的婚姻家庭制度均以私有制的生产关系为其经济基础。而社会主义社会的婚姻家庭制度是以社会主义公有制为其经济基础的，形成了与之相适应的婚姻自由、男女平等、一夫一妻制的婚姻家庭制度。

2. 婚姻家庭制度随着经济基础的变化而变化。在人类社会不同的历史发展阶段，都有与其经济基础相适应的婚姻家庭制度。人类历史上各种婚姻家庭制度的依次更替，都是经济基础发生变革的必然结果。推动婚姻家庭制度由低级向高级发展变化的根本动因是社会经济基础。

3. 婚姻家庭制度能动地反作用于经济基础，同时通过经济基础影响生产力的发展。经济基础决定婚姻家庭制度，婚姻家庭制度对经济基础又有反作用，它通过经济基础对生产力的不同影响，促进或阻碍社会生产力的发展。腐朽、没落的婚姻家庭制度是束缚生产力发展、阻碍社会进步的消极因素；先进、新兴的婚姻家庭制度则是促进生产力发展、推动社会进步的积极因素。这种婚姻家庭制度在社会发展进程中必然会不断发展完善。我们在充分认识经济基础对婚姻家庭的决定作用时，也不能忽视婚姻家庭制度对经济基础的反作用。在评价一定社会的婚姻家庭制度时，绝不能仅就这一制度本身去考察，而应全面、历史、综合地分析，最重要的是要看它对当时生产力发展起着什么样的作用。这是我们进行评价的终极标准。

（二）婚姻家庭制度与上层建筑诸因素的关系

建立在同一经济基础之上的各种上层建筑是相互联系、相互制约的。我们不仅应该看到经济基础对婚姻家庭制度的决定作用，还要看到上层建筑各部门对婚姻家庭制度的制约和影响。经济基础对婚姻家庭制度的要求，一般不是直接的，而是通过上层建筑各个部门的媒介作用反映出来的。政治、法律、道德、宗教、文化、风俗习惯等上层建筑的诸因素，从不同的角度影响和制约着婚姻家庭制度的演变与发展。

1. 婚姻家庭制度与政治。政治是经济的集中表现，在上层建筑领域中居首要地位，对婚姻家庭制度的影响最为突出。政治与婚姻家庭制度之间的关系主要表现在：①政治制度支配和决定婚姻家庭制度；②婚姻家庭制度又为一定的政治制度服务。恩格斯在谈到封建社会的婚姻家庭关系时说过："对于骑士或男爵，以及对于王公本身，结婚是一种政治行为，是一种借新的联姻来扩大自己势力的机会；起决定作用的是家世的利益，而绝不是个人的意愿。"[1]恩格斯还曾指出资产阶级的婚姻"仍然是阶级的婚姻"。[2]在我国封建社会，婚姻被看成是"合二姓之好"，是封建地主阶级互相勾结，借联姻扩大势力的手段。"良贱不婚""官民不婚"等包办强迫的婚姻制度，是由等级森严的封建主义的政治制度决定，并为这一政治制度服务的。在当时的社会，婚姻大事完全由家长包办，讲究"门第"，"门当户对"成为当时择偶的政治标准。我国古代出现的"秦晋之盟""齐鲁联姻""昭君出塞""文成公主入藏"以及国民党时期的蒋宋孔陈四大家族之间的裙带关系，无不反映和说明婚姻与政治的关系。我国 20 世纪 50 年代后期的反"右派"运动，20 世纪 60 年代中期的"文化大革命"运动等，对当时人们的婚姻家庭都发生过非常重要的影响。

---

〔1〕《马克思恩格斯全集》（第 21 卷），人民出版社 1965 年版，第 91 页。
〔2〕《马克思恩格斯选集》（第 4 卷），人民出版社 1972 年版，第 77 页。

2. 婚姻家庭制度与法律。法律是统治阶级意志的体现，是由国家制定或认可的，以国家强制力保证实施的行为规范。法律是阶级和国家产生以后调整婚姻家庭关系的重要手段。一切统治阶级都是利用法律的形式把有利于本阶级的婚姻家庭关系确定下来，使其制度化、法律化，以此来调整人们的婚姻家庭关系。我国封建社会最完备的成文法典《唐律》，把户婚作为十二篇之一加以详细规定，它在内容上集以往封建时代婚姻家庭立法之大成，对宋、元、明、清各代的婚姻家庭立法也产生了直接的影响。这些封建主义婚姻家庭立法，曾对维护封建主义的婚姻家庭制度和封建统治起过不可忽视的作用。婚姻家庭法是婚姻家庭制度的核心，是调整婚姻家庭关系最直接的手段。中华人民共和国成立后颁布和修正的《中华人民共和国婚姻法》（以下简称《婚姻法》，现已失效），对婚姻家庭关系的调整和维护发挥了重要的作用，从而使我国建立了新型的民主、平等、文明、和谐的婚姻家庭制度。

3. 婚姻家庭制度与道德。道德是以是非、善恶来评价人们社会行为，调整人们相互关系的一种社会规范体系。道德和法律一样，都是调整社会关系的行为规范。但道德与法律又有明显不同：①调整范围不同。道德调整的内容比法律调整的内容范围更广泛，影响时间更久远。②保障手段不同。法律的实施以国家强制力作保障，而道德则通过社会舆论力量发挥作用。因此，法律与道德对婚姻家庭制度的制约和影响在程度和作用方式上是完全不同的。法律以国家的强制力保障其实施，它在调整婚姻家庭关系方面所起的作用是其他手段无法替代的；道德是依靠社会舆论、人们的信念和教育等力量，去评判具体行为的是非、善恶，分别予以支持或谴责，以实现其对婚姻家庭关系的调整作用。在道德规范中，包含着大量有关婚姻家庭方面的行为规范。在阶级社会中，统治阶级关于婚姻家庭的道德规范与婚姻家庭立法，构成婚姻家庭制度的主要内容，两者相辅相成、互为补充，共同调整婚姻家庭关系。在我国现阶段婚姻家庭领域，法律与道德都在调整婚姻家庭关系中发挥着重要作用。凡是法律没有规定的问题，则由道德来调整。

4. 婚姻家庭制度与宗教。宗教是以对神的崇拜和神的意旨为核心的信仰与行为准则的总和。它是一种特殊的社会规范，对婚姻家庭制度有着不可忽视的影响。在古代，宗教对婚姻家庭制度的影响很大，不仅表现在宗教的礼仪、戒条和教义中包含着大量的有关婚姻家庭的内容，而且还表现在某些国家的某些时期中，婚姻家庭的立法权和司法权直接操纵在教会手中。如《古兰经》中有关婚姻家庭方面的许多信条，历来是伊斯兰教国家婚姻家庭立法的宗教根据。中世纪的欧洲各国几乎没有本国的婚姻家庭立法，那时的婚姻家庭关系，分别由希腊教会的婚姻法和罗马教会的婚姻法加以调整，而各国的教会，则是主管人们婚姻家庭事务的机关。宗教的这种影响在现代许多国家和民族中仍然不同程度地存在着。在我国社会主义条件下，依照宪法规定，人权得到宪法和法律的保护，人们有信仰或不信仰宗教的自由。我们既要尊重人们在婚姻家庭问题上的宗教信仰自由，也要摆脱和禁止宗教力量对婚姻家庭的非法干涉。

5. 婚姻家庭制度与文学艺术。文学艺术是人们现实生活的一面镜子，它以生动活泼的形象思维反映和评价婚姻家庭生活，对人们的婚姻家庭观念和行为起着潜移默化的作用。在为实现全面建设社会主义现代化国家伟大目标而努力奋斗的进程中，我们要大力发展社会主义先进文化，不断创作和推出品位高尚、内容健康、弘扬时代主旋律的优秀文学艺术作品，为巩固和发展社会主义婚姻家庭关系发挥积极作用。

6. 婚姻家庭制度与风俗习惯。风俗习惯是人们在长期生活实践中形成的世代沿袭的行为模式。它具有民族性、地域性、文化传统性和稳定性等特点，是一种不可忽视的力量。风俗习惯大多起源于人们的生存需要，同人们的生活环境有着密切的关系，自然而然地对婚姻家庭制度有着巨大的影响。我们要保持和发扬婚姻家庭领域中科学文明、健康有益的风俗习惯，如禁止近亲结婚的习惯等，还要破除和否定为剥削阶级所提倡的愚昧落后、不文明和不健康的习惯，如早婚、结婚索要彩礼、重男轻女等。

总之，婚姻家庭是一种复杂的社会现象，它既反映经济基础的要求，又反映上层建筑的特点；既由生产关系所决定，又受政治、法律、道德等上层建筑各个因素的影响和制约。这些是婚姻家庭关系社会性的具体体现。

二、婚姻家庭制度的历史类型

婚姻家庭制度作为一种社会现象，是人类社会发展到一定阶段的产物，它经历了一个从无到有、从低级到高级、从感性到理性的复杂而漫长的演变发展过程。恩格斯在《家庭、私有制和国家的起源》一书中将婚姻家庭制度分为群婚制、对偶婚制和一夫一妻制三种历史类型，同摩尔根在《古代社会》一书中提出的婚姻家庭形态的进化模式是一致的。在群婚制出现以前，人类还经历了一个漫长的前婚姻时代。群婚制和对偶婚制都是原始社会中的婚姻家庭制度，一夫一妻制是阶级社会形成以来的婚姻家庭制度。

我们在理解时要注意：恩格斯对婚姻家庭的概念持广义说。另一种划分方法是狭义说，即将婚姻家庭制度分为奴隶制的婚姻家庭制度、封建制的婚姻家庭制度、资本主义婚姻家庭制度和社会主义婚姻家庭制度，它们都是一夫一妻制的婚姻家庭制度的不同历史形态。

（一）原始社会的婚姻家庭制度

原始社会的两性和血缘关系的社会形式，是同当时低下的生产力和原始的公有制经济相适应的，即使称之为婚姻家庭制度，在性质上同一夫一妻制确立以后的婚姻家庭制度有着严格的区别。

在原始社会初期，人类刚刚完成从猿到人的转变，人们认识和支配自然的能力十分低下，不会制造工具，不会用火，基本上没有物质资料的生产活动。为了生存，人类不得不结成规模大小不一的群体，共同劳动、共同生活，依靠群体的联合力量和集体活动来弥补个体自卫能力的不足，过着以采集经济为主的生活。这种原始群体是人类最早的社会组织形式。

在这个时期，尚无所谓的婚姻家庭。同一群体的男女之间在两性关系方面不是固定的结合，所有亲属间均不存在两性关系的禁例，没有任何限制。每一个男子属于每一个女子，反之，每一个女子也属于每一个男子。无论兄弟姐妹间，还是父母子女间都可以随意发生两性关系，彼此间没有年龄、行辈和血缘关系的限制，完全处于杂乱性交的状态。人们之间的关系无法用后世的亲属称谓去确定。因此，在人类最初数以百万年计的漫长岁月中，任何意义上的婚姻家庭都不存在，也就没有婚姻家庭制度。这是漫长的前婚姻时代。

随着生产力的缓慢提高，人们对自然选择规律有了一定的认识，开始在习惯上对近亲间最初毫无限制的两性关系形成了某种限制和约束，进而缓慢地演变为群婚制的各种形式，人类正式开始了婚姻家庭制度的历史。在原始社会，人类的婚姻家庭制度形态共经历了群婚制、对偶婚制和一夫一妻制三个阶段。

1. 群婚制。所谓群婚制，又称集团婚制，是指原始社会中一定范围内的一群男子与一群女子互相共为夫妻的婚姻形式。它是人类社会最早的婚姻家庭形态。它与杂乱的性交关系的根本区别是：两性关系受到一定范围的血缘关系的限制或排斥。

群婚制分为两个发展阶段，即血缘群婚制和亚血缘群婚制：

（1）血缘群婚制。血缘群婚制，又称血婚制或血缘家庭，是群婚制发展的第一个阶段，也是群婚制的低级形式。它按照辈分划分婚姻集团，同辈的男女之间互为夫妻，即在家庭范围以内的所有祖父和祖母，都互为夫妻；他们的子女，即所有的父亲和母亲，都互为夫妻；所有父母的子女，构成第三个婚姻集团，互为夫妻；他们的下一代，即第一集团的曾孙子和曾孙女们，又构成第四个婚姻集团。由此可见，血缘群婚制是在同辈男女之间的通婚，它排斥了不同辈分之间，如父母与子女、祖父母与孙子女等直系血亲之间的通婚。这是出现在人类社会的第一个婚姻家庭形式，它结束了人类杂乱的两性关系时期，开始进入婚姻家庭时代。

(2) 亚血缘群婚制。亚血缘群婚制，又称伙婚制、亚血缘家庭或普拉路亚家庭。普拉路亚是夏威夷语，译意为"亲密伙伴"或"伙伴婚姻"。它是原始社会蒙昧时期高级阶段所存在的一种群婚制，是群婚制发展的第二个阶段和高级形式。它仍然是同行辈的男女之间的集团婚，但在两性关系上排除了兄弟姐妹之间的通婚。最初排除了同胞兄弟姐妹之间的通婚，后来又逐步排除了血缘较远的兄弟姐妹之间的通婚，其结果是：一群姐妹成为他们共同之夫的共同之妻，但她们的兄弟是除外的；一群兄弟成为他们共同之妻的共同之夫，但他们的姐妹是除外的。兄弟姐妹之间存在着严格的婚姻禁例。从血缘群婚制到亚血缘群婚制，同样是自然选择规律发生作用的结果，这是人类婚姻史上的第二大进步。

亚血缘群婚制排除了同胞兄弟姐妹间的通婚，从而引起了母系氏族的产生，使人类的婚姻由族内婚向族外婚发展。

2. 对偶婚制。对偶婚制，又称偶婚家庭，是指一男一女在或长或短的时间内保持相对稳定的偶居生活的婚姻形式。它产生于原始社会蒙昧时期和野蛮时期的交替阶段，盛行于野蛮时代，即原始社会晚期的母系氏族阶段，是从群婚制向一夫一妻制过渡的婚姻形式。早在群婚制时期甚至是更早时代就已出现了对偶婚现象的萌芽，但在当时的社会条件下不可能成为一种通行的婚姻制度。因此，在原始社会的一个相当长的时期内，对偶婚和群婚是并存的。即使是在对偶婚盛行时，其表现形式并不总是单一的，有时是复合的、交叉的。有时一个男子与几个女子或一个女子和几个男子分别地对偶同居，即这一男一女在或长或短的时期内过着相对稳定的两性同居生活，但双方仍有与其他异性发生性关系的自由。对偶婚的特点是：与群婚相比，配偶的范围缩小，也相对稳定；与后来的一夫一妻制相比，婚姻显得脆弱，很不牢固。因此，对偶婚既有群婚的特点，又具有一夫一妻制的雏形。

对偶婚基础上的对偶家庭并不是严格意义上的家庭，它不可能脱离氏族而存在。在母系氏族阶段，当时的经济单位仍然是以母权制为中心的氏族。婚姻家庭以女子为中心，实行族外婚，男子来自别的氏族，嫁娶形式是女娶男嫁，夫从妻居。女子成婚后定居于本氏族，所生子女属于母方家庭成员，世系从母。由于配偶相对固定，过去只能确定子女的生母，这时已有可能确定子女的生父了。这就从血缘结构上为后来的父系氏族和一夫一妻制的个体家庭的形成创造了条件。

在我国，对偶婚大约产生于仰韶文化的晚期。在我国壮族、傣族聚居的一些地区曾流行过"不落夫家"的传统婚俗，男女双方虽已成婚，女方在生育子女前仍居娘家，男方在此期间可去女家会面或同居。20 世纪我国云南省永宁地区的纳西族等西南一些少数民族中还有"走婚""望门居""不落夫家"的习俗，这些都是对偶婚的遗俗，并都在不同程度上反映了对偶同居、夫从妻居的遗迹。

3. 一夫一妻制。一夫一妻制，又称个体婚制，是指一男一女结为夫妻的婚姻制度。这种婚姻家庭制度产生于原始社会野蛮时代后期，是在原始社会崩溃、阶级社会形成的过程中确立的。它的最后形成乃是阶级社会开始、文明时代到来的标志。从当时社会条件来看，原始社会末期，生产力水平有了较大提高，产品开始出现剩余，社会分工使男子逐渐在生产中占据了主要地位，成为主要财富的创造者和掌管者。在家庭中，丈夫的地位高于妻子。因此，母系氏族逐渐为父系氏族所代替，男女两性的社会地位发生了根本的变化，在氏族内部逐渐形成了以男性为中心的"一夫一妻制"的婚姻家庭。后来，这种婚姻家庭形式在社会中逐渐取得主导地位。这一切，都是以私有经济的积累和发展为其社会动力的。因此，经济因素即私有制的出现是产生一夫一妻制的唯一动力。换句话说，一夫一妻制的产生，是私有制确立的必然结果。

与此相适应，一夫一妻的婚姻家庭制度自其产生之时起便具有婚姻不自由、男尊女卑、夫权统治等植根于私有制的种种特征：

（1）片面性。一夫一妻制从一开始就只是对妇女的单方要求。它只要求妻子保持贞操，而作为有产者的男性，则可以过着公开的多妻生活。

（2）婚姻不自由。一夫一妻制与对偶婚制重要的不同之处就在于婚姻自由的丧失。不但婚姻的缔结须由父母包办，而且这种婚姻关系一经建立就不能由双方任意解除了。在古代通常只有丈夫有权解除婚姻关系。

（3）男女不平等。在私有制经济基础之上确立的一夫一妻制，使男女两性的地位发生了根本性的变化。妻子在家庭中沦为丈夫的私有财产，成了生育子女的工具，妻子处于丈夫的绝对权力之下，夫妻之间是奴役与被奴役的关系。

（二）阶级社会的婚姻家庭制度

以私有制为基础的"一夫一妻制"的婚姻家庭制度确立之后，经历了一个漫长的历史演变过程，各历史阶段呈现出不同的特点。

1. 奴隶社会的婚姻家庭制度。在奴隶社会，生产关系的基础和核心是奴隶主占有全部生产资料和直接占有生产者——奴隶。奴隶主阶级对奴隶的统治十分残酷和野蛮。在此基础上建立的婚姻家庭制度具有以下特点：

（1）婚姻的缔结带有原始习俗的遗迹，掠夺婚和包办强迫婚盛行，后逐步被买卖婚取代。

（2）婚姻关系从属于宗法等级制度。奴隶主阶级按照不同的身份实行公开的野蛮的一夫多妻制。奴隶主占有妻妾的数额与其身份等级成正比。奴隶的婚姻由奴隶主随心所欲地操纵，许多家用奴隶是没有配偶的，有家室的也无非是为主人繁殖奴隶的工具。

（3）在家庭关系方面，奉行严格的父系家长制，夫权、父权和家长权三位一体，在家庭关系中支配一切，人身依附关系十分强烈。妇女、子女和家属依附于家长，在家庭中没有人身自由和财产权利。

2. 封建社会的婚姻家庭制度。封建社会生产关系的基础是封建地主阶级占有生产资料和不完全占有生产者——农奴和农民。和封建的小生产经济相适应，家庭是个完整的经济单位。封建社会和奴隶社会在婚姻家庭制度方面基本上是一脉相承。它的婚姻家庭制度虽然不像奴隶社会那样野蛮，但在婚姻家庭方面的人身依附关系仍很突出。封建婚姻家庭制度具有以下特点：

（1）包办强迫、买卖婚姻。奉行包办强迫婚姻和买卖婚姻，"父母之命"和"媒妁之言"是婚姻的前提，门当户对、聘财买卖是婚姻的实际内容，男女毫无婚姻自由。

（2）一夫多妻、专权离婚。封建社会虽然在法律上规定实行一夫一妻制，但并不禁止娶妾，理由是娶妾不是婚姻，所以，娶妾或多妾不构成重婚。封建地主阶级及封建王朝实行的是一夫多妻制，其表现形式是一夫一妻多妾制，一夫多妻是通过纳妾来实现的。

（3）男尊女卑、夫权统治。为了维护一切以男性统治者为中心的封建宗法制度，封建礼、法十分重视男女、夫妇之别，强调男尊女卑，要求女子必须恪守"三从四德"。"三从"即"幼从父兄，嫁从夫，夫死从子"，要求女子须做到在家从父，出嫁从夫，夫死从子；"四德"即"德、言、容、工"，要求女子在思想、谈吐、仪表和家务劳动等方面都要严守妇道。封建法律同时还维护夫权统治，已婚妇女必须服从丈夫的意志，其人身和财产权利受到种种限制。例如在处理家庭财产时，已婚妇女必须服从丈夫的意志。

（4）家长专制，漠视子女利益。家长制家庭是封建社会中的基本经济单位，家长专制是封建婚姻家庭制度的核心内容。在封建社会，家长的权力很大，并且往往是和父权、夫权紧密结合在一起的。子女必须绝对服从家长的意志，既没有人身方面的权利，也没有财产方面的权利。

3. 资本主义社会的婚姻家庭制度。资本主义生产关系的基础是资本家生产资料私有制。资本家通过雇佣劳动，把人与人之间的关系变成赤裸裸的金钱交易关系。在资本主义社会，商品经济是支配一切社会关系的基础。与此相适应的婚姻家庭制度也呈现出与奴隶社会和封建社会不同的特点。婚姻家庭关系一般不再具有过去那种明显的人身依附性质，而具有平等的因素，体现在：自由婚代替了封建的强迫包办婚姻；男女平等取代了过去的男尊女卑；家庭成员的民主、独立代替了历史上的封建家长制；通奸、卖淫和两性行为的"自由化"代替了奴隶主、封建主阶级公开实行的多妻制。但从本质上讲，资本主义社会的婚姻家庭制度与奴隶社会和封建社会的婚姻家庭制度一样，都是以私有制为基础的。因此，它也不是真正的男女平等的婚姻家庭制度。资本主义社会的婚姻家庭关系是以金钱为核心的，其社会固有矛盾给婚姻家庭领域带来了不可避免的消极影响，决定了资本主义社会不可能产生新的婚姻家庭形式。

4. 社会主义社会的婚姻家庭制度。社会主义生产关系的基础是生产资料公有制。社会主义制度的建立，从根本上消灭了阶级剥削和压迫的旧制度，铲除了男女不平等、一夫多妻制的经济根源和阶级根源。因此，社会主义社会的一夫一妻制与私有制社会的一夫一妻制在本质上是不同的。社会主义社会的婚姻家庭制度是真正的、词源意义上的一夫一妻制，它是以婚姻自由、男女平等、保护妇女、儿童和老人合法权益等原则为特征的最高类型的婚姻家庭制度。

当然，我们还应当看到，社会主义社会的婚姻家庭制度建立以后需要经历一个逐步完善的过程。在一定发展阶段上，婚姻家庭领域里还不可避免地存在着一些旧思想、旧观念的残余，如少数农村地区存在的重男轻女生育观、包办买卖婚姻的现象、在家庭中存在大男子主义思想等。我国现正处在社会主义社会的初级阶段，婚姻家庭领域也还有许多需要继续完善的地方。发展先进生产力，加强社会主义政治文明、物质文明和精神文明建设，是完善社会主义婚姻家庭制度的根本途径。从发展方向上来看，人类社会的婚姻家庭制度是不断地由低级阶段向高级阶段发展的，社会主义社会的婚姻家庭制度是从阶级社会的婚姻家庭制度到共产主义社会的婚姻家庭制度的过渡。

从历史发展进程来看，不同的婚姻家庭制度的类型都是和一定的社会制度相联系的。恩格斯在《家庭、私有制和国家的起源》这部著作中曾对人类社会的婚姻家庭制度的演变过程作了精辟的概括："群婚制是与蒙昧时代相适应的，对偶婚制是与野蛮时代相适应的，以通奸和卖淫为补充的一夫一妻制是与文明时代相适应的。"[1]

---

〔1〕《马克思恩格斯全集》（第21卷），人民出版社1965年版，第88页。

第三节 婚姻家庭法

黄某（男）系某房地产公司的售楼部副经理，李某（女）系该公司聘用的售楼员，两人去年在共同工作中产生了感情，建立了恋爱关系，并准备在今年"五一"节前登记结婚。今年初，黄某被派往 A 地担任该公司的分公司售楼部经理，两人之间联系逐渐减少。后李某发现黄某在 A 地与某单位女青年孟某关系十分密切，便多次电话、微信质问。黄某明确表示要与李某断绝关系。李某十分伤心，多次找公司领导和黄某父母，要求他们做黄某的工作，尽快与自己结婚，但没有任何效果。李某准备向人民法院起诉。李某经人介绍来到一律师事务所咨询，在律师的讲解和开导下，李某打消了起诉黄某的念头。

本案知识点：婚姻家庭法调整的对象。

一、婚姻家庭法的概念和调整对象

（一）婚姻家庭法的概念

"婚姻家庭法"一词在历史上由来已久，但在古今中外各国法律文献上的具体称谓各不相同。在不同的时代和国家里，调整婚姻家庭关系的法律有不同的名称，归纳起来主要有四种，即婚姻法、家庭法、婚姻家庭法和亲属法。从规范立法技术的角度来说，一部法律的名称应当与其调整对象的范围相一致，不同的调整范围有不同的命名。如调整婚姻关系的法律应称为婚姻法，调整家庭关系的法律应称为家庭法，调整婚姻家庭关系的法律称为婚姻家庭法。但由于历史传统和立法技术的原因，有些国家的法律名称与其调整对象的范围不一致。而采取同一名称的法律，在不同国家里的调整范围也是不尽相同的。如我国婚姻法，既调整婚姻关系，又调整家庭关系；罗马尼亚家庭法，也既调整婚姻关系，又调整家庭关系；在英美法系国家，其婚姻法则是用来规定婚姻事项的专门法律，不包括家庭法规范。

中外各国的古代法多采取诸法合体的形式，婚姻家庭法律规范一般都包括在内容庞杂的统一法典之中。法律部门的严格划分始于资本主义国家法律体系，不论大陆法系国家还是英美法系国家，都将婚姻家庭法作为民法这一法律部门的组成部分。所不同的是，大陆法系国家沿袭罗马法传统而制定系统的民法典，并大多将调整婚姻家庭关系的法律编入民法典中，作为独立的一编，称之为亲属编；

英美法系国家则大多采单行法规和其独到的判例形式，实行名实相符的立法原则，且名称分得很细，如婚姻法、家庭法、结婚法、离婚法、夫妻关系法、亲子法、收养法等。"十月社会主义革命"胜利后的苏联和曾经的东欧社会主义国家大多采用婚姻法、家庭法、婚姻和家庭法等名称；非洲、拉丁美洲以及亚洲国家则根据其所受法系影响和民族文化传统，各自采用相应的名称和立法形式。

在我国古代，从汉朝开始，调整婚姻家庭关系的法律常常被称为"婚律""户律""户婚律"或"婚户律"，如北齐有十二篇律，其中"婚户律"被列为专篇；隋朝的法律，曾将"户"与"婚"合并为"户婚律"；唐律中亦称"户婚律"。1911年起草完成的《大清民律草案》（由于清王朝的崩溃未及施行）中有"亲属"一编。中华人民共和国成立之前各革命根据地的婚姻立法是以"婚姻法"或"婚姻条例"命名的；中华人民共和国成立后所颁布或修订的调整婚姻家庭关系的法律，均以"婚姻法"命名。这既有革命根据地时期形成的立法习惯的影响，也有长期以来约定俗成因素的影响，在20世纪50年代还受到苏联立法模式一定程度的影响。但从严格的法律科学意义上分析，以"婚姻法"的名称来表述婚姻家庭法，是不够严谨科学的。因为法律名称的界定，一般均采用法律名称涵盖其所调整的全部法律关系的命名原则。实际上，我国1980年颁布的《婚姻法》以及2001年通过的《中华人民共和国婚姻法（修正）》（以下简称《婚姻法修正案》）不仅调整婚姻关系，而且也调整家庭关系。而《婚姻法》的命名不能客观地概括现行法律规范的全部内容，不能反映立法的整体结构。

尽管婚姻家庭法在不同时代、不同国家因其调整范围、表现形式和编制方法等方面的不同而出现差异，但并不影响对其内容作出全面的抽象概括而形成一个具有普遍意义的概念，这主要应看其调整哪些社会关系，具有什么样的内容。根据学术界通说，当代婚姻家庭法的概念大致可以表述为：婚姻家庭法是规定婚姻家庭主体和其他近亲属身份关系的发生、变更和终止，以及基于上述身份关系而产生的权利义务的法律规范的总和。根据这一概念，在理解我国《民法典》婚姻家庭编的具体内容时，应注意把握以下三个方面：

1. 我国婚姻家庭法属于广义的婚姻法。它既包括调整婚姻关系和家庭关系的法律规范，也包括有关亲属的法律规范，其规范的内容体系与大陆法系民法中的"亲属法"大体一致。

2. 我国婚姻家庭法是调整婚姻家庭关系的法律规范的总和。所谓总和，是指以调整婚姻家庭关系为内容的全部法律规范。我国的婚姻家庭法是由一系列调整婚姻家庭关系的法律规范构成的，其内容较之以婚姻法命名的法律要广得多，它包括：以法典形式表现的《民法典》婚姻家庭编；以其他名称出现的有关婚姻家庭的法律规范，如《婚姻登记条例》等；被规定在《中华人民共和国宪法》（以下简称《宪法》）《中华人民共和国刑法》（以下简称《刑法》）《中华人民共和国妇女权益保障法》（以下简称《妇女权益保障法》）《中华人民共和国未成年人保护法》（以下简称《未成年人保护法》）《中华人民共和国老年人权益保障法》（以下简称《老年人权益保障法》）《中华人民共和国劳动法》（以下简称《劳动法》）《中华人民共和国国籍法》（以下简称《国籍法》）等其他法律中的有关调整婚姻家庭关系的法律规范等。学理上将所有调整婚姻家庭关系的法律规范都统称为实质意义上的婚姻家庭法，其中也包括有关婚姻家庭方面的司法解释。

3. 在法律属性（性质）上，我国现行婚姻家庭法属于部门法、基本法、实体法和国内法。婚姻家庭法作为部门法是相对于根本法而言的，就婚姻家庭法在我国现行法律体系中的地位而言，它并不是一个独立的法律部门，而是民法这个法律部门的组成部分。基本法是相对于效力低于基本法的其他法规而言的，婚姻家庭法既然属于民法的组成部分，民法又处于基本法的立法位阶，则婚姻家庭法也具有基本法的地位和效力。此外，实体法是相对于程序法而言的，国内法是相对于国际法而言的。

（二）婚姻家庭法的调整对象

在我国，婚姻家庭法虽属于民法范畴，但与其他民事法律规范相比，它又具有相对独立的性质，这主要是由其特定的调整对象决定的。我国婚姻家庭法的调整对象是作为平等主体的自然人之间在婚姻家庭领域形成的社会关系。这些社会关系一经法律调整，便成为婚姻家庭法律关系。

1. 婚姻家庭法调整对象的范围。婚姻家庭法的调整对象十分广泛，既包括婚姻关系，又包括家庭关系。从法律上讲，所谓婚姻关系，就是基于婚姻合法有效的成立和存续，而在夫妻之间产生的法律上的权利和义务关系。婚姻家庭法的调整作用，是通过规定一定的法律事实和法律效力实现的。婚姻关系因结婚而成立，夫妻身份因结婚而确认，又因配偶死亡或离婚而终止。因此，关于结婚的条件和程序，夫妻之间的权利义务以及配偶死亡所产生的法律后果，离婚的程序和处理原则以及离婚后子女抚养、财产分割和生活问题等，都属于我国婚姻家庭法调整的范围。法律意义上的家庭关系，就是基于家庭成员的身份而在法律上享有的权利和承担的义务所形成的民事法律关系。家庭关系基于结婚、出生、法律拟制（如收养）等原因而发生，又基于离婚、家庭成员死亡、拟制血亲关系的解除等原因而终止，各种类型的法定近亲属之间享有法律上的权利并承担相应的义务。因此，关于确认家庭成员间的亲属身份（包括发生与终止），规定家庭成员

之间的权利义务及其产生、变更和终止等方面的内容，都属于婚姻家庭法调整的范围。

由此可见，我国婚姻家庭法既调整婚姻关系，又调整家庭关系；既包括纵向的婚姻家庭关系的发生、变更和终止的动态运行全过程，又包括横向的婚姻家庭关系中主体之间的权利和义务关系。

2. 婚姻家庭法调整对象的性质。我国婚姻家庭法调整的对象，从性质上看既有婚姻家庭方面的人身关系，又有婚姻家庭方面的财产关系。其中，人身关系占据主导地位，起决定作用；财产关系虽然也很重要，但它并不是独立存在的，而是以人身关系为先决条件，居于从属依附地位。它随着人身关系的发生、终止而发生、终止，不能脱离人身关系而独立存在。如夫妻的财产共有关系因结婚而发生，因配偶死亡或离婚而终止。因此，婚姻家庭法从性质上看属于身份法而不是财产法，它所调整的对象是基于婚姻家庭而产生的人身关系以及与此相联系的财产关系。

（1）婚姻家庭方面的人身关系，是存在于具有特定亲属身份的主体之间，本身并不具有任何经济内容的一种社会关系，如配偶身份、亲子身份、祖孙身份、拟制血亲身份，以及人身自由权、姓名权、监护权等。婚姻家庭方面的人身关系具有以下特点：①婚姻家庭主体之间具有特定的亲属身份。依照法律规定，这种人身关系只能因出现一定的法律事实而发生，如结婚、出生、收养等；因出现一定的法律事实而终止，如离婚、死亡、收养的解除等。它是自然形成的以共同生活为目的、以亲属间的感情和伦理关系为基础的身份关系。夫妻人身关系只能存在于具有配偶身份的男女之间，其他家庭成员的人身关系只能存在于具有父母子女、祖孙、兄弟姐妹等身份的一定范围的亲属之间。他们相互之间享有和承担的婚姻家庭法上的权利与义务，都是以特定的亲属身份为依据的。因此，婚姻家庭方面的人身关系不同于其他民事法律所调整的人身关系。如著作权和发明权中的人身权，是基于著作人、发明人的创造性活动而取得的；生命权、身体权、健康权、名誉权、隐私权等是基于个人的人格而享有的，这些均与亲属身份无关。②婚姻家庭主体间的人身关系并不直接体现经济内容。因出生这一事件而形成的亲子关系和其他血亲关系自不必说，因结婚、收养等行为而形成的亲属关系，就其本质而言也不是基于经济目的而创设的。

（2）婚姻家庭方面的财产关系，是以人身关系为前提，直接体现一定经济内容或者以一定的财产为媒介所形成的社会关系。这种财产关系是人身关系所引起的法律后果，它随人身关系的发生、变更、终止而发生相应的变化。如夫妻的共有财产关系因结婚而发生，因离婚分割而终止；扶养、抚养、赡养和法定继承等均以一定的人身关系为前提。因此，它是一种附属于人身关系的财产关系。婚姻家庭方面的财产关系具有以下特点：①婚姻家庭方面的财产关系反映亲属共同生活的要求和家庭经济职能的要求，具有强烈的道德伦理属性，目的在于维护家庭的稳定与和睦；②婚姻家庭方面的财产关系的主体均为相互之间具有特定身份的亲属；③婚姻家庭方面的财产关系基于结婚、出生、收养等特定法律事实而发生；④婚姻家庭方面的财产关系不具有等价有偿性质。基于上述特点可知，婚姻家庭关系这种特殊身份关系所产生的财产关系不同于一般的物权或合同关系，不能简单地适用物权法或合同法，而应以婚姻法和继承法为依据，适用特定的法律规则。

（三）婚姻家庭法的特点

婚姻家庭法调整对象的范围和性质，决定了它具有以下特点：

1. 适用范围具有广泛性。婚姻家庭关系是人类社会最广泛、最普遍的社会关系。每个社会成员，不论性别、年龄、职业、婚否、有无子女，都不可避免地与婚姻家庭产生联系，并受到婚姻家庭法的调整。因此，婚姻家庭法是适用于一切自然人的普通法，而不是只适用部分自然人的特别法。当然，这并不排除其中也有些只适用于部分自然人的特别规定，如关于现役军人婚姻、涉外婚姻、涉侨婚姻、涉港澳台婚姻的规定等，这些情况与婚姻家庭法在适用上的广泛性并不矛盾。

2. 内容具有鲜明的伦理性。婚姻家庭法属于身份法，其调整的婚姻家庭关系既是一种身份关系、法律关系，也是一种现实的伦理关系。在我国，社会主义法律与社会主义道德在本质和作用上是一致的，在婚姻家庭领域中表现得尤为明显。许多调整婚姻家庭关系的原则和具体规范，既是伦理道德的要求，也是法律的规定。如主体之间的扶养权利和义务，既是法律规定，也是道德要求。如果一方不履行义务，既是违反婚姻家庭法的违法行为，也是违背社会主义道德要求的行为。法律的这些规定不仅具有法律上的约束力，还具有强大的道德力量。因此，从某种意义上讲，婚姻家庭法是道德化的法律或法律化的道德。

3. 规范具有强制性。婚姻家庭法中的多数法律条文都是义务性规范或禁止性规范。当一定的法律事实如结婚、离婚、出生、死亡、收养等发生之后，便在主体之间产生了一定的权利义务关系。这种法律后果是由法律预先指明、严格规定的，当事人不得自行改变或通过约定加以改变。如结婚以后，夫妻间的权利和义务便基于婚姻的法律效力而发生，在配偶死亡或离婚以前，这些权利义务既不能抛弃也不能限制；又如，父母子女之间的权利义务是基于子女出生或收养的法律效力而发生的，在一方死亡之前，这些权利义务既不能抛弃也不能限制。另外，婚姻家庭法上的身份行为不同于一般的民事法律行为，不能人为地附加条件和期限。当事人在为一定民事法律行为时，必须符合法定形式才具有法律效力，即涉及亲属身份的法律行为都是要式法律行为，必须符合法定形式。例如结婚、离婚、收养等行为，不仅要符合法定的实质要件，而且也必须符合法定的形式要件，只有这样，才能得到法律的承认和保护。当然，婚姻家庭法中也有一部分任意性规范，如关于夫妻财产问题的约定，离婚时对子女抚养教育和共同财产分割的协议，对姓名权、住所权、同居权等问题的约定等。任意性规范在范围上有逐步扩大的趋势，但是，在适用时也必须符合婚姻家庭法的原则和规定。

此外，我们还可以从其他角度揭示婚姻家庭法的特点，如婚姻家庭法是具有传统特色的法律，植根于民族文化和生活方式；它主要是固有法而不是继受法等。

二、婚姻家庭法的渊源

法的渊源是指法律规范的表现形式。根据我国法律规范的体系，婚姻家庭法的渊源主要来自调整婚姻家庭关系的法律、行政规范性文件及司法解释等，具体有以下几种：

（一）宪法

宪法在我国法律体系中居于统帅地位，其效力高于其他任何法律规范。我国宪法中有关婚姻家庭的规定，是婚姻家庭法的立法基础。一切调整婚姻家庭关系的规范性文件，均不得与宪法的原则性条款相冲突。

（二）法律

除宪法外，有关法律也是婚姻家庭法的主要渊源。这里所称的法律是狭义的、严格意义上的法律，专指由全国人民代表大会及其常委会制定的规范性文件。作为婚姻家庭法渊源的法律包括三大类：①构成独立法律部门的基本法，如民法、刑法、行政法、民事及刑事诉讼法等，这些部门基本法中均有涉及婚姻家庭关系的相关规范，是婚姻家庭法的渊源。其中，由第十三届全国人民代表大会第三次会议于2020年5月28日通过，并于2021年施行的《民法典》是我国婚姻家庭法的主要渊源；②专门调整婚姻家庭关系的单行法律法规，如《婚姻登记条例》，这是婚姻家庭领域的特别法；③尚无法律部门归属的法律，此类法律规范具有法律的立法地位和效力，但却无具体的法律部门归属，如《妇女权益保障法》《未成年人保护法》《老年人权益保障法》《中华人民共和国残疾人保障法》（以下简称《残疾人保障法》）《中华人民共和国母婴保健法》（以下简称《母婴保健法》）等，此类法律中也有一些涉及婚姻家庭关系的规定，也是婚姻家庭法的渊源。

（三）国务院及其所属部门制定或发布的行政法规和行政规章

国务院及其所属部门制定或发布的规范性文件，对贯彻执行宪法、法律中有关婚姻家庭的规定，具有十分重要的作用。这方面的规范性文件是婚姻家庭法的渊源。如民政部经国务院批准颁行的《外国人在中华人民共和国收养子女登记办法》（1999 年 5 月 25 日）、《婚姻登记条例》（2003 年 8 月 8 日）、《婚姻登记工作规范》（2015 年 12 月 8 日）、《中国公民收养子女登记办法》（2019 年 3 月 2 日）以及国家人口和计划生育委员会等其他部委颁行的有关规范性文件等，这些规范性文件内容比较具体，具有更大的可操作性和针对性。

（四）地方性法规和民族自治地方的有关规定

地方各级权力机关和行政机关根据本行政区域内婚姻家庭的实际情况制定的有关法规，发布的具有一般规范效力的决议、决定、命令等，是保证婚姻家庭立法贯彻执行的重要措施，也是婚姻家庭法的重要渊源。如各省、市制定的关于婚姻登记的实施细则，关于保护妇女、儿童和老人合法权益的规定等。这些规定名称虽各有不同，但大多具有实施细则或补充规定的性质，可操作性和针对性较强。此外，依据《宪法》《民法典》的有关规定，民族自治地方颁行的有关贯彻执行婚姻家庭法的变通或补充规定，也是一种地方性的规范文件，应作为婚姻家庭法的渊源。香港和澳门特别行政区有关婚姻家庭的法律和条例等，是本行政区婚姻家庭法的渊源，也是我国婚姻家庭法的组成部分。

（五）最高人民法院所作的司法解释及援用、认可的有关判例

婚姻家庭问题纷繁复杂、情况各异、涉及面大，立法上往往难以周密详尽，在这种情况下，最高人民法院的司法解释及相关指导性文件，对指导和正确处理各类婚姻家庭纠纷起着十分重要的作用。最高人民法院根据《民法典》的基本精神，在总结审判实践经验的基础上作出的关于适用法律的司法解释和指导性文件以及援用、认可并以"批复"形式下达的各种典型判例，是婚姻家庭法的重要渊源之一。包括最高人民法院历次民事审判工作会议文件中有关婚姻家庭法的政策意见、关于适用《民法典》若干问题的系列解释（例如《最高人民法院关于适用〈中华人民共和国民法典〉婚姻家庭编的解释（一）》）等。至于《民法典》施行前，由最高人民法院所颁布的一系列有关婚姻家庭方面的司法解释，则随着《民法典》的施行而同步废止。包括：《最高人民法院关于人民法院审理未办结婚登记而以夫妻名义同居生活案件的若干意见》（1989 年 12 月 13 日）、《最高人民法院关于人民法院审理离婚案件如何认定夫妻感情确已破裂的若干具体意见》（1989 年 12 月 13 日）、《最高人民法院关于人民法院审理离婚案件处理子女抚养问题的若干具体意见》（1993 年 11 月 3 日）、《最高人民法院关于人民法院审理离婚案件处理财产分割问题的若干具体意见》（1993 年 11 月 3 日）、《最高人民法院关于适用〈中华人民共和国婚姻法〉若干问题的解释（一）》（2001 年 12 月 25 日）、《最高人民法院关于适用〈中华人民共和国婚姻法〉若干问题的解释（二）》（2003 年 12 月 25 日）、《最高人民法院关于适用〈中华人民共和国婚姻法〉若干问题的解释（三）》（2011 年 8 月 9 日）等。

关于判例能否作为婚姻家庭法的渊源，我国法律没有明文规定。有的学者认为，由最高人民法院确立的或由其认可、援用的婚姻家庭案件的判例，其效力应视同司法解释。这种判例在形式上虽然不具有一般规范性，在实际上却是通过个案所作的司法解释。[1] 有的学者则认为，我国目前还不承认判例具有约束力，最高人民法院针对某一个案件作出的批复，只能看作司法解释而不能看作"典型判例"。[2] 还有的学者主张，最高人民法院通过批复、复函等方式就有关案件作出的解答，并从 1985 年起开始在人民法院公报中陆续刊发的典型案例，这些解答和案例对我国各级人民法院的审判工作具有指导意义；在司法实践中，对下级人民法院裁判同类案件具有拘束力。可见，我国司法实践已经肯定了判例具有间接渊源的功能。本书赞成最后一种观点。最高人民法院根据婚姻家庭法的基本精神，在总结审判实践经验的基础上，针对具体问题所作的关于适用法律的司法解释以及援用、认可并以"批复"形式下达的各种典型判例，应当成为婚姻家庭法的重要渊源之一。

（六）我国缔结或参加的国际条约

处理涉外婚姻家庭关系时可适用我国缔结或参加的国际条约。在特定情况下，还可以适用国际惯例。如果我国缔结或参加的国际条约与我国法律规定不同，应当适用国际条约的规定，但我国法律声明保留的条款除外。因此，经我国批准生效的有关婚姻家庭的国际条约也是我国婚姻家庭法的渊源。

（七）我国法律认可和符合道德要求的习惯

某些为我国法律所认可、符合社会主义婚姻家庭道德要求的习惯，也可以作为我国婚姻家庭法的渊源。例如《民法典》中对姻亲结婚的限制和对异父异母兄弟姐妹结婚的限制并无明文规定，处理此类问题以从习惯为宜。

综上所述，我国婚姻家庭法是一个以《宪法》为依据，以起着婚姻家庭基本法作用的《民法典》婚姻家庭编为核心，由各种法律、法规、规章等不同层次的渊源组成的规范体系。

---

[1] 杨大文、龙翼飞、夏吟兰主编：《婚姻家庭法学》，中国人民大学出版社 2007 年版，第 56 页。

[2] 陶毅主编：《新编婚姻家庭法》，高等教育出版社 2002 年版，第 47 页。

三、婚姻家庭法的地位

婚姻家庭法的地位集中反映在两个方面：①婚姻家庭法在法律体系中所处的地位，反映了婚姻家庭法在立法体例上的发展和演变；②婚姻家庭法与其他法律的关系，反映了现实法律体系中婚姻家庭法与各部门法相互补充、相互渗透、相互独立又相互分工的内在关系。

（一）婚姻家庭法在立法体例上的发展

自婚姻家庭法产生以来，在不同的法律体系中，其法律地位也是截然不同的。

1. 诸法合体时期的古代婚姻家庭法。在整个古代，无论是奴隶社会的法律，还是封建社会的法律，中外各国立法上均有一个共同的形式特征，即"民刑不分，诸法合体"。一部法典性质的规范性文件中包容了各方面的法律问题，没有明确具体的法律部门的划分。在这种立法模式下，有关调整婚姻家庭关系的法律规范，散见在内容庞杂的一部统一法典中，在法律体系中没有独立的地位。在中国整个封建社会的法律中，其主要内容是关于犯罪、刑罚、司法行政等方面的规定，同时，也夹杂有财产关系、亲属关系等内容。如汉《九章律》始设"户律"章，此后的法律，均有"户婚"之规定。古代外国的婚姻家庭立法，也同样被包括在内容杂乱的统一法典之中。如古巴比伦王国的《汉谟拉比法典》、古罗马的《十二铜表法》和东罗马帝国的《查士丁尼法典》以及《希伯来法》《日耳曼法》和欧洲中世纪的教会法等都体现了"民刑不分，诸法合体"的特点。

2. 附属于民法的近代婚姻家庭法。法律部门的划分，是随着资本主义法制的形成而实现的。近代资本主义制度的建立和发展，促进了资本主义法制和法律体系的逐步形成与完善，开始了法律体系由诸法合体的形式向各个法律部门相互独立的演变。在分立过程中，首先划分出实体法和程序法，随后在实体法中划分出民法与刑法以及国家法、行政法、国际法等法律部门，并建立起不同的法律学科。但是，在资产阶级法律体系中，基于资产阶级把婚姻家庭关系从属于私有财产关系、把身份法的许多行为看作民事契约的认识，婚姻家庭方面的立法仍然不是作为一个独立的法律部门出现的，而是被包括在民法之中，以亲属法或其他名称出现，作为民法的一个组成部分。如属于大陆法系的法国、德国、瑞士、日本等国的民法典中均包含有亲属法。

附属于民法的近代婚姻家庭法，因所属法系的不同，在表现形式上也有所不同，反映出亲属法的法律地位不同。

（1）大陆法系国家。以法国、德国、瑞士、日本等国家为代表的大陆法系国家，均颁布了系统的统一成文民法典，将婚姻家庭方面的法律规范纳入民法典之中。根据婚姻家庭法在民法典中所处的位置，具体可分为罗马式和德国式两种不同的编制方法：①罗马式编制法。1804 年的《法国民法典》是其典型代表。该法典将亲属法的主要内容规定在第一编即人法编之中，把私权的享有、人的能力等与婚姻家庭关系规定在一起，没有专门的亲属编和亲属法之名。②德国式编制法。以 1900 年《德国民法典》为其典型代表。该法共分为五编，其中亲属法被列为第四编，即将亲属编列在总则、债权、物权编之后，继承编之前。同时，在内容上把私权的享有和人的能力等置于总则部分，把有关婚姻家庭的法律规范集中规定在民法分则部分，作为独立的一编。

（2）英美法系国家。英美法系各国的亲属法同样被视为民法的分支。与大陆法系明显不同的是，这些国家的法律，除了以不成文的习惯法和判例法作为婚姻家庭法的渊源以外，还有制定法（即一系列的单行法规组成婚姻家庭方面的成文法），如英国、美国的结婚法、离婚法、已婚妇女财产法、养子法等。不论成文法还是不成文法，都被视为民法的组成部分，处于附属于民法的地位。直到现代，部分资产阶级国家的亲属法，仍然沿袭着这种立法模式。

3. 形成独立法律部门的现代婚姻家庭法。人类历史进入 20 世纪后，一方面西方资本主义社会发生了较大的变化，各国相继对婚姻家庭法进行改革和完善，在婚姻家庭法现代化过程中取得了相当的进展；另一方面诞生了以苏联为代表的一批社会主义国家。苏联十月社会主义革命胜利后，于 1918 年颁布施行了世界上第一部独立的调整婚姻家庭关系的法典，即《苏俄婚姻家庭和监护法典》，从一开始即以独立的法律部门出现。至此，在世界法制史上，婚姻家庭法才首次从民法中分离出来，成为一个独立的法律部门。受其影响，第二次世界大战以后，东欧一些社会主义国家如前南斯拉夫、民主德国以及罗马尼亚、保加利亚等国家也先后采用这种立法模式，颁布施行了独立的家庭方面或婚姻方面的法典。中华人民共和国成立后先后颁布施行了两部婚姻法，作为我国社会主义法律体系中一个独立的法律部门，基本上仿效了苏联模式。1986 年我国《中华人民共和国民法通则》（以下简称《民法通则》）颁布后，确立了婚姻家庭法在立法体例上应属于广义的民事法律的组成部分，而不是一个独立的法律部门，这正式宣告了婚姻家庭法向民法的回归。我国《民法典》的颁布，再次从立法上确认了婚姻家庭法是我国民法的重要组成部分。但也要看到，婚姻家庭法在民法中具有相对独立的地位。例如在婚姻家庭领域中的平等主体，是基于亲属身份发生人身关系和财产关系的，具有特殊性，在性质上不同于其他民事法律关系。

（二）婚姻家庭法与其他法律的关系

我国现行的社会主义法律体系是一个统一的、各自独立又具有相互有机联系的整体。不同的法律部门之间既相互独立，又相互渗透；既相互分工，又相互补充，并共同为保障自然人、法人和非法人组织的合法权益、巩固和发展社会主义制度、构建社会主义和谐社会服务。与此同时，婚姻家庭法又因其特定的调整对象和调整方法而与其他法律区别开来。

1. 婚姻家庭法与宪法。宪法是国家的根本大法，在我国法律体系中居于最高位阶，具有最高法律效力，是包括《民法典》在内的全部法律的立法基础。我国现行宪法中有关婚姻家庭的条款，如男女平等，保护婚姻、家庭、母亲和儿童，父母子女之间的抚养、赡养，禁止破坏婚姻自由，禁止虐待老人、妇女和儿童等，都是我国婚姻家庭法的制定根据。同时，这些原则规定又是通过婚姻家庭法中的具体规定加以具体化、系统化，成为可以操作执行的法律制度和法律规范。

2. 婚姻家庭法与其他民事法律。就婚姻家庭法在我国现行法律体系中的地位而言，在 1986 年《民法通则》颁布前，曾将婚姻家庭法作为独立的法律部门；《民法通则》颁布后，正式宣告了婚姻家庭法向民法的回归，确立了婚姻家庭法在立法体例上应属于广义的民事法律的组成部分，它具有与物权法、合同法、侵权责任法、继承法等居于相同层次的基本法地位，具有基本法的效力，它们共同构成我国民法的重要组成部分。2017 年 3 月 15 日我国《中华人民共和国民法总则》（以下简称《民法总则》）的颁布，有力地推进我国民法典的编纂进程，促进民法"大家庭"的团圆。我国《民法典》由总则、物权、合同、人格权、婚姻家庭、继承和侵权责任七编和附则构成。因此，婚姻家庭关系与其他民事法律的关系是同一法律部门中的内部关系。这种关系主要集中在两个方面：

（1）《民法典》总则编中的某些一般性规范同样适用于婚姻家庭法领域。例如，《民法典》总则编中关于自然人的民事权利能力和民事行为能力、姓名、住所、监护和法定代理、宣告失踪和宣告死亡等规定，对婚姻家庭法具有直接或间接的依据作用。

（2）《民法典》婚姻家庭编是在吸纳《婚姻法》《中华人民共和国收养法》（以下简称《收养法》）等民事单行法内容的基础上，根据新时代调整婚姻家庭关系的需要，专门针对婚姻家庭关系而作的规定，共分 5 章 79 条。内容涵盖一般规定、结婚、家庭关系、离婚、收养等方面，它们直接构成婚姻家庭法的重要渊源。而对于《民法典》物权编关于财产所有权和共有等规定，《民法典》合同编关于合同的订立、履行、保全等规定，《民法典》人格权编关于自然人人格权的规定，《民法典》继承编关于法定继承、遗嘱继承和遗产的处理等规定，当涉及夫妻、父母子女等家庭成员时，这些其他民事法律的相关规定也构成婚姻家庭法的重要渊源。与此同时，由于婚姻家庭法调整对象的特殊性，它与其他民事法律也存在一定区别。这主要体现在人身权发生的依据、人身权与财产权的关联性以及财产关系的处理原则均有所不同。

3. 婚姻家庭法与行政法。行政法是调整国家行政机关在实现其行政管理职能的过程中所发生的各种社会关系的法律规范的总和。婚姻家庭方面也有不少涉及行政法领域的问题，主要有：①公民的结婚登记、离婚登记、复婚登记、收养登记等都属于行政登记管理的范围。婚姻登记本身就是一种行政管理活动，直接由行政法规范，婚姻登记机关准予或不准予登记是具体行政行为。《婚姻登记条例》既属于行政法范畴，又属于婚姻家庭法的内容之一，具有双重性。②公民因出生、死亡、婚姻、收养而发生的身份变化，往往引起户籍、住所的变更，均须依行政程序办理户籍登记。③对于违反婚姻家庭法但尚未构成犯罪的行为，应视情节轻重依照有关行政法给予行政处分或行政处罚。④对涉及婚姻家庭关系事项的具体行政行为，可以依行政程序申请复议。⑤推行计划生育需要借助相应的行政措施。因此，通过行政程序对有关婚姻家庭的某些事项进行必要的管理和监督，是国家保护婚姻家庭关系的重要手段。

4. 婚姻家庭法与刑法。刑法是规定犯罪和刑罚的法律。它对犯罪行为所采取的制裁手段，是各种法律手段中最为严厉的。公民在婚姻家庭方面的合法权益、国家确立的婚姻家庭制度等，既受到婚姻家庭法的保护，也受到刑法的保护。我国《刑法》分则第四章"侵犯公民人身权利、民主权利罪"对暴力干涉婚姻自由罪、重婚罪、破坏军婚罪、虐待罪、遗弃罪、拐骗儿童罪等妨害婚姻家庭罪作了具体规定。

5. 婚姻家庭法与民事及刑事诉讼法。民事诉讼法是人民法院处理民事案件的程序性法律，它从司法程序方面保障民事法律、法规的正确实施。婚姻家庭法与民事诉讼法是实体法与程序法的关系。人民法院在审理有关夫妻之间、父母子女之间以及其他家庭成员之间发生的权利义务纠纷、解除收养纠纷、有关婚姻效力的纠纷、离婚后关于子女和财产问题的纠纷等，在程序上均须依照民事诉讼法的规定处理。人民法院审理妨害婚姻家庭关系的各类刑事案件，在程序制度上适用刑事诉讼法的规定。

第四节　我国婚姻家庭立法的发展

导入案例

　　1924 年农历四月十五，封某出生在甘肃省华池县城壕乡转嘴子村樊坪庄，乳名捧儿。幼时，捧儿便被许配给张某为妻。随着年龄渐长，两人互生爱慕之意。但因张家贫穷，捧儿又被父亲另许其他人家，遭到捧儿拒绝。张某家担心夜长梦多，便集合族人夜闯封家，抢走捧儿，为两人完婚。封父到县政府状告张家"抢劫民女"，县司法处未作深入调查，即宣布婚姻无效。后在陕甘宁边区新生活的感召下，捧儿徒步走上百里路，到庆阳专署驻地庆阳城状告"父母之命、媒妁之言"对她婚姻的干涉以及县抗日民主政府断案不公，奋力争取婚姻自主的权利。时任陇东分区专员兼陕甘宁边区高等法院陇东分庭庭长的马锡五（中华人民共和国成立后曾任最高人民法院副院长），采取调查、调解与审判相结合的方式，协同县政府召开群众大会，进行公开宣判，纠正了华池县抗日民主政府的错误判决，使这对有情人终成眷属，"马锡五审判方式"也由此诞生。

　　本案知识点：中华人民共和国成立之前革命根据地婚姻法的贯彻和执行。

一、我国古代婚姻家庭立法

（一）奴隶社会的婚姻家庭立法

　　在奴隶社会，成文法典出现得较晚。奴隶社会的婚姻家庭关系主要由维护宗法制度的"礼"以及奴隶主阶级所认可的习惯、道德来加以调整，实行奴隶主贵族的宗法制度。这种宗法制度始于夏、商，而完备于周。所谓宗法制度，就是奴隶主阶级一方面通过血缘纽带将同姓贵族联结起来，以天子为大宗，以诸侯为小宗，诸侯在本国为大宗，以卿、大夫为小宗，依次递降。每一个大宗、小宗，都是一个家长制的大家族，从天子起至士止，合成一个庞大的宗族体系；另一方面又通过异姓贵族间联姻形成一个广泛的亲属网络。这就是宗法家族组织，也是宗法国家组织。奴隶主阶级为了维护这种宗法制度，设立了名目繁多的礼。这种礼，具有法的性质，是调整当时社会关系的行为规范，在广义上也是婚姻家庭法的组成部分。因此，中国奴隶社会的婚姻家庭制度带有鲜明的详于礼而略于法的特点。

　　礼的主要内容是婚礼和家礼。所谓婚礼，是指嫁娶之礼，其内容包括纳采、问名、纳吉、纳征、请期、亲迎等结婚的程序，也称结婚"六礼"。所谓家礼，是指冠、丧、祭等礼。冠礼是成年之礼，它是确定男性奴隶主在家庭和社会中权力和地位的程序。丧礼和祭礼则是维护奴隶主阶级宗法制度的主要措施，它不仅要求对死者"厚葬久丧"，而且要求活着的人以各种不同的丧服，区别其亲疏、远近、尊卑、长幼、高低、贵贱等身份，从而为维护等级森严的宗法制度服务。这种礼制规范具有以下特征：①婚姻家庭制度完全依附于宗法制度，是宗法制度的组成部分。以婚姻为基础的家庭并不是独立的，只是宗法系统中的细胞组织。当时的礼制规范确认"父为子纲""夫为妻纲"为婚姻家庭制度的基本准则，而这一准则又是宗法制度的支柱。②将原始社会的一夫一妻制演化为严格等级化的一夫多妻制，使奴隶主对女性的占有同他们在宗法等级中所处的地位相一致。③以"孝""悌"作为家庭关系、宗族关系的最高原则。各种婚礼和家礼规范，使夫权、父权、族权、家长权融为一体，目的都是维护家庭、宗族乃至全社会的宗法统治秩序。

（二）封建社会的婚姻家庭立法

从战国时期开始，中国进入了封建社会。在漫长的封建制时代，调整婚姻家庭关系的规范是礼、律并用的。历代封建王朝继承了奴隶社会的礼制，并加以改造和发展，使之更加符合封建宗法统治和封建社会婚姻家庭制度的需要，同时，又通过律、令等成文法，确立了有关婚姻家庭的封建法制。调整婚姻家庭关系的法律，成了历代封建王朝法律制度的有机组成部分。

我国封建社会前期的婚姻家庭立法，自秦汉时期即初具规模。据《秦律竹简》记载，秦时已有"家罪"之名；汉《九章律》专设"户律"，制定了户籍、婚姻等方面的规范，开封建时代户婚立法之先河，为以后各朝代承袭并不断充实；三国两晋南北朝时期的法律，上承汉制，均有户婚的规定，《北齐律》中改称"户婚律"，《北周律》中分列"婚姻""户禁"两篇；隋朝的《开皇律》《大业律》对户与婚均有规定。婚姻家庭立法至唐代进入了全盛时期，并为宋、元、明、清各代相继沿用。唐《永徽律疏》以"户婚"为第四篇，计46条，主要是有关户籍、土地、纳税及婚姻家庭等方面的内容：在婚姻方面，对于主婚权、结婚的条件、程序、违律嫁娶、"七出"和"义绝"等都作了具体规定；在家庭方面，对于禁止子孙"别籍异财"和立嫡违法等均作了规定。唐律户婚立法，在我国封建时代的婚姻家庭立法中起着承上启下的作用，并对周边一些国家和地区的婚姻家庭立法产生了相当大的影响；宋朝的法律沿用唐律，但其"户婚律"载于刑统之中；辽、金、元各代的法典中均有户、婚事项的规定；明律分设"吏、户、礼、兵、刑、工"六律，"户律"中有"婚姻"等7篇；清律沿用明律，对户婚亦作了规定。但当时的婚姻家庭法仍具有诸法合体和用刑罚处理婚姻家庭违法事项等特点，多以"婚律""户律"之名置于混杂的统一律令之中。封建时代的户婚立法除了法典之外还有一些其他法律形式，如历代的户令等。在封建社会后期，与律并行的例，在调整婚姻家庭关系方面也起着很重要的作用，成为处理婚姻家庭案件的直接依据。

综观中国封建社会的礼制和法制，这种婚姻家庭制度具有以下特征：①包办强迫和买卖婚姻，男女没有婚姻自由；②一夫一妻多妾制；③男尊女卑，夫权统治；④家长专制，漠视子女利益；⑤实行以"出妻"为主要方式的男子专权离婚制。

二、半殖民地半封建社会婚姻家庭立法

中国自 1840 年鸦片战争之后，逐渐沦为半殖民地半封建社会。在帝国主义、封建主义和官僚资本主义长达一百多年的统治下，封建主义婚姻家庭制度的经济基础和上层建筑并没有改变，封建礼教在婚姻家庭生活中仍然具有很大的影响，整个社会实行的仍然是封建主义的婚姻家庭制度，包括婚姻家庭制度在内的整个社会制度均具有殖民地性和封建性的两重性特点，反映在立法上即在不触动封建婚姻家庭制度的前提下，统治阶级采用改良主义的手法，模仿、袭用资本主义国家的亲属立法，从而使婚姻家庭法具有半殖民地半封建的性质和特点。如以专章规定了家长制，变相地肯定了纳妾制，保留了封建的一夫一妻多妾的婚姻形式；公开规定了父母对子女的主婚权等。从总体上说，在这一时期，实行的仍然是封建主义的婚姻家庭制度，当时的统治阶级并没有对婚姻家庭制度实行根本的改革，其婚姻家庭立法也带有浓厚的封建色彩。

（一）清末婚姻家庭立法

1910 年，清政府颁行《大清现行刑律》，这仍是一部诸法合体的法律，其中有关婚姻家庭方面的规定，与唐、宋、明、清各律如出一辙，具有浓厚的封建性。例如它保留了亲属的服制，以"不孝"为"十恶"之一，维护父母、尊长对子女、卑幼的主婚权，肯定和保护立嫡制度、纳妾制度，禁止祖父母、父母在世时子孙"别籍异财"，以"七出"作为离婚条件等。1911 年 8 月清政府草拟成而未得公布的《大清民律草案》是中国第一部独立的民法典草案，是中国民法（包括婚姻家庭法）近代化的最初尝试。该草案分民法总则、物权、债权、亲属、继承等 5 编。其中亲属编分为 7 章，包括通则、家制、婚姻、亲子、监护、亲属会、扶养之义务，共计 143 条，在内容上保留了许多的封建礼法因素。该草案未及公布，清政府即告垮台。

（二）北洋军阀统治时期婚姻家庭立法

北洋军阀政府统治时期，调整婚姻家庭关系的法律仍援用被称为"民事有效部分"的《大清现行刑律》中有关民事部分的规定，同时以大理院的解释和判例补充律之不足。1915年北洋军阀政府制定了《民律亲属编草案》，1926年又制定了具有浓厚封建性的《民律草案》，其中设有亲属一编，但没有正式颁行。

（三）"国民党政府"时期的婚姻家庭立法

1928年"国民党政府法制局"起草了"亲属法草案"，计28条，为后来的"民法典·亲属编"的起草作了立法上的准备。1929年1月，"国民党立法院"设立民法起草委员会，负责起草"民法典"。1930年12月6日"国民党政府"公布了"民法·亲属编"，于1931年5月5日开始生效施行。亲属编分为通则、婚姻、父母子女、监护、扶养、家和亲属会议等7章，计171条。这部"亲属法"是中国半殖民地半封建社会婚姻家庭立法的集大成者，从法律形式上完成了中国婚姻家庭法从古代型到近代型的过渡。但它在很大程度上是对资本主义婚姻家庭立法的模仿和袭用，没有真正地反映中国当时有关婚姻家庭方面的实际情况，因此，它不是中国婚姻家庭制度改革的成果，而是半殖民地半封建社会婚姻家庭制度在法律上的表现，具有封建性和抄袭性。它在不少规定上仍然保有一定的旧的封建色彩，是一部带有浓厚封建色彩又夹杂资本主义立法虚伪性的混杂型法律。如该法用专章规定了家制，目的是从法律上维护封建主义的宗法制度，而实际上，家制早已为多数资本主义亲属法所不取，近现代的婚姻家庭制度是以个人为本位的，而不是以家庭为本位的。

总之，半殖民地半封建社会的婚姻家庭制度和婚姻家庭立法，具有浓厚的封建性和殖民地色彩，主要表现在：①以专章规定家制；②变相肯定了纳妾制；③公开肯定父母、家长对子女的主婚权。从总体上看，在这一时期，封建婚姻家庭制度在全国范围内仍然居于统治和支配地位。

三、中华人民共和国成立前革命根据地婚姻家庭立法

从1840年鸦片战争到1949年中华人民共和国成立，我国处于民主主义革命阶段。其中，"五四运动"以前，属于旧民主主义革命时期；"五四运动"以后到中华人民共和国成立，属于新民主主义革命时期。在新民主主义革命时期，中国婚姻家庭制度的改革是从属于反帝反封建这个革命总任务的，并同当时的妇女解放运动紧密地结合在一起。各革命根据地在中国共产党的领导下，运用法律武器，开始了对旧婚姻家庭制度的全面改革，以废除封建主义婚姻家庭制度，建立新民主主义婚姻家庭制度。

（一）中华苏维埃共和国的婚姻立法

中国共产党成立后，十分重视对旧的、封建主义的婚姻家庭制度的改革，把推翻旧的、封建主义的婚姻家庭制度，解放妇女作为自己的奋斗目标之一。1927

年以后，随着工农民主政权的建立，许多革命根据地先后通过了有关解放妇女、改革婚姻制度的决议和命令。如 1930 年 3 月 25 日闽西根据地的《婚姻法》、1931 年 7 月鄂豫皖根据地的《婚姻问题决议案》等，这些是建立新的婚姻家庭制度最早的法律文献。1931 年全国性的工农民主政权建立以后，通过了《中华苏维埃共和国宪法大纲》，其中就涉及男女平等、婚姻自由、保护妇女利益的规定。1932 年 12 月颁布了《中华苏维埃共和国婚姻条例》，共 7 章 23 条，包括总则、结婚、离婚、离婚后小孩的抚养、离婚后男女财产的处理、未经结婚登记所生小孩的抚养、附则等。1934 年 4 月，根据婚姻家庭制度改革的经验，对该条例进行了必要的修改，颁行了《中华苏维埃共和国婚姻法》，该法确立了婚姻自由、男女平等、一夫一妻、保护妇女和子女利益的原则，对结婚、离婚的条件和程序以及离婚后的子女和财产问题等都作了具体的规定。这些法律和条例为我国新的婚姻家庭制度的建立奠定了初步的基础，是新中国婚姻家庭立法的源头，在当时的婚姻家庭制度改革中起到了重要的作用。

（二）抗日战争、解放战争时期地区性的婚姻立法

从抗日战争时期到解放战争时期，各个革命根据地都先后颁布了地区性的婚姻条例。如 1939 年 4 月的《陕甘宁边区婚姻条例》、1941 年 4 月的《晋西北婚姻暂行条例》、1941 年 7 月的《晋察冀边区婚姻条例》、1942 年 1 月的《晋冀鲁豫边区婚姻暂行条例》、1945 年 3 月的《山东省婚姻暂行条例》等。在解放战争时期，有的地区还对原有的法规加以修订，或对离婚问题作专门的规定，如 1946 年 4 月的《陕甘宁边区婚姻条例》、1949 年 7 月的《修正山东省婚姻法暂行条例》等，这些条例的基本精神，与中央苏区的婚姻立法精神是完全一致的。出于调整婚姻关系的实际需要，一些条例在某些问题上比中央苏区时代规定得更加具体，丰富了婚姻立法的内容，有力地推动了当时的婚姻家庭制度的改革。

中华人民共和国成立之前各革命根据地婚姻法的制定、贯彻和执行，实现了对封建主义婚姻家庭制度的初步改革，是中国婚姻家庭立法史上的一个重要发展阶段，为中华人民共和国成立初期婚姻家庭制度的改革和法制建设做了重要准备。总之，中华人民共和国成立之前革命根据地的婚姻立法，是我国婚姻家庭法发展史上的第一个阶段。

四、中华人民共和国婚姻家庭立法

（一）1950 年《婚姻法》

中华人民共和国的成立，标志着我国由新民主主义革命时期进入了社会主义革命时期，婚姻家庭方面的法制建设也进入了一个新的发展阶段。

1950 年 4 月 13 日，中央人民政府第七次会议通过了《婚姻法》，并决定自

同年 5 月 1 日起公布施行。它是以 1949 年 9 月通过的、在当时起临时宪法作用的《中国人民政治协商会议共同纲领》为立法依据的，是中华人民共和国成立后颁布的第一部具有基本法性质的法律。

1950 年《婚姻法》既是中国人民在婚姻家庭领域里进行反封建斗争的经验总结，又是为适应中华人民共和国成立后婚姻家庭制度改革的实际需要而制定的。该法第 1 条明确规定："废除包办强迫、男尊女卑、漠视子女利益的封建主义婚姻制度。实行男女婚姻自由、一夫一妻、男女权利平等、保护妇女和子女合法权益的新民主主义婚姻制度。"这一规定概括了婚姻法的基本精神，简言之，就是废旧立新。它既表明了这部法律的立法宗旨，又确定了这部法律的基本原则。

1950 年《婚姻法》共 8 章，即原则、结婚、夫妻间的权利和义务、父母子女间的关系、离婚、离婚后子女的抚养和教育、离婚后的财产和生活、附则，共计 27 条。内容以调整婚姻关系为主，同时也对家庭关系作了必要的规定，只是比较简略而已。名称虽为婚姻法，实际上以婚姻家庭关系为其调整对象。

为保证婚姻家庭制度改革的顺利进行和中华人民共和国第一部《婚姻法》的贯彻实施，早在 1950 年 4 月，中共中央就发出了《关于保证执行婚姻法给全党的通知》。中共中央和政务院于 1952 年 11 月 25 日和 1953 年 2 月 1 日分别发出了关于贯彻婚姻法的重要指示，规定 1953 年 3 月为全国贯彻婚姻法运动月。1953 年 2 月 18 日，中共中央又发出了《关于贯彻婚姻法运动月工作的补充指示》。宣传贯彻婚姻法的运动，使婚姻法广泛普及，基本上达到了家喻户晓、深入人心的程度，人们自主婚姻的数量显著增加，从而取得了中华人民共和国成立初期婚姻家庭制度改革的决定性胜利。从 20 世纪 50 年代初期到 60 年代中期，我国婚姻家庭制度的改革取得了明显成效，顺利地实现了从民主主义性质的改革到社会主义性质的改革的转变，社会主义婚姻家庭制度已经初步地建立起来。可见，1950 年《婚姻法》的颁布和实施，是我国婚姻家庭法发展史上的第二个阶段。这部婚姻法的公布和贯彻执行，有力地推动了社会主义革命和建设事业的发展。

（二）1980 年《婚姻法》

党的第十一届三中全会以来，我国进入发展经济、健全法制的新的历史时期，民主与法制建设进入了一个新的发展阶段，即第三个发展阶段。

从 1950 年《婚姻法》颁布到 1980 年，我国婚姻家庭领域出现了许多新情况、新问题，人们的婚姻家庭观念和婚姻家庭关系发生了重大变化，婚姻家庭制度也在不断完善、发展，这些都需要用法律的形式加以确认和调整。1980 年 9 月

10 日，第五届全国人民代表大会第三次会议通过了第二部《婚姻法》，并决定自 1981 年 1 月 1 日起施行，1950 年《婚姻法》自新婚姻法施行之日起废止。

1980 年《婚姻法》共分 5 章 37 条，即总则、结婚、家庭关系、离婚、附则。它是在 1950 年《婚姻法》的基础上，根据 30 年来的实践经验和婚姻家庭领域中出现的新情况、新问题而制定的，是对 1950 年《婚姻法》的继承和发展。这体现在：一方面它继承了 1950 年《婚姻法》中的基本原则和行之有效的规定；另一方面又适应社会变化发展要求，根据新情况、新问题，在内容上作了必要的修改和补充，从而丰富和发展了我国的婚姻家庭立法。

与 1950 年《婚姻法》相比较，1980 年《婚姻法》对我国婚姻家庭立法的发展主要体现在以下几个方面：

1. 完善了婚姻法的基本原则。除保留原婚姻法中的婚姻自由、一夫一妻、男女平等原则外，将保护妇女和子女的合法权益扩大为保护妇女、儿童和老人的合法权益，增加了计划生育原则。在保障原则实施的禁止性条款中，增加了禁止买卖婚姻、禁止家庭成员间的虐待和遗弃的规定。

2. 修改了结婚条件：①提高了法定婚龄，将男 20 岁、女 18 岁提高到男 22 周岁，女 20 周岁，同时还增加了"晚婚、晚育应予鼓励"的规定；②禁止三代以内旁系血亲间的通婚；③对禁止结婚的疾病在提法上作了适当修改。

3. 扩大了对家庭关系的法律调整。1950 年《婚姻法》只规定了夫妻间、父母子女间的权利和义务，1980 年《婚姻法》将祖孙和兄弟姐妹关系也列入调整范围，赋予其一定的法律效力。

4. 修改和增补了离婚条款。在程序上，规定男女一方要求离婚的，可由有关部门进行调解或直接向人民法院提出离婚诉讼；在实体上，增设了有关判决离婚的法定理由的规定；在离婚后子女的抚养教育、财产和生活等问题上，对原规定也作了适当的修改。

此外，1980 年《婚姻法》还在附则中对违法行为的制裁、有关财产问题的判决和裁定的执行、民族婚姻和婚姻法的时效等问题作出了规定，维护了法律的权威性和严肃性。

1980 年《婚姻法》的颁布和实施，有力地加强了婚姻家庭关系的法律调整，进一步健全了婚姻家庭法制，维护了自然人的合法权益，巩固和发展了社会主义婚姻家庭制度，促进了社会的安定团结和物质文明、精神文明建设。它的颁布与施行，标志着我国的婚姻家庭制度在经历了"文化大革命"后重新走上了健康发展的轨道。

从 20 世纪 80 年代到 20 世纪 90 年代，我国婚姻家庭方面的法制建设取得了重要进展，先后颁布的《民法通则》《未成年人保护法》《妇女权益保障法》《老年人权益保障法》等法律中均有有关婚姻家庭方面的法律规范，1991 年通过的《收养法》成为婚姻家庭法的重要组成部分。最高人民法院总结了我国人民法院长期的审判经验，对婚姻家庭法规范的适用作了一系列司法解释，划定了许多具体的政策界限。同时，国家有关部门和各地都颁行了不少有关婚姻家庭方面的规范性文件，其内容涉及婚姻登记，收养登记，保护妇女、儿童和老人合法权益，涉外婚姻，涉侨婚姻，涉港澳台婚姻等各个方面。它们以《宪法》为立法依据，以《婚姻法》为主干，初步形成了一个调整婚姻家庭关系的法律体系。

（三）2001 年《婚姻法修正案》

1980 年《婚姻法》颁布施行二十多年来，在调整婚姻家庭关系方面发挥了重要的作用。然而，自我国实行改革开放以来，随着社会生活发生的巨大变化，婚姻家庭生活中也出现了许多新情况和新问题。作为调整婚姻家庭关系的婚姻法显得过于粗糙和简单，不仅存在着若干立法上的空白，而且某些规定已经明显滞后于现实生活。因此，修改、完善 1980 年《婚姻法》就成了历史和现实的必然需求。

1980 年《婚姻法》的修改，从 20 世纪 80 年代末 90 年代初开始至 2001 年止，大体上经历了酝酿阶段、委托起草阶段、立法机关起草阶段等过程。经过 2000 年 10 月、12 月和 2001 年 4 月历时半年的三次审议之后，2001 年《婚姻法修正案》终于在 2001 年 4 月 28 日第九届全国人民代表大会常务委员会第二十一次会议上获得通过并颁布实施。这是根据依法治国的精神进一步完善我国婚姻家庭法制的重大立法措施。

修正后的《婚姻法》共分 6 章 51 条，增加了 1 章 14 条，修改补充近三十处。尽管它的修改带有过渡性的特点，总的体系和结构未变，但在内容上对 1980 年《婚姻法》作出了若干重要的补充和修正，主要以增设、补充、修正等方式填补了婚姻家庭方面的立法空白，丰富和细化了原有的规定，并注重吸纳了最高人民法院的有关司法解释，增强了立法的针对性，体现出 2001 年《婚姻法修正案》对我国婚姻立法的发展，该修正案对于健全和完善社会主义婚姻家庭法律制度、保护公民的婚姻家庭权益都具有很重要的意义。

修正后的《婚姻法》与 1980 年《婚姻法》相比较，具有以下创新：

1. 体现了依法治国和以德治国的结合。婚姻家庭领域的问题不可能全部由法律本身来解决，还应当依靠道德等各个方面共同配合。以道德来规范婚姻家庭关系，使尊重个人合法权益与承担社会责任相统一，更有利于弘扬社会主义的家庭美德，有利于社会主义婚姻家庭制度的全面贯彻执行。因此，《婚姻法修正案》在总则中专门增加第 4 条规定："夫妻应当互相忠实，互相尊重；家庭成员间应当敬老爱幼，互相帮助，维护平等、和睦、文明的婚姻家庭关系。"这就把法律与道德相互结合，使二者互相补充，互相配合，共同发挥它们在社会的文明与进步以及在婚姻家庭领域中的作用。同时，也避免了法律对于公民个人生活领域的过度干预，给道德调整以相对合理的空间，推动社会主义精神文明的建设。

2. 补充了禁止性条款。

（1）加大了对重婚等行为的遏制打击力度。一方面，《婚姻法修正案》在总则部分第 4 条中规定"夫妻应当互相忠实，互相尊重"，从法律上要求夫妻双方应当相互忠诚，这体现了当今社会绝大多数人的伦理道德观念和现实要求；另一方面，为了遏制社会上存在的"包二奶"等现象，又考虑到在立法上逐一列举违反一夫一妻制的行为比较困难，《婚姻法修正案》在总则第 3 条中对原来的规定作了补充，在"禁止重婚"的基础上增加了"禁止有配偶者与他人同居"的规定。与此同时，为了加大对重婚等破坏一夫一妻制行为的打击力度，新增加的第五章"救助措施与法律责任"第 45 条规定："对重婚的，对实施家庭暴力或虐待、遗弃家庭成员构成犯罪的，依法追究刑事责任。受害人可以依照刑事诉讼法的有关规定，向人民法院自诉；公安机关应当依法侦查，人民检察院应当依法提起公诉。"另外，根据《婚姻法》第 46 条的规定，因重婚导致离婚的，无过错方有权请求损害赔偿。这就从立法上加重了有过错方的法律责任，为打击和遏制重婚等违法犯罪行为、坚持我国的社会主义婚姻家庭制度、维护我国社会主义的婚姻家庭秩序提供了有力的法律武器。

（2）补充规定了"禁止家庭暴力"的条款。家庭暴力是家庭成员之间实施的身体上或精神上的不法侵害行为。规定"禁止家庭暴力"，就是要强调家庭成员之间相互尊重人身权利和人格尊严的重要性。它对进一步保护公民特别是妇女、儿童和老人的人身权利，营造反家庭暴力的社会环境，维护平等、和睦、文明的婚姻家庭关系有着十分重要的意义。

3. 增设了必要的法律制度。

（1）增设了无效婚姻与可撤销婚姻制度。增补了无效婚姻与可撤销婚姻方面的规定，内容包括婚姻无效的原因，婚姻撤销的原因、程序、请求权人和请求权行使的时间，婚姻无效和婚姻被撤销的法律后果，进一步完善了我国的婚姻制度。

《婚姻法修正案》第 10 条规定："有下列情形之一的，婚姻无效：①重婚的；②有禁止结婚的亲属关系的；③婚前患有医学上认为不应当结婚的疾病，婚后尚未治愈的；④未到法定婚龄的。"《婚姻法修正案》第 11 条还针对我国目前存在的拐卖妇女、暴力干涉婚姻自由等违法犯罪情况，规定"因胁迫结婚的，受胁迫的一方可以向婚姻登记机关或人民法院请求撤销该婚姻"。在现实生活中，凡包办婚姻、买卖婚姻、第三人干涉的婚姻都可视为可撤销婚姻，受胁迫一方应自结婚登记之日起1年内或恢复人身自由之日起1年内向婚姻登记机关或人民法院提出撤销请求。

（2）增设了离婚损害赔偿制度，填补了立法上的空白，具有很强的针对性。一方面可以填补无过错方的损害，使无过错方获得心理上的慰藉；另一方面具有制裁和预防违法行为的功能。

4. 修正了原有的法律制度。

（1）对夫妻财产制作了进一步的改进。《婚姻法修正案》在这一部分变化最大，增加了许多新规定：一是明确规定了夫妻在婚姻关系存续期间所得的财产的范围，即夫妻共同财产的范围包括：夫妻在婚姻关系存续期间所得的工资、奖金；生产、经营的收益；知识产权的收益；除《婚姻法》第18条第3项另有规定以外的因继承或赠与所得的财产以及其他应当归夫妻共同所有的财产。二是明确界定了属于夫妻一方所有（即特有）的财产范围。《婚姻法修正案》第18条规定以下财产是专属于夫妻一方所有的财产：①一方的婚前财产；②一方因身体受到伤害获得的医疗费、残疾人生活补助费等费用；③遗嘱或赠与合同中确定只归夫或妻一方的财产；④一方专有的生活用品；⑤其他应当归一方的财产。三是增加了夫妻可以对有关财产作出约定的规定，弥补了原立法上的不足。约定财产的范围既包括婚姻关系存续期间所得的财产，也包括婚前财产。《婚姻法修正案》对约定的内容、形式及法律效力都作出了具体的规定。当夫或妻一方对外负债时，如果第三人知道该约定的，则以夫或妻一方所有的财产清偿债务。四是首次提出了"夫妻书面约定婚姻关系存续期间所得的财产归各自所有，一方因抚育子女、照料老人、协助另一方工作等付出较多义务的，离婚时有权向另一方提出请求补偿，另一方应当补偿"的规定。五是对于因重婚导致婚姻无效的财产处理问题，着重保护合法婚姻当事人的财产权益，首次强调"不得侵害合法婚姻当事人的财产权益"。

（2）适当放宽了一方要求离婚的法定条件。这是修改《婚姻法》时的一个热点问题。《婚姻法修正案》第四章除坚持将"感情确已破裂，调解无效"作为准予离婚的原则性条件外，还结合司法实践经验并吸收司法解释的规定，增设了若干列举性、例示性的规定。《婚姻法》第32条第3款规定："有下列情形之一，调解无效的，应准予离婚：（一）重婚或有配偶者与他人同居的；（二）实施家庭暴力或虐待、遗弃家庭成员的；（三）有赌博、吸毒等恶习屡教不改的；（四）

因感情不和分居满 2 年的；（五）其他导致夫妻感情破裂的情形。"第 4 款还规定："一方被宣告失踪，另一方提出离婚诉讼的，应准予离婚。"在立法上适当放宽了离婚条件，并使原先过于原则化的离婚标准得以具体化，使离婚的法定条件更具有针对性、公开性和可操作性。

5. 针对实际完善了婚姻家庭制度。《婚姻法修正案》针对我国二十多年来婚姻家庭关系出现的新情况和新问题以及 1980 年《婚姻法》存在的缺陷，总结和吸收了婚姻法理论研究成果和司法实践经验，对一些社会普遍关注的热点问题作出了相应的补充完善。

（1）明确规定了老人的再婚权利。《婚姻法修正案》第 30 条规定："子女应当尊重父母的婚姻权利，不得干涉父母再婚以及婚后的生活。子女对父母的赡养义务，不因父母的婚姻关系变化而终止。"这充分体现了对老人婚姻自由的尊重和合法权益的保护，具有很强的针对性和现实意义。

（2）首次规定了父母对子女的探望权利。这也是修订《婚姻法》时的一个焦点。针对现实存在的问题，《婚姻法修正案》第 38 条第 1 款规定："离婚后，不直接抚养子女的父或母，有探望子女的权利，另一方有协助的义务。"探望的方式、时间由双方协议，协议不成时，由人民法院判决。如果父或母探望子女不利于子女身心健康的，由人民法院依法中止其探望的权利。这就使父母对子女的抚养教育的权利和义务能够得到落实和保障，既体现了法律的人文关怀，也填补了我国婚姻家庭立法上的一个空白。

（3）对特定主体和特定时期内一方行使离婚权利作了补充规定。对于现役军人配偶要求离婚须得军人同意的条款，规定了"军人一方有重大过错的除外"。对于男方在女方怀孕期间和分娩后 1 年内离婚诉权的限制，补充了"终止妊娠后 6 个月内"的规定，符合司法实践中出现的实际情况，有利于全面保护妇女的身心健康和合法权益。

（4）对不直接抚养非婚生子女的生父或生母的抚养教育义务也作了明确的规定。即不但不能免除该义务，而且还应当负担至子女能够独立生活时为止。

（5）明确规定夫或妻在家庭土地承包经营中享有的权益，应当依法予以保护。这对于保护不继续行使经营权一方，特别是妇女的合法权益具有重要意义。

6. 强化了对违反义务行为的法律制裁。《婚姻法修正案》第五章"救助措施与法律责任"是新增加的内容，对重婚、家庭暴力、离婚损害赔偿等问题都作出了规定。

（1）强化了对受害人的救助措施。由于家庭暴力和虐待行为有重合，在《婚姻法修正案》中对它们分别加以规定。《婚姻法修正案》第 43~46 条明确规定，家庭暴力、虐待、遗弃、重婚等违法行为的受害人，有权向有关机关和单位提出保护、自诉和损害赔偿等请求，公安机关和人民法院应当及时予以处理和解决。对于实施家庭暴力和虐待家庭成员的，公安机关应依法对施暴者给予行政处罚。重婚或虐待、遗弃家庭成员构成犯罪的，要依法追究其刑事责任。

（2）确立了离婚损害赔偿制度。《婚姻法修正案》明确规定对于因重婚、有配偶者与他人同居、实施家庭暴力、虐待或遗弃家庭成员等原因导致离婚的，无过错方有权请求损害赔偿。这在我国婚姻家庭立法上是一个历史性的突破。

（3）规定了对规避法律行为的制裁办法。如第 47 条是针对在离婚诉讼中企图用"先下手为强"的方式来侵占财产或以"假离婚"为手段来逃避债务的行为而制定的。第 48 条是针对司法实践中出现的拒不执行人民法院已生效的有关扶养费、抚养费、赡养费、财产分割、遗产继承、探望子女等判决或裁定的行为而制定的，人民法院对此可以依法强制执行。

（四）2020 年《民法典》婚姻家庭编

2001 年修订后的《婚姻法》毕竟是一部带有过渡性质的规范性法律文件，从一定意义上讲，这是为我国民法典的制定做前期准备的，而且从内容上看，它仍有许多地方规定得不到位；从体系上看，婚姻家庭法的规范体系尚未全面确立。《婚姻法修正案》的正式施行，使有关婚姻家庭制度的立法暂告一段落，但其立法思考并未终止，该思考将有益于我国《民法典》婚姻家庭编立法的构筑。[1]

1. 我国《民法典》的立法概况。我国民事立法以 1950 年公布的《婚姻法》为开篇，开启民法制度的新篇章。1954 年、1962 年、1979 年我国相继三次启动民法典的起草工作。1985 年至 1999 年，根据全国人大常委会先制定民事单行法的统一部署，我国先后公布了《民法通则》《中华人民共和国担保法》（以下简称《担保法》）、《中华人民共和国合同法》（以下简称《合同法》）等民事单行法律。2001 年 1 月，我国第四次启动民法典起草工作。2002 年 12 月，《中华人民共和国民法典（草案）》（以下简称《民法典（草案）》）首次提请全国人大常委会审议，并决定继续采取分别制定民事单行法的办法。2007 年，公布《中华人民共和国物权法》（以下简称《物权法》）；2009 年，公布《中华人民共和国侵权责任法》（以下简称《侵权责任法》）。随着《侵权责任法》诞生，我国形成了以《婚姻法》《中华人民共和国继承法》（以下简称《继承法》）、《民法通则》《收养法》《担保法》《合同法》《物权法》《侵权责任法》《中华人

---

〔1〕 王歌雅：《中国亲属立法的伦理意蕴与制度延展》，黑龙江大学出版社 2008 年版，第 323 页。

民共和国涉外民事关系法律适用法》（以下简称《涉外民事关系法律适用法》）为主的单行民法并行的民事法律体系，《民法典》编纂时机逐渐成熟。

2014 年 10 月，党的十八届四中全会通过的《中共中央关于全面推进依法治国若干重大问题的决定》中明确提出编纂《民法典》。2016 年 3 月，第十二届全国人大四次会议确认民法典编纂工作分两步走的立法规划。第一步先出台《民法总则》；第二步编纂《民法典》各分编，适时出台《民法典》。2017 年 3 月，第十二届全国人大五次会议审议通过《民法总则》，完成了民法典编纂的第一步。2018 年 8 月，第十三届全国人大常委会第五次会议对《民法典》各分编（草案）进行了初次审议。这标志着民法典编纂工作迈出第二步。2018 年 12 月、2019 年 4 月、6 月、8 月、10 月，第十三届全国人大常委会第七次、第十次、第十一次、第十二次、第十四次会议分别对《民法典》各分编（草案）进行拆分审议。2019 年 12 月，第十三届全国人大常委会第十五次会议对《民法典（草案）》进行整体审议。2020 年 5 月 28 日，第十三届全国人大第三次会议审议通过并正式颁布了《民法典》，于 2021 年 1 月 1 日起施行。至此，我国民法典的编纂工作全面完成。这是我国首部《民法典》，也是我国迄今为止唯一的以"典"命名的法律。它的颁布与实施标志着我国将从民事单行法时代迈入民法典时代。

2. 我国《民法典》婚姻家庭编的新内容。

（1）婚姻家庭编的新增内容。

第一，规定了近亲属范围。界定了亲属的种类，明确了近亲属与家庭成员的范围，理顺了亲属与家庭成员间的权利义务关系。《民法典》第 1045 条规定亲属包括配偶、血亲和姻亲，明确了婚姻法意义上的近亲属范围，即配偶、父母、子女、兄弟姐妹、祖父母、外祖父母、孙子女、外孙子女为近亲属。

第二，婚前隐瞒疾病可请求撤销婚姻。《民法典》第 1053 条取消了将疾病作为禁止结婚情形的规定，并将其作为可撤销婚姻的一种法定情形。《民法典》第 1053 条规定："一方患有重大疾病的，应当在结婚登记前如实告知另一方；不如实告知的，另一方可以向人民法院请求撤销婚姻。""请求撤销婚姻的，应当自知道或者应当知道撤销事由之日起 1 年内提出。"

第三，婚姻无错方可请求损害赔偿。《民法典》第 1054 条第 2 款规定，"婚姻无效或被撤销的，无过错方有权请求损害赔偿"。这作为离婚损害赔偿的兜底性条款，通过采用经济手段制裁过错方，加大了对无错方的保护力度。

第四，夫妻共同财产范围得到扩大。《民法典》第 1062 条对夫妻共同财产的范围作了更清晰的界定，明确将劳务报酬和投资收益列为夫妻共同财产。劳务报酬主要是个人独立从事于各种技艺、提供各种劳务取得的报酬。投资收益既包含了夫妻一方利用共同财产进行投资所获的收益，也包含了一方利用个人财产在婚姻存续期间进行投资活动所获得的收益。婚前个人财产婚后投资所得、婚后共同财产婚后投资所得、约定为个人财产的婚后投资所得等均属于投资收益，应为夫妻共同财产。

第五，夫妻一方可以限制另一方实施民事法律行为的范围。《民法典》第1060条第2款规定，夫妻一方可以对另一方限制其可以实施的民事法律行为的范围。

第六，人身损害获得的赔偿或补偿均为个人财产。根据《民法典》第1063条第2项的规定，"一方因受到人身损害获得的赔偿或者补偿"属于夫妻个人财产。据此，夫妻一方因人身损害而获得的赔偿和补偿，包括残疾赔偿金、护理费、营养费、误工费等人身损害费用，都属于夫妻个人财产。

第七，婚内单方举债未必是夫妻共同债务。《民法典》第1064条明确规定："夫妻双方共同签名或者夫妻一方事后追认等共同意思表示所负的债务，以及夫妻一方在婚姻关系存续期间以个人名义为家庭日常生活需要所负的债务，属于夫妻共同债务。夫妻一方在婚姻关系存续期间以个人名义超出家庭日常生活需要所负的债务，不属于夫妻共同债务；但是，债权人能够证明该债务用于夫妻共同生活、共同生产经营或者基于夫妻双方共同的意思表示的除外。"

第八，夫妻享有婚内分割共同财产的请求权。《民法典》第1066条规定："婚姻关系存续期间，有下列情形之一的，夫妻一方可以向人民法院请求分割共同财产：（一）一方有隐藏、转移、变卖、毁损、挥霍夫妻共同财产或者伪造夫妻共同债务等严重损害夫妻共同财产利益的行为；（二）一方负有法定扶养义务的人患重大疾病需要医治，另一方不同意支付相关医疗费用。"

第九，亲子关系有异议可以提起诉讼。《民法典》第1073条规定："对亲子关系有异议且有正当理由的，父或者母可以向人民法院提起诉讼，请求确认或者否认亲子关系。对亲子关系有异议且有正当理由的，成年子女可向人民法院提起诉讼，请求确认亲子关系。"这一条文增加了一个新规则，即亲子关系确认和亲子关系否认规则。这就从立法上确认了亲子关系的确认与否认制度。

确认亲子关系。确认亲子关系，也称为非婚生子女认领，是指生父对于非婚生子女承认为其父而领为自己子女的行为。非婚生子女一经认领，即为婚生子女，产生父亲与子女间的权利义务关系，无论任意认领还是强制认领，均与婚生子女相同。

亲子关系否认。否认亲子关系，也叫婚生子女否认，是父或者母对推定为婚生子女的婚生性，提供否定性证据推翻婚生性推定的证明，否定其为婚生子女的制度。

第十，为协议离婚设置了离婚冷静期。《民法典》第 1077 条规定："自婚姻登记机关收到离婚登记申请之日起三十日内，任何一方不愿意离婚的，可以向婚姻登记机关撤回离婚登记申请。前款规定期限届满后三十日内，双方应当亲自到婚姻登记机关申请发给离婚证；未申请的，视为撤回离婚登记申请。"据此，首先，有一方或者双方在 30 天内反悔撤回离婚登记申请，离婚登记申请无效。其次，双方在第二个 30 天内，没有一起去婚姻登记机关申请离婚证的，离婚登记申请也无效。

第十一，人民法院判决不准离婚后分居满 1 年再诉应判离。《民法典》第 1079 条第 5 款规定："经人民法院判决不准离婚后，双方又分居满一年，一方再次提起离婚诉讼的，应当准予离婚。"这条规定是司法实践经验的总结。对于人民法院在认定夫妻是否离婚的情形中，又多了一条更为明确客观的认定标准，有助于破解人民法院"久调不判"的困局。

第十二，建立收养评估机制。《民法典》第 1105 条规定，县级以上人民政府民政部门应当依法进行收养评估。这一规定有助于符合收养条件的被收养人和收养人建立合法的收养关系。

（2）婚姻家庭编的修订内容。

第一，疾病作为婚姻无效的情形被删除。根据《婚姻法》第 7 条第 1 款第 2 项的规定，婚前患有医学上认为不应当结婚的疾病的，属于禁止结婚的一种情形。《婚姻法》第 10 条第 1 款第 3 项还将其规定为婚姻无效的一种法定情形。《民法典》第 1051 条取消了《婚姻法》将疾病作为禁止结婚情形的规定，法律上不再将患有医学上认为不应当结婚的疾病列为禁止结婚的情形。这里的医学上认为不应当结婚的疾病，主要包括了严重遗传性疾病、指定传染病及有关精神病等。

第二，离婚后 2 周岁以下子女由母亲直接抚养，已满 8 周岁的，应当尊重子女个人意愿。《民法典》第 1084 条第 3 款将《婚姻法》规定的"哺乳期内的子女，以随哺乳的母亲抚养为原则"修改为"不满两周岁的子女，以由母亲直接抚养为原则""子女已满八周岁的，应当尊重其真实意愿"，并规定"已满两周岁的子女，父母双方对抚养问题协议不成的，由人民法院根据双方的具体情况，按照最有利于未成年子女的原则判决。"

第三，细化了夫妻共同债务认定规则。《民法典》第 1064 条吸纳了最高法相关司法解释的内容，规定："夫妻双方共同签名或者夫妻一方事后追认等共同意思表示所负的债务，以及夫妻一方在婚姻关系存续期间以个人名义为家庭日常生活需要所负的债务，属于夫妻共同债务。"同时，"夫妻一方在婚姻关系存续期间以个人名义超出家庭日常生活需要所负的债务，不属于夫妻共同债务；但是，债权人能够证明该债务用于夫妻共同生活、共同生产经营或者基于夫妻双方共同意思表示的除外。"这一规定明确了夫妻共同债务的范围，强化了债权人的举证责任，对家庭和弱势群体实施倾斜性的保护，充分体现了民法典的人文关怀，同时也对促进夫妻关系朝着更加平等的方向发展具有积极的推动作用。

第四，取消离婚家务劳动经济补偿以分别财产制度为前提条件。我国2001年《婚姻法修正案》根据家务劳动主要由妇女承担的社会现实，增设了家务劳动经济补偿制度，但又规定以书面约定夫妻双方采取分别财产制为前提。《民法典》第1088条规定："夫妻一方因抚育子女、照料老年人、协助另一方工作等负担较多义务的，离婚时有权向另一方请求补偿，另一方应当给予补偿。具体办法由双方协议；协议不成的，由人民法院判决。"据此，离婚家务劳动经济补偿请求权不再以夫妻约定适用分别财产制度为前提条件。无论采取何种财产制度，离婚时，夫妻一方均可因承担较多家务劳动而获得经济补偿。这一修改体现了《民法典》平等原则和公平原则的精神，反映了我国法律对于无酬家务劳动价值的进一步肯认。[1]

第五，扩大被收养人的范围。《民法典》第1093条规定，下列未成年人，可以被收养：①丧失父母的孤儿；②查找不到生父母的未成年人（原规定为弃婴和儿童）；③生父母有特殊困难无力抚养的子女。该条文删除了之前《收养法》第4条规定的只有不满14周岁的未成年人才可以被收养的限制，而扩大为符合条件的未成年人均可被收养。

第六，30周岁以上才可成为收养人。《民法典》第1098条规定，收养人应当同时具备下列条件：①无子女或者只有1名子女；②有抚养、教育和保护被收养人的能力；③未患有在医学上认为不应当收养子女的疾病；④无不利于被收养人健康成长的违法犯罪记录；⑤年满30周岁。这意味着独生子女的父母也可成为收养人；同时将"无不利于被收养人健康成长的违法犯罪记录"纳入收养人的条件，这是最有利于被收养人原则的一个具体体现。

第七，最多可以收养2名子女。《民法典》第1100条规定，无子女的收养人可以收养2名子女（此前《收养法》规定只能收养1名子女），有子女的收养人只能收养1名子女。

---

[1]　夏吟兰："民法典离婚家务劳动经济补偿制度完善的人权内涵"，载《人权研究》2020年第2期。

第八，收养关系的成立或解除须经年满 8 周岁以上的被收养人本人同意。《民法典》第 1104 条规定，"收养人收养与送养人送养，应当双方自愿。收养八周岁以上的未成年人的，应当征得被收养人的同意。"第 1114 条第 1 款规定："收养人在被收养人成年以前，不得解除收养关系，但是收养人、送养人双方协议解除的除外。养子女八周岁以上的，应当征得本人同意。"该条文较之前的《收养法》，降低了被收养人的年龄，将之前的"收养年满 10 周岁以上的未成年人"修改为"收养 8 周岁以上的未成年人"，更加符合当代未成年人成长的心理特点，同时又与《民法典》第 19 条规定的相互衔接。

 实务训练

（一）示范案例

【案情】陈某（男）与郑某（女）系某大学博士研究生同学，两人在共同学习中产生感情，建立了恋爱关系并同居，双方计划在研究生毕业后结婚。同居一年多后，郑某怀孕并生下一女，陈某感觉有点失望。之后半年，陈某结识同校硕士研究生杜某（女），双方关系逐步密切。陈某以性格不合、经济条件困难为由，提出分居并要与郑某断绝关系。郑某不同意，并要求陈某承担照顾母女生活和负担孩子抚养费的义务。陈某虽然承认孩子是其与郑某所生，但认为目前自己还没有毕业，经济条件有限，没有抚养孩子的能力。郑某遂诉至人民法院，要求法院判决陈某断绝与杜某的关系，并承担对自己与孩子的义务。

问：陈某与郑某之间的关系以及陈某与杜某之间的关系是否属婚姻家庭法调整的对象？本案应如何处理？

【分析】

我国婚姻家庭法调整的对象是婚姻家庭关系。在本案中，陈某与郑某谈恋爱并同居，形成了非婚同居关系；陈某后来与杜某谈恋爱，形成的是恋爱关系。就恋爱关系本身而言，它不属于婚姻家庭法调整的范围，这种社会关系主要依靠道德规范来调整。我国《民法典》也没有规范非婚同居关系的相关规定。陈某与郑某之间的关系，以及陈某后来与杜某的关系既不是婚姻关系，也不是家庭关系。因此，郑某不能通过法律途径来强制陈某与自己结婚或者要求陈某断绝与杜某的关系。当然，男女双方在谈恋爱时应持慎重负责的态度，我们反对轻率的不负责任的态度和做法。应当指出的是，虽然恋爱关系和非婚同居关系目前不属于我国法律调整的对象，但因恋爱关系破裂或者解除婚约关系而产生的财物纠纷则属于我国民法调整的范围。无论父母是否结婚，父母子女间的权利义务关系都是我国婚姻家庭法保护和调整的对象，当事人因同居期间财产分割或者子女抚养产生的纠纷都属于婚姻家庭法调整的范围，当事人的合法权益受法律保护。《最高人民法院关于适用〈中华人民共和国民法典〉婚姻家庭编的解释（一）》第3条第2款规定："当事人因同居期间财产分割或者子女抚养纠纷提起诉讼的，人民法院应当受理。"在本案中，陈某是孩子的父亲，在法律上有抚养教育孩子的义务，其以自己还在读书，没有抚养孩子的经济能力为由拒绝履行抚养义务的主张不能成立。

（二）习作案例

小陈3年前考取上海某大学，每年的学费是6000元。今年初，小陈父母协议离婚后，小陈就和母亲共同生活。今年新学年开学后，小陈于11月30日向S市P区人民法院提起诉讼，以母亲收入较少、依靠母亲难以完全满足其就学所需的生活费及教育费为由，要求其父陈先生按月垫付生活费人民币1000元，并每年垫付学费人民币3000元。

法院审理后认为，父母对子女有抚养教育的义务，当父母不履行抚养义务时，未成年或者不能独立生活的子女，有要求父母给付抚养费的权利。但"不能独立生活的子女"指的是，由于尚在校接受高中及其以下学历教育或者丧失或未完全丧失劳动能力等非主观原因，而无法维持正常生活的成年子女。小陈现已年满20周岁，且不存在丧失或者未完全丧失劳动能力等情况。因此，无论从生理的角度还是心理角度出发，小陈已基本具备了独立生活的能力和条件，应以自己的劳动收入来维持生活和继续学业。送子女上大学并非父母的法定义务。据此，法院判决驳回了小陈的诉讼请求。

问：原被告之间的关系是否属于婚姻家庭法的调整对象？人民法院的处理是否正确？为什么？

复习与思考

1. 如何认识婚姻家庭的自然属性和社会属性？
2. 婚姻家庭制度有哪些历史类型？各有什么特点？
3. 如何理解婚姻家庭法的概念？婚姻家庭法的特征有哪些？
4. 旧中国封建主义婚姻家庭制度有哪些主要特征？
5. 我国《民法典》婚姻家庭编相对于2001年《婚姻法修正案》有哪些新变化？

第二章　婚姻家庭法的基本原则

　　婚姻家庭法的基本原则，是对婚姻家庭立法具有指导作用的根本准则，体现了婚姻家庭立法的价值取向，也是解释和执行婚姻法的重要依据。我国《民法典》婚姻家庭编明确规定了婚姻家庭法的基本原则，包括婚姻自由原则、一夫一妻原则、男女平等原则和保护妇女、未成年人、老年人和残疾人合法权益的原则，同时包括家庭应当树立优良家风、夫妻间互相忠实、家庭成员间敬老爱幼、互相帮助的倡导性规定。婚姻家庭法的各项原则是一个相互联系的有机整体，不能把它们相互割裂甚至对立起来。在解释和适用这些原则时，应当将基本原则和具体规定结合起来。基本原则对相关的具体规定具有重要的补充功能。婚姻家庭关系的内容十分广泛，法律上的规定不可能包罗无遗，对于某些法律未作规定的问题，可以根据具体情况，按照有关原则妥善处理。

第一节　婚姻自由原则

导入案例

　　陈某在一个微信群聊天时认识张某，通过交往产生感情准备结婚，当她把男友带回家见父母时，父母嫌弃张某没有经济实力，以网上认识的不靠谱为由极力反对二人恋爱。陈某的父母在劝说无效的情形下，将陈某关在家里不让出门。2019年12月，陈某离家出走与张某同居。家人四处寻找发现其住处后，找来亲戚不分昼夜地打电话劝说，且对张某进行骚扰辱骂。2020年7月，陈某与张某去办理结婚登记时，被民政部门告知必须提供户口簿。随后陈某请求父母提供户口簿给自己，可是父母不但不同意，还要求她支付18年的抚养费，每年按1万元计算。陈某遂向人民法院起诉，要求父母提供户口簿。

　　本案知识点：婚姻自由原则。

一、婚姻自由的概念与内容

婚姻自由是指公民有权按照法律的规定，完全自愿地决定自己的婚姻问题，不受任何人的干涉。我国《宪法》第 49 条第 4 款规定："禁止破坏婚姻自由……"《民法典》第 1041 条也确立了婚姻自由原则。按照这一原则，公民的婚姻自由权受法律保障，婚姻自由是婚姻家庭法的首要基本原则。婚姻关系是亲属关系产生的基础，婚姻自由是我国婚姻家庭制度的重要基石。

婚姻自由包括结婚自由和离婚自由。结婚自由主要有两个内容：①结婚必须男女双方完全自愿且意思表示真实，不容许任何一方对他方进行强迫、欺骗、乘人之危或任何第三者加以包办及非法干涉；②结婚必须符合法律规定的条件和程序。离婚自由亦有两方面的内容：①夫妻双方有共同作出离婚决定、达成离婚协议的权利，或者在夫妻感情确已破裂、婚姻关系无法继续维持的情况下，夫妻任何一方都有提出离婚的权利；②离婚必须符合法定条件，履行法定程序，承担相应的法律后果。提出离婚，是当事人的一项自由权利，但是否准许离婚，则须有国家的干预，不能由当事人任意决定。我国《民法典》婚姻家庭编对离婚的原则、程序、离婚后子女的抚养和教育等问题，都作了明确规定，这些规定既是对离婚自由的保障，又是对行使离婚自由权利的约束。

作为婚姻自由的两个方面，结婚自由和离婚自由共同构成婚姻自由原则的完整含义。结婚自由是建立婚姻关系的自由，离婚自由是解除婚姻关系的自由；结婚自由是实现婚姻自由的先决条件，离婚自由是结婚自由的必要补充。婚姻自由不是绝对的、毫无限制的。我国《民法典》婚姻家庭编规定了结婚的条件和程序、离婚的程序和处理原则，都说明婚姻自由是有一定范围和限度的。任何人行使婚姻家庭中的权利时，均不得滥用权利，也不得因此损害他人的合法权益和社会公共利益。

二、保障婚姻自由原则的禁止性规定

1. 禁止包办、买卖婚姻。我国《民法典》第 1042 条第 1 款规定："禁止包办、买卖婚姻和其他干涉婚姻自由的行为。禁止借婚姻索取财物。"这是对法律所禁止的违反婚姻自由原则的行为的规定，是从另一个方面对婚姻自由原则的必要补充。包办婚姻是指婚姻关系以外的第三人（包括父母）违反婚姻自由原则，在完全违背婚姻当事人意愿的情况下，强迫其缔结的婚姻。买卖婚姻是指婚姻关系以外的人（包括父母）以索取大量财物为目的，包办、强迫他人缔结的婚姻。在现实生活中，包办婚姻与买卖婚姻既有联系，又有区别。包办婚姻不一定是买卖婚姻，而买卖婚姻必然是包办婚姻；包办婚姻不是出于财产上的目的和动机，如果包办者从中索取大量财物，则应认定为买卖婚姻。有关部门和人民法院在处理此类纠纷时，应当切实保护受害人的合法权益，对包办、买卖婚姻和其他干涉婚姻自由的第三人，应分别情况，严肃处理。

2. 禁止其他干涉婚姻自由的行为。其他干涉婚姻自由的行为是指除包办、买卖婚姻以外的违反婚姻自由原则，阻挠、干涉他人行使婚姻自由权利的行为。例如子女干涉父母离婚、再婚、干涉寡妇再婚、干涉和反对男到女家落户、干涉非近亲的同姓结婚、阻碍或胁迫他人离婚等。在实践中，干涉老年人婚姻的现象在一些地方时有发生，尤其是子女，因为传统观念的影响，或者出于财产利益上的考虑等，对父母离婚、再婚及婚后生活的干涉比较严重，有的子女对再婚的父母不尽赡养义务。为更好地体现婚姻法婚姻自由、保障老年人的权益的基本原则，《民法典》第 1069 条规定，子女应当尊重父母的婚姻权利，不得干涉父母离婚、再婚以及婚后的生活；子女对父母的赡养义务，不因父母的婚姻关系变化而终止。

3. 禁止借婚姻索取财物。借婚姻索取财物，主要是指婚姻当事人向对方索要一定的财物，以此作为结婚条件。索取财物的主体一般是婚姻当事人一方，有时也发生第三人（如女方父母）索取财物的情况。男女双方对结婚基本上是自愿的，结婚的意思表示也基本上体现了他们的个人意志。但这种婚姻关系在性质上违背了社会主义婚姻的基本要求，违反婚姻自由原则，属于违法行为，因此，我国《民法典》婚姻家庭编予以禁止和反对。在现实生活中，借婚姻索取财物的行为比买卖婚姻为数更多，涉及面更广，其危害性不可忽视，必须严肃认真处理这类问题。在处理时，一般以批评教育的方式解决，对借婚姻索取财物所发生的财产纠纷，一般应责令索取财物的一方部分或全部返还给另一方。

第二节　一夫一妻原则

导入案例

2008 年 8 月 18 日，著名小品演员高某突发心脏病去世，随后国内媒体惊曝高某与著名剧作家何某只是"名义夫妻"，何某与"前妻"一直没有办理离婚手续。当年，何某与高某相识后也曾向妻子张某提出离婚，但遭到妻子和子女的强烈反对，离婚因此搁浅。何某则从此离家，开始与高某以夫妻名义公开露面。这让一些喜爱二人作品的观众在感叹的同时，又不禁发出这样的疑问——何某是否构成重婚？由谁来追究他的责任？一时间各大媒体公开展开讨论，社会公众众说纷纭。

本案知识点：一夫一妻原则；重婚。

一、一夫一妻的概念与意义

一夫一妻即一男一女结为夫妻互为配偶的个体婚姻形式。一夫一妻制则是一男一女结为夫妻，任何人不得同时有两个或两个以上的配偶的婚姻制度。一夫一妻制是人类婚姻文明高度发展的产物，是我国社会主义婚姻家庭制度的重要内容，也是我国婚姻家庭法的一项基本原则。

一夫一妻制的基本内涵是：任何人都不得同时有两个或两个以上的配偶；已婚者（即有夫之妇、有妇之夫），在其配偶死亡或离婚前不得再行结婚。未婚男女不得同时与两个或两个以上的人结婚；一切公开的、隐蔽的一夫多妻、一妻多夫都是非法的，都应受到法律的禁止和取缔；对于违反一夫一妻制的行为，要根据情节轻重，由相关人员承担相应的民事、刑事责任。

二、保障一夫一妻制贯彻实施的禁止性规定

我国《民法典》第 1042 条第 2 款规定："禁止重婚。禁止有配偶者与他人同居。"这是从另一角度规定禁止违反一夫一妻原则的行为，是对一夫一妻原则的补充。

重婚是指已有配偶的人又与他人结婚的违法行为，即一个人在同一段时间内存在两个婚姻关系。重婚有两种形式：①法律上的重婚，即有配偶的人又与他人登记结婚；②事实上的重婚，即有配偶的人与他人虽未办理结婚登记，但以夫妻名义同居生活，周围群众也认为是婚姻的。无论是法律上的重婚，还是事实上的重婚，都是违反一夫一妻制的严重违法行为，必须给予严肃处理和坚决取缔。我国《民法典》第 1051 条将重婚规定为无效婚姻的情形之一。我国《刑法》第 258 条规定："有配偶而重婚的，或者明知他人有配偶而与之结婚的，处 2 年以下有期徒刑或者拘役。"为加强对现役军人婚姻的保护，我国《刑法》第 259 条第 1 款规定："明知是现役军人的配偶而与之同居或者结婚的，处 3 年以下有期徒刑或者拘役。"

有配偶者与他人同居，是指有配偶者与婚外异性不以夫妻名义，持续、稳定地共同居住。其与"事实上的重婚"的区别在于"不以夫妻名义"，但都是有配偶者与他人持续、稳定地共同居住。有配偶者与他人同居同样是严重破坏一夫一

妻婚姻制度的违法行为，根据我国《民法典》第 1079 条的规定，[1] 配偶一方重婚或者与他人同居，是人民法院裁判准予离婚的法定理由，受害方可请求离婚。同时，根据我国《民法典》第 1091 条的规定，因配偶一方重婚或者与他人同居而导致离婚的，无过错方有权请求损害赔偿。

 第三节　男女平等原则

导入案例

2016 年佟某经人介绍与邻村白某结婚。婚后佟某指责白某好吃懒做，不关心家庭生活，白某则认为"男人为一家之主"，妻子无权对自己指手画脚。对于妻子的指责，白某不但不听，反而多次打骂佟某，导致夫妻关系紧张。2018 年，佟某生下一女儿，白某大为不满，将家中所有积蓄存入自己的银行账户，限制佟某和女儿出门活动。2020 年 3 月间，白某认为佟某给他洗的衣服不干净，就拿起扁担殴打佟某，2020 年 5 月，佟某以夫妻感情破裂为由，向法院起诉要求与白某离婚。

本案知识点：男女平等原则；人身自由权利。

一、男女平等原则的意义

男女平等是我国社会主义婚姻家庭制度的本质特征。我国《宪法》第 48 条第 1 款规定："中华人民共和国妇女在政治的、经济的、文化的、社会的和家庭的生活等各方面享有同男子平等的权利。"婚姻家庭法所规定的男女平等原则，是宪法中规定的男女平等原则的具体化，其核心内容是指男女两性在婚姻关系和家庭生活的各个方面都享有平等的权利，承担平等的义务。这一原则突出地反映了我国婚姻家庭制度的社会主义本质，是社会主义婚姻家庭制度区别于以男权为中心的一切旧婚姻家庭制度的重要标志。社会主义制度从经济、政治、道德、法律和文化各方面为全面实现男女平等和妇女解放创造了前提条件。

二、男女平等原则在我国婚姻家庭法中的体现

我国婚姻家庭法规定的男女平等原则既贯穿于婚姻家庭法的整体精神之中，

---

[1] 我国《民法典》第 1079 条规定："夫妻一方要求离婚的，可以由有关组织进行调解或者直接向人民法院提出离婚诉讼。人民法院审理离婚案件，应当进行调解；如果感情确已破裂，调解无效的，应当准予离婚。有下列情形之一，调解无效的，应当准予离婚：（一）重婚或者与他人同居；……"

又反映于婚姻家庭法的各个法律制度中，具体而言：

1. 在婚姻关系方面，婚姻家庭法所规定的结婚和离婚条件、程序及其相应的权利、责任和义务对男女双方同样适用；夫妻在家庭中地位平等；夫妻双方都有各自使用自己姓名的权利；夫妻双方都有参加生产、工作、学习和社会活动的自由，一方不得对他方加以限制或干涉；夫妻双方都有实行计划生育的义务；夫妻双方在平等、自愿、合法的条件下有权对婚前财产或婚后财产作出约定；在没有约定的情况下，一方或双方所得属于法定共同财产的，双方对共同财产有平等的占有、使用、收益和处分权利，夫妻都有拥有法定个人财产的权利；夫妻有相互扶养的权利和义务；夫妻有相互继承遗产的权利；等等。

2. 在父母子女关系方面，婚姻家庭法关于父母子女间权利义务的规定对不同性别的家庭成员平等适用；父母双方对未成年子女享有平等的父母照顾权，离婚时，子女可以由父方抚养，也可以由母方抚养，不与子女共同生活的一方有给付生活费和教育费的全部或一部的义务；父母均有要求子女赡养的权利；父母子女有相互继承遗产的权利；在收养关系方面，收养法关于收养人、送养人、被收养人的条件的规定，关于夫妻共同收养或父母共同送养的要求，关于养父母、养子女及其他养亲属的权利义务的各项条款，无不贯彻着不分性别、男女平等的精神。

3. 在其他家庭成员方面，兄弟姐妹处于平等的家庭地位，都享有要求父母抚养的权利，都承担赡养父母的义务，都是父母的第一顺序的法定继承人；兄姐对未成年的弟妹及已成年的弟妹对兄姐承担扶养责任的条件和内容都是平等的；祖父母与孙子女、外祖父母与外孙子女的权利义务平等适用，相互间有继承遗产的平等权利；孙子女、外孙子女享有平等的代位继承权；等等。

第四节　保护妇女、未成年人、老年人和残疾人的合法权益原则

导入案例

年仅 6 岁的婷婷是贵州省毕节城区某私立学校学前班的一名学生，入学两个月来，班主任老师发现她身上经常有青肿及疤痕。老师问她为什么有伤痕时，婷婷总是对老师称是自己不小心摔伤的。某日，来到教室里的婷婷伤心地哭泣，神情非常痛苦。在老师的追问下，婷婷才告诉李老师，爸爸用烧红的火钳烙她的屁股，她屁股痛得不能坐在凳子上。当老师把婷婷的裤子脱下后，立即被吓住了：

婷婷的屁股血肉模糊。随后，学校立即将此事向毕节市妇联反映。毕节市妇联工作人员一边将婷婷送到附近诊所进行治疗，一边向毕节市西派出所洪南警务区报案。经警方调查证明，婷婷经常遭受父母的殴打虐待，工具包括棍棒和烙铁。

本案知识点：保护儿童合法权益；父母的监护职责；家庭暴力。

妇女、未成年人、老年人和残疾人都是家庭中的弱者，他们的合法权益极易受到损害，因此对于他们的合法权益应当予以特别的保护。我国《民法典》《妇女权益保障法》《未成年人保护法》《老年人权益保障法》《残疾人保障法》《中华人民共和国反家庭暴力法》（以下简称《反家庭暴力法》）等法律已形成了保护妇女、未成年人、老年人和残疾人合法权益的法律体系。

一、保护妇女的合法权益

保护妇女的合法权益作为婚姻家庭法的基本原则，在我国有其特殊的意义。首先，有利于消灭我国几千年的封建社会形成的男尊女卑、歧视妇女的封建文化和思想观念残余影响，有利于提高妇女的婚姻家庭地位。其次，是男女两性固有差别的必然要求。男女两性存在与生俱来的差别，女性基于其生理、体质、心理等方面的特殊性，作为母亲，在怀孕、分娩、哺育子女中起着不可替代的作用，社会理应给予充分的承认和必要的照顾。最后，社会分工造就了男女家庭角色的不同，妇女在实现人口再生产、从事子女抚养教育和组织家庭生活中的角色价值，应给予相应的特殊保护。

我国《民法典》婚姻家庭编在规定男女平等的同时，又规定保护妇女的合法权益，这两者并不矛盾。保护妇女合法权益和坚持男女平等是完全一致的，前者是后者的必然要求和必要补充。我国妇女虽然享有法律规定的各个方面与男子平等的权利，但历史上的男尊女卑制度和思想所造成的种种影响不可能在短时期内完全消除；同时，妇女权利的实际行使还受社会经济文化发展水平的制约。鉴于男女两性的社会地位（包括在婚姻家庭和亲属关系中的地位）尚有实际差别的情况，如果只是一味地强调法律上的、形式上的男女平等，而忽视实际生活中的、实质上的男女平等，不注意对妇女权益的特殊保护，则不利于充分挖掘男女两性的潜能，不利于实现男女两性的可持续发展。另外，我们也应正视男女两性的差异，由追求"无性别差异的男女平等"转向"重视性别差异的男女平等"。[1] 因此，在规定男女平等的同时，仍应强调对妇女权益的保护。

---

〔1〕 ［美］艾莉森·贾格：“性别差异与男女平等”，载王政、杜芳琴主编：《社会性别研究选译》，生活·读书·新知三联书店1998年版，第191～215页。

保护妇女合法权益，在婚姻家庭法领域，主要体现在对妇女的某些婚姻家庭权益加以特殊的确认和保护。妇女的婚姻家庭权益是妇女在婚姻家庭关系中基于特定的亲属身份关系和共同生活关系所享有的权利与利益的总称，包括人身权益和财产权益多项内容。保护妇女的合法权益是男女平等原则的必要补充，也是对男女平等原则的有效保证。婚姻家庭法不仅在总则中以原则形式规定了保护妇女合法权益，还在具体条文中作了特殊要求。例如缔结婚姻后，男方可以到女方家落户；女方在怀孕期间、分娩后1年内或终止妊娠后6个月内，男方不得提出离婚；离婚分割夫妻共同财产时，应根据具体情况，对女方的权益予以照顾；离婚时如一方生活困难，另一方应给予适当的经济帮助；等等。

此外，我国《妇女权益保障法》中设有婚姻家庭权益的专章，通过若干保障性、程序性和制裁性的规定，使我国妇女的合法权益保障机制更为完善。

二、保护未成年人的合法权益

保护未成年人的合法权益，概指保护不满18周岁的未成年人的一切合法权利和利益。未成年人的健康成长，直接关系到祖国的未来、民族的希望。我国《宪法》明确规定，国家培养青年、少年、儿童在品德、智力、体质等方面全面发展，婚姻、家庭、母亲和儿童受国家的保护。我国《民法典》总则编规定了未成年人监护制度。此外，我国还有专门的《未成年人保护法》《中华人民共和国预防未成年人犯罪法》（以下简称《预防未成年人犯罪法》）。由于家庭对未成年人担负着不可替代的抚养、教育、保护功能，因而婚姻家庭法对未成年人权益的保护尤为重要。

我国《民法典》婚姻家庭编一方面确立了保护未成年人合法权益的原则，另一方面在家庭关系中规定了一系列旨在保护未成年人权益的内容，例如父母对子女有抚养教育的权利和义务，对未成年子女有管教、保护的权利和义务，禁止溺婴和其他残害婴儿的行为，子女有继承父母遗产的权利，父母对子女的义务不因父母离婚而消除，有负担能力的祖父母、外祖父母对于父母已经死亡或父母无力抚养的未成年的孙子女、外孙子女有抚养的义务，有负担能力的兄姐对于父母已经死亡或者父母无力抚养的未成年的弟妹有扶养的义务，非婚生子女、养子女和继子女的合法权益也得到了相应的保护。此外，在处理离婚纠纷、解决财产分割和子女抚养问题时，在认定和处理事实婚姻与同居关系方面，都强调以未成年人的利益为中心，注意保护未成年人的合法权益。所有这些都是婚姻家庭法保护未成年人合法权益原则的具体体现。

三、保护老年人的合法权益

保护老年人的合法权益是社会主义道德的要求，也是我国法律的一项基本原则。我国《宪法》第45条第1款规定："中华人民共和国公民在年老、疾病或者丧失劳动能力的情况下，有从国家和社会获得物质帮助的权利。国家发展为公民享受这些权利所需要的社会保险、社会救济和医疗卫生事业。"老年人为国家、社会和家庭贡献了毕生的精力，创造出了巨大的物质和精神财富，当他们年老体衰、丧失劳动能力时，有权获得国家和社会的物质帮助以及来自家庭的赡养扶助。由于我国社会保障体制尚不尽完善，家庭对于老年人的赡养扶助和精神安慰仍是非常重要的。因而，《宪法》第49条规定，"成年子女有赡养扶助父母的义务"，"禁止虐待老人"。我国《民法典》总则编规定了成年监护制度，为保护无民事行为能力和限制民事行为能力的老年人的合法权益提供了法律依据。

保护老年人的合法权益，是婚姻家庭法的基本原则之一，贯穿于婚姻家庭法立法和执法的全过程。我国婚姻家庭法把保护老年人的合法权益作为基本原则加以规定，并在家庭关系中对老年人的权益给予周密的保护。例如规定子女对父母有赡养扶助的义务；父母或祖父母、外祖父母在一定条件下有要求子女或孙子女、外孙子女付给赡养费的权利；子女应当尊重父母的婚姻权利，不得干涉父母离婚、再婚以及婚后生活，子女对于父母的赡养义务不因父母的婚姻关系的变化而变化。我国《老年人权益保障法》中也有保护老年人合法权益的规定，使老年人老有所依、老有所养，任何虐待、遗弃老年人的行为都是为法律所严格禁止的。

四、保障保护妇女、未成年人、老年人和残疾人合法权益原则贯彻实施的禁止性规定

我国《民法典》第1042条第3款规定了"禁止家庭暴力。禁止家庭成员间的虐待和遗弃"。这是为保障保护妇女、未成年人、老年人和残疾人原则作出的禁止性规定。这一规定针对性较强，有利于维护家庭暴力受害者的人身权利，有利于婚姻家庭和社会生活的文明进步，也为采取多种措施防止此类违法行为提供了基本法上的依据。2015年12月27日第十二届全国人民代表大会常务委员会第十八次会议通过了《反家庭暴力法》，对预防和制止家庭暴力、保护家庭成员的合法权益产生重要的意义。通过立法措施消除家庭暴力，是履行我国所承诺的国际义务。[1]

1. 禁止家庭暴力。家庭暴力，一般指发生在家庭成员之间的暴力行为。就

---

〔1〕 我国政府是《消除对妇女的暴力行为的宣言》《消除对妇女一切形式歧视公约》、1995年第四次世界妇女大会通过的《行动纲领》和《北京宣言》等国际公约的缔约国。其中《行动纲领》中要求各国政府"颁布或加强国内立法中的刑事、民事、劳工行政等方面的处罚，使不论在家中、工作场所、社区或社会上对妇女及女孩施加任何形式的暴力行为的人都受到惩处，使受冤屈者得到昭雪"。

其含义而言，有广义和狭义之分。从主体角度划分，广义的家庭暴力是指一切具有家庭关系的成员中发生的一方对另一方的暴力行为。狭义的家庭暴力，是指男子对妻子行使的暴力行为，对此有人称之为"殴妻现象"。1993年12月联合国大会正式通过的《消除对妇女的暴力行为的宣言》中指出，对妇女的暴力系"对妇女造成或可能造成身体、心理及性方面伤害或痛苦的任何基于社会性别的暴力行为，包括威胁要进行这类暴力、强迫或任意剥夺自由，不论其发生在公共生活还是私人生活中"。另从家庭暴力的行为形式区分，广义的家庭暴力是指对家庭成员进行肉体上以及精神上的折磨、伤害和虐待的行为；狭义的家庭暴力则仅指对家庭成员进行肉体上的摧残、虐待和伤害的行为。《反家庭暴力法》第2条规定："本法所称家庭暴力，是指家庭成员之间以殴打、捆绑、残害、限制人身自由以及经常性谩骂、恐吓等方式实施的身体、精神等侵害行为。"可见，无论是从主体还是从暴力行为形式视角看，我国立法采用的都是家庭暴力的广义含义。

家庭暴力的产生原因往往是多方面的，封建思想的残余、人们法治观念的淡薄、对家庭暴力惩处之乏力、婚外两性关系的发生等是导致家庭暴力的主要原因。家庭暴力具有特定性、隐蔽性、故意性、普遍性、违法性、反复性、残暴性、严重性等特征。家庭暴力往往会产生严重的后果，危害性非常大：它严重地损害受害人的人格尊严和身心健康，甚至危及生命；影响和破坏婚姻家庭，尤其是不利于子女的成长；同时，它给社会带来不安定因素，家庭暴力可能导致受害人伤残或死亡，如果对这种违法犯罪行为不予及时有效地加以遏制和处理，而受害者又不知用法律武器来保护自己，在因长期遭受暴力侵害而扭曲的心态下，会产生"以暴制暴"等恶性刑事案件，增加社会的不安定因素。

2. 禁止家庭成员间的虐待和遗弃。虐待，是指以作为或不作为的形式，对家庭成员歧视、折磨、摧残，使其在精神上、肉体上遭受损害的违法行为，例如打骂、恐吓、冻饿、患病不予治疗等。根据《最高人民法院关于适用〈中华人民共和国民法典〉婚姻家庭编的解释（一）》第1条的规定，"持续性、经常性的家庭暴力"，可以认定为虐待。遗弃，是指家庭成员中负有赡养、扶养、抚养义务的一方，对需要赡养、扶养和抚养的另一方，不履行其应尽义务的违法行为，例如父母不抚养未成年子女，成年子女不赡养无劳动能力或生活困难的父母，配偶不履行扶养对方的义务，等等。遗弃以不作为的形式出现，该为而不为，致使被遗弃人的权益受到侵害。

近年来，我国家庭暴力问题在一些地方比较突出，因家庭暴力或虐待、遗弃家庭成员导致离婚和人身伤害案件增多。家庭暴力的直接受害者主要是妇女、未成年人、老年人和残疾人，必须严厉制裁家庭暴力的违法行为，加强对受害者的保护和救助，有力地保护未成年人、老年人和残疾人的权益。禁止家庭暴力，禁止家庭成员间的虐待和遗弃，一方面必须加强法制宣传和道德教育，继续破除封建夫权和家长权等残余影响及资产阶级利己主义思想的侵蚀，全面提高家庭成员的文化素质、法律意识；另一方面要严格执法，违法必究。

遏制家庭暴力除依据我国《民法典》《刑法》等法律的相应规定外，《反家庭暴力法》更是重要的特别法。依《反家庭暴力法》的规定，对于虐待、遗弃家庭成员和实施家庭暴力的行为，受害人可向所在单位、居民委员会、村民委员会及妇女联合会等单位投诉、反映或者求助，有关单位应当给予帮助、处理。学校、幼儿园、医疗机构、居民委员会、村民委员会、社会工作服务机构、救助管理机构、福利机构及其工作人员在工作中发现无民事行为能力人、限制民事行为能力人遭受或者疑似遭受家庭暴力的，应当及时向公安机关报案。公安机关接到家庭暴力报案后应当及时出警，制止家庭暴力，按照有关规定调查取证，协助受害人就医、鉴定伤情。无民事行为能力人、限制民事行为能力人因家庭暴力身体受到严重伤害、面临人身安全威胁或者处于无人照料等危险状态的，公安机关应当通知并协助民政部门将其安置到临时庇护场所、救助管理机构或者福利机构。家庭暴力情节较轻，依法不给予治安管理处罚的，由公安机关对加害人给予批评教育或者出具告诫书。县级或者设区的市级人民政府可以单独或者依托救助管理机构设立临时庇护场所，为家庭暴力受害人提供临时生活帮助。法律援助机构应当依法为家庭暴力受害人提供法律援助。监护人实施家庭暴力严重侵害被监护人合法权益的，人民法院可以根据被监护人的近亲属、居民委员会、村民委员会、县级人民政府民政部门等有关人员或者单位的申请，依法撤销其监护人资格，另行指定监护人。被撤销监护人资格的加害人，应当继续负担相应的赡养、扶养、抚养费用。

我国《反家庭暴力法》还特别规定了人身保护令这一保护措施，当事人因遭受家庭暴力或者面临家庭暴力的现实危险，可向人民法院申请人身安全保护令，人民法院应在受理申请后 72 小时内作出人身安全保护令或者驳回申请；情况紧急的，应当在 24 小时内作出。

此外，我国《民法典》婚姻家庭编规定实施家庭暴力或虐待、遗弃家庭成员是认定夫妻感情确已破裂、准予离婚的法定情形之一，受害人可要求离婚；对因此而导致离婚的，受害人有权要求施暴者给予离婚损害赔偿，其损害赔偿应包括物质损害与精神损害两个方面。即使在婚姻关系存续期间，因家庭暴力、虐待、遗弃所造成的损害，受害人也可依《民法典》侵权责任编的规定，要求受害人承担民事侵权责任。对于拒不履行赡养、抚养、扶养义务的人，可依法强制其履行相应的义务。虐待、遗弃家庭成员以及实施家庭暴力的行为构成违反治安管理行为的，依法给予治安管理处罚；构成犯罪的，应依法追究刑事责任。

第五节 对夫妻间相互忠实、家庭成员间敬老爱幼的倡导性规定

 导入案例

黄某与郭某于 2016 年 6 月结婚，双方于 2016 年 7 月签订一份协议，其主要内容为：任何一方都要洁身自好，不得发生婚外性行为，否则违约方应向对方补偿名誉损失费及精神损失费 30 万元。2019 年 8 月，黄某与他人发生性关系，被妻郭某发现。不久郭某起诉离婚，主张夫妻平分财产的同时，要求黄某按协议另外补偿其 30 万元。

本案知识点：夫妻相互忠实原则；忠诚协议效力。

一、夫妻间相互忠实、家庭成员间敬老爱幼的倡导性规定的意义

我国《民法典》第 1043 条规定："家庭应当树立优良家风，弘扬家庭美德，重视家庭文明建设。夫妻应当互相忠实，互相尊重，互相关爱；家庭成员应当敬老爱幼，互相帮助，维护平等、和睦、文明的婚姻家庭关系。"这既是社会公认的道德准则，也是婚姻家庭法律规范原则性、倡导性的规定。家庭是人类最基本的生活共同体，家庭关系是社会关系的重要组成部分，家庭成员朝夕相处，既有感情、伦理和思想上的联系，又有法律上的权利义务关系。法律的功能既在于向公众展示家庭成员之间的权利义务关系以及合法与违法的界限，也在于通过规范婚姻家庭主体的行为，向公民提供一种价值导向。

二、夫妻间相互忠实、家庭成员间敬老爱幼的倡导性规定的内容

夫妻间相互忠实，主要是倡导夫妻间相互忠于对方，并不得恶意遗弃配偶另一方，不得为第三人利益牺牲、损害配偶他方利益。夫妻之间相互忠实、互相尊重是婚姻关系的最基本的要求，也是社会主义一夫一妻制婚姻关系本质的必然要求。家庭成员间的敬老爱幼、互相帮助，一方面要求相互有法律义务的人履行法律上的扶养义务，例如物质上的供养、日常生活的照顾帮助；另一方面也要求家庭成员间应相互给予关心、慰藉、体贴、爱护等精神上的帮助。家庭成员间敬老爱幼，互相帮助，维护平等、和睦、文明的婚姻家庭关系是家庭成员之间相互关

系的基本准则，也是加强家庭领域中精神文明建设、保障社会和谐稳定的需要。

为维护一夫一妻制，我国《民法典》婚姻家庭编不仅在一般规定中规定了夫妻相互忠实原则，在离婚制度中还明确规定了如果一方违反忠实义务，受害方可采取如下救济措施：①请求离婚。根据我国《民法典》第 1079 条的规定，[1]配偶一方重婚或与他人同居，是人民法院裁判准予离婚的法定理由，受害方可请求离婚。②离婚时请求损害赔偿。根据我国《民法典》第 1091 条的规定，因配偶一方重婚或与他人同居而导致离婚的，无过错方有权请求损害赔偿。

对于夫妻相互忠实的规定，应从两个方面理解：一方面，我国《民法典》第 1043 条明确规定夫妻互相忠实，这是一个肯定的、明确的规定；另一方面，这还只是一条原则性、倡导性的规定。根据《最高人民法院关于适用〈中华人民共和国民法典〉婚姻家庭编的解释（一）》第 4 条的规定，如果当事人仅以此条款为依据提起诉讼的，人民法院不予受理；已经受理的，裁定驳回起诉。

🔍 实务训练

（一）示范案例

【案情】李老汉今年 63 岁，居住在沿海某渔村，妻子几年前病逝，有一子一女。老汉与儿子一家共同生活。邻居王老太，今年 64 岁，老伴也已去世，也有一儿一女，儿子在县城工作，不常回家，女儿虽嫁到邻村，由于当地的风俗习惯，也不能过多地照顾她。两位老人同病相怜，经常在一起聊天，也互相帮忙做些家务事，逐渐产生了感情。当两位老人鼓足勇气，向子女谈论再婚问题时，遭到了子女的反对。李老汉的儿子认为，李老汉再婚，会显得他们不孝顺，会让乡亲们笑话。而且这个年龄了找个后妈，在财产等方面会有很多麻烦事，甚至声称，如果李老汉再婚，他们将不再给付赡养费。王老太的儿子也觉得母亲再婚，有损颜面，遂不顾王老太的反对，将王老太接到城里住。两位老人觉得非常痛苦，并到村委会反映了双方子女干涉其婚姻自由的情况。村委会分别找到两位老人的孩子，指出他们干涉父母再婚的行为是违法的，并指出，子女对父母的赡养义务不因父母的婚姻关系变化而终止。后双方子女不再反对，王老太的儿子将她送回家，两位老人终于进行了结婚登记。婚后，他们与孩子分开居住，孩子每月给付赡养费。

---

〔1〕 我国《民法典》第 1079 条规定："夫妻一方要求离婚的，可以由有关组织进行调解或者直接向人民法院提出离婚诉讼。人民法院审理离婚案件，应当进行调解；如果感情确已破裂，调解无效的，应当准予离婚。有下列情形之一，调解无效的，应当准予离婚：（一）重婚或者与他人同居……"

问：子女是否有权利干涉父母再婚？子女能否因父母再婚而拒绝赡养父母？

【分析】

本案涉及子女干涉父母婚姻自由的问题。子女干涉父母婚姻的问题，既涉及《民法典》的婚姻自由原则，又涉及保障老年人合法权益的原则。

婚姻自由作为婚姻家庭法的首项基本原则，指的是婚姻当事人有权按照法律的规定，自主决定自己的婚姻问题，不受任何人的强制和干涉。婚姻自由包括结婚自由和离婚自由。婚姻自由是公民所拥有的一项基本民事权利，属于人格权的范畴，具有绝对性，任何人（包括父母、子女）都不得侵犯。婚姻自由原则虽然早已被我国法律所确认，且随着我国社会经济的发展和妇女地位的提高，其已得到了较普遍的贯彻执行，但由于我国目前经济仍比较落后，实现婚姻自由的物质基础仍有欠缺，封建传统思想和习俗仍有影响，破坏婚姻自由的行为仍然存在，尤其是在农村这种现象较为严重。对于违背婚姻自由原则的行为，要明确指出其违法性，构成犯罪的，应受刑事处罚。我国《刑法》第 257 条第 1 款、第 2 款规定："以暴力干涉他人婚姻自由的，处 2 年以下有期徒刑或者拘役。犯前款罪，致使被害人死亡的，处 2 年以上 7 年以下有期徒刑。"

本案中，子女干涉父母婚姻，是破坏婚姻自由的违法行为，同时也有违婚姻法保护老年人合法权益的原则。当前，我国老龄问题越来越成为一个重要的社会问题，干涉老年人婚姻的现象在一些地方时有发生，尤其是子女，因为传统观念的影响，或者出于财产利益上的考虑等，对父母再婚及婚后生活的干涉比较严重，有的子女甚至对再婚的父母不尽赡养义务。为更好地体现《民法典》婚姻家庭编婚姻自由、保障老年人的权益的基本原则，《民法典》第 1069 条规定，子女应当尊重父母的婚姻权利，不得干涉父母离婚、再婚以及婚后的生活；子女对父母的赡养义务，不因父母的婚姻关系变化而终止。

本案中，李老汉与王老太有结婚的自由权，子女无权干涉，也不能因父母婚姻关系的变化而停止对父母的赡养义务。在村委会的教育帮助下，双方子女不再干涉老人的再婚，并继续履行赡养义务，保障了老年人的婚姻自由权。

（二）习作案例

肖某（男）与童某（女）于 2000 年登记结婚，婚后生育一女，现在外地读大学。家中只有夫妻二人，感情尚可。但是有一段时间，童某发现丈夫与一女同事叶某有婚外性关系，童某非常生气，规劝丈夫应停止婚外恋，珍惜家庭。但肖某仍我行我素。后童某找到叶某，要其停止与肖某的不正当往来，叶某非但不听，还说是童某自己没有魅力，怪不得别人。童某想不通，自己是合法妻子，别人插足自己家庭，竟还理直气壮。于是，2020 年 5 月，童某以叶某与肖某通奸，侵害其合法婚姻，致其精神受到打击为由，起诉到法院，要求叶某停止侵权，向其赔礼道歉，赔偿精神抚慰金2万元。

　　问：本案中叶某应否承担侵权责任？如果你是法官，如何处理该案？

复习与思考

　　1. 我国婚姻家庭法有哪些基本原则？

　　2. 婚姻自由的概念和内容是什么？如何保障婚姻自由的实现？

　　3. 一夫一妻的概念和含义是什么？如何贯彻一夫一妻原则？

　　4. 男女平等原则的含义和内容是什么？

　　5. 《民法典》婚姻家庭编中如何体现保护妇女权益原则？

　　6. 应否提倡"夫妻间互相忠实"？如果一方违背"忠实义务"，法律上对无过错一方有哪些救济手段？

　　7. 什么是重婚？重婚有几种形式？我国法律对重婚行为有哪些制裁措施？

　　8. 什么是家庭暴力？我国《民法典》《反家庭暴力法》制定了哪些措施制裁家庭暴力？

第三章　亲属制度

　　亲属关系，是以婚姻、血缘或法律拟制为基础而形成的人与人之间的网络系统，是诸多社会关系的一种特殊形式。早在原始氏族社会，原始先民就通过一定的禁忌、习俗来约束基于血缘联系而形成的不同称谓的人与人之间的行为。在人类进入阶级社会以后，则通过习惯、宗教、法律制度等社会规范来确认亲属的范围，规定一定范围的亲属之间特有的法律上的权利义务关系，从而使调整亲属之间关系的规范成为一种有序的社会制度或法律制度。

　　从世界各国不同的立法例来看，调整亲属关系的法律制度有广义和狭义之分。广义的亲属法，是指规定婚姻、血亲和监护关系的法律规范。如德国、瑞士、日本、俄罗斯等国家确立的均是广义上的亲属法律制度。狭义的亲属法，则是指仅规定婚姻、血亲或监护三种不同法律关系中部分内容的法律制度。如南斯拉夫（塞）家庭法，就只规定了血亲关系；古巴、保加利亚等国家的亲属法，则规定了婚姻关系和亲子关系，而未规定监护关系。目前，我国尚未制定全面、系统的亲属法律制度，但在《民法典》《刑法》《中华人民共和国民事诉讼法》（以下简称《民事诉讼法》）、《中华人民共和国刑事诉讼法》（以下简称《刑事诉讼法》）、《中华人民共和国国籍法》（以下简称《国籍法》）等有关法律中，均从不同角度对一定范围的亲属之间的权利义务关系作了相应的规定。

第一节　亲属制度概述

导入案例

　　赵某某（男）、李某某（女）于 2012 年 6 月结婚，婚后生有一儿一女。赵某某的外甥女田某某因在农村盖房子向赵某某借钱久未归还，李某某多次催促丈夫索要借款，但赵某某碍于情面始终不好意思向外甥女催要。李某某遂让一双儿女与田某某减少交往。赵某某的母亲批评李某某不应该干涉表兄弟姐妹之间的往来，婆媳二人发生争执，李某某进而要求儿女与田某某断绝关系。

本案知识点：亲属的概念；亲属的种类；自然血亲；姻亲。

一、亲属的概念

（一）亲属的概念

早在中国古代，就已有了"亲属"二字；《礼记·大传》记载："亲者，续也。"汉代刘熙在《释名·释亲属》中说："亲，衬也，言相隐衬也。""属，续也，恩相连续也。"可见，古人认为，具有亲属身份的人与人之间，存在着"隐衬、相续"的密切关系。而"亲属"一词被广泛地使用于律例之中，是从明代开始的。明律中有"亲属相盗""亲属相殴""亲属相奸""娶亲属妻妾"等条目。清末以来的历次民律草案都有亲属一编。

亲属有一般意义上的亲属和法律意义上的亲属之分。一般意义上的亲属，包括一切具有血缘关系、姻缘联系的人与人之间的相互关系。在纵向上，它可延续无穷，横向上也是无边无际。而法律意义上的亲属，仅仅是基于血缘联系和姻缘关系所组成的亲属中非常小的一部分，是指因婚姻、血缘或法律拟制而形成的、以特定的权利义务为内容的人与人之间的社会关系。

（二）法律意义上亲属的特征

1. 亲属之间存在着特定的身份和固定的称谓。亲属标志着具有亲属关系的人的特定身份。[1] 而身份则又表明了一个人在社会关系中特定的资格和地位。称谓是基于身份关系而产生的名称，即身份的标志。如，当我们说到"父与子"时，它即反映出了一种身份关系，同时，也是当事人彼此间的称呼。亲属关系一旦产生，主体之间身份和称谓便被固定下来，非因法定事由，当事人不得随意变更和自行解除。

2. 法律确定的亲属之间存在着特定的权利和义务。亲属的范围非常广泛，并不是所有的亲属之间都存在着权利义务关系，因为法律不可能调整一切具有血缘、姻缘联系的亲属。亲属关系只有经法律确认和调整后，才会在一定的主体之间产生相应的权利和义务。其中，某些亲属间权利义务的实现是无条件的，如父母履行对未成年子女的抚养义务；而某些亲属间权利义务的实现则是附有条件的，如祖孙之间的抚养和赡养、兄弟姐妹之间的扶养。亲属间权利义务的内容，基本上是由法律预先设定和确认的，进入亲属身份状态中的人别无选择地受法律设定的权利义务的约束，当事者只能全面接纳、承受和遵行法律规定的义务，而

---

〔1〕 杨立新：《人身权法论》，人民法院出版社 2002 年版，第 849 页。

不享有按自己的意志选择、变更和排斥的权利。[1]

3. 亲属关系具有身份和财产的双重性。亲属之间权利义务的产生，首先以主体之间存在一定的身份关系为前提，基于身份关系发生在亲属之间的扶养、继承等关系，则常常表现为一定的经济、财产形式。因而，亲属关系并不仅仅是一种身份关系，它还兼具一定的财产属性。

（三）亲属与近亲属、家庭成员的区别

1. 亲属与近亲属的区别。一般意义上的亲属范围非常广泛，上下、左右都可延续无穷。相较于一般意义上的亲属，近亲属的范畴则非常小。按照我国《民法典》第 1045 条第 2 款的规定，配偶、父母、子女、兄弟姐妹、祖父母、外祖父母、孙子女、外孙子女为近亲属。

2. 亲属与家庭成员的区别。家庭成员是指同居一家、共同生活的一定范围的亲属。《民法典》1045 条第 3 款规定："配偶、父母、子女和其他共同生活的近亲属为家庭成员。"从这一规定可以看出，家庭成员只是亲属关系中范围非常小的一部分，他们不仅在同一个家庭中共同生活，还会因为法律的调整而彼此间具有一定的权利义务关系。现实生活中，有亲属关系的人并不一定都同居一家，如自己与姑、叔、舅、姨等，无疑是亲属，却并不一定在同一个家庭中共同生活。由此可知，家庭成员一般都具有一定的亲属关系，而亲属却未必是家庭成员。

目前，随着社会的发展，我国家庭规模趋向于小型化，子女结婚后不与父母同居一家的核心家庭日趋增多，但是，这并不改变父母子女间的亲属关系，也不影响彼此在亲属法意义上法定权利的享有和义务的履行。

二、亲属的种类

亲属关系错综复杂，在不同的历史时期和不同的国家，按照不同的标准对亲属的分类也各不相同。这里主要介绍我国古代、现代亲属的不同种类。

（一）中国古代亲属的分类

我国古代礼、法所确认的宗法制度完全是建立在以男系为本位的亲属关系之上的。基于此，也相应地确立了以男性为中心的亲属分类标准。我国最早将亲属划分为宗亲和外亲两种。明、清时期，将妻族从外亲中分离出来，亲属遂被分为宗亲、外亲和妻亲三种。清末以来的历次民律草案，又将亲属划分为宗亲、夫妻、外亲、妻亲四类。

1. 宗亲。宗亲又称本亲、内亲、本族，是指由同一祖先的男系血亲及其配

---

〔1〕　杨大文主编：《婚姻家庭法》，中国人民大学出版社 2001 年版，第 85 页。

偶和未嫁的女性所组成的亲属。宗亲经封建礼法的确认而成为所有亲属关系中最为重要的亲属，其地位远远高于外亲、妻亲。宗亲由下列三部分成员组成：

（1）出于同一祖先的男系血亲，即本宗所生的所有男子，以九族为断。一般是指包括自己在内的上、下各四代，共九代男性亲属。如曾祖父、祖父、父、子、孙子、伯、叔、兄、弟、堂兄弟、侄子等，均属宗亲的范畴。

（2）出自同一祖先的男系血亲的配偶，即从外宗嫁入本宗的妇女，古称"来归之妇"，如伯母、嫂、儿媳、孙媳、侄媳等。

（3）出自同一祖先的未出嫁的女性，古称"在室女"，如未出嫁的女儿、姑、姐妹、侄女、堂姐妹等。这些亲属一旦出嫁，就加入了夫宗。如果出嫁女子离婚后回到娘家，被称为"大归"，大归之女又恢复了其在娘家宗亲的地位。

2. 外亲。外亲又称外姻、外族、女亲，是指以女系血统为中介联系起来的亲属。其中，与母亲有血缘联系的亲属，称为母族，如外祖父母、舅、姨、姨表兄妹等；而出嫁女、出嫁姐妹、出嫁姑的夫族亲属被称作女族，如女婿、外孙子女、姐夫、姑夫及其子女等；妻的血亲称妻族，如妻的父母、妻的兄弟姐妹等。妻族在唐、宋以前均包括在外亲之内；明、清律则分出另立妻亲。

3. 妻亲。那些与妻子具有血缘联系的亲属，即为丈夫的妻亲。包括妻子的父母、妻子的兄弟姐妹及其子女等。

宗法体制下亲属种类划分的标准完全是以男子为中心的，是重男轻女、男尊女卑的产物，并不能科学、平等地反映亲属之间的亲疏远近关系。

（二）现代国家对亲属的分类

现代世界各国大都在男女平等的基础上，以亲属关系产生的原因为依据对亲属进行类别上的划分。主要有两种分类方法：一种是将亲属分为配偶、血亲和姻亲三种，如日本、韩国等国；另一种则是将亲属分为血亲和姻亲两种，如德国、瑞士、墨西哥等国。

关于配偶应否作为亲属的组成部分，存在着两种不同的主张：一种观点认为，配偶仅是血亲和姻亲产生的基础，并无亲系、亲等可循，因此不应该被列入亲属的范畴。而在有些国家，则认为配偶既是血亲关系产生的源泉，又是姻亲关系形成的中介，与其他亲属相比，其关系更为密切，因此应当将其列入亲属的范围，如《日本民法典》第725条就明确规定，六亲等以内的血亲、配偶、三亲等以内的姻亲为亲属。

在我国的历史传统中，无论是基于习惯，还是从有关的法律规定来看，配偶不仅被列入了亲属的范畴，且还一直属于近亲属的范畴。虽然在中华人民共和国成立后历次制定的《婚姻法》中并没有对亲属的种类作出明确界定，但法学理论界却一直将亲属分为配偶、血亲和姻亲三种。《民法典》第 1045 条第 1 款规定："亲属包括配偶、血亲和姻亲。"这一规定的出台，填补了我国在亲属种类确定上的立法空白。

1. 配偶。配偶即夫妻，是男女两性因结婚而形成的亲属关系。在婚姻关系存续期间，夫妻双方互为配偶。在亲属关系中，配偶居于核心的中介地位，起着承上启下的作用，是血亲和姻亲关系赖以发生的基础。

2. 血亲。血亲是指基于生物遗传规律，具有血缘联系的亲属。在我国，把那种虽无自然的血缘联系，但经法律的认可而与自然血亲具有相同权利义务关系的一定范围的人与人之间也视为是血亲的一种。因此，根据血亲关系形成原因的不同，可将其分为自然血亲和拟制血亲两种。

自然血亲是指基于出生的事实而自然形成的、源于同一祖先的具有血缘联系的亲属。如父母与子女；兄弟姐妹；祖父母与孙子女、外祖父母与外孙子女；伯叔姑与侄子女；舅、姨与外甥、外甥女；堂兄弟姐妹；表兄弟姐妹等。自然血亲又可分为全血缘的自然血亲和半血缘的自然血亲。全血缘的自然血亲是指同父同母的兄弟姐妹，即同胞兄弟姐妹；半血缘的自然血亲是指同父异母或同母异父的兄弟姐妹。

拟制血亲，又被称为"准血亲"或"法定血亲"，是指本无血缘关系，但法律确认其与自然血亲具有相同权利义务关系的亲属。拟制血亲关系产生的根据，是主体之间一定的法律行为。根据其形成原因的不同，我国法律所确认的拟制血亲关系有两种：一是因收养关系的成立而形成的养父母与养子女关系；二是指形成了抚养事实的继父母与继子女关系。

3. 姻亲。姻亲是指以婚姻关系为中介而形成的亲属关系。男女结婚后，配偶一方即与另一方的亲属间形成了一定的姻亲关系，如女婿与岳父母、妻子与小姑子等。姻亲关系可分为以下三种：

（1）血亲的配偶，指自己的直系、旁系血亲的夫或妻。如自己的儿媳、女婿、嫂子、弟媳、姐夫、妹夫、伯母、婶母、姑父、舅母等。

（2）配偶的血亲，指自己配偶的直系、旁系血亲。如从妻子角度而言，丈夫的父母（即公婆）、丈夫的兄弟姐妹等，均是妻子配偶的血亲。对于丈夫而言，妻子的父母（即岳父母）、妻子的兄弟姐妹等，均是丈夫配偶的血亲。

（3）配偶的血亲的配偶，指自己配偶的直系或旁系血亲的配偶。如丈夫的兄弟之妻（即妯娌）、妻子的姐妹之夫（即连襟），等等，均属于配偶的血亲的配偶。

由于姻亲关系的范围较广，关于多少亲等以内的姻亲属于亲属的范畴各国有着不同的立法例，一般是以配偶之一方与他方血族间之关系为姻亲，即以配偶之血亲及血亲之配偶为其亲属。[1] 我国《民法典》婚姻家庭编并未对姻亲的范围作出明确规定。考察我国的立法现状，一般情况下，姻亲之间也并无权利义务的要求和规定，但《民法典》第 1129 条则是一个例外，该条规定的内容是，"丧偶儿媳对公婆，丧偶女婿对岳父母，尽了主要赡养义务的，作为第一顺序继承人"。根据权利义务相对等的民法原则，如果儿媳、女婿在一定条件下承担了对公婆、岳父母的赡养义务，则他们就产生了对公婆、岳父母遗产的法定继承权。这一规定不仅体现了权利义务相对等的法律原则，也旨在倡导公民敬老、养老的社会美德。

三、亲属范围限定的立法模式

如前所述，一般意义上亲属的范围极其广泛，法律不可能、也没必要将所有的亲属都纳入其调整的范畴。法律所调整的是负有法律上的权利和义务关系的亲属。由于风俗习惯、具体国情的不同，在不同的历史时期和不同的国家，法律所调整的亲属的范围也不尽相同。考察现代各国，关于亲属范围的限定，一般有两种立法模式。

1. 总体概括限定的立法模式。即法律从总体上对亲属的范围加以限定，此范围之内的亲属受法律调整，彼此间具有一定的权利义务关系。而此范围之外的亲属则不属法律调整的对象，彼此间不存在亲属法意义上的权利和义务。如《日本民法典》第 725 条规定，六亲等以内的血亲、配偶、三亲等以内的姻亲为亲属。韩国民法亦属此类立法模式。

2. 分别限定的立法模式。即法律不从总体上限定亲属的范围，而是根据具体法律事项的需要，在不同的部门法中分别规定亲属间的权利、义务内容。我国即采用此种立法模式，如《民法典》总则编根据亲属关系的亲疏程度确定了监护人的范围和顺序。《民法典》婚姻家庭编明确禁止直系血亲或三代以内旁系血亲结婚；规定了夫妻之间，父母子女之间，祖父母、外祖父母与孙子女，外孙子女之间，以及兄弟姐妹之间的权利和义务。《民法典》继承编则明确列举了享有法定继承权的亲属的范围，规定了丧偶儿媳对公婆、丧偶女婿对岳父母尽了主要赡养义务的，可作为第一顺序的法定继承人。此外，其他一些部门法也分别根据具体情况对亲属的效力作了限定性的规定。

---

〔1〕 史尚宽：《亲属法论》，中国政法大学出版社 2000 年版，第 53 页。

第二节 亲系与亲等

导入案例

李某某（男）的父亲与胡某某（女）的母亲是同胞兄妹，由于各自的父母均在城里打工，很少能照顾到留守在家的孩子，李某某与胡某某自小一起在农村老家由李的奶奶（胡的外婆）看护，成长环境的艰辛让一对孩子学会了生活上的互相关照。随着年龄的增长，二人产生恋情并希望父母成全他们的好事，但双方父母均不同意。

本案知识点：亲系；直系亲；旁系亲；代的计算方法。

一、亲系

亲系是指亲属间的联络系统。亲属间以血缘和婚姻为中介，相互交织组成了一个个亲属网络，除配偶外，所有以婚姻、血缘为中介的亲属，因其联络状况和划分标准的不同，均分属不同的系统。如以亲属间的中介联系为标准，可将亲属划分为男系亲与女系亲、父系亲与母系亲；如以血缘的联系为标准，可将亲属划分为直系亲与旁系亲；按照亲属关系的亲疏远近，又可划分为近亲属与一般亲属；按亲属辈分的不同，还可将亲属划分为长辈亲、平辈亲与晚辈亲。

（一）男系亲与女系亲

1. 男系亲是指以男子的血缘为中介而联系起来的亲属。我国古代的宗亲就属男系亲。

2. 女系亲是指以女子的血缘为中介而联系起来的亲属。我国古代的外亲和妻亲就属女系亲。

（二）父系亲与母系亲

1. 父系亲是指以父亲的血缘为中介而联系起来的亲属。如祖父母、伯、叔、姑、堂兄弟姐妹等。

2. 母系亲是指以母亲的血缘为中介而联系起来的亲属。如外祖父母、舅、姨、舅表兄弟姐妹、姨表兄弟姐妹等。

男系亲与女系亲、父系亲与母系亲的划分，是我国古代出于男尊女卑、重父轻母的封建宗法观念，以亲属的性别为标准对亲属所做的划分。

（三）长辈亲、同辈亲、晚辈亲

辈分又称行辈，是指亲属间的世代第次。辈分按世代来划分，一世代为一辈分；按辈分的不同，可将亲属划分为长辈亲、同辈亲和晚辈亲。

1. 长辈亲。旧称尊亲属，是指辈分高于自己的亲属。包括父母、与父母同辈以及高于父母辈分的亲属。如伯、叔、舅、姨、祖父母、外祖父母等。

2. 同辈亲。即平辈亲，是指与自己辈分相同的亲属。如兄弟姐妹、堂表兄弟姐妹等。平辈亲又有长幼之分，兄姐为长，弟妹为幼。

3. 晚辈亲。旧称卑亲属，是指辈分低于自己的亲属。包括子女、与子女平辈以及低于子女辈分的亲属。如子女、侄子女、外甥、外甥女、孙子女、外孙子女等。

（四）直系亲和旁系亲

1. 直系亲。直系亲又可分为直系血亲和直系姻亲。

（1）直系血亲是指彼此之间具有直接血缘联系的亲属。包括己身所从出和从己身出的两部分血亲。其中，己身所从出的直系血亲是指生育自己的各代血亲，如父母、祖父母、外祖父母、曾祖父母、外曾祖父母等；从己身出的直系血亲是指自己所生育的后代亲属，如子女、孙子女、外孙子女、曾孙子女、外曾孙子女等。换言之，与自己有着纵向血缘联系的亲属，均属直系血亲。特别要注意的是，因法律拟制而形成的养父母养子女关系、有抚养关系的继父母继子女之间，虽然彼此并没有自然的血缘联系，但他们属于拟制的直系血亲关系。

（2）直系姻亲一般是指自己直系晚辈血亲的配偶和配偶的直系长辈血亲。如儿媳、女婿、公婆、岳父母等均属直系姻亲；未形成抚养关系的继父母与继子女之间也属直系姻亲。

2. 旁系亲。旁系亲包括旁系血亲和旁系姻亲。

（1）旁系血亲是指出自同源的除直系血亲以外的具有间接血缘联系的亲属。如兄弟姐妹、姑、叔、舅、姨、堂（表）兄弟姐妹、侄子女、外甥子女等。

（2）旁系姻亲包括旁系血亲的配偶、配偶的旁系血亲、配偶的旁系血亲的配偶等三类亲属关系。其中，旁系血亲的配偶，如嫂、弟媳、姐夫、妹夫、舅母、姑父、侄媳等；配偶的旁系血亲，如丈夫的兄弟姐妹、妻子的姑叔舅姨等；配偶的旁系血亲的配偶，如妻子与丈夫兄弟姐妹之配偶、丈夫与妻子的姑父、舅母等。

二、亲等

亲等是计算亲属关系亲疏远近的单位。亲等的数字越小，表示亲属关系越近；亲等的数字越大，表示亲属关系越远。亲等的计算以血亲为基准，准用于姻亲，即姻亲以血亲的亲等为其亲等。配偶之间不计亲等。

现代国外立法对亲等的计算方法有两种：①罗马法的亲等计算方法，②寺院法的亲等计算方法。我国古代，是以着丧服的等级来表示亲属关系的亲疏远近的。中华人民共和国成立后，我国的历次制定的《婚姻法》均以"代"作为亲属关系亲疏远近的单位。

（一）罗马法的亲等计算法

这种计算方法来源于古代罗马法，伴随着罗马法在欧洲的传播，此方法被大陆法系国家相继采用，现已逐渐成为国际上广泛使用的计算方法。其计算方法分为直系和旁系两种。

1. 直系血亲的亲等计算法。从己身分别往上或往下数，以一世代为一亲等。如从己身往上数，自己与父母为一亲等，与祖父母、外祖父母为二亲等，与曾祖父母、外曾祖父母为三亲等；从己身往下数，自己与子女是一亲等，与孙子女、外孙子女是二亲等，与曾孙子女、外曾孙子女为三亲等；依次类推。

2. 旁系血亲的亲等计算法。首先，找出己身与要计算的旁系血亲的亲属同源的长辈直系血亲，从己身上数至该长辈直系血亲，再从该同源人下数至要计算的旁系血亲，两边数字之和即为要计算的亲等数。例如，要计算自己与姑表兄弟姐妹的亲等数，首先找出自己与姑表兄弟姐妹的同源直系血亲——祖父母，从己身上数至祖父母是二亲等，再从祖父母下数至姑表兄弟姐妹也是二亲等，两边数字之和为4，那么，自己与姑表兄弟姐妹即为四亲等旁系血亲。依此法计算，旁系血亲间不存在一亲等的亲属。

（二）寺院法的亲等计算法

寺院法的亲等计算方法创自欧洲中世纪的教会法，由于它不能准确地反映出亲属关系的亲疏远近，现只有个别国家仍在沿用。其计算方法也分为直系和旁系两种。

1. 直系血亲的亲等计算法。与罗马法直系血亲的计算方法完全相同，即从己身往上或往下数，一个世代为一亲等。

2. 旁系血亲的亲等计算法。首先从己身上数至同源的长辈直系血亲，再从该同源人下数至要计算的旁系血亲，如果两边数字相同，则该相同数即为要计算的亲等数，如果两边数字不同，则以大数定亲等数。例如，要计算自己与同胞兄弟姐妹的亲等数，首先，自己与兄弟姐妹同源于父母，从自己上数至父母是一亲等，从父母下数至兄弟姐妹也是一亲等，两边数字相同，则该相同数即为自己与兄弟姐妹的亲等数；又如，要计算自己与叔叔的亲等数，自己与叔叔的同源人是祖父母，从自己上数至祖父母是二亲等，从祖父母下数至叔叔是一亲等，两边数字不同，取大数定亲等数，则自己与叔叔是二亲等的旁系血亲；再如，要计算自己与叔叔的子女（堂兄弟姐妹）的亲等数，首先找出自己与堂兄弟姐妹的同源直系长辈血亲——祖父母，从自己上数至祖父母是二亲等，从祖父母下数至堂兄弟姐妹也是二亲等，两边数字相同，则自己与叔叔的子女是旁系血亲二亲等。

至于姻亲的亲等计算，无论罗马法还是寺院法，都是以"姻亲从血亲"为原则的。如儿媳与公婆的亲等，因丈夫与其父母是一亲等的直系血亲，因此，儿媳与公婆就是一亲等的直系姻亲；按照罗马法的计算方法，自己与堂弟是四亲等的旁系血亲，那么，自己与堂弟媳就是四亲等的旁系姻亲。

（三）我国古代的丧服制

丧服制是指在我国古代，以祭奠死者时所穿丧服的等级来区别亲属关系亲疏远近的一种制度。丧服制起源于周礼，沿用至清末民初。丧服被分为了五等，一等最重。亲属关系亲者、近者，不仅丧服重，且丧期长。亲属关系疏者、远者，则丧服轻，丧期短。

第一等：斩衰。为期3年之服，此丧服用最粗的生麻布做成，不缝下边。子及未嫁女为父母，妻为夫，儿媳为公婆，嫡孙为祖父母等须服斩衰。

第二等：齐衰。用稍粗的麻布做成的丧服，缝下边。根据所服对象的不同，服期分别为1年、5个月、3个月不等。为期1年的又分杖期和不杖期两种。例如子为嫁母、出母，夫为妻（父母不在时）等服齐衰杖期，出嫁女为父母，兄弟为在室姊妹等服齐衰不杖期。

第三等：大功。是用粗熟麻布做成的为期9个月之服。父母为出嫁女，自己为堂兄弟等均服大功服。此为中度丧服。

第四等：小功。5个月之服，用稍粗的熟麻布做成。外孙为外祖父母，外甥为舅姨等均服小功。

第五等：缌麻。用细熟布做成的为期3个月之服。女婿为岳父母，妻为夫的曾祖父母等均服此服。

丧服制体现了以男子为中心、男尊女卑的宗法等级制度，它并不能客观、准确地反映亲属关系的亲疏远近，因此早已被废止。由于其存在历史的久远，因此在我国部分群众中，尤其是在农村地区仍有一定的影响。

（四）我国亲属关系中"代"的计算方法

中华人民共和国成立后，我国历次制定的《婚姻法》及现行《民法典》均未确立亲等制度，仅在禁止结婚的条件中使用了"代"的概念。这里的"代"就是我国法律规定的表示亲属关系亲疏远近的单位。"代"即指世辈，一世辈为一代。一般情况下，代数越小，说明亲属关系越近。代数的计算方法分为直系血亲和旁系血亲两个方面。

1. 直系血亲的计算法。从己身开始，以己身为一代，往上数至父母为二代，数至祖父母、外祖父母为三代，依次类推；从己身往下，数至子女为二代，数至孙子女、外孙子女为三代。

2. 旁系血亲的计算法。首先从己身上数至同源的直系血亲，再从该同源人下数至要计算的旁系血亲，如果两边代数相同，就以该相同数定代数；如果两边代数不同，则以大数定代数。如要计算自己与兄弟姐妹的代数，从自己上数至父母为二代，从父母下数至兄弟姐妹也为二代，两边数字相同，则自己与兄弟姐妹是旁系血亲二代；又如，要计算自己与姑姑的代数，首先从自己上数至同源人祖父母为三代，再从祖父母下数至姑姑为二代，两边数字不同，则自己与姑姑是旁系血亲三代。

按照我国"代"的计算方法，自己与姑姑为旁系血亲三代，而自己与姑姑的孩子（表兄弟姐妹）也是旁系血亲三代。显然，这样的结果不能确切地反映出亲属关系的亲疏远近，说明我国"代"的计算方法有一定的缺陷，因此建议以国际上通用的罗马法的亲等计算法取代我国的"代"的计算方法。

第三节 亲属关系的发生、终止与法律效力

导入案例

2007 年 10 月，许某与赵某结婚，2014 年 10 月，在婚生女许某甲 5 岁时，赵某意外死亡。许某、许某甲与赵某的父母分割了赵某的遗产。2016 年 2 月，许某与屈某某结婚，2018 年 6 月许某乙出生。许某甲与继母屈某某的关系一直不好，随着许某乙年龄的增长，二人关系越来越紧张。许某甲希望父亲能与继母离婚，还希望父亲离婚能把妹妹留下，不让继母把妹妹带走，许某很为难。

本案知识点：亲属关系的发生；亲属关系的终止；亲属关系的效力。

现实生活中的亲属关系并不是以完全静态的形式呈现在我们面前的。它既可因一定的原因发生，也可因一定的事由消灭。由于各类亲属具有不同的性质和特点，不仅其发生和终止的原因各不相同，而且亲属关系一经法律调整，便产生了相应的法律效力。

一、亲属关系的发生与终止

（一）配偶关系的发生与终止

配偶关系因男女结婚而发生。依照我国《民法典》婚姻家庭编的规定，取

得结婚证的时间即是确立配偶关系的时间。

　　配偶关系因一定的法律事实而归于消灭。引起配偶关系终止的原因有两个：一是配偶一方死亡（包括自然死亡和依法被宣告死亡），二是夫妻双方离婚。因死亡导致配偶关系终止的时间为夫妻一方自然死亡的时间或人民法院的死亡宣告之日；因离婚引起配偶关系终止的时间为在婚姻登记机关取得离婚证的时间或人民法院准予离婚的调解书、判决书生效的时间。

　　（二）自然血亲关系的发生和终止

　　出生是引起自然血亲关系发生的唯一原因。出生这一自然事件，不仅使该出生者与其父母形成了自然的血亲关系，而且一切与其父母具有血缘联系的人，也都与该出生者形成了自然血亲关系。这种关系不以当事人的意志为转移，也不需要履行法律手续来确认。

　　自然血亲只能因一方的死亡而终止，除此之外，任何一种人为的原因都可不能引起自然的血缘联系的消灭。即使父母将子女送养他人，其也只是终止了生父母及其近亲属与该送养子女间法律意义上的权利义务关系，他们之间自然的血缘联系却并没有也不可能消灭。

　　（三）拟制血亲关系的发生和终止

　　拟制血亲关系的形成是基于法律的设定或确认。由于种类不同，其发生和终止的原因也有所不同。

　　1. 养父母与养子女关系的发生和终止。养父母与养子女关系属于拟制血亲关系，其形成是依据合法有效的收养行为。收养关系一经成立，收养人（养父母）与被收养人（养子女）之间便形成了父母子女间的权利义务关系；同时，养子女与养父母的其他近亲属也形成了拟制血亲关系。如养子女与养父母的父母形成了养祖父母、养外祖父母与养孙子女、养外孙子女的关系。

　　由于养父母与养子女关系是基于一定的法律行为而形成，因此，其关系的消灭与自然血亲也就有所不同。拟制血亲关系除因一方死亡导致消灭外，还可因收养关系的人为解除而终止。即伴随着收养关系的解除，收养人及其近亲属与被收养人的拟制血亲关系终止。

　　2. 形成抚养事实的继父母与继子女关系的发生和终止。继父母与受其抚养的继子女之间也发生拟制血亲关系，其形成原因有两个：①基于生父（母）与继母（父）结婚的法律行为；② 基于继父母对继子女形成了抚养、教育的事实。只有这两个条件同时具备，继父母与继子女间才发生拟制血亲关系，而未形成抚养事实的继父母与继子女之间仅为姻亲关系。

　　形成抚养事实的继父母与继子女关系，可因继父母或继子女当事人一方的死亡而终止。关于生父（母）与继母（父）的婚姻关系消灭后，继父母与继子女间拟制血亲关系终止与否的问题，《民法典》婚姻家庭编并未作明确规定。但《民法典》第 1072 条第 2 款规定："继父或者继母和受其抚养教育的继子女间的权利义务关系，适用本法对父母子女关系的规定。"这一规定旨在维护形成抚养事实的继父母与继子女之间关系的稳定。一般情况下，非经法院调解或判决解除的，拟制血亲关系都依然存在，继父母对尚未成年的继子女仍有抚养的义务，而成年的继子女，对曾抚养过自己的继父母则有赡养的义务。

（四）姻亲关系的发生与终止

男女双方结婚的法律行为是姻亲关系赖以发生的基础。以婚姻为中介，配偶一方与对方的亲属及双方的亲属之间互为姻亲关系。婚姻成立的时间即为姻亲关系形成的时间。

姻亲一方主体的死亡是导致姻亲关系终止的原因之一，姻亲关系是否因配偶离婚而终止，现代各国在立法上存在很大的差异，有消灭主义和不消灭主义两种主张。[1] 如日本民法典就规定离婚使姻亲关系完全消灭，而德国民法典则规定"由婚姻而产生的姻亲关系，不因该婚姻解除而消灭"。

至于配偶一方死亡，生存方与死亡方亲属的姻亲关系是否消灭的问题，各国立法也有很大的差异。如日本民法典就规定，生存的配偶一方再婚或明确表示终止姻亲关系的，姻亲关系消灭。而有些国家则对此问题未作限制规定，由具有姻亲关系的当事人双方自己决定。

我国《民法典》婚姻家庭编没有明确规定姻亲关系终止的原因。依习惯，夫妻双方离婚是导致姻亲关系消灭的一般原因；而夫妻一方死亡后，姻亲当事人之间是否仍保持姻亲关系，取决于当事人自愿。《民法典》第 1129 条规定："丧偶儿媳对公婆，丧偶女婿对岳父母，尽了主要赡养义务的，作为第一顺序继承人。"这一规定表明，姻亲关系并不因配偶一方死亡而当然终止，如果生存方未再婚，或虽然再婚但仍与亡偶方的近亲属保持生活上的联系甚至彼此照顾，则姻亲关系依然存在。

二、亲属关系的法律效力

亲属的法律效力，是指一定范围内的亲属所具有的权利义务关系及其在法律上的其他效果。依我国法律的规定，在不同的法律部门中，亲属的法律效力有着不同的表现。

（一）亲属关系在婚姻家庭法上的效力

1. 禁婚的效力。我国《民法典》婚姻家庭编规定，直系血亲和三代以内旁

---

〔1〕 杨大文主编：《婚姻家庭法》，中国人民大学出版社 2001 年版，第 89 页。

系血亲之间禁止结婚。

2. 扶养的效力。根据《民法典》婚姻家庭编的规定，夫妻之间、父母子女之间有相互扶养的权利和义务；在一定条件下，祖孙之间、兄弟姐妹之间也有互相扶养的权利义务关系。

3. 共同财产的效力。一定范围的亲属之间，具有法定的共同财产。根据《民法典》婚姻家庭编的规定，夫妻在婚姻关系存续期间，双方所得或一方所得的财产，除另有约定或法律另有规定外，归夫妻双方共同所有。夫妻对共同所有的财产有平等的处理权。

4. 继承的效力。《民法典》婚姻家庭编规定，夫妻、父母子女及兄弟姐妹等亲属之间有互相继承遗产的权利。

（二）亲属关系在民法上的效力

1. 法定监护和代理的效力。一定范围的亲属对无民事行为能力人或限制民事行为能力人有法定的监护权和代理权。根据《民法典》总则编的有关规定，未成年人的监护人的顺序为：父母、祖父母与外祖父母、兄姐；无民事行为能力或限制民事行为能力的成年人的监护人的顺序为：配偶、父母、成年子女、其他近亲属。监护人的职责是依法行使监护权，保护被监护人的人身、财产及其他合法权益。当被监护人对国家、集体和他人的人身或财产造成损害时，监护人应承担一定的民事法律责任。无民事行为能力人、限制民事行为能力人的监护人是他的法定代理人。

2. 法定继承顺序确定的效力。一定范围的亲属是确定法定继承人顺序的依据。根据《民法典》继承编的规定，配偶、子女、父母为第一顺序继承人；兄弟姐妹、祖父母、外祖父母为第二顺序继承人。

3. 申请宣告的效力。一定范围的亲属可以依法提起宣告失踪或撤销宣告失踪的申请，还可以提起宣告死亡或撤销死亡宣告的申请。《民法典》在总则编中规定，利害关系人在一定的条件下有向人民法院申请宣告某人失踪或死亡的请求权，而亲属属于利害关系人的范畴。

4. 一定范围的亲属享有对失踪人财产的代管权。根据《民法典》第42条的规定，失踪人的财产由其配偶、父母、成年子女或者其他愿意担任财产代管人的人代管。

（三）亲属关系在刑法上的效力

1. 犯罪构成的效力。某些犯罪的构成，必须以有一定的亲属关系为前提，如虐待罪的犯罪主体是与被害人共同生活的同一家庭的成员。遗弃罪的犯罪主体则是对于年老、年幼、患病或者其他没有独立生活能力的人负有扶养义务的近

亲属。

2. 告诉的效力。根据我国《刑法》的有关规定，近亲属之间的虐待、暴力干涉婚姻自由等行为，只要没有发生被害人重伤、死亡的后果，须经由受害者人或其近亲属起诉，人民法院才能受理。

（四）亲属关系在诉讼法上的效力

亲属在诉讼法上的效力，是指亲属关系在民事诉讼法、刑事诉讼法、行政诉讼法上的法律后果。

1. 回避的效力。在刑事诉讼、民事诉讼和行政诉讼中，审判人员、检察人员、侦查人员、书记员等人如果是本案当事人的近亲属或司法人员的近亲属，与本案当事人有利害关系的，应当自行回避；如不回避，诉讼当事人可以申请他们回避。

2. 享有辩护权和代理权的效力。刑事案件被告人的近亲属可以担任被告人的辩护人；没有诉讼行为能力的民事案件的当事人，由取得其法定代理人资格的近亲属代为进行民事诉讼活动，法律效力直接作用于被代理人。

（五）亲属关系在劳动法上的效力

1. 一定范围的亲属享有探亲的权利。在国家机关、企业单位工作满 1 年的固定职工，享有探望与其分居两地的配偶、父母的权利。

2. 一定范围的亲属享有获得津贴的权利。我国《劳动法》第 73 条第 2 款规定："劳动者死亡后，其遗属依法享受遗属津贴。"

（六）亲属关系在国籍法上的效力

1. 一定范围的亲属关系是自然取得中国国籍的前提条件。根据我国《国籍法》的规定，父母双方或一方为中国公民，本人出生在中国，即具有中国国籍；父母无国籍或国籍不明但定居在中国，本人出生在中国的，就具有中国国籍。

2. 一定范围的亲属关系是申请加入中国国籍的条件。与中国人有一定亲属关系的外国人、无国籍人，或是为中国人近亲属的外国人、无国籍人，可以申请加入中国国籍。

3. 一定范围的亲属是申请退出中国国籍的条件。与外国人有一定近亲属关系的中国人，可以申请退出中国国籍。

另外，亲属之间在行政法及其他法规上也有一定的法律效力，此处不再赘述。

实务训练

（一）示范案例

【案情】1995 年 3 月，彭某（女）与荆某某（男）的女儿荆某乙出生。在荆某乙 6 岁时，父母离婚，荆某乙随母亲生活，荆某某承担了女儿一定的生活费用。2005 年 1 月，彭某结识了李某某。李某某的前妻因病早逝，多年来，他一直与儿子李某乙共同生活。2006 年 10 月，彭某与李某某结婚，双方各自的孩子也与他们共同生活。当时，荆某乙 9 岁，李某乙 10 岁。彭某与李某某结婚后，荆某某仍按月支付女儿的抚育费。

2018 年 4 月，彭某因病身故，而荆某乙与李某乙也都长大成人并先后参加工作。在长期的共同生活中，一对年轻人产生了恋情。二人将实情告知父亲李某某，却遭到了李某某的坚决反对。李某乙为了不让父亲生气，遂向荆某乙表示，他们只能继续保持兄妹关系。气愤、失望的荆某乙从家里搬了出去。2018 年 12 月，李某乙因飞机失事死亡。丧妻丧子的连续打击致已年迈的李某某身患重病，生活几乎不能自理。而其所在企业也早已破产，微薄的收入根本无法满足他生活和治病所需。这时，他多次托人向荆某乙提出请求，希望能得到她经济上的帮助和生活上的照料，但荆某乙却认为：首先，尽管在她年幼时李某某照顾过她，但生活费用却一直是由生父荆某某提供的，李某某收入一直很低，对她的成长并无经济投入。其次，如果说李某某对她有体力、精力的付出的话，可母亲彭某也照料抚养了李某乙。而李某乙成年后，并未对母亲尽过赡养义务，她当然也无需赡养李某甲。

基于以上理由，荆某乙坚决拒绝了李某某的请求。2021 年 2 月，李某某向人民法院提起诉讼，要求荆某乙承担赡养义务，每月给付赡养费 800 元并承担自己医疗费用的支出。

问：1. 荆某乙与李某某属何种亲属关系？荆某乙与李某乙属于何种亲属关系？

2. 如果李某某同意荆某乙与李某乙的婚事，荆某乙与李某乙的亲属关系是否成为他们婚姻成立的障碍？

3. 荆某乙是否应承担赡养李某某的义务？

【分析】

1. 荆某乙的母亲与李某乙的父亲再婚后，与他们组成了四口之家并共同生活多年，继父对继女荆某乙进行了抚养，继母彭某同样承担了抚养教育继子李某乙的责任。尽管在荆某乙未成年时，其生父荆某某承担了一部分生活教育费用，但一个未成年人的成长，不仅需要一定的经济保障，生活上的照料与关怀、思想品德上的教育和帮助也是不可或缺的。因此，在认定继父母抚养继子女这一事实时，并不以继父母是否承担了继子女的生活教育费用为前提条件，而是审查继父母与继子女之间是否形成了共同生活的事实，以及继父母对未成年继子女的成长是否有精力、时间的付出。本案的案情完全符合法律对形成抚养事实的继父母与继子女关系的认定条件。因此，荆某乙与继父李某某属于拟制血亲关系。荆某乙与李某乙则属于法律拟制的兄妹关系。

2. 我国《民法典》婚姻家庭编第 1048 条明确规定，"直系血亲或者三代以内的旁系血亲禁止结婚"。这是一定范围的亲属关系间禁婚的效力。该规定是基于生物遗传学规律，为确保下一代身体健康和整个民族人口素质而制定的。本案中，荆某乙秀与李某乙虽然属于旁系拟制血亲，但事实上，他们之间并不存在自然的血缘联系。因此他们二人之间的姐弟关系，并不是他们婚姻成立的障碍。

3. 李某某与彭某再婚时，荆某乙才 9 岁。由于共同生活在一个家庭，李某某与荆某乙业已形成抚养关系，属于形成抚养事实的继父母与继子女关系。《民法典》第 1072 条第 2 款规定："继父或者继母和受其抚养教育的继子女间的权利义务关系，适用本法关于父母子女关系的规定。"虽然李某某与彭某的婚姻关系因彭某的死亡而终止，但荆某乙受继父李某某抚养的事实却是不能抹杀的，荆某乙与继父李某某的权利义务关系也并不因彭某的死亡而消灭。李某乙是否对彭某履行了赡养义务，并不能成为影响荆某乙承担或拒绝承担赡养李小毅义务的条件。综上所述，荆某乙应承担赡养继父李某某的义务。人民法院应根据李某某的实际生活需要及荆某乙的负担能力作出合理的判决。

（二）习作案例

李某某（女）与丁某（男）婚后多年没有生育，2009 年 8 月，他们收养了一个出生刚刚 3 个月的女孩，取名丁某甲。2011 年，李某某怀孕，夫妻二人非常高兴。次年，儿子出生，取名丁某乙。2017 年，因丁某有外遇，李某某与其协议离婚。在子女问题上，两人协议如下：丁某乙随父亲丁某生活，丁某甲由母亲李某某抚养，双方互不承担子女的抚养教育费用。离婚后不久，丁某即与罗某结婚，2019 年，二人的孩子丁某丙出生。

问：1. 丁某甲与丁某乙属于何种亲属关系？

2. 丁某丙与丁某乙、丁某丙与丁某甲又分别属于什么样的亲属关系？

3. 李某某与丁某乙、罗某与丁某甲之间是否存在权利义务关系？为什么？

复习与思考

1. 什么是亲属？一般意义上的亲属与法律意义上的亲属有何不同？

2. 什么是亲等？什么是亲系？罗马法对直系血亲、旁系血亲的亲等是如何计算的？

3. 简述我国对于亲属关系亲疏远近的计算方法。

4. 各类亲属关系发生和终止的原因是什么？

第四章　结婚制度

第一节　结婚制度概述

导入案例

郝某的女儿小芸大学毕业不久，在外企工作。她有个同性好友小筠，两人无所不谈，慢慢发展成了"情侣"，并彼此发誓要永远在一起。为了能像正常夫妻那样能得到婚姻的保障，她们签订了一份结婚协议。某日，小芸提出要带着"爱人"小筠到家吃顿饭，顺便见见父母。这可急坏了郝某，她不知道该如何面对这对她认为不合常理的"伴侣"。经咨询某律师事务所律师，律师答复：根据我国《民法典》婚姻家庭编的规定，结婚的主体必须是男女两性，同性不能结婚。因为"同性婚姻"违背了人类的基本道德和自然规律，所以，小芸和小筠签的结婚协议根本不具备法律效力。

本案知识点：结婚的概念；结婚的特征。

结婚制度是婚姻制度的核心和重要组成部分，也是婚姻家庭法学的中心内容。它是指为一定社会制度所承认的两性结合的规范的总和，包括《民法典》婚姻家庭编对结婚当事人双方在结婚条件、结婚程序等方面的规定。

一、结婚的概念

结婚，又称婚姻的成立，是指男女双方按照法律规定缔结夫妻关系的民事法律行为。婚姻成立是婚姻效力的基础，亦是婚姻终止的前提，因而是任何婚姻家庭立法不可缺少的重要组成部分。根据我国《民法典》婚姻家庭编的规定，结婚具有以下三个特征：

1. 结婚的主体应当是男女两性，同性结合不构成婚姻。两性差别是婚姻成立的自然条件和基础，如果没有两性间的这种自然条件，婚姻则无从产生，也没有存在的意义。同性恋、同性婚被世界上绝大多数国家所禁止，我国法律不允许同性结婚，也不承认同性婚姻。

2. 结婚是一种民事法律行为，必须符合法律规定的条件，按照法律规定的程序进行。只有依照法律规定的条件和程序成立的婚姻，才能为当时的社会制度所承认。结婚不是当事人的任意行为，如果男女自行结合而不符合法律规定的条件和程序，则不发生婚姻的效力。对于不符合结婚条件而结婚的，我国《民法典》婚姻家庭编确立了无效婚姻和可撤销婚姻制度，对没有按照法律规定的程序组成家庭的，《民法典》婚姻家庭编规定应当补办结婚登记手续。

3. 结婚法律后果是确立夫妻关系。夫妻关系一旦确立，即在当事人双方之间产生法定的权利义务，未经法定手续，双方不得任意解除已确定的夫妻关系。

纵观古今中外的婚姻家庭立法，结婚有广义和狭义之分。广义的结婚既包括夫妻关系的建立，也包括缔结婚约，即包括订婚和结婚两个方面；狭义的结婚，仅指夫妻关系的建立。中国的封建礼俗和法律，以及外国古代的一些法律多采广义说，十分重视婚约的效力，近代各国婚姻立法，多采狭义说，我国也采狭义说，婚约不具有法律效力，不是结婚的必经程序，但也不禁止人们自由订立和解除婚约。

二、结婚制度的历史沿革

结婚制度源于个体婚时期，是人类两性关系由野蛮时代向文明时代发展的结果。结婚制度与社会生产方式关系密切，随社会物质生产的发展而不断变化。纵观人类婚姻史，结婚制度大体经历了以下几种形式：

（一）掠夺婚

掠夺婚俗称抢婚，是指男子以暴力劫夺女子为妻的婚配方式。其基本特征是：男子以暴力劫夺并对外宣告占有女子；女子是被劫夺的客体。掠夺婚是对偶婚向一夫一妻制过渡的重要标志之一。

掠夺婚最早出现于原始社会。战争中的俘虏，男子被杀掉，女子留下为人妻，生儿育女。到了个体婚时代，这种方式被沿袭下来，作为求妻的一种方式。这种婚配形式既反映了对偶婚向个体婚的过渡，也反映了个体婚向群婚的妥协和让步。掠夺婚在中外古代法典和古籍中均有所记载。如罗马法的时效婚，古罗马国王允许市民抢劫邻村妇女为妻，经过一年时间的占有，便被确认为正式的婚姻。印度《摩奴法典》中规定，罗刹的结婚方式，允许男子用打、砍、劈的方式，硬把姑娘从家中抢走。掠夺婚的出现，反映了人类婚姻从对偶婚的"从妇居"向着个体婚的"从夫居"的转化。

现在，我国有些少数民族地区也实行抢婚，但那只是一种形式，并非真抢，这种抢婚只是少数民族地区成婚的一种形式和习俗。因为这种假抢不违背女方意志，不违背婚姻自由的原则，因此，法律不加以禁止。但也有极少数违背女方意志的暴力抢婚行为，则应予以依法制裁。

（二）有偿婚

有偿婚是指以男方向女方家庭支付一定代价为条件而缔结的婚姻。根据给付代价形式的不同，可分为买卖婚、交换婚和劳役婚。

1. 买卖婚，是指男方以支付金钱或实物等作为成婚条件的婚姻。它几乎是与掠夺婚同时产生的一种求妻方式，是古代世界普遍通行的结婚方式。古罗马法确认的买卖婚是平民实行的结婚方式。买卖婚有公开的买卖婚和变相的买卖婚之分。

2. 交换婚，亦称互易婚，就是双方父母各以其女为其子换妇或男子各以其姐妹交换为妻，即通常所说的以女儿换儿媳；或以姐妹换媳妇。这种换亲不仅违背妇女意志，也违背婚姻自由的原则，发展到后来又出现了转亲，即在三个或三个以上的家庭之间形成婚姻。这种婚姻具有以人代财的性质。我国有的地方，尤其是偏远落后的农村，出现的"换亲""转亲"就是交换婚的遗俗。"换亲""转亲"往往具有包办强迫、违反婚姻自由的性质，因而为法律所禁止。这类婚姻容易引起连锁反应，即一对婚姻的解体直接影响另一对或几对婚姻的稳定，也容易影响社会的安定团结。

3. 劳役婚，是指男方以为女方或其父母服一定期间的劳役为代价而成立的婚姻，其特征是以力代财，因此这种婚姻中男子的地位较低，男方入赘就是由此演变而来的。家贫无聘财，以身代财。劳役婚实为买卖婚的一种变形。

买卖婚产生于奴隶制商品经济基础之上，与野蛮的掠夺婚相比具有一定的进步性。买卖婚避免了劫夺中的械斗和伤害，也使女家获得一定的金钱和物质，更易为女家所接受。

（三）聘娶婚

聘娶婚是指以男方向女方交付一定数量的聘财为要件的婚姻。它是从买卖婚发展而来的。古巴比伦的"市场婚姻"和罗马法的买卖婚姻都把女子作为"物"公开出售，极大地损害了妇女的尊严，必然受到女子的反对和抵抗，也为人类文明所不容。相比之下，聘娶婚的求妻方式要含蓄一些，更符合我国民间的风俗习惯，易为女方和女家所接受。因此，聘娶婚通行于整个中国古代社会，是我国当时最主要的婚配形式。这种婚姻的形成，要求履行严格的礼制程序，我国早在西周时就创制了"六礼"。"六礼"备谓之"聘"，"六礼"不备谓之"奔"。"六礼"为：①纳采，即男方求亲，须先委托媒人通言。女方经过斟酌应允之后，男方才能备礼贽见。②问名，即问女子的生辰八字。男方遣媒问明女子的名字及出生年、月、日、时，以便"卜其吉凶"。③纳吉，吉即吉兆，通过迷信手段，卜得吉兆后，通知女家。④纳征，亦即纳币，即男家送交聘礼，产生人身上的约束力。⑤请期，即男方家择定婚期，并在形式上商请女家同意。⑥亲迎，即新郎亲自到女家迎娶新娘，履行一定仪式后，婚礼告成。此后，再经"庙见"，女方便成为男方宗族的正式成员。

"六礼"以纳征为中心，聘财的多寡依双方的身份、地位而定。从夏、商至周代完备的"六礼"可以证实聘娶婚在我国由来已久，其影响至今仍在。在我国某些地区，结婚要"彩礼"仍被认为是"天经地义"的，大量的"彩礼"给男方家庭及夫妻婚后生活带来了沉重的经济负担，由此引发家庭矛盾、夫妻不合的事例屡见不鲜。

（四）无偿婚

无偿婚是指男方无需向女方家庭支付任何代价而缔结的婚姻，包括赠与婚、收继婚和强制婚。

1. 赠与婚。它是指权力者或父母将其可以支配的女子赠与他人为妻而缔结的婚姻。

2. 收继婚。它是指女子在其丈夫死后有义务在家族内部转房而缔结的婚姻，如兄死后弟收继其嫂为妻。

3. 强制婚。它是指官府将罪人之妻女断配给他人为妻妾而缔结的婚姻。

（五）欧洲中世纪的宗教婚

在中世纪，欧洲各国的婚姻关系主要由教会法来调整。教会法规定的结婚宣誓是一种圣典仪式，结婚被视为"神的旨意"。基督教将婚姻视为"神作之合"，规定了一套严格的宗教仪式，准备结婚的当事人须事先按教规将有关事项在教会布告栏中公告，结婚仪式由教会的神职人员主持并给予祝福，结婚当事人在神职人员面前宣誓，婚姻始成立和有效，后来经过宗教改革及婚姻还俗运动，宗教婚逐渐被法律婚所代替。

（六）共诺婚

共诺婚亦称自由婚或契约婚，它是经男女双方合意而成立的婚姻，自由婚强调双方合意，以契约论为基础。欧洲宗教改革的直接后果之一就是婚姻还俗运动的开展。在16世纪，荷兰率先出现了选择民事婚制度，此后不久，法国宪法就正式宣布用法律婚取代宗教婚，19世纪，英国和德国也相继肯定了法律婚的地位。

在这种婚姻形式中，结婚的当事人双方摆脱了客体的地位而成为婚姻关系的主体，摆脱了婚姻为"父母之命"的传统，可依自己的意志成立婚姻。自由婚是人类社会较为进步的一种婚姻形式，它使当事人享有了婚姻自主权，有利于建立民主、和睦的现代婚姻家庭关系。

自由婚是资产阶级反对封建主义制度，争取民主、自由、平等斗争的结果。自由婚结束了婚姻主体与权利相分离的时代，婚姻自主权回归结婚主体，这是人类婚姻史的一个进步。

近、现代的资本主义婚姻制度是在反对封建主义的族权和神权的斗争中建立和发展起来的。在结婚方式方面，有两点显著变化：①不断削弱宗教势力的影响。在宗教还俗运动的推动下，许多国家相继从宗教婚转变为法律婚。尤其 20世纪以来，教会对婚姻的影响大为减弱。②结婚方式由繁到简。法国现行民法典规定结婚方式仅限于在乡、镇或市政府的民事登记官前举行一个简单的仪式，婚姻即告成立。此外，当代西方国家非婚同居现象逐渐增多，不遵行传统的结婚方式已为社会所容忍。

第二节　结婚的法定条件

导入案例

"亲加亲，打断骨头连着筋"，在我国，姑表亲和姨表亲联姻曾一度十分盛行。某镇村民梁某与郑某系姑表兄妹关系，梁某之母与郑某之父系同胞姐弟。双方家庭为了亲上加亲，为梁某与郑某二人订立婚约。1992 年 11 月 15 日，两人隐瞒双方有近亲属关系的事实真相，办理了结婚登记。1993 年，郑某生育一子，并于 2005 年离家外出，下落不明。2009 年 8 月 10 日，梁某向某县人民法院起诉，要求与其外出数年、下落不明的妻子郑某离婚。该法院在审理中查明，梁某与郑某系姑表兄妹关系，两人属法律所禁止的近亲属结婚，双方的婚姻关系应认定为无效。

本案知识点：结婚的必备条件；结婚的禁止条件。

一、结婚条件概述

结婚是确立夫妻关系的民事法律行为，是夫妻关系和家庭关系的开始。结婚不仅是男女双方的终身大事，也关系到民族和社会的利益。对此，世界各国的婚姻家庭法都规定了结婚要件。结婚要件是法律规定的结婚时男女双方必须具备的法定条件。只有符合法定条件的男女双方的结合，才是合法的婚姻关系，男女双方才具有合法的夫妻身份，这种结合才具有法律效力，并受法律保护。否则即为违法婚姻，不具有法律效力，不受法律保护。我国《民法典》婚姻家庭编明确规定了结婚的法定条件，只有符合法定条件的男女结合才是合法的婚姻，才产生合法婚姻的法律效力。根据中外婚姻立法的规定和婚姻法学界的主张，结婚要件有实质要件与形式要件、公益要件与私益要件之分。

（一）实质要件与形式要件

结婚的实质要件是指结婚当事人本身以及双方之间的关系必须符合的法定条件，是"为婚姻完全有效当事人本身不可不具备的要件"。[1] 例如，男女结婚，在双方的意愿、年龄、健康状况和亲属关系等方面，必须符合法律规定的条件。结婚的形式要件是指婚姻成立的方式或程序须符合法律规定的条件。在我国，结婚的实质要件被称为结婚条件，或结婚的法定条件，包括结婚的必备条件和禁止条件。结婚的必备条件是结婚时必须具备、不能缺少的条件；结婚的禁止条件是结婚时不能出现的情况，如一方或双方患有一定的疾病，双方有一定的亲属关系等，这些情况如果存在，即属于当事人存在结婚的障碍，不得结婚。结婚的必备条件和禁止条件的划分不是绝对的，如一夫一妻原则是世界各国婚姻家庭立法普遍遵循的原则，有的国家法律规定，结婚必须符合一夫一妻原则，这是结婚的必备条件；有的国家则将重婚作为结婚的禁止条件予以规定，体现的仍然是一夫一妻原则。这两种规定只是角度不同，并没有实质上的差别。从我国《民法典》婚姻家庭编的立法精神看，符合一夫一妻原则是结婚的必备条件，重婚是结婚的禁止条件。

结婚的形式要件是结婚必须具备的方式或必须经过的程序。从世界婚姻家庭立法史上看，结婚的形式要件有两大立法主义，即事实婚主义和形式婚主义。所谓事实婚主义，是指婚姻当事人双方只要有共同生活的意愿和以夫妻名义共同生活的事实，婚姻即告成立。所谓形式婚主义，是指结婚必须履行法定的程序或方式，婚姻才告成立。实行形式婚主义的国家，不承认事实婚具有法律效力。由于各国立法不同，结婚的形式要件也有所不同，有的要求办理申报或登记手续，如日本、中国等；有的要求举行公开仪式并有证人在场证明，如美国的 30 个州；有的既要求举行仪式又要求办理登记，如前南斯拉夫等。

婚姻不仅是两个人的私事，还关系到社会公共利益。为了保障婚姻当事人及其子女的合法权益，维护社会利益，婚姻应向社会进行公示，现代世界各国多采用形式婚主义，以利于社会对婚姻关系的确认和保护。我国采用的是形式婚主

---

〔1〕 史尚宽：《亲属法论》，中国政法大学出版社 2000 年版，第 175 页。

义，即婚姻非经法定程序不成立，但由于历史和现实的种种原因，事实婚在我国一些地方仍然存在。

（二）公益要件和私益要件

根据结婚要件所涉及利益的不同，将结婚要件分为公益要件和私益要件。公益要件，是指与社会公共利益有关的条件，如近亲不得相互结婚、禁止重婚、禁止早婚等；私益要件，是指仅与私益相关的条件，如结婚须基于当事人的自愿。[1] 违反公益要件，往往导致婚姻无效；违反私益要件，一般导致婚姻撤销。

二、结婚的必备条件

结婚的必备条件是指结婚时必须完全具备、缺一不可的条件，又称结婚的积极要件。

（一）婚姻的主体为异性男女

婚姻的自然属性决定了婚姻的主体必须是异性男女，婚姻关系应当建立在男女两性之间，唯有男女异性结合才能构成法律意义上的婚姻。虽然有的国家通过立法承认了同性婚姻，但我国法律不承认同性婚姻。根据我国《民法典》婚姻家庭编的立法精神，禁止同性之间结婚，我国婚姻登记机关也不为同性恋者办理结婚登记手续。通过手术改变性别的公民，在更改了户籍身份证上的性别后，可以与异性结婚。

（二）结婚应当男女双方合意

婚姻自由是我国《民法典》婚姻家庭编的一项基本原则。婚姻自由包括结婚自由和离婚自由，结婚自由是婚姻自由的前提。《民法典》第1046条规定："结婚应当男女双方完全自愿，禁止任何一方对另一方加以强迫，禁止任何组织或者个人加以干涉。"可见，结婚应当基于男女双方的合意，即男女双方完全自愿，具体包括以下四层含义：

1. 强调结婚不应附加条件。感情是结婚的基础，是维系婚姻的纽带，结婚不应当受金钱或其他社会势力的控制与影响。

2. 结婚的意思表示必须真实。意思表示真实是指当事人双方要求结婚的意思表示与其内心的结婚愿望相一致，即结婚的表示是双方内心愿望的真实反映，是男女双方自愿，而不是一厢情愿；是男女本人自愿，而不是必须经过父母或第三人的同意；是男女双方完全自愿，而不是勉强同意。任何受干涉、受胁迫而导致的与当事人内心愿望不一致的意思表示都是不真实的。有关结婚的不真实的意思表示可能导致婚姻的无效或撤销。

---

〔1〕 杨遂全等：《婚姻家庭法新论》，法律出版社2003年版，第80页。

3. 当事人必须具有结婚的行为能力，且无婚姻障碍。结婚是确立当事人双方夫妻身份关系的民事法律行为，要求男女双方必须具备结婚的行为能力，即男女双方符合法律规定的结婚年龄，具有结婚的意思能力，具备享有婚姻权利、承担婚姻义务的资格，同时没有禁止结婚的情形。

4. 合意的意思表示符合法定的程序要求。结婚是要式法律行为，结婚合意只有按照法律规定的程序和方式表示才发生法律效力。我国《民法典》婚姻家庭编明确规定要求结婚的当事人双方应当亲自到婚姻登记机关提出申请，并进行登记，始为有效，当事人双方在其他场合以其他方式表达的结婚的合意，均不产生法律效力。

公民依法享有婚姻自主权，在法律允许的范围内，公民有权决定其是否结婚、与谁结婚。婚姻自主权并不排斥当事人就个人问题向亲朋好友征求意见，也不排斥亲朋好友从关心爱护的角度出发提出有益的意见和建议。

需要指出的是，法律规定的结婚须男女双方完全自愿，只是侧重形式上的自愿。至于这种自愿是如何形成的，法律并不也无法加以过问，只要男女双方完全自愿，就认为是符合法律的规定。但是，从立法精神来说，男女双方完全自愿的法律规定，是倡导建立以爱情为基础的婚姻的。

近、现代资本主义国家立法确认婚姻是一种民事契约，因而结婚以男女双方合意为其首要的实质要件，如当事人无结婚的意思，婚姻则归于无效。

（三）结婚必须达到法定婚龄

法定婚龄，是指法律规定的男女结婚的最低年龄，是结婚年龄的下限。对结婚年龄下限的强制性规定几乎是世界各国的立法通例。古今中外除沙皇俄国的法律曾规定男女已逾 80 周岁者不得结婚外，其他国家对结婚年龄的上限均未作规定。

我国《民法典》第 1047 条规定："结婚年龄，男不得早于二十二周岁，女不得早于二十周岁。"法定婚龄的规定具有强制力，要求结婚的男女双方必须遵守，任何一方或双方没有达到法定婚龄的，不得结婚。

婚姻具有自然属性和社会属性，与此相联系，确定法定婚龄应取决于自然因素和社会因素。自然因素，即人的生理、心理发育情况和智力成熟情况，同时还包括一定地区的气候、地理条件等的影响。在不同的地区和不同的民族中，人的发育期和成熟期并不完全一致。在确定婚龄时，应考虑男女这种生理、心理特点，尊重自然规律。因为只有到达一定的年龄，自然人才具备适于结婚的生理和心理条件，才能担负起对子女、对家庭、对社会的责任。社会因素，即政治、经济、文化、人口状况、道德、宗教及民族习惯等的要求。社会生产力发展状况和人口状况是确定法定婚龄的主要依据。在两种因素中，社会因素起着更为重要的作用。

从世界各国法定婚龄的规定来看，虽有高低的差异，但总的发展趋势是：古代偏低，近现代有不断提高的趋势。高法定婚龄为男 20 周岁、女 18 周岁左右，如美国部分州规定为男 21 周岁、女 18 周岁；普通法定婚龄为男女各 18 周岁左右，如德国、意大利；低法定婚龄为男女均在 16 周岁以下，多是受教会法影响较深的国家，如墨西哥为男 16 周岁、女 14 周岁，希腊、西班牙等国为男 14 周岁、女 12 周岁。此外，外国法大都具有一种"特许"制度，即法律允许当事人在低于法定婚龄的情况下，向法定机关申请批准结婚的制度。有的须经国王、总统特许；有的须经监护法院或法官、检察官特许；有的须经父母、祖父母特许。我国没有关于"特许"制度的规定。

我国现行法定婚龄是在婚姻自然因素的基础上，充分考虑我国的经济与人口状况、城乡差别等情况下确定的。历史证明，这一法定婚龄对缓解我国日益严峻的人口压力、加快经济发展、提高人口素质等起到了重要作用。

我国是一个多民族的国家，各民族在结婚年龄上有自己本民族的风俗习惯。我国《宪法》第 4 条第 4 款规定："各民族都有使用和发展自己的语言文字的自由，都有保持或者改革自己的风俗习惯的自由。"我国少数民族大都有早婚的习俗，为了尊重和保护少数民族的婚姻习俗，法律规定民族自治地方的人民政府可以根据当地民族婚姻家庭的具体情况制定变通或者补充的规定，在结婚年龄方面适当放宽。不少少数民族地区在结婚年龄上制定了变通或者补充的规定，将法定婚龄适当地降低，一般规定男不得早于 20 周岁，女不得早于 18 周岁。如 1982 年施行的《青海黄南藏族自治州关于施行〈中华人民共和国婚姻法〉的补充规定》规定："提倡晚婚，实行计划生育"。1988 年 10 月修订的《新疆维吾尔自治区执行〈中华人民共和国婚姻法〉的补充规定》规定，少数民族公民的结婚年龄，男不得早于 20 周岁，女不得早于 18 周岁；禁止未达结婚年龄的男女预先订婚。

我国实行计划生育政策三十多年来，有效地控制了人口的过快增长，使资源、环境压力得到缓解，妇女儿童发展状况得到极大改善，为全面建成小康社会奠定了坚实基础，也为世界人口发展作出了重大贡献。由于我国人口发展呈现出重大转折性变化，人口结构老龄化，新增人口在减少。为适应这一变化，我国先后两次修改《人口与计划生育法》。2015 年 12 月 27 日，第十二届全国人大常委会第十八次会议表决通过了《关于修改〈中华人民共和国人口与计划生育法〉的决定》。第一次修改后的《人口与计划生育法》第 18 条明确规定："国家提倡一对夫妻生育两个子女"，并修正了与全面二孩政策不协调的奖励保障措施，删除了对晚婚晚育夫妻、独生子女父母进行奖励的规定。2021 年 8 月 20 日，第十三届全国人大常委会第三十次会议表决通过了《关于修改〈中华人民共和国人口与计划生育法〉的决定》。第二次修改后的《人口与计划生育法》第 18 条第 1款规定："国家提倡适龄婚育、优生优育，一对夫妻可以生育三个子女。"基于对婴幼儿照料的需要，修改后的《人口与计划生育法》第 25 条第 2 款规定："国家支持有条件的地方设立父母育儿假。"为避免妇女因生育三胎可能面临的就业困境，该法第 26 条还规定："国家保障妇女就业合法权益，为因生育影响就业的妇女提供就业服务。"2021 年 1 月 1 日起施行的《民法典》，不但删去了计划生育的原则性规定，也删除了鼓励晚婚晚育的规定。删除计划生育和鼓励晚婚晚育的表述与我国现行的人口政策是一致的。这次修改是适应我国人口发展出现的重大转折性变化，对于促进我国人口均衡发展将产生广泛而深远的影响。

应当指出的是，凡达到法定婚龄并要求结婚的当事人均可以申请结婚，婚姻登记机关应当为其办理结婚登记，任何单位和个人均不得以任何借口予以干涉。

三、结婚的禁止条件

结婚的禁止条件，又称结婚的消极要件、婚姻障碍，是指结婚时当事人不得具备的法律禁止结婚的条件。

（一）禁止有配偶者结婚

一夫一妻制是我国《民法典》婚姻家庭编的基本原则，也是结婚必须具备的实质要件之一。我国《民法典》第 1042 条明确规定禁止重婚，同时第 1051 条规定，重婚的，婚姻无效。2003 年 10 月 1 日实施的《婚姻登记条例》第 6 条第 3 项规定，一方或者双方已有配偶的，婚姻登记机关不予登记。有配偶者又与他人结婚或者明知他人有配偶而与之结婚的，构成重婚。重婚无效，构成犯罪的，依法追究刑事责任。

有配偶者不得再婚，这是现代社会各国普遍实行的原则，不论大陆法系国家还是英美法系国家，均有此规定。在实行一夫一妻制的国家，有配偶者又与他人结婚者构成重婚。对于重婚的法律后果，各国法律规定不一，如法国、德国、英国及美国大部分州规定重婚为无效婚姻；日本、韩国、瑞典等国规定重婚为撤销婚姻的原因；而按照我国《民法典》婚姻家庭编的规定，重婚既是无效婚姻，又是离婚的原因。

（二）禁止一定范围内的血亲结婚

禁婚亲是指禁止结婚的亲属，从广义上讲，禁婚亲不仅包括一定范围的血亲，有的国家还包括一定范围的姻亲。

人类对结婚的禁忌不是从来就有的，结婚的禁忌是人类在社会生产和生活中逐步形成的。禁止一定范围的血亲结婚，源于原始社会的婚姻禁忌，是自然选择规律的结果和伦理道德的要求。人类在漫长的进化过程中，首先排除了纵向的直系血亲间的两性行为，如父母子女之间不能为两性行为，这也是人类历史上第一个婚姻禁例；其次排除了横向的旁系血亲间的两性行为，如兄弟姐妹间禁止为两性行为，而后又发展到禁止堂兄弟姐妹之间的两性行为。进入个体婚制后，人类有意识地通过立法限制近亲结婚。

禁止一定范围内的血亲结婚主要基于两个原因：一是基于优生学的原因。受遗传基因的影响，夫妻如果血缘关系太近，容易将生理上和精神上的疾病或缺陷遗传给下一代，这将给民族的健康、人口的素质以及人类的发展带来危害。遗传学研究表明，子代来源于亲体。人体细胞染色体一半来自父亲，一半来自母亲，因此，父母子女间有 1/2 的相同基因，祖孙或同胞兄弟姐妹间有 1/4 的相同基因，叔伯姑与侄子女间和舅姨与甥子女间有 1/8 的相同基因，堂表兄弟姐妹间有 1/16 的相同基因。遗传学规律表明：相同基因越多的人通婚，子代的隐性遗传病发病率越高，相同基因的数量与隐性遗传病发病率成正比。因此，近亲结婚容易把精神上和生理上的某些缺陷及遗传性疾病传给下一代，影响和危害后代的健康。二是基于伦理道德的要求。由于近亲结婚有悖教化，有碍于人类长期形成的婚姻道德，容易造成亲属身份上和继承上的紊乱。因而，各国法律均根据本国的民族习惯，禁止一定范围的亲属结婚。

禁止直系血亲间通婚，已成为世界各国的立法通例，而对旁系血亲的禁婚范围，各国立法规定不同，大体有三种：①禁止二亲等旁系血亲间通婚，如俄罗斯、德国等；②禁止三亲等以内的旁系血亲间通婚，如日本、法国等；③禁止四亲等以内的旁系血亲间通婚，如美国的一些州。

我国自古就有近亲不婚的习俗。在《左传》中有"男女同姓，其生不蕃"以及"取于异姓，所以附远厚别也"等记载。《唐律疏议·户婚》中规定："诸同姓为婚者，各徒二年，缌麻以上以奸论。"《明律》规定："凡同姓为婚者，各杖六十，离异。"在新民主主义革命时期，《中华苏维埃共和国婚姻条例》第 5 条规定："禁止男女在五代以内亲族血统的结婚。"《晋冀鲁豫边区婚姻暂行条例》第 13 条规定："直系血亲、直系姻亲及八亲等以内之旁系血亲不得结婚。"1950 年《婚姻法》规定，为直系血亲，或为同胞的兄弟姊妹和同父异母或同母异父的兄弟姊妹者，禁止结婚；其他五代内的旁系血亲间禁止结婚的问题，从习惯。1980 年《婚姻法》明确规定直系血亲、三代以内的旁系血亲间禁止结婚。

我国《民法典》第 1048 条规定："直系血亲或者三代以内的旁系血亲禁止

结婚。"直系血亲，如父母和子女之间；祖父母、外祖父母和孙子女、外孙子女之间；曾祖父母、外曾祖父母和曾孙子女、外曾孙子女之间……禁止结婚。三代以内的旁系血亲的范围包括：①兄弟姐妹之间（含同胞兄弟姐妹和同父异母或同母异父的兄弟姐妹）。他们是同源于父母的同辈分旁系血亲。②堂兄弟姐妹和表兄弟姐妹之间。他们是同源于祖父母或外祖父母的同辈分旁系血亲。③叔伯与侄女之间，姑妈与侄子之间，舅父与外甥女之间，姨妈与外甥之间。他们是同源于祖父母或外祖父母的不同辈分的旁系血亲。如果当事人之间属于三代以外的旁系血亲，无论是相同辈分还是不同辈分的，均不在禁止结婚范围之列。例如，表兄弟姐妹的子女，属于相同辈分的三代以外旁系血亲，他们可以结婚；己身和表侄女，属于不同辈分的三代以外旁系血亲，也可以结婚。

法律拟制血亲间能否结婚，对此《民法典》婚姻家庭编没有明确规定。无任何血缘关系的拟制直系血亲间通婚，对他们子女的身体健康不会产生影响；但为父母者与为子女者之间的通婚，与人伦道德的冲突、与社会舆论的冲突、与亲属关系的冲突必然会对他们以及他们的子女的心理健康产生巨大的影响。另外如果法律不禁止养父母与养子女间、继父母与继子女间的通婚，就难以防止收养人或抚养人滥用权利、图谋不轨，被收养人和被抚养人的合法权利就得不到保证。《民法典》第1111条第1款明确规定："自收养关系成立之日起，养父母与养子女间的权利义务关系，适用本法关于父母子女关系的规定；养子女与养父母的近亲属间的权利义务关系，适用本法关于子女与父母的近亲属关系的规定。"《民法典》第1072条第2款规定："继父或者继母和受其抚养教育的继子女间的权利义务关系，适用本法关于父母子女关系的规定。"《民法典》第1072、1111条分别规定，继父母和受其抚养教育的继子女间的权利义务及养父母与养子女间的权利和义务，适用《民法典》关于生父母子女关系的规定。因此，《民法典》婚姻家庭编对直系血亲间结婚的禁例，也应适用于拟制直系血亲之间。这有利于养子女和继子女的健康成长，可以避免一些别有用心的人借收养之名损害养子女的利益。

对直系姻亲不得通婚的规定，外国主要有两种立法例：①绝对性禁止，即在姻亲关系因离婚，或一方死亡而他方表示终了意思而使姻亲关系消灭之后，也不得结婚。日本、瑞士、意大利民法典采用此制。1969年的《意大利民法典》第87条规定，"由同一人收养的子女间"禁止结婚；"养子女和养父母的子女之间"禁止结婚。②相对性禁止，即原则上不得结婚，但在特殊情况下经过批准，仍许结婚。如法国民法典规定，因夫妻一方死亡，共和国检察官有权取消直系姻亲间禁婚的限制。而在我国，没有三代以内旁系血亲关系的拟制旁系血亲的婚姻则不受限制，如养兄弟姐妹之间、继兄弟姐妹之间。在实践中，也存在这种通婚情况。

姻亲间的婚姻问题主要集中于岳母与女婿、公公与儿媳可否结婚。一种意见认为，姻亲间并无禁止结婚的血亲关系，应当允许结婚。另一种意见认为，我国历代法律和习俗不允许直系姻亲结婚，瑞士、日本、意大利、菲律宾法规也都明确规定一定范围的姻亲结婚无效。我国法律没有规定，主要是考虑到姻亲结婚的问题比较复杂，原则上属于道德调整范畴，由法律规定不妥。1953 年 7 月，最高人民法院中南分院在关于"公公与媳妇""继母与儿子"等可否结婚问题给湖南省院的复函指出，关于没有婚姻关系存在的"公公与媳妇""继母与儿子""叔母与侄""子与父妾""女婿与岳母""养子与养母""养女与养父"等可否结婚问题，婚姻法对于这些人之间虽无禁止结婚的明文规定，为了照顾群众影响，以及防止群众思想不通，因而引起意外事件的发生，最好尽量说服他们不要结婚；但如双方态度异常坚决，经说服无效时，为免发生意外，当地政府也可斟酌具体情况适当处理（如劝令他们迁居等）。如果说法无禁止便自由，姻亲之间的通婚就是合法的。但是，婚姻总是受到一个国家或一个民族的历史传统、文化背景、宗教伦理、风土人情等因素的影响，同时，我国自古就有"长幼有序"的伦理要求，直系姻亲间不宜通婚，主要是出于伦理上和习惯上的考虑。直系姻亲间通婚，不仅社会伦理难以接受，而且还会给亲属身份的确定和遗产继承带来难题。因此，法律应当明文禁止直系姻亲间通婚，但在法律作出禁止性规定之前，直系姻亲不在禁止结婚的亲属范围内。

鉴于以上的分析，本书认为，我国法律应明确规定禁止直系拟制血亲、直系姻亲间通婚。对于解除了拟制血亲和姻亲关系的男女，原则上也应禁止通婚，但可设定豁免性规定；旁系拟制血亲和旁系姻亲间的通婚不应予以限制。此外，我国《民法典》第二章规定了监护制度，监护人是被监护人的亲权人和保护人，为了保护被监护人的合法权益，防止监护人滥用职权，世界上大多数国家都规定，在监护关系存续期间，监护人与被监护人不得结婚。对此，我国法律应相应地规定监护人与被监护人之间禁止通婚。这些问题，有待于通过后续立法或者立法解释、司法解释等途径加以解决。

第三节 结婚的法定程序

导入案例

2015 年 8 月 23 日，季某的父亲在季某外出打工的情况下，请熟人帮忙到婚姻登记机关为季某与其女友王某领取了结婚证。季某回来后，于 2016 年农历十月十八日与王某举行了结婚仪式。此后双方常因家庭琐事吵架，感情一直不好，王某于 2017 年 7 月 8 日回到娘家居住。双方由此发生纠纷，王某遂持该结婚证起诉至当地人民法院，以双方婚前缺乏了解，婚后感情一直不好，常因家庭琐事吵架为理由，要求解除与季某的婚姻关系，并合理分割家庭财产。季某答辩称：双方是同居关系，同意解除。

这是一起持无效结婚证要求"离婚"的案件。结婚证作为男女婚姻关系合法的唯一证明书，在现实生活中具有特殊的意义。本案中，季某与王某的结婚证是由季某的父亲托熟人帮忙领取，属于"弄虚作假、骗取婚姻登记"的情形，违反了《婚姻登记条例》的规定。二人是非法同居关系，不受法律保护，人民法院应判决予以解除。

本案知识点：结婚登记机关；结婚登记程序；结婚证书。

一、结婚登记概述

（一）结婚程序的概念和意义

结婚的社会意义和法律意义在于男女双方是以永久或长期共同生活为目的，是相互享有权利、承担义务的结合。法律规定了男女两性结婚必须同时符合《民法典》婚姻家庭编规定的实质要件和形式要件。

结婚程序，又称结婚的形式要件，是法律规定的男女双方缔结婚姻必须履行的法定手续，是婚姻向社会进行公示并取得社会承认的一种方式。进行结婚登记是使婚姻合法、有效的必经程序，结婚不仅涉及婚姻当事人的切身利益，也与社会利益密切相关。结婚登记制度，是我国婚姻家庭制度的重要组成部分，是国家监督和指导婚姻当事人正确处理婚姻问题的重要措施。实行结婚登记制度，可以规范婚姻登记工作，保障婚姻自由、一夫一妻、男女平等的婚姻制度的实施，保护婚姻当事人的合法权益；可以保证婚姻当事人符合结婚的法定条件，防止违反婚姻法行为的发生，从而保证婚姻的质量，有利于婚姻家庭关系的巩固和稳定。

我国《民法典》婚姻家庭编和《婚姻登记条例》均对结婚登记制度作了明

确的规定，但由于法律制度还不够健全，特别是没有必要、明确的制裁手段，致使草率结婚、早婚、不办理结婚登记手续就以夫妻关系同居等现象呈上升蔓延之势，损害了《民法典》的严肃性和权威性，是离婚率上升、婚姻家庭关系不稳定的一个重要因素。因此，健全和完善婚姻登记制度势在必行。

（二）结婚程序的类型

从不同历史时期和不同国家的法律规定看，结婚程序可分为仪式制、登记制和登记与仪式结合制三种类型。

1. 仪式制。仪式制是指以当事人履行一定的仪式为婚姻成立的形式要件。它是一种古老的结婚制度，产生于个体婚制出现之初并且长期沿袭下来。中国古代的聘娶婚以"六礼"为形式要件，也是一种仪式婚。当代西欧、北美一些国家的法律，仍然规定结婚采用仪式制。结婚仪式有三种，即宗教仪式、世俗仪式和法律仪式。宗教仪式是按宗教要求，由神职人员主持的结婚仪式。采用宗教仪式的国家有西班牙、希腊、葡萄牙等。这种结婚仪式，现在有些中国人也在效仿。世俗仪式是按照民间习俗举行的结婚仪式，通常均有主婚人和证婚人参加。法律仪式是指依法在政府官员面前举行的仪式，它实际上是一种行政仪式。有些国家采取宗教仪式和法律仪式均有效的双轨制，两种仪式具有同等的法律效力，当事人可以自主选择，如英国、丹麦等国。

2. 登记制。登记制是指以依法进行结婚登记为婚姻成立的唯一形式要件。在这种制度下，婚姻当事人须接受法定机关的审查，履行登记程序，而不必举行仪式。登记制是近代发展起来并且日益为许多国家所肯定的结婚制度。当前，实行单一登记的国家有日本、古巴、墨西哥、朝鲜、中国、保加利亚等。

3. 登记与仪式结合制。登记与仪式结合制是指既须进行登记，又须举行仪式，婚姻始得成立，两方面的程序缺一不可。这种制度的特点在于将现代结婚程序和传统结婚程序加以结合，采用这一制度的国家和地区包括法国、美国的多数州、罗马尼亚等。有的规定仪式在先、登记在后；有的则规定登记在先、仪式在后。

我国古代的结婚程序，主要沿用周朝的"六礼"，即实行仪式制。直至"国民党政府法律"所规定的结婚形式仍是仪式制，如规定结婚必须举行公开的仪式，必须有两个以上的证婚人等。我国的结婚登记制度始于 1934 年的《中华苏维埃共和国婚姻法》，该法明确规定："男女结婚，须同到乡苏维埃或市区苏维埃举行登记，领取结婚证……"以后各个时期的婚姻条例直至中华人民共和国成立后的 1950 年《婚姻法》、1980 年《婚姻法》、2001 年《婚姻法修正案》和《民法典》婚姻家庭编都有此项规定。结婚登记制度是中国婚姻家庭制度改革的成果之一，它在中华人民共和国成立后即推行于全国，成为社会主义婚姻家庭制度中不可缺少的重要组成部分。

这三种结婚形式中，登记制较为简便易行，便于国家对婚姻进行管理和监督，能够有效地预防和制止违法婚姻的发生，保证国家婚姻制度的贯彻和执行，有助于提高人们的守法观念和婚姻质量，已为越来越多的国家所采用。我国《民法典》第 1049 条规定："要求结婚的男女双方应当亲自到婚姻登记机关申请结婚登记。符合本法规定的，予以登记，发给结婚证。完成结婚登记，即确立婚姻关系。未办理结婚登记的，应当补办登记。"由此可以看出，结婚登记是我国婚姻关系成立的唯一法定程序和形式要件。男女双方符合结婚的实质要件，只是具备了缔结合法夫妻关系的可能，在办理了结婚登记并取得结婚证后，其婚姻关系才受国家法律的承认和保护。至于当事人双方是否举行婚礼，是否同居生活，则在所不问。反之，即使男女双方举行了婚礼并同居生活，但未办理登记手续的，其婚姻关系也不受法律保护。

二、结婚登记的机关与程序

（一）结婚登记的机关

2003 年 10 月 1 日实施的《婚姻登记条例》首次明文规定，办理婚姻登记原则上在县以上民政婚姻登记机关。根据各地的试点经验，同时考虑我国农村在交通、地域等方面存在较大差异的实际情况，《婚姻登记条例》规定，内地居民办理婚姻登记的机关是县级人民政府民政部门或者乡（镇）人民政府，省、自治区、直辖市人民政府可以按照便民原则确定农村居民办理婚姻登记的具体机关。

婚姻登记机关的管辖范围，原则上以当事人的常住户口为依据。申请结婚的当事人双方的常住户口在同一地区的，到当地婚姻登记机关办理结婚登记；当事人双方的户口不在同一地区的，可到任何一方户口所在地的婚姻登记机关办理结婚登记。

为了方便群众办理结婚登记，《婚姻登记管理条例》规定在乡镇和街道办理婚姻登记，这样可以免除当事人因办理婚姻登记所支出的交通费、伙食费和住宿费。然而由于乡镇、街道一级没有专职的婚姻登记管理人员，未能建立专门的婚姻档案，经常出现婚姻登记档案丢失、损毁现象；再加上婚姻登记执法不严，某些系统和行业也以种种理由限制符合法定结婚条件的公民办理结婚登记；甚至一些地方借婚姻登记搭车收费现象有禁不止，如婚检乱收费、办理婚姻登记时需要交纳计划生育押金和户口迁移保证金等，加重了婚姻登记当事人的负担。因此，《婚姻登记条例》对婚姻登记体制进行了修改，提高了婚姻登记的执法地位，提高了婚姻登记的质量，同时有利于我国婚姻登记档案的信息化管理。实行集中婚姻登记管理以后，个人的婚姻状况都将在民政部门"存档"备案。现在，随着电子政务的完善，各地已建立了个人婚姻状况的网上查询系统，人们通过民政系统的网络，就能了解到个人结婚或是离婚的婚姻状况，从而避免重婚和欺骗问题的发生。

结婚登记由婚姻登记员依法办理。婚姻登记员由本级民政部门考核、任命，由地（市）级以上人民政府民政部门进行业务培训，经考试合格，取得婚姻登记员资格证书，方可办理婚姻登记。婚姻登记员应当熟练掌握相关法律法规，文明执法，热情服务，讲求效率。

（二）结婚登记程序

根据《婚姻登记条例》的规定，结婚登记的程序分为申请、审查和登记（发证）三个环节。

1. 申请。要求结婚的当事人双方必须亲自向婚姻登记机关提出结婚登记请求，该申请不得采取委托代理形式或者用书面意见代替本人亲自到场，否则申请行为无效。《婚姻登记条例》第4条第1款规定："内地居民结婚，男女双方应当共同到一方当事人常住户口所在地的婚姻登记机关办理结婚登记。"根据《婚姻登记条例》第5条的规定，婚姻当事人申请结婚时，应出具下列证件和证明材料：①本人的户口簿、身份证。居民身份证与常住户口簿上的姓名、性别、出生日期应当一致；不一致的，当事人应当先到有关部门更正。居民身份证或者常住户口簿丢失，当事人应当先到公安机关户籍管理部门补办证件。②本人无配偶以及与对方当事人没有直系血亲和三代以内旁系血亲关系的签字声明。按照新的《婚姻登记条例》的规定，以后政府和单位不再"干涉"个人的婚姻问题。因此，今后人们办理结婚或离婚登记手续，都不用到单位或户口所在地开具证明。准备结婚的适龄男女，只要符合《婚姻法》规定的结婚条件，双方带着户口簿和居民（公民）身份证，去户口所在地的县（区）民政局，共同签署"申请结婚登记声明书"，就可以立即办理结婚登记手续，顺利领到结婚证。

按照民政部《婚姻登记工作规范》第28条之规定，婚姻登记机关受理结婚登记申请的条件是：①婚姻登记处具有管辖权；②要求结婚的男女双方共同到婚姻登记处提出申请；③当事人男年满22周岁，女年满20周岁；④当事人双方均无配偶（未婚、离婚、丧偶）；⑤当事人双方没有直系血亲和三代以内旁系血亲关系；⑥双方自愿结婚；⑦当事人提交3张2寸双方近期半身免冠合影照片；⑧当事人持有本规范规定的其他证件。

申请结婚登记的当事人应当如实向婚姻登记机关提供上述证件和证明材料，对于婚姻登记机关要求出具的上述材料以外的其他证件和证明材料，当事人可以拒绝提供，婚姻登记机关不得因此拒绝办理结婚登记。

需要指出的是，《婚姻登记条例》并没有提到婚检，并不意味着我国就此取消了婚检制度。1995年6月1日起实施的《母婴保健法》（2017年修正）第12条规定："男女双方在结婚登记时，应当持有婚前医学检查证明或者医学鉴定证明。"由于该法的效力高于国务院颁布的《婚姻登记条例》，因此，在该法没有对此作出修改之前，这一规定仍然应当视为有效。而对以前婚前必须到指定医院进行婚前体检的规定，在《婚姻登记条例》中已经取消。同样本着个人对自己健康状况负责的原则，政府部门不再负责管理强制婚检的事宜。应当注意的是，以后虽然国家不再强制婚检，但登记机关会要求结婚者填写《申请结婚登记声明书》，而在声明书中，包含了原婚检的主要内容。这样也就意味着一切责任由当事人自己负责。为此，结婚当事人基于对自己的婚姻负责，对自己的幸福负责，还得主动了解对方的身体状况，也就得要求对方去参加婚检。当然，双方都可以要求对方去参加婚检。

婚姻登记员受理结婚登记申请，应当按照下列程序进行：

（1）查验相应证件和证明材料。

（2）询问当事人的结婚意愿。

（3）自愿结婚的双方各填写一份《申请结婚登记声明书》。《申请结婚登记声明书》中"声明人"一栏的签名必须由声明人在监誓人面前完成，当事人不会写字的，由当事人口述，婚姻登记员代为填写。婚姻登记员代当事人填写完毕，应当宣读，当事人认为填写内容无误，在"声明人"一栏按指纹。"声明人"一栏不得空白，也不得由他人代为填写、代按指纹。

（4）当事人宣读本人的声明书，婚姻登记员作监誓人并在监誓人一栏签名。

与《婚姻登记管理条例》相比，《婚姻登记条例》规定的结婚条件更为宽松，为了避免出现一些不良的后果，婚姻登记部门要加强管理。例如如果允许患有不宜结婚疾病的病人结婚，就一定要对他们的生育实行严格控制，基层特别是农村干部要对本地区情况更加了解，采取有效措施。另外，新条例也要求公民有更强的责任意识和法治意识，例如单位介绍信取消以后，对于居民身份证和户口簿反映不了的内容，当事人可以采取"本人郑重声明"的形式。《婚姻登记条例》是一部更加以人为本的条例，蕴涵着浓浓人情，给人们更多更大的自由权利，折射出时代的变迁和社会的进步。

2. 审查。婚姻当事人提出结婚申请后，婚姻登记机关应当依法对其结婚申请进行审核和查证。审查是结婚登记的中心环节。审查的内容包括：一是查验当事人提交的证件和证明材料是否齐全、真实，是否符合规定，证件是否有伪造、涂改或冒名顶替的现象；二是审查当事人是否符合法律规定的结婚条件。在审查中，婚姻登记机关就需要了解的情况，可以向当事人提出询问，当事人应实事求是地回答，不得弄虚作假，必要时婚姻登记机关也可以进行调查。审查应当严格依法办事，不得马虎行事或无故拖延。

3. 登记（发证）。婚姻登记机关应当对结婚登记当事人出具的证件、证明材料进行审查并询问相关情况。当事人符合结婚条件的，应当当场予以登记，发给结婚证。《婚姻登记工作规范》第 37 条规定："婚姻登记员对当事人提交的证件、证明、声明进行审查，符合结婚条件的，填写《结婚登记审查处理表》和结婚证。"对当事人不符合结婚条件不予登记的，应当向当事人说明理由。对离过婚的，应当注销其离婚证。按照《婚姻登记条例》第 6 条的规定，办理结婚登记的当事人有下列情形之一的，婚姻登记机关不予登记：①未到法定结婚年龄的；②非双方自愿的；③一方或者双方已有配偶的；④属于直系血亲或者三代以内旁系血亲的；⑤患有医学上认为不应当结婚的疾病的。

当事人认为符合结婚登记条件而婚姻登记机关不予登记的，可以依照相关规定申请复议；对复议决定不服的，可以依照行政诉讼法提起行政诉讼。

离婚的当事人请求恢复夫妻关系的，必须双方亲自到一方常住户口所在地的婚姻登记机关申请复婚登记。婚姻登记机关对当事人的复婚申请，应按照结婚登记的程序办理。

（三）现役军人办理结婚登记的条件

军人作为国家的公民，结婚时必须首先按照《民法典》婚姻家庭编和相关法律规定的结婚条件和程序办理，但是，由于军人担负的特殊使命、生活环境和职业特点与普通公民不同，因此，在执行国家有关规定的同时，也必须同时执行军队的有关规定，当两者规定的内容不一致时，除了依照"上位法高于下位法"的原则确定应适用的法律外，还应当适用"（军队）特别法优先于（地方）普通法"的原则处理结婚问题。我国对于军人婚姻问题历来十分重视，曾经作过一系列规定，其中突出的特点就是严格实行军人结婚审查批准制度。军人作为我国公民中的一类特殊群体，在婚姻问题上不仅需要严格执行国家的法律、法规，也需要严格遵守军队的特殊规定。1980 年 12 月，中国人民解放军总政治部印发的《关于军队贯彻执行〈中华人民共和国婚姻法〉的暂行规定》（现已失效）要求，军队营以下干部申请结婚，由团级政治机关审查同意；团以上干部申请结婚，由上一级政治机关审查同意，然后，由所在单位团以上政治机关出具相关证明，到地方婚姻登记机关办理登记手续。2001 年 11 月 9 日起施行的《军队贯彻实施〈中华人民共和国婚姻法〉若干问题的规定》第 9 条明确规定，现役军人结婚须提前 1 个月向所在单位党组织或政治机关提出书面申请，经审查同意后，填写《申请结婚报告表》作为归档材料；由政治机关出具《婚姻状况证明》，作为登记结婚的依据。这表明军人结婚仍然需要由所在单位的政治机关进行审查，并出具相关证明材料。在军队没有作出新的规定之前，这一规定仍然在军队范围内对所有军职人员适用。

2003 年 4 月 3 日，由中央军委原主席江泽民签署的《中国人民解放军计划生育条例》第 20 条规定："军队人员结婚前，男女双方必须到军队或者地方指定的医疗机构进行婚前医学检查，接受婚前卫生指导。"可见，军队人员婚前检查是"必须"履行的法定程序，并不存在选择适用或者不适用的问题。这既是维护国家军事利益和部队战斗力的需要，也是对军人婚姻和身心健康负责任的体现。

总之，《婚姻登记条例》对军人适用是有前提的，即如果规定不一致时，则应当优先适用军队的规定。当然，军队的规定只适用于军人，对地方人员并不产生约束力。男女双方如分别为军人和地方人员的，则分别适用不同的规定办理结婚登记手续。

（四）结婚证书

结婚证书是婚姻登记机关签发的证明当事人婚姻关系成立的法律文书。结婚证须贴男女双方的照片，并加盖婚姻登记专用钢印。结婚证遗失或者损毁的，当事人可以持户口簿、身份证向原办理婚姻登记的机关或者一方当事人常住户口所在地的婚姻登记机关申请补领。婚姻登记机关对当事人的婚姻登记档案进行查证，确认属实的，应当为当事人补发结婚证。

第四节　与结婚有关的问题

导入案例

吴某与江某经人介绍认识 1 个月后，按农村习俗举行了订婚仪式，吴家为此支付江某礼金 1 万元。此后江某外出打工。打工期间，江某与李某认识，两人一见钟情。后江某向吴某提出解除婚约。吴某表示同意，同时要求返还礼金 1 万元。江某认为礼金系吴某自愿赠与，拒绝返还。吴某诉至人民法院后，经审理，法院依法判令江某返还全部彩礼。

本案知识点：婚约；彩礼。

一、婚约问题

（一）婚约的概念与性质

婚约俗称订婚，是指男女双方以将来缔结婚姻为目的所作出的一种事先约定。婚约成立后，男女双方产生未婚夫妻身份。婚约具有以下特点：

1. 婚约是确定婚姻关系的预约行为，一般有订婚仪式、订婚信物或订婚者的口头约定等，这些仪式、信物或约定为亲友、邻里所公认，即可构成婚约。

2. 早期婚约是包办婚姻的产物，婚约并非当事人自行约定，而是父母之命。近现代的婚约是男女双方的合意行为，不违背婚姻自由原则，不同于包办买卖婚姻。

3. 订婚一般要交换信物或赠送彩礼。这不同于借婚姻索取财物，因为订婚是一种不为法律所禁止的行为，但结婚索取财物是法律明令禁止的行为。

4. 婚约与婚前同居不同。婚约一般不发生同居行为。

近现代各国法律关于婚约的性质主要有两种主张：一种认为婚约是契约，即合同，婚约一旦订立，订婚者必须严格遵守，无故违约，应承担法律责任；另一种认为婚约非契约，即认为婚约是实事行为而非法律行为，无故违约者应承担侵权责任。我国学者普遍认为，婚约不是契约，婚约是事实行为，不是法律行为。

（二）婚约的历史演变

一般认为婚约产生于个体婚时代的聘娶婚时期。世界各国古代盛行婚约制度，如古巴比伦《汉谟拉比法典》第 128 条规定："倘自由民娶妻而未订契约，则此妇非其妻。"古代订婚是结婚不可缺少的重要阶段。婚约在历史上大致经历了两大发展阶段。

1. 早期型婚约。在早期社会和中世纪，订婚是结婚的必经程序。未订婚者，婚姻无效。奴隶社会、封建社会的婚约，具有重要的作用和较强的效力，双方家庭必须遵守已成立的婚约。如果悔约必须有充分的理由，无故悔约要受到法律制裁。《唐律疏议》规定："诸许嫁女，已报婚书及有私约，而辄悔者，杖六十；虽无许婚书，但受聘财者亦是。若更许他人，杖一百，已成婚者徒一年半。"

2. 晚期型婚约，即近、现代的婚约，其性质、内容、地位和作用都不同于早期型婚约。首先，订立婚约已不再是结婚的必经程序，而是流传下来的一种风俗习惯，是否订立婚约可由当事人自由抉择。其次，婚约的订立须有男女双方当事人的合意，同时要求未成年人订婚须得法定代理人父母或监护人的同意。订婚者不具有身份上的权利义务关系。最后，婚约不具有法律效力，当事人是否履行婚约完全出于自愿，一方要求解除婚约仅通知对方即可。一方不得以另一方违反婚约而要求强制履行，解除婚约也不会引起经济上、精神上的损害赔偿。

（三）我国法律政策对婚约的态度

在我国，婚约只是部分地区的一种民间习俗。1950 年《婚姻法》、1980 年《婚姻法》、2001 年《婚姻法修正案》和《民法典》及《婚姻登记条例》等法律法规均未对婚约作出规定，中央人民政府法制委员会在 1950 年 6 月 26 日《有关婚姻法实行的若干问题与解答》及 1953 年《有关婚姻问题的若干解答》中，对婚约在我国的法律地位和效力作了明确的解释：①法律对婚约既不提倡，也不禁止；②订婚不是结婚的必要手续；③任何包办强迫的订婚，一律无效；④男女自愿订婚者，听其自便；⑤一方自愿取消订婚者，得通知对方取消之。

我国对待婚约的基本原则和态度是既不提倡，也不限制。是否订立婚约，完全由当事人自行决定。婚约属于事实行为而非法律行为，它既不是结婚的必经程序，也不具有法律约束力。当事人完全可以根据自己的意愿解除已经订立的婚约，无须任何理由，无须履行任何法律上的手续，也无须征得对方的同意。

由于军人担负的特殊使命，中华人民共和国成立后，国家对军人的婚姻与婚约一直给予特别的保护，即军人的未婚妻（夫）要求解除婚约的，须经军人同意。1979 年 2 月 2 日，最高人民法院公布的《关于贯彻执行民事政策法律的意见》对现役军人的婚约问题作出了相应的规定，对军人的婚约不再予以保护。

在我国，婚约之所以不受法律保护，是充分考虑到订婚后男女双方在感情方面可能发生的变化，体现了婚姻自由的原则，有利于移风易俗，防止早婚、包办买卖婚姻及借婚姻索取财物等违法行为的发生。

（四）对因婚约解除或恋爱终止引起的财物纠纷的处理

婚约是中华民族及世界上许多民族共同的婚俗。随着交流的增加，涉港、澳、台婚姻及涉外婚姻不断增加，婚约已成为一种社会现象，肯定或否定都不影响它的存在，因婚约引发的财产纠纷日益增多，对此法律不能熟视无睹，否则，可能引起较大的社会矛盾和冲突。因此我国法律虽然对婚约不予保护，但对婚约引起的财产纠纷，人民法院应予受理。因婚约、恋爱引起的财产纠纷主要有以下几种情况：

1. 对于借婚约而进行买卖婚姻的财物，收受财物的一方为非法所得，支付财物的一方的财物实质是进行非法活动的工具，对于该财物原则上应判决收缴国库。

2. 对于以恋爱订婚为名，行诈骗钱财之实的，除了构成诈骗罪的应依法追究刑事责任外，无论哪一方提出解约，原则上都应将诈骗所得财物全部归还给受害人。

3. 对于借谈恋爱为名，以赠送财物为手段，玩弄异性的人，其所交付给对方的财物，是为达到非法目的而自愿交付的，应按赠与物对待，无论何方提出解约，均不予退还。对借婚约、恋爱为手段，骗取钱财的，如果情节轻微，应进行批评教育，追还财物；如果情节严重，构成犯罪的，应依法追究其刑事责任，并补偿受害人的财产损失。

4. 对赠与财物应视不同情况分别处理：①对于以结婚为目的的赠与，价值较高的，应予返还。因为以结婚为目的的赠与，在性质上属于附条件的民事法律行为。当所附条件（即结婚）不能实现时，赠与的条件即消失，赠与的效力未发生，赠与物的所有权不发生转移，赠与人享有返还请求权。如果赠与物已毁损或灭失的，可折价返还；如果赠与物价值不大，或虽然价值较大，但受赠人确实无力返还的，可视情况酌情返还或减免偿还。②对于婚约期间的一般赠与，如共同外出游玩的花费和价值不高的衣物等，一般都是双方为培养感情的无条件赠与，受赠人无返还义务。对取得财物的性质是索取还是赠与难以认定的，可按赠与处理。

5. 对彩礼的处理。彩礼，有的地方称为聘礼、纳彩等，是中国几千年来的一种婚嫁风俗。按照这种风俗，男方要娶他家女子为妻时，应当向女方家下聘礼或彩礼。彩礼的多少，由当地情况、当事人的经济状况等各方面因素而定，但数额一般不在少数。目前，在我国广大农村，结婚给付彩礼现象仍然比较普遍。在不少地方，许多生活本不富裕的家庭，为了给付彩礼而举家债台高筑，造成了极其沉重的经济负担。为了解决现实生活中存在的纠纷，并防止矛盾激化，根据《最高人民法院关于适用〈中华人民共和国民法典〉婚姻家庭编的解释（一）》第5条的规定，当事人请求返还按照习俗给付的彩礼的，如果查明属于以下情形，人民法院应当予以支持：①双方未办理结婚登记手续；②双方办理结婚登记手续但确未共同生活；③婚前给付并导致给付人生活困难。该解释中规定的②、③两项，应当以双方离婚为条件。在社会主义条件下，男女双方结婚应当以爱情为基础，国家不主张也不支持结婚以给付彩礼为条件。广大青年和他们的家长，要大胆破除给付彩礼的旧风俗，树立男女平等的新风尚，使我们年轻一代的婚姻都建立在幸福美满的爱情基础之上。

外国法中还有因解除婚约而产生的赔偿责任的规定，如《瑞士民法典》第92条规定，过错方对无过错方及其父母或代其父母的第三人为准备结婚而做的善意准备支付相当的赔偿金；第93条第1款规定，无过错方人格上蒙受的重大损害的，过错方应支付一定金额的抚慰金。

二、男方成为女方家庭成员的问题

我国《民法典》第1050条规定："登记结婚后，按照男女双方约定，女方可以成为男方家庭的成员，男方可以成为女方家庭的成员。"这是对夫妻住所选择权的规定。住所选择权是婚后夫妻选择居住场所的权利。从世界范围来看，关于婚后居住权的选择，不同国家、不同社会制度规定的各不相同。各国婚姻家庭法对住所的选择主要设计了三种方式：①将住所选择权归于男方，如《德国民法典》第 1354 条第 1 项规定，关于一切婚姻共同生活之事项，由夫决定，尤其居所及住宅。英国法基于立法上的夫妻一体主义，规定夫有权选定婚姻住所之权利。②规定男方有提供住所的义务，如《瑞士民法典》第 160 条规定，夫决定婚姻住所并应以适当方式扶养妻及子女。③男女双方通过协商选择住所。其中第三种方式更适应现代生活方式的要求，我国《民法典》采取的就是这种方式。由双方协商选择住所的方式是对封建婚姻习俗的改革，其实质是提倡和鼓励男方成为女方的家庭成员。

在封建宗法制度下，历来实行男娶女嫁、女到男家的"从夫居"习俗，妻子以丈夫的家庭住所为婚后的法定住所。"婚姻者合两姓之好，上以事宗庙，下以继后世"，封建的婚姻家庭观念认为建立家庭只能以男方为主，只允许女到男家落户，歧视男到女家落户。通过缔结婚姻，女性成为男方的家庭成员，而男到女家是极个别的现象。在封建社会，把男方到女方家安家称为"入赘"，家贫子壮始"入赘"。男到女家后要冠以妻姓，所生子女也必须从母姓，男方没有独立的人格和平等的地位，赘夫在家庭中和社会上备受歧视。"入赘制"和"从夫居"的生活方式，是以男性为中心的封建宗法制度的集中体现。现今社会的男到女家落户，是建立在男女平等原则基础之上的。按照法律规定，我国公民享有婚姻自主权，男女双方自愿结婚后，他们当然有权选择自己的生活方式。我国《民法典》允许当事人约定是女到男家、男到女家，还是男女单独居住。到女家落户的男方，仍然保留独立的人格，所生子女可以随父姓，可以随母姓，根本不同于旧式的入赘婚。

1980 年《婚姻法》第 8 条规定："登记结婚后，根据男女双方约定，女方可以成为男方家庭的成员，男方也可以成为女方家庭的成员。"2001 年《婚姻法修正案》为进一步体现男女平等的原则，删除了"男方也可以成为女方家庭成员"中的"也"字。这一规定兼顾男女双方，其立法精神在于鼓励和提倡男到女家落户，同时也破除了男尊女卑的思想和封建婚姻习俗，有利于解决有女无儿户的实际困难，解除"无儿户"无人养老的后顾之忧，有利于贯彻计划生育的原则，有利于破除封建婚姻家庭观念，移风易俗，建立平等、和谐、和睦的婚姻家庭关系。我国《民法典》第 1050 条关于男女双方互为家庭成员的规定承袭了《婚姻法》的规定。

登记结婚后，一方是否成为另一方的家庭成员，由夫妻双方自行约定，任何一方不得强迫对方，任何第三者都不得加以干涉。现在绝大多数新婚者，结婚后自己组成家庭，已经摒弃了那种大家庭的生活方式。这是社会文明、进步和发展的表现。

一方成为对方家庭成员后存在一个户籍变更问题。对此，《民法典》婚姻家庭编未作规定，应根据我国有关户籍管理的规定另行办理。同地区同类户口的迁移应予准许，但由农村迁往城市，或不同地区间户口迁移，须经迁入地区户口管理机关批准后，始得迁入。婚后，一方成为另一方家庭成员是以男女双方的约定为准，即使因户籍管理的原因户口不能迁入，也不影响一方成为他方家庭成员。

三、事实婚姻问题

（一）事实婚姻概念

所谓事实婚姻，从广义上讲，是指男女双方在主观上具有永久共同生活的目的，在客观上具有未经结婚登记即以夫妻名义同居生活的事实，群众也认为其是夫妻关系的结合。从狭义上讲，事实婚姻专指没有配偶的男女双方，未经结婚登记，即以夫妻名义同居生活，群众也认为是夫妻关系的结合。司法实践中对事实婚姻的认定，历来采用狭义的解释。

事实婚姻有以下特征：

1. 事实婚姻的当事人有共同生活的目的和形式。婚姻的目的和共同生活的形式是婚姻与其他两性关系相区别的本质特征。事实婚姻作为婚姻的一种也应具备这一特征。

2. 事实婚姻的当事人具有公开的夫妻身份。公开以夫妻名义同居生活，并为群众所公认，这是婚姻关系的重要外部特征，也是事实婚姻区别其他两性关系的重要标志之一。其他两性关系均不具有夫妻身份，也不为周围的群众所认可。

3. 事实婚姻的当事人双方须无配偶。如果男女双方或一方有配偶，仍以夫妻名义同居生活，则不为事实婚姻，可能构成事实上的重婚。

4. 事实婚姻的当事人双方符合结婚的实质要件。事实婚姻的男女双方完全具备结婚的必备条件，并且没有婚姻障碍，只是欠缺结婚的形式要件。如果同居的男女双方不仅欠缺结婚的形式要件，还不具备结婚的实质要件，则不为事实婚姻，而是其他违法婚姻。

5. 事实婚姻的当事人双方未办理结婚登记。未办理结婚登记是事实婚姻与法律婚姻的重要区别。

（二）外国立法对事实婚姻的态度

事实婚姻是形式婚主义的产物，任何国家和地区，无论广义或狭义上的事实婚姻都是存在的，但具体名称、解释和法律规定不尽相同。如罗马法中的实效婚、英美法系中的普通法婚姻、日本的内缘婚、德国的同居婚等，都具有事实婚姻的性质。对于缺乏实质要件的事实婚姻，外国法中均以无效婚或可撤销婚对待；对于仅缺乏形式要件的事实婚姻则采取不同的原则，主要有三种立法主义：

1. 不承认主义，即法律不承认任何形式的事实婚姻。法律对结婚形式要件的规定十分严格，不具备形式要件的事实婚姻不具有婚姻的法律效力。现行的日本法律即是如此，《日本民法典》第 739 条规定："结婚，按户籍法规定进行申报，而发生效力。"第 742 条规定："当事人不进行婚姻申报时，婚姻无效。"依据这一规定，结婚如不申报登记，男女双方当事人不产生夫妻的权利和义务，夫妻财产契约不能对抗第三人，夫妻间无财产继承权。

2. 承认主义，即法律承认符合结婚实质要件的事实婚姻的效力。法律要求构成事实婚姻的条件是当事人的结婚能力、结婚目的、同居事实以及夫妻身份的公示性。英美的普通法婚姻即属此类，美国有 14 个州承认普通法婚姻。

3. 相对承认主义，即法律为事实婚姻设定某些有效条件，一旦具备，事实婚姻便转化为合法婚姻。有关条件主要有三项：①达到法定同居年限；②经法院确认；③补办法定手续。如罗马法的实效婚承认男女连续同居 1 年，婚姻即告成立；古巴家庭法规则规定，非正式婚姻当事人具备"单身和稳定的条件"，在得到有关法院的承认后，即产生正式婚姻的效力。大陆法系国家法律大多采取此种规定。这种立法主张正逐渐被更多的国家所接受。

（三）我国事实婚姻产生的原因及立法演变

事实婚姻在我国长期大量存在，在广大农村特别是边远地区，事实婚姻甚至占当地婚姻总数的百分之六七十，造成这一状况的原因主要有：①传统习俗的影响。我国民间流行仪式婚，许多人认为，只要举行了婚礼，经亲朋好友认可，就是夫妻了，没有必要再履行法律手续。②婚姻登记不方便。根据原《婚姻登记管理条例》的规定，婚姻登记管理机关在城市是街道办事处或者市辖区、不设区的市人民政府的民政部门，在农村是乡、民族乡、镇人民政府。而我国幅员辽阔，对于地理位置偏远、交通不便的地区，进行结婚登记困难较多。③登记制度不健全。如有的当事人到了婚姻登记机关，因办事人员不在等原因不能登记；有的擅自提高法定婚龄，使当事人的合法权利不能得到实现。④婚姻登记搭车收费。如有的要收计划生育押金、土地承包费、养老保险金等。有些地区收费项目高达 30~40 项之多，加上婚检的费用，群众不堪重负。⑤法制宣传不够。人们的法制观念淡薄，对婚姻登记的重要性缺乏认识。有的人不具备法律规定的结婚条件，为逃避国家对婚姻的管理和监督，故意不登记，造成事实婚姻状态。

长期以来，在我国的现实生活中，人们一直将未履行结婚登记程序，即以夫妻名义公开同居生活的两性结合称为事实婚姻。关于事实婚姻的效力，历来是我国法学界争执的一个重要问题，我国对待事实婚姻的态度随着实际情况的不同而不断改变。根据最高人民法院历次所作的司法解释，我国处理事实婚姻问题经历了三个不同的发展阶段。

1. 承认主义阶段（中华人民共和国成立初期至 1989 年 11 月 21 日）。在此期间，司法解释是有条件地承认事实婚姻的。1953 年 3 月中央人民政府法制委员会作了《有关婚姻问题的若干解答》，其中就"婚姻法施行后结婚没有登记是否必须补行登记"的问题回答道："婚姻法施行后，婚姻登记机关已建立而不去登记结婚是不应该的。对事实上已结婚而仅欠缺结婚登记手续者，仍认为是夫妻关系，可不必补行登记，如其自愿请求补行登记者亦可补行登记，并发给结婚证。在 1953 年 3 月贯彻婚姻法运动后，男女结婚时，男女双方均应遵守婚姻登记制度，进行婚姻登记。"根据这一规定，1950 年 5 月 1 日《婚姻法》公布施行后至 1953 年 3 月贯彻婚姻法运动月这一期间的事实婚姻，法律予以认可，与法律婚姻具有同等的效力。1979 年 2 月 2 日《最高人民法院关于贯彻执行民事政策法律的意见》指出，事实婚姻是指男女未经结婚登记，以夫妻关系同居生活，群众也认为是夫妻关系的形式。人民法院审理这类案件，要坚持结婚必须进行登记的规定，不登记是不合法的，要进行批评教育；处理具体案件要根据党的政策和《婚姻法》的有关规定，从实际情况出发，实事求是地解决。双方或一方未满法定婚龄的婚姻纠纷，如未生育子女，在做好工作的基础上，应解除其非法的婚姻关系；对双方已满法定婚龄的事实婚姻纠纷，应按一般离婚的案件处理。1984 年 8 月 30 日，《最高人民法院关于贯彻执行民事政策法律若干问题的意见》又指出，没有配偶的男女，未按《婚姻法》规定办理结婚登记手续，即以夫妻名义同居生活，是违法的。处理这类纠纷，应对双方当事人进行严肃的批评教育，指出其行为的违法性和危害性，促使当事人增强法制观念，对起诉时双方都已达到《婚姻法》规定的婚龄和符合结婚的其他条件的，可按《婚姻法》第 25 条（即 2001 年《婚姻法修正案》第 32 条的第 1 款、第 2 款）规定的精神处理，如经调解和好或者撤诉的，应让其到有关部门补办结婚登记手续；起诉时双方或一方仍未达到法定婚龄或不符合结婚的其他条件的，应解除其同居关系。所生子女的抚养和财产的分割问题，按《婚姻法》的有关规定处理。

2. 限制承认主义阶段（1989 年 11 月 21 日～1994 年 2 月 1 日）。在此期间，司法实践仍然是有条件地承认事实婚姻，但条件比过去更为严格。1989 年 11 月 21 日，《最高人民法院关于人民法院审理未办理结婚登记而以夫妻名义同居生活案件的若干意见》中指出，1986 年 3 月 15 日《婚姻登记办法》实施之前，未办结婚登记手续即以夫妻名义同居生活，群众也认为是夫妻关系的，一方向人民法院起诉"离婚"，如起诉时双方均符合结婚的法定条件，可认定为事实婚姻关系；如起诉时一方或双方不符合结婚的法定条件，应认定为非法同居关系。1986 年 3 月 15 日《婚姻登记办法》施行之后，未办结婚登记手续即以夫妻名义同居生活，群众也认为是夫妻关系的，一方向人民法院起诉"离婚"，如同居时双方均符合结婚的法定条件，可认定为事实婚姻关系；如同居时一方或双方不符合结婚的法定条件，应认定为非法同居关系。自民政部新的《婚姻登记条例》施行之日起，未办理结婚登记即以夫妻名义同居生活的，按非法同居关系对待。

3. 不承认主义阶段（1994 年 2 月 1 日至今）。1994 年 2 月 1 日民政部颁布的《婚姻登记管理条例》第 24 条规定："未到法定结婚年龄的公民以夫妻名义同居的，或者符合结婚条件的当事人未经结婚登记以夫妻名义同居的，其婚姻关系无效，不受法律保护。"至此，凡未办理结婚登记即以夫妻名义同居生活，均按非婚同居关系处理。在现行法律制度下，我国对事实婚姻采取不承认主义：对未办理结婚登记的当事人，2001 年《婚姻法修正案》和《婚姻登记条例》规定应当补办结婚登记，确立正式夫妻关系；对于不愿补办结婚登记或不符合结婚实质要件的当事人，他们之间的关系只能作为非婚同居对待。

（四）我国现行法律对事实婚姻的处理

我国《民法典》第 1049 条规定，未办理结婚登记的，应当补办登记。《婚姻登记条例》第 8 条规定，男女双方补办结婚登记的，适用本条例结婚登记的规定。根据《最高人民法院关于适用〈中华人民共和国民法典〉婚姻家庭编的解释（一）》第 7 条规定，未依据《民法典》第 1049 条规定办理结婚登记而以夫妻名义共同生活的男女，提起诉讼要求离婚的，应当区别对待：

1. 1994 年 2 月 1 日民政部《婚姻登记管理条例》公布实施以前，男女双方已经符合结婚实质要件的，按事实婚姻处理。

2. 1994 年 2 月 1 日民政部《婚姻登记管理条例》公布实施以后，男女双方符合结婚实质要件的，人民法院应当告知其补办结婚登记。未补办结婚登记的，依据本解释第 3 条规定处理。

该司法解释第 6 条规定：男女双方依据《民法典》第 1049 条规定补办结婚登记的，婚姻关系的效力从双方均符合《民法典》所规定的结婚的实质要件时起算。

据此，如当事人补办了结婚登记，其婚姻转化为合法有效的婚姻，婚姻关系的效力从双方均符合《民法典》所规定的结婚实质要件时起算；若当事人未补办结婚登记，则按解除同居关系处理。

实务训练

（一）示范案例

【案情】林某于 2018 年 6 月初从台湾来到福建漳浦探亲。经人介绍，林某与吴某相识，双方于同月 20 日订婚，并签订了《婚约合约书》。林某付给吴某新台币 62 000 元（折合人民币 2 万元），金项链 1 条、金手镯 1 对、金耳环 1 对、金戒指 1 枚。随后，林某返回台湾。2019 年 10 月，林某再次来到福建漳浦，向吴某提出了办理结婚登记的要求。因吴某未达法定结婚年龄，未办成结婚登记，双方发生纠纷。

2020 年 1 月 19 日，林某向漳浦县人民法院提起诉讼，请求依法解除与吴某的婚约关系，判令吴某返还收受的 2 万元人民币和金首饰等物，并赔偿原告一方从台湾至厦门的往返路费损失 15 000 余元人民币。

吴某答辩称：原告林某并无真意要解除婚约关系，因为原告与自己已同居 20 多天，原告也就无权要求返还财物。请求驳回原告的诉讼请求。

问：1. 什么是婚约？我国法律政策对婚约的态度如何？

2. 因婚约引发的财产纠纷应如何处理？

3. 林某与吴某的婚约纠纷应如何处理？

【分析】

本案是一起因解除婚约引起的要求返还彩礼的民事案件。

1. 婚约俗称订婚，是指男女双方以今后缔结婚姻为目的所作出的一种一致意思表示。根据我国《民法典》婚姻家庭编的精神及人民法院的审判实践，我国不承认婚约对订婚双方具有法律约束力，男女双方结婚，完全以他们在结婚登记时的意愿为依据。当然，男女双方自行订立婚约的，法律也不禁止。所以，婚约在双方当事人之间不产生权利义务关系。

2. 婚约关系不受法律保护，不等于对双方当事人之间所发生的财产纠纷不予处理。对于因订立婚约引发的财产纠纷，应根据不同情况，分别处理：①对于借婚约而进行买卖婚姻的财物，收受财物的一方为非法所得，支付财物的一方，其财物实质是进行非法活动的工具，原则上判决收缴国库。②对于以恋爱订婚为名，行诈骗钱财之实的，除了构成诈骗罪的应依法追究刑事责任外，无论哪一方提出解约，原则上都应将诈骗所得财物全部归还给受害人。③对借婚约、恋爱为手段骗取钱财的，如果情节轻微，应进行批评教育，追还财物；如果情节严重，构成犯罪的，应依法追究其刑事责任，并补偿受害人的财产损失。④对于以结婚为目的的赠与，价值较高的，应予返还。因为以结婚为目的的赠与，在性质上属于附条件的民事法律行为，当赠与所附的条件即结婚不能实现时，赠与的条件即消失，赠与的效力未发生，赠与物的所有权不发生转移，赠与人享有返还请求权。如果赠与物已毁损或灭失的，可折价返还，如价值不大，或虽然价值较大，但受赠人确实无力返还的，可视情况酌情返还或减免偿还。对于婚约期间的一般赠与，如共同外出游玩的花费和价值不高的衣物等，一般都是双方为培养感情的无条件赠与，受赠人无返还义务。对取得财物的性质是索取还是赠与难以认定的，可按赠与处理；给付彩礼的，有三种情形可以请求返还：①双方未办理结婚登记手续的；②双方办理结婚登记手续但确未共同生活的；③婚前给付导致给付人生活困难的。其中②、③两项，应当以双方离婚为条件。

3. 本案中，原告给予被告金钱和贵重首饰，形式是赠与，但实质是迫于社会习惯而给付的彩礼，其性质是以结婚目的而作出的有条件的赠与，是一种附条件民事法律行为。附条件民事法律行为在所附条件成就时生效。根据《最高人民法院关于适用〈中华人民共和国民法典〉婚姻家庭编的解释（一）》第5条的规定，给付彩礼双方未办理结婚登记手续的，可以要求返还。本案当事人未办理结婚登记，即所附的条件（结婚）并未成就，因此，在解除婚约的同时，彩礼应酌情返还。而对原告来办理结婚登记的往返机票费用，这是其往返大陆的必要费用，是纯粹为自己利益支出的费用；结婚登记不成是因吴某未达法定结婚年龄，而非基于欺骗，法律上的障碍不能归罪于当事人。所以，原告要求被告赔偿其机票费用损失，没有法律依据，不应予以支持。

（二）习作案例

刘某（男）是某跨国企业驻上海的商务代表，许某（女）是广州一家外企的销售人员。两人在一次经贸洽谈会上相识，在以后的工作和交往中建立了感情。2016年9月，刘某在上海办完商务赶到广州，与许某商量去婚姻登记机关办理结婚登记。"国庆节"过后，他们终于领到了结婚证，由于两人不在同一个城市工作，暂时无法把家固定在上海或广州。刘某的父母要求他们在上海举行一个婚礼，并按习俗把许某的户口迁到刘家；许某的父母只有许某一个独生女，他们坚决要求刘某到广州与他们共同生活。双方家长争执不下，刘某和许某很是为难。为了满足双方父母的要求，他们只好决定分别在上海或广州举行婚礼，在两地轮流居住。于是两人开始在两地奔波，购买结婚用品。由于忙碌、疲劳及两地生活上的差异，两人之间摩擦不断，他们与双方老人之间也发生了一些冲突。一天，两人前去购买家电，刘某要买进口的，许某要买国产的，两人发生了争吵，盛怒之下，刘某打了许某，许某认为无法与刘某共同生活，拽着刘某来到婚姻登记机关，对工作人员说："我们既未同居，也未举行婚礼，请将结婚证收回。"

问：1. 我国办理结婚登记的机关有哪些？本案中，刘某和许某可以到哪里办结婚登记？请说明理由。

2. 结婚后，一方是否应成为另一方的家庭成员？

3. 登记结婚后，既未同居，也未举行婚礼，如果两人要"分手"，婚姻登记机关能收回结婚证吗？请说明理由。

复习与思考

1. 试析婚姻成立的概念及法定条件。

2. 比较《婚姻法》与《民法典》婚姻家庭编中关于结婚的有关规定，谈谈你的认识或看法。

3. 什么是事实婚姻？对事实婚姻应如何处理？

第五章 无效婚姻与可撤销婚姻

第一节 无效婚姻与可撤销婚姻制度概述

 导入案例

　　周某与刘某均生活在农村，经人介绍认识并建立恋爱关系，后因周某要去广州打工，双方家长都希望二人尽快完婚，但因刘某只有19岁，不到法定结婚年龄，二人领结婚证成为问题。后刘某的父亲想起有个远亲在婚姻登记机关工作，于是便找到这个亲戚为周某和刘某办理了结婚证。

　　本案知识点：婚姻无效的概念；结婚法定条件；婚姻无效的情形。

一、无效婚姻与可撤销婚姻的概念

　　（一）无效婚姻的概念

　　无效婚姻是指违反法定结婚要件而缔结的不具有法律效力的两性结合。婚姻，作为男女两性结合的基本形式，只有在符合其成立的各项条件时，才能得到社会的承认和保护，才能产生相应的法律效力。换言之，合法性是婚姻的本质。严格地讲，无效婚姻并不属于婚姻，它不是婚姻的一个单独种类。我们使用这一概念，目的是说明借婚姻之名形成的违法结合的一种法律后果。无效婚姻制度是调整因违反婚姻成立要件而形成的两性关系的一种法律制度，是婚姻家庭法律制度的重要组成部分。从性质上讲，它是处理违法婚姻的法律手段之一。

　　（二）可撤销婚姻的概念

　　可撤销婚姻是指已成立的婚姻关系因欠缺缔结婚姻的合意，经由当事人申请而撤销的违法结合。婚姻自由是公民的基本权利，婚姻当事人有权按照法律的规定自主决定自己的婚姻问题，不受任何人的强迫和干涉。一方在遭受胁迫、欺诈等情况下被迫缔结的婚姻，其同意结婚的意思表示乃不得已而为之，是违背真实意愿的行为，因此法律赋予其撤销婚姻的权利，以体现法律对婚姻当事人自主意思表示的尊重和保护。如果当事人在婚姻缔结后未以被胁迫为由申请撤销婚姻的，其婚姻关系的效力并不消灭。

二、无效婚姻与可撤销婚姻制度的历史沿革

自人类进入阶级社会、婚姻法律制度出现以来，要求婚姻成立具备一定的条件、履行一定的程序一直是各国立法的通例。对于欠缺婚姻成立要件的两性结合的认定和处理，早在古代法中就有规定：古巴比伦王国的《汉谟拉比法典》中将事先未订婚约的结合视为无效婚姻。罗马法也规定那些违反结婚条件的婚姻为当然的、绝对的和自始不发生婚姻效力的无效婚姻。在欧洲中世纪寺院法全盛时期，因基督教奉行禁止离婚主义，规定当事人之间的结合如果存在婚姻障碍或欠缺婚姻合意等违背婚姻成立要件的情形，则不产生婚姻的效力。

近现代各国法律一般都有无效婚姻的规定，并基于各自的历史传统形成了自身的特点，如 1804 年《法国民法典》将无效婚姻分为绝对无效和相对无效两种，其中违反公益要件的被认定为绝对无效；违反私益要件的被认定为相对无效。1896 年《德国民法典》在亲属法中兼采无效婚姻和撤销婚姻两种制度。此后，瑞士、日本、英国等一些国家纷纷效仿，在其亲属法中相继建立了无效婚姻和撤销婚姻制度。国外立法通常是从违背结婚的公益要件和私益要件两个方面来区分无效婚姻和可撤销婚姻的。所谓公益要件，是指符合社会秩序和公序良俗的要件，而私益要件则是指涉及当事人利益的一些要件。违背公益要件的两性结合，被认为具有较大的社会危害性，一般当为无效婚姻；违背私益要件的结合，则被认为社会危害性较小，因此一般将其归于可撤销婚姻之列。由于国情的不同和理解的差异，各国对于公益要件和私益要件的划分标准也不完全相同，关于引起婚姻无效或撤销的原因、处理后果等，法律规定上也不尽一致。在某个国家被确认为无效的婚姻，在另一个国家则可能属于可撤销婚姻，如对重婚和近亲结婚，《瑞士民法典》以其为无效的原因，《日本民法典》则以其为可撤销婚姻。

就程序而言，有些国家的法律对无效婚姻采取当然的无效制，为数更多的国家则采取宣告的无效制。婚姻的当然无效是指只要导致婚姻无效的事由存在，无须经有权机关的批准或宣告，依当事人自行主张即可使婚姻归于无效。而宣告无效制则要求当事人依程序提出请求，经有权机构审查后，以一定裁判的形式来宣告婚姻无效。至于可撤销婚姻的处理，则是必须依有撤销权人的请求，经过司法程序的认定始得撤销。就效力而言，在一般情形下，婚姻无效的宣告是溯及既往的，即无效婚姻自始无效；而婚姻撤销的效力一般不溯及既往，仅是从婚姻被撤销时起废止该婚姻的效力。

晚近以来，各国对无效婚姻和撤销婚姻的立法态度发生了变化，一些国家仅单设无效婚姻制度，不再设可撤销婚姻制度，如意大利、古巴、秘鲁、罗马尼亚等国。还有的国家将无效婚姻和可撤销婚姻融合为单一的婚姻撤销制度，如1998年修正后的《德国民法典》就只规定了可撤销婚姻一种形式。也还有国家兼采婚姻无效制度和撤销婚姻制度并存的立法模式，如日本、瑞士等国。从国外近现代婚姻家庭立法例来看，无效婚姻和可撤销婚姻出现了相互渗透、相互联系的趋势，也就是说在制度的设立层面，无效婚姻与可撤销婚姻的区别正在逐步缩小。

无论采用怎样的立法模式，世界各国在设立无效婚姻和可撤销婚姻制度的价值功用上已由传统的单一追求制裁效果发展为制裁与救济并重的双重取向，法律从维护形式正义逐步转向维护实质正义。一方面，法律承认违反法律要件的婚姻是无效婚姻或可撤销婚姻，通过宣告婚姻的无效或可撤销，制裁违法婚姻，维护法律的尊严；另一方面，又通过规定抗辩理由、推定制度、除斥期间等方式，尽量为当事人（特别是善意当事人）及其子女提供保护，而不轻率地宣告无效。即使宣告无效，也要对善意一方在经济上给予一定的补偿。[1]

在我国，对于无效婚姻制度到底是"古已有之"的固有法传统还是外国法的舶来品，学界尚存有不同看法。有人认为，中国历代的礼与法为了维护封建主义的婚姻制度，对那些未经订婚、未举行婚礼、无婚书或无彩礼的"典卖婚"等，均视为无效婚姻，不仅否定违法结合的婚姻效力，而且还要对有责者处以刑罚，此为持肯定意见之说。但也有学者认为，尽管我国古代礼制与法律确有对"违律为婚"者的刑罚制裁，但依据唐户婚律的相关内容，诸如为婚女家妄冒、有妻更娶、居父母夫丧嫁娶、同姓为婚、外姻尊卑为婚、常为祖免妻嫁娶等"违律为婚"行为应强行离异。不仅唐朝如此，从历代律例的规定来看，"违律为婚"都不过是婚姻离异的原因而已。考察我国古代律例的离异制度，大体分为两种情形：①因不具备婚姻要件的离异；②符合婚姻要件但婚后因其他原因而离异。前一情形看上去是对无效婚的处理，却按离异对待了；后一种情形则相当于现在的离婚。旧律之所以将这两种情形均规定为离异，是因为在旧律中这两种情形的后果均是仅向后消灭婚姻关系，而离异前当事人的关系是被认可为具有婚姻效力的。基于此，持否定态度的学者认为，我国古代律例中没有严格区分离婚与婚姻无效，直到1930年"国民党政府"颁布的"民法亲属编"中始确立了无效婚姻和可撤销婚姻制度。[2] 本书认为，我国古代对于不符合结婚要件的"违律为婚"已有了足够的认识和一定的规制，只是在"违律为婚"问题的处理上作

---

〔1〕 巫昌祯、夏吟兰："《民法典·婚姻家庭编》之我见"，载《政法论坛》2003年第1期。

〔2〕 王洪：《婚姻家庭法》，法律出版社2003年版，第87~88页。

出了与离异后果相同的制度设计。

中华人民共和国成立后，1950 年、1980 年两部《婚姻法》虽然对婚姻成立的必备条件、禁止条件和形式要件都作了明确的规定，但对违反婚姻成立要件而缔结的违法婚姻的认定与处理却没有作出明确规定，使无效婚姻及可撤销婚姻制度在我国婚姻家庭立法上长期处于空白状态。1986 年 3 月 15 日施行的《婚姻登记办法》（现已失效）第 9 条规定，婚姻登记机关发现婚姻当事人有违反婚姻法的行为，或在登记时弄虚作假，骗取《结婚证》的，应宣布该婚姻无效，收回已骗取的《结婚证》，并对责任者给予批评教育，触犯刑律的，由司法机关依法追究刑事责任。这一内容是我国首次以行政规章的形式对无效婚姻问题作出的规定。按照这一规定，婚姻无效的宣告只能依照行政程序办理。1994 年 2 月 1 日发布实施的《婚姻登记管理条例》（现已失效）分别在第 24、25、28 条对无效婚姻问题作了进一步规定，这些内容为我国婚姻家庭立法确立无效婚姻制度奠定了基础。2001 年《婚姻法修正案》在兼顾社会利益和尊重当事人意思的双重前提下，确立了无效婚姻与可撤销婚姻二元并存的制度结构，填补了我国在这一方面的立法空白。2020 年出台的《民法典》婚姻家庭编在继续保留无效婚姻与可撤销婚姻制度的同时，还赋予了无过错方在婚姻无效或被撤销后提出损害赔偿的权利，弥补了之前无过错方救济无门的立法缺憾。

三、确立无效婚姻与可撤销婚姻制度的必要性

（一）有利于结婚条件和结婚程序法律规定的落实，保障婚姻的合法成立，维护法律尊严

每一对拟缔结夫妻关系的公民都有义务遵守法律对结婚条件的规定。在婚姻缔结的行政管理及司法实践中，只有坚持结婚条件和程序，通过对合法婚姻的承认和保护，同时对欠缺婚姻成立要件的结合按无效或可撤销婚姻处理，才能惩戒违法者并警示他人，从根本上预防违法婚姻的发生。反之，如果法律对违反结婚条件和结婚程序的行为不闻不问，不明确指明违法结合的后果，则必然导致有关结婚条件的强制性规定在一定程度上形同虚设，使法律的严肃性和权威性遭到破坏。

（二）有利于减少和解决因两性违法结合引发的纠纷，保障公民的婚姻权益

司法实践中，因不符合结婚条件而结合所导致的各种纠纷一直存在，无效婚姻与可撤销婚姻制度的确立，不仅可以使违法结合得到纠正，也可以使那些因违法结合导致的人身关系纠纷、财产纠纷能够在法律的框架内找到解决的途径，尤其可以使违法结合中善意当事人一方受损的权益通过司法救济得到必要的恢复，同时使维护公民合法权益的法律制度充分发挥其应有的作用。

（三）有利于加强执法力度，制裁结婚问题上的违法行为

就法理而言，婚姻的无效和撤销只是从法律上否定了违法结合的婚姻效力，还事物以本来面目，无效和撤销本身并不是一种制裁手段。但是，这种法律上的判断，却为对导致违法婚姻发生的责任主体适用相应的制裁手段提供了依据。当然，这方面的情形是比较复杂的，有些婚姻的缔结在客观结果上是违背法定条件的，但却并不一定是由违法行为造成的，如当事人不知道自己患有医学上禁止结婚的疾病而缔结的婚姻就属此列。我们在强调制裁的同时，也强调制裁应以当事人明知故犯的违法行为的存在为前提。

第二节 无效婚姻与可撤销婚姻的认定和处理

 导入案例

冷某家住郑州，齐某某在北京工作。在一次工作会议中二人邂逅，很快建立恋爱关系。2019 年 12 月 6 日，双方在郑州领取了结婚证并安家郑州。婚后，虽然二人聚少离多，但齐某某往返于北京与郑州之间的辛苦也让冷某非常感动。2020 年 12 月，怀孕 2 个月的冷某突然接到一位陌生女士的电话，对方称自己是齐某某的妻子，二人的孩子已经 4 岁，要求冷某尽快结束与齐某某荒唐的关系，否则将以重婚罪告发冷某。后冷某在给齐某某的电话里证实了此事。悲痛中的冷某来到婚姻登记机关请求撤销结婚证。

本案知识点：重婚；婚姻无效的原因；婚姻无效的后果。

无效婚姻与可撤销婚姻虽然都是对不符合法定结婚要件的婚姻在效力上的否定性评价，但二者所依据的法理却有所不同。无效性认定不以当事人的意思表示为评价前提，而侧重考虑社会公共利益的维护，以婚姻成立时对法律条件的违背为根本出发点；可撤销婚姻的认定则具有一定的相对性，是在尊重婚姻当事人意思基础之上的否定性评价，在评价之前首先赋予当事人撤销或维持婚姻的权利，让其自由选择。这样的制度设计一方面有利于维护婚姻当事人的利益，另一方面对已经形成的家庭关系的稳定发展也起到了一定的保护作用。我国婚姻法律制度正是在这样的前提下对无效婚姻和可撤销婚姻的认定与处理作了相应的规定。

一、无效婚姻的认定及处理

（一）引起婚姻无效的事由

《民法典》婚姻家庭编第 1051 条以列举的方式对引起婚姻无效的原因作了规定。从该规定的内容可以得出：在我国，无效婚姻是指当事人双方虽然履行了婚姻成立的形式要件，但却因一方或双方欠缺婚姻成立的实质要件而缔结的两性关系。换言之，引起婚姻无效的原因是指当事人对婚姻成立实质要件的违背。当事人结婚，有下列情形之一的，婚姻无效：

1. 重婚。《民法典》婚姻家庭编在确认一夫一妻制这一婚姻家庭法律制度基本原则的同时，还明确规定了禁止重婚，并将其作为婚姻成立时不可缺少的一个实质性条件，强制要求结婚当事人须是无配偶之人，否则构成重婚。重婚是对一夫一妻规则及婚姻成立要件的严重违背，因此重婚状态之下的两性关系不仅不能得到法律认可，且只能产生婚姻无效的法律后果。同时，对于构成重婚罪的，还要依法追究其刑事责任。

2. 有禁止结婚的亲属关系。《民法典》第 1048 条规定："直系血亲或者三代以内的旁系血亲禁止结婚。"这一规定是自然选择规律在婚姻制度上的基本反映，也是保障民族人口素质和人口健康发展的基本要求。尽管这一规定的立法本意，旨在禁止长期存在于现实生活中的中表婚，但凡是与这一规定相违背的两性结合，都属无效婚姻。

3. 未到法定婚龄。《民法典》婚姻家庭编规定的结婚的最低年龄为男 22 周岁、女 20 周岁。未达法定婚龄的人结婚，是违背法律规定的行为，其关系自然不能产生婚姻的相应效力。

（二）申请宣告婚姻无效的主体

《最高人民法院关于适用〈中华人民共和国民法典〉婚姻家庭编的解释（一）》第 9 条规定，"有权依据民法典第一千零五十一条规定向人民法院就已办理结婚登记的婚姻请求确认婚姻无效的主体，包括婚姻当事人及利害关系人"。根据引起婚姻无效情形的不同，利害关系人也有所不同：

1. 以重婚为由申请宣告婚姻无效的，为当事人的近亲属及基层组织。当事人的近亲属包括配偶、父母、子女、兄弟姐妹、祖父母、外祖父母、孙子女、外孙子女。合法配偶之间也属近亲属关系，因此，重婚一方的合法配偶也享有申请宣告重婚无效的请求权。

司法解释所确认的基层组织应包括居民委员会、村民委员会及当事人所在单位。法律通过确认它们的主体地位以及赋予相应的权利，无疑对制止违法婚姻，维护婚姻法律制度的权威与尊严都会产生积极的作用。但是，基层组织作为基层公共事务的承担者和执行者，与当事人并不存在个体意义上的利害关系，因而，将基层组织列为当事人的利害关系人，本书认为欠妥。

2. 以未到法定婚龄为由申请宣告婚姻无效的，为未达法定婚龄者的近亲属。如果当事人双方均未达到法定结婚年龄，则双方的近亲属均享有请求权，如果仅是一方当事人未达法定婚龄，则只有该当事人的近亲属享有申请宣告婚姻无效的请求权。

3. 以有禁止结婚的亲属关系为由申请宣告婚姻无效的，为当事人的近亲属。

（三）申请宣告婚姻无效的期限

为避免婚姻关系长期处于不稳定状态，有必要从制度层面限制当事人行使婚姻无效请求权的期限。《最高人民法院关于适用〈中华人民共和国民法典〉婚姻家庭编的解释（一）》第 10 条规定："当事人依据民法典第一千零五十一条规定向人民法院请求确认婚姻无效，法定的无效婚姻情形在提起诉讼时已经消失的，人民法院不予支持。"据此可知，引起婚姻无效的法定情形一旦消失，则婚姻无效的请求权终止。这一规定旨在督促当事人及时行使权利，进而维护婚姻法律制度严肃性的目的。如果当事人没有在法定期间内行使其请求权，伴随着引起婚姻无效法定情形的消失，无效婚姻则转变成有效婚姻。这时当事人若想解除彼此的关系，只能通过离婚程序办理。

依据《民法典》第 1051 条的规定，法定无效婚姻情形的消失是指：①未达法定婚龄的一方或双方当事人经过一定的时间达到法定婚龄的；②重婚的一方或双方的合法婚姻关系已经终止。

需要说明的是，自然的血缘联系并不因时间的推移而消灭或改变，因此，婚姻当事人之间如属于禁止结婚的自然血亲关系的，则请求权的行使不受时间的限制。

为了使当事人在婚姻效力不确定期间死亡后发生的继承纠纷能够得到妥善处理，《最高人民法院关于适用〈中华人民共和国民法典〉婚姻家庭编的解释（一）》第 14 条规定："夫妻一方或者双方死亡后，生存一方或者利害关系人依据民法典第一千零五十一条的规定请求确认婚姻无效的，人民法院应当受理。"

根据《最高人民法院关于适用〈中华人民共和国民法典〉婚姻家庭编的解释（一）》关于申请宣告婚姻无效请求权期限的规定，其请求权主体仅限于当事人，至于利害关系人应在何期间内行使其申请宣告婚姻无效的请求权权利，目前未见法律规定。本书认为：利害关系人申请婚姻无效的请求权期限亦应当适用《最高人民法院关于适用〈中华人民共和国民法典〉婚姻家庭编的解释（一）》第 10 条规定之期限。

（四）无效婚姻的确认方式

国外立法例对无效婚姻的确认方式有当然无效制和宣告无效制之分。我国实行的是单一的宣告无效制。本书认为，应根据引起婚姻无效原因的不同而采取不同的确认方式。以重婚为例加以说明：重婚行为是对一夫一妻基本规则和婚姻成立实质要件的严重违背，完全不具备存在的合理性与合法性。与其他两种引起婚姻无效的情形相比，重婚当事人无疑具有更大的主观恶意，社会危害性更大。根据我国现行的单一的无效婚姻宣告制度，如果重婚状态下的当事人或利害关系人均未向有关机关申请宣告婚姻无效，则无法启动无效婚姻的认定程序，重婚关系就有可能逃脱法律监督而长期存在。很显然，重婚行为不但是对法律的藐视和挑战，更为严重的是，它必然在一定程度上导致婚姻家庭关系的混乱和无序，危及合法婚姻当事人的权益。因此本书认为，对于重婚关系的效力问题，应确立自重婚关系建立之日即当然无效的制度，而有权机关对重婚无效的裁决，仅是在程序层面的进一步确认。

（五）无效婚姻的确认机关及程序

根据《最高人民法院关于适用〈中华人民共和国民法典〉婚姻家庭编的解释（一）》第9条、第10条、第11条等规定，人民法院是确认婚姻无效的机关；人民法院审理过程中原告申请撤诉的，不予准许；人民法院审理无效婚姻案件不适用调解；但涉及财产分割和子女抚养的可以调解，调解达成协议的，另行制作调解书；未达成调解协议的，应当一并作出判决。根据《最高人民法院关于适用〈中华人民共和国民法典〉婚姻家庭编的解释（一）》第21条的规定，人民法院依法确认婚姻无效的，应当收缴双方的结婚证书并将生效的判决书寄送当地婚姻登记管理机关。

法律关于婚姻成立条件的规定属于强行性规范，当事人有遵守之义务；当事人之间缔结的婚姻是否具有法律效力，只能依据法律事实来确定，而不能以当事人的主观意愿为转移，因此，不得适用调解程序。但关于婚姻效力外的财产处理与子女抚养问题允许调解，这不仅体现了法律对当事人意愿尊重的人本理念，且基于调解达成的协议也更便于当事人未来自觉履行协议之内容。

二、可撤销婚姻的认定及处理

（一）撤销婚姻的事由

《民法典》婚姻家庭编关于撤销婚姻事由的规定，是以对当事人缔结婚姻时意思自治的尊重和保护为出发点的。换言之，违背双方完全自愿条件成立的婚姻，可能会被依法撤销。下列两种情形是导致婚姻被撤销的事由：

1. 胁迫。《民法典》第1052条第1款规定："因胁迫结婚的，受胁迫的一方可以向人民法院请求撤销婚姻。"这一规定，明确了胁迫是导致婚姻撤销的原因之一。胁迫是指行为人以给另一方当事人或者其近亲属的生命、身体、健康、名誉、财产等方面造成损害为要挟，迫使另一方当事人违背真实意愿结婚的情况。这里的胁迫行为包括威胁和强迫。威胁是行为人以未来要实施不法侵害为要挟，并因此造成表意人在恐惧心理下不得已而为的意思表示。强迫是行为人以身体上的强制，使表意人处于无法反抗的状态而违心作出的意思表示。胁迫的手段包括暴力胁迫和精神胁迫等，胁迫方的行为表现是以造成一定的损害后果为要挟，如伤害对方及家人的身体、剥夺生命、损害名誉、损坏财产等。在这里，并不要求要挟后果的一定发生。根据《最高人民法院关于适用〈中华人民共和国民法典〉婚姻家庭编的解释（一）》第 18 条的规定，受胁迫人是另一方当事人，但本书认为，实施胁迫行为的"行为人"应包括当事人一方和当事人以外的第三人。"受胁迫方"，既可以是一方当事人受到胁迫，也可以是双方当事人均受到胁迫；既可以是一方当事人受到另一方当事人胁迫，也可以是一方当事人或双方当事人受到父母或其他亲属等第三人的胁迫，如果妇女因被拐卖失去人身自由不得已缔结的婚姻，亦应属于被胁迫的可撤销婚姻。

"禁止破坏婚姻自由"是《宪法》的规定，"婚姻自主权"也是我国《民法典》民事权利的组成部分。结婚自由是婚姻自由的重要方面，它要求当事人双方以缔结婚姻的内心自愿为前提，且双方当事人意思表示要一致。如果一方或双方因受胁迫而产生恐惧、不得不违心做出同意结婚的意思表示，则该意思表示存在重大瑕疵。正是考虑到本人并不具有缔结婚姻的真实意愿，法律赋予其享有请求撤销婚姻的权利。

在具体适用可撤销婚姻的法律规定时，需要注意：行为人的胁迫须是故意，即行为人追求和希望胁迫行为给被胁迫人造成心理上的担心和恐惧；被胁迫人因心理恐惧而作出的结婚意思表示与胁迫行为之间存在因果关系。当胁迫行为与结婚没有必然的因果关系时，被胁迫一方不得请求撤销其婚姻。

需要说明的是，包办婚姻、买卖婚姻及其他干涉婚姻自由的行为也是被我国婚姻法律制度明文禁止的。但是，对于包办、买卖而缔结的婚姻应如何认定其效力，《民法典》并未作具体规定。在司法实践中，人民法院对因这类行为引发的婚姻关系是否解体的问题，均按照离婚案件处理。有学者认为，这类婚姻关系是在当事人意思表示不真实的情况下缔结的，应该按照可撤销婚姻对待。本书认为，包办婚姻和买卖婚姻的形成有着深远的历史背景和复杂的现实原因，且包办、买卖婚姻中第三人的强迫行为通常并不以侵害当事人或其亲朋的生命、财产、名誉的安全为要挟，较之于胁迫行为主观恶性较小，且一般也不会像胁迫行为那样给当事人造成严重的恐惧心理。将包办婚姻、买卖婚姻及其他干涉婚姻自由的行为按照可撤销婚姻处理是欠缺严格的法律依据的。

2. 一方患有重大疾病但婚前未如实告知对方。《民法典》第 1053 条规定："一方患有重大疾病的，应当在结婚登记前如实告知另一方；不如实告知的，另一方可以向人民法院请求撤销婚姻。"由于有些生理疾患会影响婚后夫妻生活，有的甚至会影响生育，还有一些疾病因具有传染性会影响到另一方的身体健康，更有一些遗传性疾病会遗传给子女……所有这些都可能给婚后生活带来精神、经济等多方面的不利影响和沉重负担。因此，《民法典》要求患有重大疾病的一方应在婚前将自己的患病情况如实告知对方，以便对方在全面了解情况的基础上充分考虑和决定自己的婚姻大事。患病方在婚前违反告知义务、隐瞒重大疾病的，属于违背民法诚信原则的欺诈行为，另一方在婚后享有申请撤销婚姻的权利。

在 2001 年《婚姻法修正案》的规定中，疾病婚是引起婚姻无效的事由，而《民法典》将疾病婚纳入为可撤销婚姻的范畴，其目的是更充分地赋予当事人意思表示的自由。但关于哪些疾病属于可导致婚姻撤销的重大疾病，《民法典》并未作规定。根据 2003 年《婚姻登记条例》的内容和精神，本书认为重大疾病一般是指：①精神性疾病，如精神分裂症、躁狂抑郁性精神病以及其他严重的精神病；②尚未治愈的传染性疾病，如艾滋病、淋病、梅毒等疾病；③遗传性疾病；④影响夫妻正常性生活或影响生育子女的生理缺陷或生理疾病；⑤其他足以影响家庭生活的重大疾病。

（二）申请撤销婚姻的请求权人

1. 受胁迫方。《民法典》第 1052 条第 1 款规定："因胁迫结婚的，受胁迫的一方可以向人民法院请求撤销婚姻。"因此，婚姻的撤销，需以受胁迫的一方明确向人民法院请求撤销其婚姻为前提。换言之，撤销婚姻的请求权人只能是婚姻关系中受胁迫一方的婚姻关系当事人本人，而不能是胁迫方。因为胁迫方在婚前积极主动地追求婚姻的成立，并为这一目的的达成实施了致对方恐惧与担心的违法行为，婚姻成立是胁迫行为的结果，因此，胁迫人必须承担其胁迫行为的后果。为示惩戒，法律未赋予胁迫方婚姻撤销权。本书认为，如果双方当事人都受到胁迫，则任何一方都享有撤销婚姻的请求权。但当事人之外的任何第三人不享有申请撤销他人婚姻的权利。

考虑到社会生活的多样性以及受胁迫方在婚姻缔结后对婚姻的态度、意愿可能存在的变化，出于对受胁迫方意思自治和个人私权的尊重，法律在规定受胁迫方行使撤销请求权时，用的是"可以向人民法院请求撤销婚姻"。这里的"可以"二字，就是赋予受胁迫方自主选择的权利，允许其申请撤销婚姻，亦允许其放弃撤销请求权。如果当事人放弃请求权、不主张撤销婚姻的，法律不予干涉。

2. 未被告知重大疾病的另一方。根据《民法典》第 1053 条的规定，患有重大疾病的一方在婚前未就自己患病情况如实告知对方的，其行为违背了法律要求的告知义务，则另一方有权利行使请求权，向人民法院提出撤销婚姻的主张。

（三）撤销婚姻请求权的行使期限

对于受胁迫方撤销婚姻请求权的行使期限，《民法典》第 1052 条第 2 款、第 3 款规定："请求撤销婚姻的，应当自胁迫行为终止之日起一年内提出。""被非法限制人身自由的当事人请求撤销婚姻的，应当自恢复人身自由之日起一年内提出。"

对于因婚前未获知对方患重大疾病而请求撤销婚姻的，根据《民法典》第 1053 条规定，未被告知方"应当自知道或者应当知道撤销事由之日起一年内向人民法院提出撤销婚姻的请求"。

需要特别注意的是，撤销婚姻请求权的行使期限为除斥期间，该期间不适用诉讼时效中止、中断或延长的规定。如果权利人在法定的除斥期间内未行使撤销婚姻的请求权，则该请求权因法定期间的经过而消灭，"婚姻"关系随着除斥期间的消灭而转化为有效婚姻。

（四）撤销婚姻的机关与程序

从《民法典》第 1052 条和第 1053 条的规定可以看出，撤销婚姻的请求权人只能向人民法院提出撤销婚姻的申请。

为了贯彻落实《民法典》的规定，民政部于 2020 年 11 月 24 日发布《关于贯彻落实〈中华人民共和国民法典〉中有关婚姻登记规定的通知》（民发〔2020〕116 号），明确规定婚姻登记机关不再受理因胁迫结婚请求撤销业务。《婚姻登记工作规范》第 4 条第 3 款、第五章废止，删除第 14 条第 5 项中"及可撤销婚姻"、第 25 条第 2 项中"撤销受胁迫婚姻"及第 72 条第 2 项中"撤销婚姻"表述。因此，享有婚姻撤销权的机关只能是人民法院。婚姻撤销的程序也只能是诉讼程序。

本书认为，人民法院审理婚姻当事人请求撤销婚姻的案件，可以适用简易程序，也可以适用普通程序。根据《最高人民法院关于适用〈中华人民共和国民法典〉婚姻家庭编的解释（一）》第 21 条的规定，人民法院依法撤销当事人婚姻的，应当收缴双方的结婚证书并将生效的判决书寄送当地婚姻登记管理机关。

第三节 无效婚姻与被撤销婚姻的法律后果

经人介绍，蔡某甲（男）与郝某（女）相识后于 2020 年 11 月登记结婚，婚后没多久郝某发现蔡某经常背着自己吃药，郝某多次追问蔡某，但蔡某总是含糊其辞。2021 年 1 月的一天晚上蔡某终于承认自己在一年前患上了比较严重的肾病且已达肾衰竭的临界点，被医生告知几乎不可能有生育能力。他还告诉郝某自己婚前之所以隐瞒病情是怕失去郝某，恳请郝某现在也不要离开自己，2021 年 2 月，郝某向人民法院提起了撤销婚姻的诉请，并向蔡某提出了损害赔偿的请求。

本案知识点：可撤销婚姻的事由；重大疾病方的告知义务；可撤销婚姻的处理机关；损害赔偿。

一、无效婚姻与被撤销婚姻的溯及力问题

对无效婚姻与被撤销婚姻溯及力的规定，世界各国存在着不同的立法例。有些国家规定从被宣告无效或被撤销之日起，婚姻才产生无效的后果，即无效之效力不溯及既往；而有些国家则认为对婚姻无效的宣告或对婚姻撤销的效力应一直追溯到婚姻成立之时，即婚姻自始无效。

我国《民法典》第 1054 条第 1 款规定："无效的或者被撤销的婚姻自始没有法律约束力，当事人不具有夫妻的权利和义务⋯⋯"《最高人民法院关于适用〈中华人民共和国民法典〉婚姻家庭编的解释（一）》第 20 条进一步解释道：《民法典》第 1054 条所规定的"自始没有法律约束力"，是指无效婚姻或者可撤销婚姻在依法被确认无效或者被撤销时，才确定该婚姻自始不受法律保护。可见，我国《民法典》婚姻家庭编对于无效婚姻与被撤销婚姻在效力溯及问题上均采取溯及既往的态度，即一旦婚姻被宣告无效或被撤销，其无效的后果追溯到婚姻关系成立之时。

二、对当事人的法律后果

（一）当事人之间属同居关系，当事人不具有身份法上的权利义务关系

夫妻身份一经确立，必然在当事人之间产生相应的权利义务关系。如果婚姻关系被确认为无效或依法被撤销，从其缔结之日就不发生婚姻的效力，根据《民法典》第 1054 条的规定，当事人之间属同居关系。这是法律对当事人配偶身份的否定，双方不存在夫妻身份之间相互扶养的义务；彼此间没有相互继承遗产的

权利等。在无效婚姻或被撤销婚姻当事人终止同居关系时，一方不得以对方在同居期间未履行扶养义务为由提起追索扶养费之诉；当一方要求对方返还同居期间支出的扶养费用时，一般也不予支持。在婚姻被宣告无效或被撤销之前的婚姻效力待定期间，如果当事人一方死亡的，另一方不享有第一顺序法定继承人的资格。

（二）当事人同居期间所得财产除有证据证明为一方所有的外，按共同共有处理

《最高人民法院关于适用〈中华人民共和国民法典〉婚姻家庭编的解释（一）》第22条规定："被确认无效或者被撤销的婚姻，当事人同居期间所得的财产，除有证据证明为当事人一方所有的以外，按共同共有处理。"《民法典》第1054条第1款规定："……同居期间所得的财产，由当事人协议处理；协议不成的，由人民法院根据照顾无过错方的原则判决……"根据上述规定，在婚姻被宣告无效或被撤销时，同居期间的财产应首先由当事人协议处理。需要强调的是，当事人的协议必须符合法律行为有效的要件，否则，其协议不能产生相应的法律后果。如果当事人不能达成协议或协议无效，则由人民法院根据照顾无过错方的原则进行判决。这里的无过错方是指"无效婚姻"或者"被撤销婚姻"缔结时的善意一方。

本书认为，司法解释将"同居期间所得财产，……按共同共有处理"的规定有欠妥当。夫妻对财产的共同共有是以其特定的身份关系为前提的，而无效婚姻或被撤销婚姻的当事人的同居关系并非婚姻关系存续期间，这种关系本身是不受法律保护的，在此同居期间所得的财产，如果按照共同共有处理，则不仅模糊了同居关系与婚姻关系的法律界限，也不利于保护无效婚姻与可撤销婚姻中善意当事人一方的合法权益。

若当事人在同居期间对财产进行了约定，只要其约定符合民事法律行为的有效要件，则应承认其约定的效力。

（三）对重婚导致的婚姻无效的财产处理不得侵害合法婚姻当事人的财产权益

重婚一方在合法婚姻之外与他人同居所得的财产，也恰是在其合法婚姻关系存续期间所得的财产，因而，该财产的性质属于重婚方与其合法配偶的共同共有财产。重婚当事人在同居关系终止时，不得擅自处理夫妻共同财产。《最高人民法院关于适用〈中华人民共和国民法典〉婚姻家庭编的解释（一）》第16条规定："人民法院审理重婚导致的无效婚姻案件时，涉及财产处理的，应当准许合法婚姻当事人作为有独立请求权的第三人参加诉讼。"

（四）无过错方有权获得损害赔偿

当事人为缔结婚姻，不仅会投入一定的财力和物力，还会倾注大量的情感与精力。若一方采取欺诈的方式隐瞒自己已婚、未达法定婚龄或有重大疾病等事实与另一方领取结婚证并因而导致婚姻无效或被撤销，必然会给另一方造成精神、财产等权益的损害。因此，《民法典》第1054条第2款规定："婚姻无效或者被撤销的，无过错方有权请求损害赔偿。"要求过错方承担损害后果的这一规定，其目的在于救济无过错方，处罚过错方，震慑、教育其他人。这是《民法典》公平公正的价值理念在婚姻家庭编的具体体现。

三、对子女的法律后果

无效婚姻和被撤销婚姻自始无效，当事人在婚姻无效期间所生子女为非婚生子女。《民法典》第1054条第1款规定："……当事人所生的子女，适用本法关于父母子女的规定。"婚姻无效，是当事人违背法定结婚要件所应承担的后果，但子女是无辜的，他们与父母的权利义务关系并不因父母婚姻关系的变化而变化。父母的婚姻被确认为无效后，子女仍是父母双方的子女。《民法典》第1071条第2款规定："不直接抚养非婚生子女的生父或生母，应当负担未成年子女或者不能独立生活的成年子女的抚养费。"这一规定，对保护违法婚姻中子女的权益是十分必要的。当然，非婚生子女在成年后，对生父母有赡养扶助的义务。

 实务训练

（一）示范案例

【案情】程某某（女）生于2001年5月17日，马某甲（男）生于1996年12月28日。二人均来自农村，在城里打工时结识并建立了恋爱关系。2019年，马某甲在父母的多次催促下，向程某某提出了结婚的请求。当时，程某某刚满18周岁。她担心自己没有达到法定的结婚年龄，领不到结婚证书。马某甲拍着胸脯说他叔叔就是婚姻登记机关的工作人员，领结婚证不成问题。2019年10月，马某甲的叔叔马某乙果真帮他们领取了结婚证。婚后不久，马某甲又进城打工，程某某因怀孕留在家里与公婆一起生活，因生活琐事，婆媳关系不睦，经常发生争吵。马某甲得知情况后，认为是程某某不孝敬自己的父母，因而对程某某大加指责，并威胁道：若再敢与父母吵架，就得挨揍。2020年12月，程某某顺利分娩生一女孩，马某甲的父母因程某某没能生个男孩而大为不悦，婆媳关系更为紧张。2021年2月10日，程某某对丈夫马某甲说自己马上就要满20岁了，想好好过一次生日，婆婆却说："连个小子都没本事生，还想过什么生日？"婆媳二人再次发生激烈争吵，马某甲动手殴打程某某致程负伤，程某某去医院检查身体及包扎伤口共花费1380元。一周后，程某某向人民法院递交离婚起诉状，要求与马某甲离婚，并要求马某甲对其家庭暴力行为承担损害赔偿责任。

问：1. 程某某与马某甲的婚姻关系是否有效？

2. 马某甲是否应对其家庭暴力行为承担损害赔偿责任？

3. 对于马某乙帮马某甲、程某某领取结婚证的行为应如何处理？

【分析】

1. 作为男女两性结合基本形式的婚姻，只有在符合成立的各项条件时，才能得到社会的承认和保护，才能产生相应的法律效力，否则，其婚姻将产生无效的法律后果，不可能得到国家的承认和法律的保护。所谓无效婚姻，是指欠缺婚姻成立的实质要件而领取了结婚证的违法婚姻。本案中的女当事人程某某在领取结婚证时年仅18周岁，违反了《民法典》关于女性结婚应年满20周岁法定婚龄的规定。依据《民法典》第1051条的规定，未达法定婚龄的人结婚，其婚姻无效。因此，就本案而言，程某某与马某甲的婚姻属无效婚姻，无效婚姻自始无效，程某某与马某甲虽然领取了结婚证，但法律并不承认二人的配偶身份，其关系属同居关系，所生子女为非婚生子女。

2. 要求施暴人对其家暴行为承担一定的损害赔偿责任，是我国《民法典》《反家庭暴力法》赋予受害人的一项权利救济措施。虽然程某某与马某甲的婚姻无效，但《反家庭暴力法》第37条规定："家庭成员以外共同生活的人之间实施的暴力行为，参照本法规定执行。"因此，马某甲殴打程某某的行为属于家庭暴力，且该暴力行为给程某某造成了财产损失和精神损害，马某甲应按照《民法典》侵权责任编的规定承担损害赔偿责任。

3.《婚姻登记条例》第5条要求办理结婚登记的内地居民应当出具本人的户口簿、身份证等证明材料。该条例第6条规定："办理结婚登记的当事人有下列情形之一的，婚姻登记机关不予登记：（一）未达法定结婚年龄的……"马某乙身为婚姻登记机关的工作人员，在程某某未达法定婚龄的情形下，以权谋私，利用自己职务的便利，为侄子马某甲及程某某办理了结婚证。《婚姻登记条例》第18条还规定："婚姻登记机关及其婚姻登记员有下列行为之一的，对直接负责的主管人员和其他直接责任人员依法给予行政处分：（一）为不符合婚姻登记条件的当事人办理婚姻登记的……"因此，有关机关应对知法犯法的马某乙给予行政处分。

（二）习作案例

2019年9月，在一次朋友聚会时，23岁的文某某（女）与26岁的柴某某

（男）相识，之后很快建立了恋爱关系。起初，两人相处甚密，并在一次外出旅游时发生了性关系。但随着时间的推移，文某某发现柴某某的脾气暴躁，且爱喝酒，经常在醉酒后乱说乱骂。2020 年 5 月，文某某提出要与柴某某终止恋爱关系，但遭到柴的拒绝。在多次协商未果的情况下，文某某拒绝与柴见面，并不再接听他的电话和微信。自 2020 年 6 月起，柴某某经常在文某某的单位门口拦截她，并数次威胁说如果文不与他结婚，他就会杀了文某某及其家人……文某某无奈之下只得向柴某某屈服，并于 2020 年 8 月 5 日与柴某某领取了结婚证，草草举行了婚礼。婚后的柴某某依然如故，经常在喝得酩酊大醉后大骂文某某。2021 年 1 月 13 日傍晚，因柴某某再次喝醉，二人发生争吵，醉酒的柴某某一脚踹在文某某的肚子上，致使已怀孕 3 个月的文某某流产，柴某某的行为给文某的身心造成了极大的伤害。后文某某回到娘家，表示坚决要与柴某某离婚。

问：1. 文某某与柴某某在缔结婚姻时，是否符合法律规定的结婚条件？

2. 文某某与柴某某的关系属于何种性质？

3. 文某某应通过何种方式、向何机关申请解除她与柴某某的关系？

4. 如果文某某要求柴某某承担损害赔偿责任，柴某某应对自己的哪些行为承担赔偿责任？

 复习与思考

1. 什么是无效婚姻？引起婚姻无效的法定情形有哪些？

2. 什么是可撤销婚姻？引起婚姻被撤销的事由有哪些？

3. 在我国，无效婚姻与被撤销婚姻的法律后果如何？

第六章 夫妻关系

夫妻关系是由法律规定的夫妻双方之间的权利义务关系。夫妻关系的内容，就其性质可以分为人身关系和财产关系两个方面。人身关系是夫妻关系的主要方面，财产关系从属于人身关系，是人身关系所引起的相应的法律后果。从法律关系的角度说，夫妻人身关系表现为配偶双方在家庭中的身份、人格、地位等方面的权利义务关系，夫妻财产关系表现为配偶双方在财产、扶养、遗产继承等方面的权利义务关系。

第一节 夫妻关系概述

 导入案例

吴某（男）是某医院医生，2015 年经人介绍与马某（女）相识结婚。婚后吴某发现马某刁蛮任性，经常为家庭琐事发脾气摔东西。有一次双方为小事发生争吵，马某把家里的东西摔烂，并多次猛扇吴某的耳光，吴某还没有缓过神来，其面部与手臂均已被抓伤。此后马某又多次实施暴力行为，甚至还拿菜刀相威胁。不仅如此，马某还牢牢掌握着家中的财政大权，除了将吴某婚前收集的数百张邮票藏起来之外，还将吴某每月工资都悉数"收缴"，只留给吴某坐公交车的钱。马某的父母也嫌弃吴某当不了官挣不了钱，时常指桑骂槐。渐渐地，吴某对自己在家里的地位感到不满，2019 年 2 月，吴某向人民法院起诉离婚。

本案知识点：夫妻关系的性质；夫妻在家庭中的地位。

一、夫妻关系的性质与内容

夫妻关系即夫妻法律关系，它是夫妻之间的权利和义务的总和。夫妻是以永久共同生活为目的而依法结合的伴侣，夫妻关系与其他两性关系有着本质的区别，其法律性质有以下几个方面：

1. 夫妻须具有永久共同生活的目的，不具有此类目的的同居关系不构成婚姻，不是夫妻关系。

2. 夫妻是男女两性合法的结合，结为夫妻的男女须具备法律规定的条件并履行法定程序，而两性间的其他非法结合不构成夫妻。

3. 夫妻关系以夫妻间的权利义务为内容。在不同的历史时期，夫妻在家庭中的地位不同，法律规定的夫妻权利义务内容也不一样。

夫妻关系的内容包括人身关系和财产关系两个方面。人身关系指与夫妻的身份相联系而不具有经济内容的权利义务关系。财产关系指夫妻间具有经济内容的权利义务关系。夫妻人身关系决定夫妻财产关系；夫妻财产关系从属于夫妻人身关系。

我国《民法典》婚姻家庭编有关夫妻关系的规定，主要集中在第1055~1066条。其内容包含夫妻人身关系和财产关系两个方面。夫妻人身关系包括姓名权，参加生产、工作、学习和社会活动的自由，住所决定权等；夫妻财产关系包括夫妻财产制、夫妻扶养义务及夫妻继承权等。

亲属关系是人类最基本的社会关系，而夫妻关系是一切亲属关系赖以形成的基础。加强对夫妻关系的法律调整，有利于巩固社会主义婚姻制度，发挥婚姻家庭在社会生活中的职能。

二、夫妻在家庭中的地位

（一）夫妻法律地位的历史发展

夫妻双方在家庭中的地位，是与男女两性的社会地位相一致的。不同历史时期、不同社会制度之下，夫妻在家庭中的法律地位不同。夫妻关系的性质和特点，归根结底决定于一定的社会经济基础，并受上层建筑诸多部门的影响和制约。夫妻在家庭中的地位是与不同的社会制度相适应的，具体可分为以下三个时期：

1. 男尊女卑、夫权统治时期。古代奴隶、封建社会的法律和欧洲中世纪的婚姻家庭法在夫妻法律地位问题上多采用夫妻一体主义，我国古代也采取此说。夫妻一体主义，又称夫妻同体主义。即夫妻因婚姻成立而合为一体，双方的人格互相吸收。从表面看，夫妻的地位是平等的。实际上，只是妻的人格被夫所吸收，妻没有独立的姓名权和财产权，妻处于夫权的支配之下。因此，夫妻一体主义不过是夫权主义的别名。夫妻一体主义是古代法"家族本位"立法思想的体现。

2. 在法律形式上渐趋平等的时期。近代资产阶级国家的婚姻家庭法多采用夫妻别体主义。夫妻别体主义，或称夫妻分离主义，即指夫妻婚后仍各是独立的主体，各有独立的人格。夫妻双方虽受婚姻效力的约束，但仍各有财产上的权利能力和行为能力，且相互间具有权利义务关系，表现为男女在法律上的平等。这是随着资本主义的发展演变，近现代各国立法"个人本位"立法思想的体现。但在资产阶级国家早期的立法中，仍保留着一定的男女不平等的封建残余。随着社会的发展和妇女社会经济地位的提高，许多资本主义国家对法律作了修改，使夫妻双方的法律地位在形式上逐渐趋于平等。

3. 从形式平等向实质平等的过渡时期。男女平等原则为现代婚姻家庭法的重要原则之一，许多国家在有关夫妻关系的立法中，一方面彻底修改或废除夫妻不平等的条款，确保夫妻独立的人格尊严和自由，另一方面注重夫妻关系实现实质上的平等。在我国现实生活中，男女两性的实际差异仍然客观存在，因此，在立法上应侧重保护处于弱势一方的权利，以保障夫妻双方实质上的平等。在社会主义制度下，由于建立了生产资料公有制，人与人之间的关系成为在平等基础上的互助合作关系。男女两性在政治、经济、文化、社会和家庭生活等方面，取得了完全平等的地位，从而使夫妻关系开始了从形式上的平等向事实上的平等过渡的新时期。

（二）我国《民法典》对夫妻法律地位的规定

我国自 1950 年《婚姻法》开始，即以男女平等为指导夫妻关系立法的基本原则。《民法典》第 1055 条规定："夫妻在婚姻家庭中地位平等。"这是对夫妻法律地位的原则性规定，是男女平等原则在夫妻关系中的具体体现。我国《民法典》对夫妻关系的其他具体规定，都体现了这一原则的精神。我国目前尚处于社会主义初级阶段，妇女在家庭中的地位与法律的要求还有一定的差距。因此，应加强法律调整，保障夫妻在法律上的平等地位，以实现实质意义上的男女平等。

我国《民法典》规定夫妻在家庭中地位平等，一方面强调夫妻在人格上的平等，夫妻具有独立的人格，夫妻双方应当互相尊重对方的人格独立，不得剥夺对方享有的权利；另一方面夫妻双方在人身关系和财产关系两个方面的权利和义务是完全平等的，其内容主要包括：夫妻间人身权利义务平等；对夫妻共同财产有平等的处理权；对子女有平等的抚养权；相互间有平等的扶养义务与继承权等。

夫妻在家庭中地位平等，既是确定夫妻间权利和义务的总原则，也是司法实践中处理夫妻间权利和义务纠纷的基本依据。现实生活是复杂多变的，在法律没有具体规定的情况下，对夫妻关系的处理，应按夫妻在家庭中地位平等这一原则予以处理。

第二节　夫妻人身关系

导入案例

谢某（男）是中学老师，张某（女）是某文化团的舞蹈演员，两人自由恋爱。婚前张某是团里的顶梁柱，经常带团参加国内的一些大型演出。谢某也非常支持张某的工作，每次有张某的演出，都要观看，并且还经常送上各种精美的小礼物。谢某的执着追求打动了张某的芳心，张某怀着对婚姻生活的美好憧憬，与谢某步入了婚姻殿堂。然而婚后不久，谢某就一再干涉张某的工作，不让张某参加演出，理由是张某太漂亮了，演出多了容易生麻烦。张某多次与谢某沟通，都未能说服，只能尽量减少公开演出的机会。但谢某并不满足，对张某与异性同事的交往疑神疑鬼，甚至到了监视的地步，最终使张某无法继续工作。谢某满意了，但热爱自己事业的张某实在无法忍受在家无聊的生活，加之又没有了自己充足的经济来源，只好请求当地妇联的帮助，但谢某根本听不进别人的劝阻。经多次调解无效后，张某遂向人民法院提出离婚请求，法院调解无效，最终判决准予张某的离婚请求。

本案知识点：夫妻人身关系；夫妻人身自由权。

夫妻人身关系，是指没有直接财产内容的夫妻人格、身份方面的权利和义务关系。我国《民法典》婚姻家庭编规定的夫妻人身关系，表现在以下几个方面：

一、夫妻姓名权

所谓姓名，是姓与名的合称。在传统意义上，姓是表示家族的标志，名是代表个人的标志。就法律意义而言，姓名是使自然人特定化的社会标志，有无姓名权是有无独立人格的重要标志，姓名权是人格权的重要组成部分，是一项重要的人身权利。夫妻有无独立的姓名权是夫妻在家庭中有无独立人格和地位的一种标志。

（一）姓名权是自然人平等享有的人格权

姓名权是自然人依法享有的决定、变更和使用自己姓名并排除他人干涉或者非法使用的权利。我国《民法典》第1012条规定："自然人享有姓名权，有权依法决定、使用、变更或者许可他人使用自己的姓名，但是不得违背公序良俗。"姓名权包括以下内容：

1. 姓名决定权。姓名决定权是指自然人决定自己姓名的权利。自然人在未成年时，其姓名权由父母代理行使，这也是父母对未成年子女亲权的内容。成年后自然人可亲自行使姓名决定权，既可以认可父母确定的姓名，也可以依法变更自己的姓名，还可以根据自己的意愿确定本名之外的别名、笔名、艺名等。

2. 姓名变更权。姓名变更权是指自然人依照法律规定的程序而改变姓名的权利。这一权利来自于姓名决定权，也是姓名决定权的应有之义。变更姓名应按我国户口登记条例规定的程序在户口登记机关办理姓名变更登记。

3. 使用或许可他人使用权。姓名使用权是指自然人对自己姓名的使用权，包括自己使用、不使用或禁止他人使用、许可他人使用的权利。当事人行使姓名权必须依法行使，在从事重要法律行为时必须使用在户口登记机关登记的正式姓名。自然人有使用自己姓名的权利，但行使姓名使用权不得违背公序良俗，即不得滥用姓名权。

（二）夫妻的姓名权不受结婚的影响

姓名权是每个公民平等享有的人格权，我国《民法典》第1056条明确规定："夫妻双方都有各自使用自己姓名的权利。"立法意图在于强调姓名权不受结婚的影响，推翻"妻从夫姓"的旧传统，保障妇女婚后独立的姓名权，维护已婚妇女独立的人格，促进夫妻家庭地位平等。

在古代，各国法律都要求妇女从夫姓，这显然是夫权婚姻的产物。在我国封建社会，婚姻多实行男娶女嫁，女子婚后即加入夫宗，冠以夫姓而丧失姓名权。现代各国立法大多规定妻可从夫姓、夫可从妻姓，也可有其他选择。但出于传统习惯，现代西方国家大多数妇女仍习惯于婚后从夫姓。

中华人民共和国成立后，1950年和1980年两部《婚姻法》均规定"夫妻双方都有各用自己姓名的权利"。这里虽然是夫妻并提，但其主要是强调应保护已婚妇女的姓名权，体现了男女平等原则，有利于破除旧的习俗和法律。现实生活中，我国妇女结婚后仍使用自己的姓名已成为习惯。当然，此规定并不妨碍夫妻就姓名问题另作约定。只要夫妻双方自愿达成一致的协议，无论是夫妻各用自己的姓氏、妻随夫姓、夫随妻姓，或相互冠姓，法律都是允许的。

夫妻享有平等的姓名权对子女姓氏的确定有重要意义。未成年子女的姓氏，应当由父母双方协商确定。同时，如果给未成年子女变更姓名，也应父母双方协商一致依法变更。子女成年后，有权依法决定保留原姓氏或者变更原有姓名，包括父母在内的其他人不得非法干涉。

二、夫妻人身自由权

人身自由权是指自然人依法享有的本人的人身和行动完全由自己支配，不受任何组织和个人非法限制或侵害的权利。人身自由权是每个公民都平等享有的权利。

我国《民法典》第 109 条规定："自然人的人身自由、人格尊严受法律保护。"《民法典》第 990 条第 2 款规定："除前款规定的人格权外，自然人享有基于人身自由、人格尊严产生的其他人格权益。"《民法典》第 1057 条规定："夫妻双方都有参加生产、工作、学习和社会活动的自由，一方不得对另一方加以限制或者干涉。"本条规定的夫妻人身自由权主要强调公民的人身自由权不因结婚而受限制，已婚男女仍然享有以独立身份、按照本人意愿参加社会活动、进行社会交往、从事社会职业的自由权利，它对于夫妻双方都适用。从立法的针对性来看，主要是保护妇女参加社会活动的自由权利，禁止丈夫或其他人横加干涉或限制。

夫妻有人身自由权是夫妻家庭地位平等的重要标志。我国在封建社会时期长期实行夫权统治，妇女受"男女有别""男主外，女主内""三从四德"等封建礼教的束缚，没有参加工作和社会活动的权利，完全丧失了人身自由，在家庭中处于从属地位，在社会上更没有地位。中华人民共和国成立以来，我国妇女在政治、经济、文化和婚姻家庭等方面获得了与男子平等的地位，在社会生产劳动中发挥了重要作用。但在现实生活中，由于男女在经济、文化等方面仍存在着事实上的差距，在一些家庭的夫妻关系中封建夫权思想的残余影响还仍然存在，丈夫限制妻子人身自由的现象时有发生。因此，婚姻家庭法规定夫妻人身自由权，对于进一步破除封建思想的影响，保障已婚妇女的人身自由具有积极意义。

我国《民法典》婚姻家庭编规定的夫妻人身自由权主要包括以下三方面的内容：

1. 夫妻双方都有参加生产、工作的权利。这里的"生产、工作"泛指从事一切正当的社会生产经营活动和一定的社会职业。在我国社会主义制度下，该项权利能够得到充分保障。我国已婚妇女的就业率处世界领先水平，且《妇女权益保障法》中对保护妇女的劳动权益作了详尽规定，如平等录用，男女同工同酬，妇女在孕期、产期、哺乳期受特殊保护等。妇女参加社会生产、劳动，是夫妻平等的标志，也是夫妻平等的保障，只有当妇女和男子共同参加社会生产劳动，妇女在社会和家庭中才能处于同男子平等的地位。

2. 夫妻双方都有参加学习的权利。"参加学习"不仅包括接受正规的学校教育，而且包括扫盲、职业教育和其他形式的专业知识和专业技能学习。学习的权利实际上就是受教育的权利，受教育权是我国宪法规定的公民享有的基本权利。只有接受教育，学习各种文化知识，全民文化素质才能提高。已婚妇女文化素质的提高，是其在社会上和家庭中实现与男子真正平等的精神文化基础。因此，保障夫妻双方参加学习的权利，尤其是保障已婚妇女学习的权利具有重要的意义。

3. 夫妻双方都有自由参加社会活动的权利。"社会活动"包括参政、议政活动，科学、技术、文学、艺术和其他文化活动，各种群众、社会团体的活动，以及各种形式的公益活动等。法律赋予夫妻双方这种权利，既是公民民主权利在家庭关系中的反映，也是社会主义夫妻关系本质的要求，同时还是促进国家和社会发展的需要。中华人民共和国成立以后，我国妇女全面参与国家和社会事务管理，在政治、经济、文化、教育、体育卫生等社会生活的各个方面都取得了令人瞩目的发展。

毋庸置疑，夫妻行使人身自由权，必须符合法律和社会主义道德的要求。夫妻双方应当互相尊重、互相协商，将参加工作、学习和社会活动与履行家庭义务协调统一起来，任何一方都不得对他方行使人身自由权进行非法限制或干涉。特别应注意克服重男轻女、男外女内等旧观念的影响，夫妻双方应合理分担家务，确保已婚妇女的人身自由权利。

第三节　夫妻财产制

导入案例

梁某（男）与刘某（女）已结婚 5 年，生有一子。婚后梁某染上赌博恶习，经常把当月工资全部输光，导致家庭经济非常紧张，刘某不得不独自支撑家庭的日常开支，为此夫妻二人经常发生争执。2019 年春节，刘某与单位同事采购年货时，购买了一张福利彩票，刘某认为希望渺茫，并没放在心上。没想到开奖时，竟然意外地中了二等奖，扣除个人所得税后，实得奖金人民币 18 万元。为了避免丈夫知道后更肆无忌惮地挥霍赌博，刘某决定向丈夫保密，并将奖金存入自己名下。后来，梁某从妻子同事处得知了妻子购买彩票并获奖的事情，便回家索要部分钱款。刘某提出，彩票是她用自己工资购买，因而是其个人财产，只能由她本人决定如何消费。梁某在数次索要均遭拒绝的情形下，起诉至人民法院，要求确认中奖奖金的归属。

本案知识点：法定夫妻财产制；夫妻共同财产；夫妻个人财产。

一、夫妻财产制的概念与种类

男女因结婚产生夫妻人身关系，并随之产生夫妻财产关系。法律为确保夫妻地位平等和婚姻生活的圆满，并保障夫妻与第三人交易安全，维护社会秩序，便设立夫妻财产制，调整夫妻财产关系。夫妻财产制又称婚姻财产制，是关于夫妻婚前财产和婚后所得财产的归属、管理、使用、收益、处分，以及家庭生活费用的负担、夫妻债务的清偿、婚姻终止时夫妻财产的清算和分割等问题的法律制度。

夫妻财产制的类型具有一定的地域性和时代性。某一特定的国家采取何种夫妻财产制，又受其自身的立法传统、风俗习惯以及思想文化因素的影响。在古代，各国立法对夫妻财产基于夫妻一体主义的人身关系的要求，多采取"吸收财产制"，妻的财产因结婚而为夫家或夫所有，否认妻有独立的财产权。到了近代和现代社会，夫妻财产制随社会的发展而变化，又出现了多种形式。对其可从不同的角度，作如下分类：

（一）按夫妻财产制的发生根据，可分法定财产制与约定财产制

1. 法定财产制。它是指在夫妻婚前或婚后均未就夫妻财产关系作出约定，或所作约定无效时，依法律规定而当然适用的夫妻财产制。它在某些国家也被称为正常的夫妻财产制或补充的夫妻财产制，如中国；而在某些国家只规定单一的法定制，如罗马尼亚、保加利亚、波兰等。

2. 约定财产制。它是相对于法定财产制而言的，指法律允许婚姻当事人以约定的方式确定使用的夫妻财产制形式的法律制度。许多国家的立法都规定了约定财产制，它具有优先于法定财产制适用的效力，只有在无约定或约定无效时才适用法定财产制，如中国、法国、日本、德国、瑞士等。

（二）按近现代各国夫妻财产制的内容划分，可分为统一财产制、联合财产制、共同财产制、分别财产制

1. 统一财产制。统一财产制是指除特有财产外，将妻的婚前原有财产估定价额，转归其夫所有，妻则保留在婚姻关系终止时对财产原物或估价金额的返还请求权。此制仅为早期资本主义国家立法所采用，如法国 1804 年《拿破仑民法典》将其规定为约定财产制的一种。它将妻对婚前财产的所有权转变为对夫的一种债权，具有浓厚的夫权主义的色彩，有悖男女平等原则。

2. 联合财产制。联合财产制又称管理共同制，它是指除特有财产外，夫妻的婚前财产和婚后所得财产仍归各自所有，但将双方财产联合在一起，由夫管理。当夫妻关系终止时，妻的原有财产才由本人收回或由其继承人继承。它源于欧洲中世纪日耳曼法，被早期资本主义国家加以继承和发展。如 1900 年《德国民法典》、日本旧民法等。由于该财产制虽较统一财产制有明显进步，但夫妻财产地位仍非常不平等，因此，现代一些国家已改用新的夫妻财产制。如日本 1947

年修订民法已实行夫妻分别财产制。

3. 共同财产制。共同财产制是指除特有财产外，夫妻的全部财产或部分财产归双方共同所有。婚姻关系终止时始加以分割。由于它能够反映夫妻关系的本质和特征，因此，当代不少国家在婚姻立法中采用此制。因共有的范围不同，它又可分为多种形式：

（1）一般共同制，即夫妻婚前、婚后所得的一切财产（包括动产和不动产）一律属于夫妻共有，但法律另有规定的除外。一些国家将其作为约定财产制，如德国；一些国家将其作为法定财产制，如巴西、瑞士。

（2）婚后所得共同制，即夫妻婚后所得的一切财产均为夫妻共同所有。如西班牙、保加利亚等国。

（3）婚前动产及婚后所得共同制，即夫妻婚前的动产及婚后所得为双方共同所有。

（4）婚后劳动所得共同制，即夫妻婚后的劳动、经营所得的财产为双方共同财产，非劳动所得的财产如继承、受赠所得等，则归各自所有。如意大利、法国。

4. 分别财产制。分别财产制是指夫妻双方婚前和婚后所得财产仍归各自所有，各自独立行使管理权、使用权、收益权和处分权，同时也不排除双方拥有一部分共同财产或妻以契约形式将其财产的管理权交于夫。分别财产制是夫妻婚前和婚后各自所得的财产均为各自所有，不因结婚而发生财产上的共有，它尊重夫妻个人意愿，便于夫妻一方独立行使财产权，在一定意义上有利于社会经济发展。但在男女两性的经济地位事实上尚存在差距的情况下，实施分别财产制，往往会形成事实上的夫妻不平等。这种财产制形式始于罗马法后期，依万民法所确立的"无夫权婚姻"，即使夫妻在婚后各自保持独立的人格，双方的财产所有权也随之分离。随着近现代"夫妻别体主义"的发展，一些资本主义国家的立法在对其修订的基础上重新确立。英美法系大多数国家和个别属于大陆法系的国家以分别财产制作为法定夫妻财产制形式；还有相当多的国家将其作为约定财产制形式。

二、我国现行的夫妻财产制

（一）我国的法定夫妻财产制

1. 夫妻共同财产。《民法典》第 1062 条规定："夫妻在婚姻关系存续期间所得的下列财产，为夫妻的共同财产，归夫妻共同所有：（一）工资、奖金、劳务报酬；（二）生产、经营、投资的收益；（三）知识产权的收益；（四）继承或者受赠的财产，但是本法第 1063 条第 3 项规定的除外；（五）其他应当归共同所有的财产。夫妻对共同财产，有平等的处理权。"可见，我国的法定夫妻财产制是婚后所得共同制，在夫妻对其财产未作约定或约定不合法、不明确的情况下，当然适用法定财产制。

（1）夫妻共同财产的概念和范围。夫妻共同财产是指夫妻双方或一方在婚姻存续期间所得，除法律另有规定或夫妻另有约定外，归夫妻共同所有的财产。从夫妻共同财产所有权的主体上看，只能是具有婚姻关系的夫妻。无效婚姻、被撤销婚姻、同居关系的男女不能作为其主体。从时间范围上看，夫妻共同财产的范围只限于婚姻关系存续期间所得的财产，即从男女登记结婚之日起，到夫妻离婚或配偶一方死亡时为止这一特定期间内夫妻所得的财产。

依照《民法典》第1062条的规定，下列财产为夫妻共同财产：

第一，工资、奖金、劳务报酬。这里的"工资、奖金"泛指工资性收入，目前我国职工的收入除基本工资之外，还有各种形式的补贴、奖金、福利等，甚至还存在着一定范围的实物分配。在一些现代企业中，还存在着年薪、股份期权等收入形式，这些都属于工资性收入，属于夫妻共同财产的范围。劳务报酬是指工资、奖金形式之外个人提供劳务的报酬所得，例如演员、运动员劳务所得等。

第二，生产、经营、投资的收益。这里的"生产、经营、投资的收益"既包括农民的生产劳动收入，也包括工业、服务业、信息业等行业的生产、经营收益。随着市场经济的发展，越来越多的资本拥有者投资于股票、债券市场，投资于公司、企业经营等，收益丰厚。婚姻关系存续期间的这些经营收益也属于夫妻共同财产。可见，从事生产经营投资的收益，既包括劳动所得，也包括大量的资本性收入。实践中，在个体工商户、承包经营户、股份制企业的股东和私营企业主的家庭中，夫妻财产关系比较复杂，通常而言，夫妻在婚姻关系存续期间用共同财产与他人合伙、认购股份有限公司股份、出资作为有限责任公司股东的，该财产权益为双方共有。但该双方共有的财产权益在夫妻关系终止时如何划分，是近年来司法实践中遇到的新问题，本书在第十一章"离婚的效力"中对此问题作了分析。

第三，知识产权的收益。知识产权是指民事主体对其创造性的智力劳动成果依法所享有的专有权利，它既是一种财产权，也是一种人身权，具有很强的人身性、专属性。婚后夫妻一方取得的知识产权权利本身归一方专有，但由其取得的经济利益，属夫妻共同财产。根据《最高人民法院关于适用〈中华人民共和国民法典〉婚姻家庭编的解释（一）》第24条的规定，"知识产权的收益"是指婚姻关系存续期间，实际取得或者已经明确可以取得的财产性收益。例如，婚姻关系存续期间，作品因出版、上演、播映后取得的报酬或允许他人使用而获得的报酬，专利权人转让专利权或许可他人使用其专利所取得的报酬，商标所有人转让商标权或许可他人使用其注册商标所取得的报酬等，都属于知识产权的收益，归夫妻共同所有。

第四，继承或受赠的财产，但《民法典》第1063条第3项规定的除外。婚姻关系存续期间一方因继承或赠与所得的财产，为夫妻共同财产，但在遗嘱或赠与合同中指明归一方的财产除外。因继承所得的财产是指依据《民法典》继承编的规定所继承的积极财产，即以遗产清偿被继承人所欠的税款和债务后所剩余的财产，包括公民个人的财产所有权、与所有权有关的财产权、债权、知识产权中的财产权等。因赠与所得的财产是指基于赠与合同而取得的财产。因继承或赠与所得的财产，一般归夫妻共同所有，因为共同财产制关注的是家庭，是夫妻共同组成的生活共同体，在这一制度下，夫妻一方婚后继承或受赠与的财产，同个人的工资收入一样，都是满足婚姻共同体存在的必要财产，应当归夫妻共同所有。但在遗嘱或赠与合同中指明归一方的财产则应归该方个人所有，这样就尊重了遗嘱人、赠与人的意愿，即尊重了遗嘱人、赠与人对其财产的处分权。

在我国，有些地方有父母出资为子女购置房屋的传统，根据《最高人民法院关于适用〈中华人民共和国民法典〉婚姻家庭编的解释（一）》第29条的规定，对于该父母出资购房的认定，主要根据以下规则：首先，当事人结婚前，父母为双方购置房屋出资的，该出资应当认定为对自己子女的个人赠与，但父母明确表示赠与双方的除外。其次，当事人结婚后，父母为双方购置房屋出资的，依照约定处理；没有约定或者约定不明确的，按照《民法典》第1062条第1款第4项规定的原则处理。即该出资应当认定为对夫妻双方的赠与，但赠与合同中确定只归自己子女一方的除外。

第五，其他应当归夫妻共同所有的财产。这是对不符合上述各款的规定，但应当属于夫妻共同所有的其他财产的概括性规定。随着社会的发展和人们生活水平的提高，夫妻共同财产的范围不断扩大，共同财产的种类不断增加，上述四项只是列举了现已较为明确的共同财产的范围，但难以列举齐全。

根据《最高人民法院关于适用〈中华人民共和国民法典〉婚姻家庭编的解释（一）》第25条的规定，婚姻关系存续期间的下列财产属于"其他应当归共同所有的财产"：①一方以个人财产投资取得的收益；②男女双方实际取得或者应当取得的住房补贴、住房公积金；③男女双方实际取得或者应当取得的基本养老金、破产安置补偿费。该司法解释第26条、第27条还规定，夫妻一方个人财产在婚后产生的收益，除孳息和自然增值外，应当认定为夫妻共同财产。由一方婚前承租、婚后用共同财产购买的房屋，登记在一方名下的，应当认定为夫妻共

同财产。

（2）夫妻对共同财产，有平等的处理权。我国《妇女权益保障法》第47条第1款规定："妇女对依照法律规定的夫妻共同财产享有与其配偶平等的占有、使用、收益和处分的权利，不受双方收入状况的影响。"《民法典》第1062条第2款也规定："夫妻对共同财产，有平等的处理权。"夫妻在婚姻存续期间，双方对夫妻共同财产拥有平等的所有权，其性质是法定共同共有，即夫妻双方对共同财产平等、不分份额地享有占有、使用、收益和处分的权利。其中处分权是所有权中最重要的权能，因为它直接涉及共同财产的命运。夫妻对共同财产如果没有平等的处理权，平等的所有权就是一句空话。

我国《民法典》第1060条第1款规定："夫妻一方因家庭日常生活需要而实施的民事法律行为，对夫妻双方发生效力，但是夫妻一方与相对人另有约定的除外。"该条规定的是夫妻日常家事代理制度，指夫妻一方因家庭日常生活需要与第三人交往时所为的民事法律行为，视为夫妻共同意思表示并由夫妻共同承担责任的制度。

家庭日常生活需要是指通常情况下必要的家庭日常消费，主要包括正常的衣食消费、日用品购买、子女教育、老人赡养等各项费用，是维系一个家庭正常生活所必需的开支。由于家庭日常生活需要是夫妻双方共同的需要，夫妻在家庭生活中关系密切，法律认可双方同为婚姻共同生活的代表，赋予夫妻有日常家事代理权，即一方因家庭日常生活需要而实施的民事法律行为，对夫妻双方发生效力。赋予夫妻日常家事的代理权，可以扩张夫妻的意思自治能力，方便社会经济交往。同时，由于夫妻共同对一方作出的民事法律行为承担责任，也有利于保护相对人的利益及维护交易安全。

但是夫妻一方与相对人另有约定行为仅对夫妻一方有效的，夫妻另一方不必承担责任，例如夫妻一方为家庭日常生活需要借款时，和债权人明确约定以借款一方个人财产清偿的，债权人明知而且同意行为只对该当事人一方生效的，夫妻另一方不必承担责任，这是承认与尊重相对人的意思自治。

我国《民法典》第1060条第2款亦规定："夫妻之间对一方可以实施的民事法律行为范围的限制，不得对抗善意相对人。"善意相对人是指对于夫妻之间此种范围限制并不知情的相对人，如果夫或者妻一方超越了此限制，相对人对这种限制不知情的，仍应由夫妻共同承担责任。这也符合《民法典》第172条规定的表见代理制度："行为人没有代理权、超越代理权或者代理权终止后，仍然实施代理行为，相对人有理由相信行为人有代理权的，代理行为有效。"此处，依本条第 1 款规定，[1] 夫妻双方享有家事代理权，如一方超越了双方内部约定的限制，实属超越代理权的行为，但相对人不知此限制，同时因为行为人的夫妻关系而相信行为人是代理夫妻双方的，代理行为有效，即夫妻关于日常家事代理范围的限制不得对抗善意相对人，行为后果由夫妻共同承担责任。

夫妻在处理共有财产时，在涉及善意第三人的问题上，如依民法的善意取得制度，第三人构成善意取得的，即使事实上是单方的擅自处分，也应保护善意相对人的利益，而在夫妻之间由擅自处分方赔偿另一方的损失。[2] 因此，《最高人民法院关于适用〈中华人民共和国民法典〉婚姻家庭编的解释（一）》第 28 条规定，一方未经另一方同意出售夫妻共同所有的房屋，第三人善意购买、支付合理对价并已办理不动产登记，另一方主张追回该房屋的，人民法院不予支持。夫妻一方擅自处分共同所有的房屋造成另一方损失，离婚时另一方请求赔偿损失的，人民法院应予支持。

在司法实践中，还存在夫妻之间订立借款协议，以夫妻共同财产出借给一方从事个人经营活动或用于其他个人事务的情形，这应视为双方约定处分夫妻共同财产的行为，离婚时可按照借款协议的约定处理。

2. 夫妻个人特有财产。确立夫妻个人特有财产制的立法宗旨是保护公民在婚姻家庭中的合法权益。根据我国《宪法》和《民法典》的规定，公民个人的财产所有权不应因该公民与他人缔结婚姻关系而丧失其存在的必要，法律仍应给予承认和保护。《民法典》第 1063 条规定："下列财产为夫妻一方的财产：（一）一方的婚前财产；（二）一方因受到人身损害获得的赔偿或者补偿；（三）遗嘱或者赠与合同中确定只归一方的财产；（四）一方专用的生活用品；（五）其他应当归一方的财产。"这一规定确立了我国的夫妻个人特有财产制度，弥补了共同财产制对个人权利和意愿关注不够的缺陷，防止共同财产范围的无限延伸，有利于保护个人财产权利。

（1）夫妻个人特有财产的概念。夫妻个人特有财产，是指夫妻在婚后实行共同财产制时，依据法律的规定或夫妻双方的约定，夫妻保有个人财产所有权的

---

〔1〕 我国《民法典》第 1060 条第 1 款规定："夫妻一方因家庭日常生活需要而实施的民事法律行为，对夫妻双方发生效力，但是夫妻一方与相对人另有约定的除外。"

〔2〕 我国《民法典》第 311 条规定了善意取得制度："无处分权人将不动产或者动产转让给受让人的，所有权人有权追回；除法律另有规定外，符合下列情形的，受让人取得该不动产或者动产的所有权：（一）受让人受让该不动产或者动产时是善意的；（二）以合理的价格转让；（三）转让的不动产或者动产依照法律规定应当登记的已经登记，不需要登记的已经交付给受让人。受让人依照前款规定取得不动产或者动产的所有权的，原所有权人有权向无处分权人请求损害赔偿。当事人善意取得其他物权的，参照前两款规定。"

财产。法定的夫妻特有财产的性质属于公民个人财产的范畴，依法受法律保护。作为夫妻一方个人所有的财产，应由其本人占有、管理、支配和处分，他人无权干预；在离婚时，归个人所有，他人无权分割；在财产所有人死亡时，应划入遗产的范围，按继承法处理。

（2）夫妻个人特有财产的范围。依照我国《民法典》第1063条的规定，夫妻个人财产主要包括以下内容：

第一，一方的婚前财产。婚前财产是指夫妻在结婚之前各自所有的财产，包括婚前个人劳动所得财产、继承或受赠与所得财产以及其他合法财产。财产的形式可以是存款、婚前购置的用于个人使用的生活用品，也可以是普通的生产资料、生活资料；可以是动产也可以是不动产。

第二，一方因受到人身损害获得的赔偿或者补偿。包括一方因身体受到伤害获得的医疗费、残疾人生活补助费等费用。医疗费、残疾人生活补助费是致害人因其侵害行为而向受害人个人支付的费用，用于保障受害人的就医和生活，具有人身性质，属于专供一方个人使用的财产，应归一方个人所有。这样有利于维护受害人的合法权益，为受害人能够得到有效治疗、残疾人能够正常生活提供了法律保障。

第三，遗嘱或赠与合同中确定只归一方的财产。根据我国《民法典》第1062条第4项的规定，夫妻在婚姻关系存续期间，继承或者受赠的财产，归夫妻共同所有，但是，如果立遗嘱人或赠与人，在遗嘱或赠与合同中确定遗产或赠与的财产只归夫妻一方个人所有的除外。这主要是为了尊重遗嘱人或赠与人的个人意愿，保护公民对其财产的自由处分权。

第四，一方专用的生活用品。夫妻一方专用的生活用品是指婚后以夫妻共同财产购置的供夫或妻个人使用的生活消费品，具有专属于个人使用的特点，如夫妻一方因身体、生活、工作等特殊需要由个人使用的包括个人的衣服、鞋帽、化妆品、残疾人使用的轮椅或其他辅助器械、专业书籍等物品。但如果属于"一方专用的生活用品"价值较高或者在家庭财产中所占比重较大的，在离婚时分割其他共同财产时应当对另一方的份额或比例予以适当考虑。但该"专用的生活用品"为婚前购置或者双方另有约定的除外。

第五，其他应当归一方的财产。例如军人的伤亡保险金、伤残补助金、医药生活补助费属于个人财产。再如夫妻一方获得的代表着优胜者荣誉的奖章、奖牌、奖杯、带有明显纪念意义的奖品等，因具有一定的人身属性，应归获得该荣誉的夫妻一方个人特有。但在婚姻关系存续期间，该荣誉获得者因此所获得的奖金或其他物质奖励，如当事人之间没有约定，应依法认定为夫妻共同财产。在司法实践中，夫妻一方个人财产在婚后产生的孳息和自然增值，应认定为夫妻一方个人财产。此外，根据婚姻当事人的财产约定，归夫妻一方所有的那部分财产为夫妻一方个人财产。

根据《最高人民法院关于适用〈中华人民共和国民法典〉婚姻家庭编的解释（一）》第 31 条的规定，《民法典》第 1063 条规定为夫妻一方的个人财产，不因婚姻关系的延续而转化为夫妻共同财产。但当事人另有约定的除外。

3. 婚姻关系存续期间分割共同财产的特定情形。依民法共同共有的原理，对于共同共有的财产，共同共有人在共有的基础丧失或者有重大理由需要分割时可以请求分割。[1] 夫妻共同财产通常是在夫妻关系终止时才进行分割，但夫妻关系存续期间发生了特定情形，如夫或妻一方发生危害另一方财产利益等情形，另一方有权请求分割共同财产。《民法典》第 1066 条规定，婚姻关系存续期间，有下列情形之一的，夫妻一方可以向人民法院请求分割共同财产：①一方有隐藏、转移、变卖、毁损、挥霍夫妻共同财产或者伪造夫妻共同债务等严重损害夫妻共同财产利益的行为；②一方负有法定扶养义务的人患重大疾病需要医治，另一方不同意支付相关医疗费用。这样规定，既能维护婚姻关系的稳定性，又能妥善保护当事人的财产利益。因此，《最高人民法院关于适用〈中华人民共和国民法典〉婚姻家庭编的解释（一）》第 38 条规定："婚姻关系存续期间，除民法典第一千零六十六条规定情形以外，夫妻一方请求分割共同财产的，人民法院不予支持。"

4. 夫妻共同债务。《民法典》第 1064 条规定："夫妻双方共同签名或者夫妻一方事后追认等共同意思表示所负的债务，以及夫妻一方在婚姻关系存续期间以个人名义为家庭日常生活需要所负的债务，属于夫妻共同债务。夫妻一方在婚姻关系存续期间以个人名义超出家庭日常生活需要所负的债务，不属于夫妻共同债务；但是，债权人能够证明该债务用于夫妻共同生活、共同生产经营或者基于夫妻双方共同意思表示的除外。"该条规定明确了夫妻共同债务制度的内容。可见，夫妻共同债务可分为以下三类：

（1）基于夫妻双方共同意思表示所负的债务。《民法典》第 143 条规定了民事法律行为的有效要件："具备下列条件的民事法律行为有效：（一）行为人具有相应的民事行为能力；（二）意思表示真实；（三）不违反法律、行政法规的

---

〔1〕 我国《民法典》第 303 条规定："共有人约定不得分割共有的不动产或者动产，以维持共有关系的，应当按照约定，但是共有人有重大理由需要分割的，可以请求分割；没有约定或者约定不明确的，按份共有人可以随时请求分割，共同共有人在共有的基础丧失或者有重大理由需要分割时可以请求分割。因分割造成其他共有人损害的，应当给予赔偿。"

强制性规定，不违背公序良俗。"可见，意思表示真实是行为有效的要件之一，对于夫妻共同负债的行为，必须具有夫妻双方共同的真实意思表示，才能认定为夫妻共同债务，并对双方有效，例如以下两种形式：①在债权凭证上夫妻双方共同签字。②基于夫妻一方意思表示所负债务，另一方事后追认。基于夫妻双方意思表示所负的债务，无论是否超出家庭日常生活需要，都属于夫妻共同债务。

（2）夫妻一方在婚姻关系存续期间以个人名义为家庭日常生活需要所负的债务。婚姻关系存续期间夫妻一方以个人名义为家庭日常生活需要所负的债务，具备日常性与合理性，为夫妻共同债务。"家庭日常生活需要"一般包括家庭日常生活消费、日常精神消费、日常投资性消费以及为赡养老人、抚养教育子女的合理花费等，应该结合夫妻的家庭生活水准、借贷的目的等因素综合衡量。如果一方擅自对外高额借款，借款后自己挥霍浪费，严重侵害另一方的财产权益，该借款就不属于夫妻共同债务。对于家庭日常生活需要范畴内的债务，债权人一般无需举证，配偶一方如果主张不属于夫妻共同债务，则需要举证证明举债人所负债务并非用于家庭日常生活。

（3）夫妻一方在婚姻关系存续期间以个人名义超出家庭日常生活需要所负担债权人能够证明债务用于夫妻共同生活、共同生产经营或基于夫妻双方共同意思表示的债务。如果债权人能够证明夫妻一方在婚姻关系存续期间以个人名义超出家庭日常生活需要所负的债务，用于夫妻共同生活、共同生产经营的或基于夫妻双方共同意思表示的，仍属夫妻共同债务。例如有的债务超出家庭日常生活范围，但是由夫妻双方共同消费支配或者形成共同财产，或者基于夫妻共同利益管理共同财产而产生，也属于夫妻共同债务。夫妻共同生产经营是指由夫妻双方共同决定生产、经营事项，或者虽由一方决定但得到另一方授权的情形。判断生产经营活动是否属于夫妻共同生产经营，要根据经营活动的性质以及夫妻双方在其中的地位作用等综合认定。夫妻共同生产经营所负的债务一般包括双方共同从事工商业、购买生产资料所负的债务，以及共同从事投资或者其他金融活动所负的债务等。

实践中存在夫妻双方已经分居或提起离婚诉讼后，夫妻一方新形成债务的情形，如果能够证明该债务基于双方共同意思产生或者用于家庭共同生活或共同经营的，才属于夫妻共同债务。此外，还存在夫妻一方隐瞒另一方对外经营，经营所获得利益未用于夫妻家庭生活的情形，原则上不属于夫妻双方"共同经营"，所产生的债务一般由举债方自己承担。

《最高人民法院关于适用〈中华人民共和国民法典〉婚姻家庭编的解释（一）》第33条至第36条规定了司法实践中有关夫妻债务几个问题的处理规则：

①债权人就一方婚前所负个人债务向债务人的配偶主张权利的，人民法院不予支持。但债权人能够证明所负债务用于婚后家庭共同生活的除外。②夫妻一方与第三人串通，虚构债务，第三人主张该债务为夫妻共同债务的，人民法院不予支持。夫妻一方在从事赌博、吸毒等违法犯罪活动中所负债务，第三人主张该债务为夫妻共同债务的，人民法院不予支持。③当事人的离婚协议或者人民法院生效判决、裁定、调解书已经对夫妻财产分割问题作出处理的，债权人仍有权就夫妻共同债务向男女双方主张权利。一方就夫妻共同债务承担清偿责任后，主张由另一方按照离婚协议或者人民法院的法律文书承担相应债务的，人民法院应予支持。④夫或者妻一方死亡的，生存一方应当对婚姻关系存续期间的夫妻共同债务承担清偿责任。

（二）我国的夫妻约定财产制

《民法典》第1065条规定："男女双方可以约定婚姻关系存续期间所得的财产以及婚前财产归各自所有、共同所有或部分各自所有、部分共同所有。约定应当采用书面形式。没有约定或约定不明确的，适用本法第1062条、第1063条的规定。夫妻对婚姻关系存续期间所得的财产以及婚前财产的约定，对双方具有法律约束力。夫妻对婚姻关系存续期间所得的财产约定归各自所有，夫或者妻一方对外所负的债务，相对人知道该约定的，以夫或者妻一方的个人财产清偿。"这是我国《民法典》对夫妻约定财产制的规定。随着社会的发展，夫妻财产日益增多，财产关系日趋复杂多样，人们的价值观念和婚姻家庭观念也发生了很大变化，个人权利意识和独立意识不断增强，约定财产制更能适应复杂多样的夫妻财产关系，更能适应现代社会丰富多样的生活方式，也更能体现当事人的真实意愿和个性化的需要。目前世界各国都愈来愈重视约定财产制的意义和作用。

我国的夫妻约定财产制主要有以下几方面的内容：

1. 夫妻之间财产约定的有效条件。

（1）约定的主体须具有合法的夫妻身份，且双方须具有完全民事行为能力。不具有夫妻身份者（如未婚同居、婚外同居者）之间的财产约定不属于夫妻财产约定；夫妻双方应具有完全民事行为能力，一方无行为能力，或限制行为能力（如精神病患者在犯病期间的），不能约定。

（2）当事人必须自愿，意思表示真实。约定必须双方自愿，以欺诈、胁迫手段或乘人之危使对方在违背真实意愿的情况下作出的约定，对方有权请求变更或者撤销。

（3）约定的内容必须合法，不能损害国家、集体、他人的利益，不得违背社会公共利益。例如，不得为逃避对第三人的债务，而将本属于夫妻双方共有的财产约定为一方个人所有；再如约定的财产范围不得超出夫妻财产的范围，不得将国家、集体或他人的财产列入约定财产的范围。

（4）约定应以书面形式。采用书面形式能够促使当事人谨慎约定，且内容确定，可以避免争议，发生纠纷时也易于举证，同时利于将书面约定公开，以保护善意第三人的利益，维护交易安全。当然，如夫妻双方有口头约定，事后对约定没有争议的，该约定也有效。

2. 约定的时间。约定的时间可以是婚前、结婚登记时，也可以是婚后。约定可以附条件和期限，但所附条件和期限不得违背国家法律和社会公序良俗的要求。婚前缔结的约定于结婚时或约定的其他时间发生效力，婚后缔结的约定于约定当时或约定的其他时间发生效力。约定生效后，因夫妻一方或双方的情况发生变化，可以依法变更或撤销原约定，适用法定财产制，亦可对原约定的内容进行部分或全部变更。如原约定采用部分分别财产制，即部分共同所有，部分各自所有，可变更为采全部分别财产制，即全部财产均各自所有。变更或撤销原约定的，如果订立时采取书面形式或经过公证，变更和撤销时也要采取相同形式。

3. 约定的内容。约定的财产范围包括夫妻婚前与婚姻关系存续期间的财产。夫妻可以仅就婚前财产或婚姻关系存续期间财产的归属作出约定，也可以就婚前财产以及婚姻关系存续期间的财产的归属均作出约定；可以是夫妻的全部财产，也可以是夫妻的部分财产，法律对此不加限制。当事人对财产制度的选择，可以是共同财产制，也可以是分别财产制，还可以是部分共同、部分分别的财产制形式。即可以约定归共同所有或各自所有，也可以约定部分共同所有、部分各自所有。约定的内容必须符合法律及社会公共道德，不得损害国家、集体和第三人的利益。

4. 夫妻财产约定的效力。依照《民法典》第1065条第1款的规定，约定财产制与法定财产制二者可以同时并用，但前者的效力高于后者，即有约定从约定，无约定或约定不明确的从法定。该条第2款规定："夫妻对婚姻关系存续期间所得的财产以及婚前财产的约定，对双方具有法律约束力。"约定一经生效，对夫妻双方具有法律约束力。夫妻双方即应按约定的内容享受权利、承担义务。婚姻终止分割财产时，有约定的，按约定处理；约定不符合法定条件部分无效的，有效部分适用约定，全部无效的，适用法定财产制。如夫妻一方或双方要求变更或撤销原约定，必须经双方协商同意，并采用法定形式予以变更或撤销。《最高人民法院关于适用〈中华人民共和国民法典〉婚姻家庭编的解释（一）》第32条规定："婚前或者婚姻关系存续期间，当事人约定将一方所有的房产赠与另一方或者共有，赠与方在赠与房产变更登记之前撤销赠与，另一方请求判令继续履行的，人民法院可以按照民法典第六百五十八条的规定处理。"〔1〕可见，婚姻关系当事人赠与房产的约定，在赠与房产变更登记之前，除经过公证或者依法不得撤销的外，赠与人可以撤销。但因撤销合同给对方带来的信赖利益的损失，赠与方应承担缔约过失责任。

为了维护交易安全和相对人的利益，《民法典》第 1065 条第 3 款规定："夫妻对婚姻关系存续期间所得的财产约定归各自所有，夫或者妻一方对外所负的债务，相对人知道该约定的，以夫或者妻一方的个人财产清偿。"夫妻财产约定是特定主体间的法律行为，其效力不当然及于相对人，只有在相对人明知的情况下，才对相对人具有抗辩力。换言之，在相对人与夫妻一方发生债权债务关系时，如果相对人明知该对夫妻适用分别财产制，且以夫妻之一方名义举债，则债务人仅为举债之一方，只能要求以该方的财产清偿；如果相对人不知道其财产约定状况的，无论是否以夫妻个人名义举债，对所欠之债均应以夫妻共同财产清偿。但"相对人知道该约定的"如何判断呢？《最高人民法院关于适用〈中华人民共和国民法典〉婚姻家庭编的解释（一）》第 37 条规定，夫妻一方对此负有举证责任。即举证责任在夫妻一方，其必须能够证明在发生债权债务关系时，相对人确已明确、清楚地知道其夫妻财产约定，才可以对抗相对人。如夫妻一方不能证明"相对人明知"，则财产约定对相对人不产生效力。

第四节　夫妻的扶养义务与财产继承权

导入案例

2018 年底，伊某以感情破裂为由向人民法院起诉，要求与丈夫虞某甲离婚。2019 年 3 月 20 日，法院作出了伊某和虞某甲二人离婚的判决，并对他们的夫妻共同财产进行了分割。3 月 22 日，双方当事人签收了法院送达的判决书。但是虞某甲不服一审判决，于 3 月 28 日向二审法院提起上诉。然而，就在上诉期间，2019 年 4 月 12 日虞某甲在一次外出时不幸遭遇车祸死亡。随即，二审法院作出了终止伊某与虞某甲离婚诉讼的裁定。1 个月后，虞某甲的妹妹虞某乙找到伊

---

〔1〕《民法典》第 658 条的规定是对《合同法》第 186 条的承受与完善："赠与人在赠与财产的权利转移之前可以撤销赠与。经过公证的赠与合同或者依法不得撤销的具有救灾、扶贫、助残等公益、道德义务性质的赠与合同，不适用前款规定。"

某，提出要继承哥哥虞某甲在离婚诉讼中分得的财产，伊某则认为自己才是合法的继承人。虞某乙因此向法院提起诉讼，要求继承哥哥虞某甲的遗产。

本案知识点：夫妻关系存续期间；夫妻财产继承权。

一、夫妻的扶养义务

扶养的概念有广义和狭义之分。广义的扶养是指一定亲属间的相互供养和扶助的法定义务。外国法对扶养多采广义说。我国《民法典》《刑法》等也采广义的扶养概念。扶养是一定亲属间成立的私法上的法定义务，其以一定的亲属关系为前提。虽然现代国家都在致力于建立健全各种形式的社会保障制度，对弱势群体提供基本的生存保障，但亲属间的扶养仍具有重要意义。尤其是我国目前处于社会主义初级阶段，社会保障制度尚不健全，家庭仍承担着重要的扶养功能。亲属之间互相负担扶养义务，对于保障妇女、未成年人、老年人和残疾人的合法权益，具有重要的意义。

我国《民法典》依据亲属的辈分不同，将广义的扶养分为长辈对晚辈的抚养、晚辈对长辈的赡养、配偶之间和兄弟姐妹之间的狭义的扶养三种。狭义的扶养，是指夫妻和兄弟姐妹等平辈间相互供养的法律责任。东欧一些国家也采用狭义说。

我国《民法典》第 1059 条规定："夫妻有互相扶养的义务。需要扶养的一方，在另一方不履行扶养义务时，有要求其给付扶养费的权利。"确立夫妻间扶养的权利和义务，对保障夫妻正常生活，保护婚姻关系的稳定，加强夫妻间在物质上帮助、生活上相互照料的责任，具有重要意义。

夫妻之间的扶养权利和义务，是夫妻身份关系所导致的必然结果。夫妻一方向对方所负的扶养义务，从接受者的角度来看，就是接受扶养的权利。夫妻之间接受扶养的权利和履行扶养对方的义务是以夫妻合法身份关系的存在为前提条件的，这种扶养权利和义务始于婚姻缔结之日，消灭于婚姻终止之时。夫妻之间的扶养义务，其内容包括夫妻之间相互为对方提供经济上的供养和生活上的扶助，以此维系婚姻家庭日常生活的正常进行。夫妻之间的扶养权利和义务是彼此平等的，任何一方不得只强调自己应享有接受扶养的权利而拒绝承担扶养对方的义务。夫妻之间的扶养义务，属于民法上的强行性义务，夫妻之间不得以约定形式改变此种法定义务。

夫妻一方不履行扶养义务时，需要扶养的一方有权要求对方给付扶养费，以维持其生活所必需。享有请求权的人，必须是无独立生活能力或生活有困难的一方。此为夫妻一方通过自力救济的方法来实现接受扶养的权利。

当夫妻间因履行扶养义务问题发生争议时，需要扶养的一方可依法行使追索扶养费的请求权，既可以向人民调解组织提出调解申请，也可以直接向人民法院提起追索扶养费的民事诉讼。人民法院审理扶养纠纷所作出的调解书或判决书，均具有强制执行的法律效力。通过民事诉讼程序强制有扶养义务的夫妻一方履行扶养义务，是夫妻一方通过司法救济的方法维护其权利。

夫妻一方不履行法定的扶养义务，情节恶劣，后果严重，致使需扶养的一方陷入生活无着的境地，从而构成遗弃罪的，应承担刑事责任。受害人可以依照刑事诉讼法的规定，向人民法院提起自诉；公安机关应当依法侦查，人民检察院应当依法提起公诉。行为人在承担刑事法律责任时亦不免除其应当继续承担的扶养义务。

二、夫妻的财产继承权

我国《民法典》第 1061 条明确规定"夫妻有相互继承遗产的权利"。我国《民法典》继承编在法定继承制度中对配偶继承权作了全面具体的规定。我国《妇女权益保障法》第 34 条第 1 款针对妇女继承权容易受到侵犯的现实，还特别强调"妇女享有的与男子平等的财产继承权受法律保护。在同一顺序法定继承人中，不得歧视妇女"。法定继承，是指直接按照法律规定的继承人范围、继承顺序和遗产分配原则由法律直接规定的继承方式。只有在被继承人生前未立遗嘱或者遗嘱无效、有遗嘱未处分的遗产等情况下才适用法定继承。如果被继承人生前立有合法有效的遗嘱，则应按其遗嘱分配其遗产。以夫妻身份关系或婚姻状态的存在为前提，确认配偶之间为法定继承人，相互享有遗产继承权，是现代继承法和婚姻家庭法的通例。

综合各相关法律规范的内容，对夫妻间继承权的理解和适用，应注意把握以下几点：

1. 夫妻间继承权的先决条件是婚姻关系的合法存在，亦即夫妻身份的现实合法存续。因此，夫妻间继承权是一种身份财产权，带有身份和财产双重属性。一方面，只有在婚姻关系依法有效缔结之后，合法有效终止之前，配偶一方死亡，另一方才享有继承权。如果双方仅是同居关系，就不享有相互继承权。另一方面，夫妻间的继承权因结婚而发生，因离婚而消灭。即使双方正处于分居状态或者正处于离婚诉讼过程中，一方死亡，生存配偶方仍对死者遗产享有法定继承权。

2. 按照夫妻的财产约定或依法律规定存在共同财产的情形下，如果配偶一方死亡，应先对夫妻共同财产进行认定和分割，并确定死者个人遗产的价值和范围后，再进行遗产继承，以保障生存一方的共有财产权，认定和保护生存配偶及其他同一顺序继承人的继承权。

3. 夫妻互为第一顺序法定继承人，享有同等的继承权。除了继承法所规定的丧失继承权和限制遗产分割份额的情形之外，任何人均不得以任何借口剥夺、干涉或妨碍生存配偶对继承权的享有和行使。夫妻间继承权不受婚姻存续时间长短的影响，现实生活中，有的夫妻登记结婚后尚未同居或同居时间很短，一方死亡的，应承认另一方享有继承权。至于遗产份额的划分，可根据时间的长短、尽扶养义务的多少等因素，酌情处理。

4. 对于没有配偶的男女未进行结婚登记而以夫妻名义同居生活，在同居期间一方死亡，另一方要求继承死者遗产的，如认定为事实婚姻关系，则可以配偶身份按继承法的有关规定处理；如不属于事实婚姻，仅为同居关系，则不能以配偶身份享有继承权。如果符合《民法典》第1131条有关非继承人取得遗产的规定，可根据相互扶养的具体情况处理。

实务训练

（一）示范案例

【案情】李某甲（男）与安某某（女）双方经人介绍认识，并于2002年5月登记结婚。李某甲月薪5000元，安某某月薪1200元。双方结婚时约定：安某某每月1200元之工资加上李某甲每月拿出2200元工资，为夫妻共同所有；双方的其他收入归各自所有，双方签订了书面协议。2005年，安某某生一子，取名李某乙。2008年，李某甲遇车祸不幸身亡，当时李某甲有个人存款10万元。2009年，安某某带李某乙与孙某某再婚。2010年孙某某参加单位房改，用双方共同存款购买了其已租住十余年的两居室住房，房屋产权证登记在孙某某名下。2019年安某某病故，其再婚时带的10万元存款一直未用。孙某某认为这10万元存款属于他与安某某的夫妻共同财产，他不仅有一半的所有权，对于另一半他还有合法的继承权。李某乙认为他是安某某的亲生子，理应继承这10万元财产。对于其居住的两居室住房，孙某某认为是其个人财产，而李某乙认为是其母亲安某某与孙某某的夫妻共同财产，其母亲应有一半的份额，对该份额他应具有继承权。双方为此发生纠纷。

问：1. 李某甲与安某某的财产约定是否有效？李某甲遗留的个人存款10万元是什么法律性质？

2. 安某某病故后该10万元应由谁继承？

3. 孙某某购买的单位房改房是其个人财产还是夫妻共同财产？安某某病故

后李某乙对该住房是否有继承权？

【分析】

本案涉及夫妻财产制与继承法律问题。

1. 第一个问题涉及夫妻财产约定的效力。依我国《民法典》婚姻家庭编的规定，夫妻财产关系总体上有两种，即法定夫妻财产关系和约定夫妻财产关系。夫妻约定财产是指夫妻以契约形式决定婚姻关系存续期间所得财产所有关系的夫妻财产制度，是夫妻法定财产的对称。我国《民法典》第 1065 条第 1 款明确规定，男女双方可以约定婚姻关系存续期间所得的财产以及婚前财产归各自所有、共同所有或部分各自所有、部分共同所有。约定应当采用书面形式。没有约定或约定不明确的，适用法定夫妻财产制或个人特有财产制。

根据我国有关法律和司法解释，夫妻间的财产约定应具备以下要件：一是婚姻关系当事人须有订约之能力。在我国，当事人应具有完全民事行为能力。二是双方意思表示真实、自愿，任何一方不得以欺诈、胁迫或乘人之危等手段，使对方在违背自己意愿的情况下达成财产协议，任何第三人也不得把自己的意志强加于当事人。三是约定的内容应当合法。四是应符合订立夫妻财产契约的形式要件。有效的财产约定产生的效力，是在双方夫妻关系终止时财产的处理应按财产约定进行。

本案中，李某甲与安某某结婚时作出了财产约定，虽表面看起来，安某某的全部工资收入和李某甲的小部分工资收入约定为共同财产，似有一定的不公平因素，但这种约定并不违反法律，且双方具有订约能力，该财产约定是双方自愿、真实的意思表示，也签订了书面协议。因此，李某甲和安某某的财产约定是有效的。根据该有效协议，李某甲的 10 万元个人存款应属于其个人财产，不是夫妻共同财产，李某甲去世时该财产是其遗产。

2. 第二个问题涉及法定继承和法定夫妻财产制中的夫妻个人特有财产。根据我国《民法典》第 1127 条第 1 款规定："遗产按照下列顺序继承：（一）第一顺序：配偶、子女、父母；……"李某甲去世后，其 10 万元遗产应由妻子安某某和儿子李某乙各继承 5 万元。

根据我国《民法典》第 1063 条和第 1065 条第 1 款的规定，夫妻对财产没有约定或约定不明确时，一方婚前的财产属于夫妻一方的个人财产。安某某继承李某甲的 5 万元遗产，是与孙某某结婚之前，因此属于安某某的个人财产。安某某病故后，其 5 万元遗产，根据规定原则上应由其丈夫孙某某和儿子李某乙各继承 2.5 万元。

3. 第三个问题涉及夫妻共同财产的认定。根据我国《民法典》第 1062 条的规定，夫妻在婚姻关系存续期间所得工资、奖金、劳务报酬，生产、经营、投资的收益等归夫妻共同所有。在司法实践中，由一方婚前承租、婚后用共同财产购买的房屋，房屋权属证书登记在一方名下的，应当认定为夫妻共同财产。本案中，安某某与孙某某结婚后，用双方共同存款购买的房改房，虽然是孙某某婚前租住且房屋产权证登记在孙某某名下，仍属于夫妻共同财产，而不是孙某某的个人财产。安某某病故后，该房屋的一半份额应属于安某某的个人财产，作为遗产，由孙某某和李某乙分别继承其1/2，即李某乙有权继承该房屋的1/4份额。当然，具体的分割方式可由孙某某和李某乙协商处理：可以按份额共有，也可以实际分割；不能实际分割的，也可以由一方所有，取得房屋的一方给另一方应得份额的经济补偿。

（二）习作案例

【案例1】曲某（男）与赵某（女）于2012年10月经人介绍相识。2013年元旦，两人登记结婚。婚后因性格不同，感情一直不好。2014年2月，两人协商分手，当时赵某已怀孕4个月，双方协议不要孩子，由赵某去做流产，曲某承担赵某流产的一切费用。2月21日，两人到婚姻登记机关登记离婚。离婚后，随着胎儿逐渐长大，赵某对其有了感情，她还听医生说，流产有可能引起以后不孕，于是她决定把孩子生下来。在曲某不知情的情况下，2014年8月1日，赵某生育一男孩。赵某要求曲某履行抚养义务，而曲某认为离婚前双方已协商同意做流产，离婚后赵某自作主张，未通知其就生下孩子，拒绝给付抚养费。赵某向人民法院提起诉讼，要求曲某履行对儿子的抚养义务，每月支付子女抚养费1000元。

问：赵某是否有权利单方面决定是否生育子女？曲某是否有义务支付儿子抚养费？该案应如何处理？

【案例2】蔡某（女）与吴某（男）结婚已20多年。近几年，年过半百的吴某迷上了在小区的露天舞场跳舞，并与一女舞伴打得火热，不跳舞时也时常约会。蔡某非常生气，在家里常规劝吴某，吴某不以为然，反怪蔡某多事，二人常为此发生争吵。2020年7月5日，吴某突然带了几个人回家，强行将蔡某带到一辆汽车上，径直送往精神病医院，对医生说蔡某多疑，患精神病多时。尽管蔡某再三解释，医院还是将其留下，准备进行全面检查。蔡某在精神病院度过了恐怖的三天，经医院检查她没有患精神病。出院回家后，邻居们因其刚从精神病院回来而对其指指点点，敬而远之。蔡某以吴某侵害其人格权为由，向人民法院提起诉讼，要求吴某赔偿其精神损失5万元。

问：吴某是否应承担侵权损害赔偿责任？夫妻间的损害赔偿如何实现？

【案例3】郑某系私营企业老板，从 1995 年起以 2 万元起步自办一家木材私营公司。2005 年，木材公司发展成有 100 多名员工，拥有厂房、汽车等固定资产 500 万元，流动资金 800 万元的企业，并购置有价值 120 万元豪华住宅一套、25 万元汽车一辆、15 万元家私一批。但他一直未结婚。后因公司经营不善亏本，2011 年底郑某将木材公司以 100 万元转让给另一家国营大型木材集团公司。郑某被该集团公司聘为高级管理人员。2012 年 8 月郑某又因工受伤，经鉴定为 5 级伤残。为此，郑某获得各项工伤赔偿 15 万元和一次性工伤辞退费 5.1 万元。集团公司员工为郑某捐赠了 7 万元。郑某辞去集团公司工作后再次注册成立了一家电脑公司，效益很好。某报纸对郑某自强不息精神做了报道。郑某事迹见报后，残疾者协会奖给郑某 5000 元，不少女性来信要求嫁给郑某，郑某选择了河南黎某并于 2013 年 3 月结婚。婚后黎某调来电脑公司工作。在共同生活过程中，郑某发现黎某婚前有一子，黎某亦觉得郑某伤残，在生活中有诸多不便，双方逐渐产生矛盾。2016 年 8 月黎某向人民法院起诉请求离婚，并要求分割男方名下所有财产。

经查明，男方名下 2007 年起开始储蓄的款项有 30 万元，其中有 18 万元为婚后所存；男方的伤残赔偿费和一次性工伤辞退费系 2013 年 8 月取得；电脑公司的注册资本 100 万元系转让木材厂所得款，电脑公司现资产经评估值 150 万元；结婚时郑某为黎某购买了钻戒、金手镯、金项链和个人专用电脑一台；男方亦有自用电脑一台；双方婚后住在上述豪华住宅内。黎某婚前在湖南有自己名下一套住房及日用家电一套；女方婚后存款 2 万元。

问：1. 本案中的豪华住宅、汽车、家具、电脑公司注册资本 100 万元的性质应如何认定？理由是什么？

2. 15 万元伤残赔偿费和 5.1 万元一次性工伤辞退费、7 万元捐款的性质应如何认定？理由是什么？

3. 残疾者协会鼓励性奖给郑某 5000 元的性质应如何认定？理由是什么？

4. 两台电脑和女方的首饰性质应如何认定？理由是什么？

5. 电脑公司婚后增值的 50 万元、男方婚后存款 18 万元、女方婚后存款 2 万元性质应如何认定？理由是什么？

【案例4】妻子甲的哥哥要结婚买房，甲想出资帮助哥哥，丈夫乙不同意，认为甲乙没有此义务。于是甲向朋友张三借款 50 万元，借条写明“今借张三 50 万元，用以资助甲的哥哥买房”，下有甲签名及借款时间。借款后甲将钱转给哥哥交了购房款。

问：甲向张三的借款是个人债务还是夫妻共同债务？理由是什么？

复习与思考

    1. 什么是夫妻关系？我国《民法典》婚姻家庭编对夫妻法律地位是如何规定的？

    2. 什么是夫妻财产制？什么是法定财产制？什么是约定财产制？

    3. 简述我国夫妻间人身权利义务关系。

    4. 试述我国夫妻财产制的内容。

    5. 试述夫妻共同债务的类型。

第七章　亲子关系

第一节　亲子关系概述

导入案例

王某甲与高某于 2000 年 12 月结婚。婚后王某甲长期在外地工作，回家较少。王某甲怀疑妻子搞婚外恋，双方经常为此发生争吵。期间，高某与其男同学钱某关系暧昧。2003 年 9 月，高某在医院生女王某乙，住院期间由钱某陪护，剖腹产手术同意书由钱某签署，住院病历中"新生儿父亲"栏亦登记为钱某。王某甲怀疑王某乙非其亲生，于 2004 年 2 月起诉要求与高某离婚。诉前高某已与王某甲分居，王某乙随高某生活。诉讼中，王某甲称王某乙非其亲生，并要求进行亲子鉴定。高某则辩称孩子是双方婚生的，不同意离婚，也不同意做亲子鉴定，并将王某乙藏匿，致无法顺利进行亲子鉴定。

由于亲子鉴定关系到夫妻双方、子女和他人的人身关系和财产关系，事关重大，其实施必须具有必要性与正当性，一方面要保护子女合法权益，另一方面要保护相对方人身权利不受侵犯。根据《最高人民法院关于适用〈中华人民共和国民法典〉婚姻家庭编的解释（一）》第 39 条第 1 款规定："父或者母向人民法院起诉请求否认亲子关系，并已提供必要证据予以证明，另一方没有相反证据又拒绝做亲子鉴定的，人民法院可以认定否认亲子关系一方的主张成立。"由此，本案可以认定王某甲与王某乙间不存在父子关系。

本案知识点：亲子关系。

一、亲子关系的概念

亲子关系，亦称父母子女关系，是指父母与子女之间的权利、义务关系。亲为父母，子为子女。父母和子女是血缘最近的直系血亲，是家庭关系的重要组成部分。父母子女关系法，亦称亲子法，是指以调整父母子女亲属关系为内容的法律规范，是亲属法的重要组成部分。

二、亲子关系的种类

（一）我国古代亲子关系的种类

我国古代基于纳妾和宗祧继承制度，亲子关系的分类十分复杂，大致分为两类：一类是因出生而发生的自然血亲亲子关系；一类是因拟制与名分恩义而发生的亲子关系，包括嗣父与嗣子、养父母与养子女等，即礼俗法典上所称的"三父八母""五父十母"。亲子关系有亲疏远近之别，法律地位有高低贵贱之分。

（二）近代亲子关系的种类

20世纪二三十年代"国民党政府"颁布的"民法典亲属编"，吸收了大陆法系的立法经验，将亲子关系分为自然血亲的亲子关系和拟制血亲的亲子关系两种。中华人民共和国成立后，废除了封建宗法制度，实行一夫一妻制度，依据亲子关系产生的原因，将其分为两类：

1. 自然血亲的父母子女关系。这是基于子女出生的法律事实而发生的，根据父母是否具有婚姻关系，分为婚生的父母子女关系与非婚生的父母子女关系。自然血亲的父母子女关系以血缘为纽带，因出生而产生，因一方死亡而消灭，不能人为地解除，法律上的权利义务只能因收养而消灭。

2. 拟制血亲的父母子女关系。这是基于收养或再婚的法律行为和事实抚养关系而形成的，是由法律认可的人为设定的父母子女关系，包括养父母与养子女和形成抚养关系的继父母与继子女。拟制血亲的父母子女与自然血亲的父母子女在法律上有相同的权利义务。拟制血亲的父母子女关系依法设立，也可以依法解除，这是拟制血亲的父母子女关系与自然血亲的父母子女关系的本质区别。

三、亲子关系的立法演变

古罗马时期的亲子关系以家长权为本位，强调的是家父的权力和利益。家父在私法上享有各种特权，不仅控制子女的财产，甚至控制子女的人身，这一时期的亲子法可称为"家本位亲子法"。随着社会的发展和演变，亲子关系从亲本位转化为子本位，各国法律多以保护未成年子女的利益为根本目的。如修改后的《法国民法典》规定，父母有权保护子女的安全、健康及道德品行，父母对子女负有照管、监督及教育的权利和义务。《德国民法典》修订后规定，培养子女是父母重要的公民义务并得到国家和社会的承认。到了现代，亲权从单纯的父权发展为父母平等的共同亲权，并且由单纯的权利演变为权利义务的统一体，开始注重对子女的保护和教养，出现"子本位亲子法"的趋势。[1] 英美法系与大陆法

---

〔1〕 史尚宽：《亲属法论》，中国政法大学出版社2000年版，第532~533页。

系的亲子法理论有所不同，大陆法系国家设有亲权制度，父母是未成年子女的亲权人，父母死亡或不能行使亲权时，依法另设监护人。英美法系国家亲权与监护权不分，统称监护权，父母为子女的法定监护人，父母不能履行监护职责时，依法由他人行使监护权。

中国古代奉行宗法家族主义，亲子关系以家族为本位，强调"父为子纲""孝道为本"的父权思想。子女、卑幼对父母、家长要绝对服从，父母、家长对子女在人身方面享有惩戒、主婚等权利，在财产方面有"父母在，不有私财"的特权。中华人民共和国成立后，封建宗法等级制度被彻底废除，父母子女在家庭中的法律地位趋于平等。我国《宪法》明确规定，父母有抚养教育未成年子女的义务，成年子女有赡养扶助父母的义务。1950年《婚姻法》设"父母子女间的关系"一章，确立了以保护子女合法权益为原则、父母子女间平等地相互扶养的权利义务关系。1980年《婚姻法》增设了关于子女的姓氏、父母对子女的管教保护的权利义务、子女对父母的赡养及父母子女间相互继承遗产等内容。2001年《婚姻法修正案》规定父母子女间法律地位平等，增加了子女应尊重父母的婚姻权利、子女对父母的赡养义务不因父母的婚姻关系变化而终止等内容，确立了符合现代家庭观念的新型亲子关系。2020年我国《民法典》首次以立法的形式规定了亲子关系的确认和否认规则，赋予非婚生子的父母提起亲子关系确认之诉的主体资格，也赋予成年子女要求确认亲子关系的主体资格，弥补了亲子关系中的制度缺陷，这是《民法典》婚姻家庭编的一大立法亮点。

第二节　父母子女间的权利与义务

导入案例

年逾70岁的张某，一纸诉状将自己的四个有赡养能力的子女告上法院，请求法官判决两个儿子和两个女儿承担自己的赡养费。经查：张某生育两个女儿和一个儿子（即大儿子）。小女儿在其3岁时，被张某和前妻共同送给邻居王某夫妇收养；小儿子是张某与李某再婚时，李某带来的孩子（当时3岁），随母亲李某与张某共同生活。

法庭审理时，大儿子拿出5年前自己与张某达成的协议：自己放弃继承张某房屋的权利，同时，不承担赡养张某的义务。因此，大儿子表示自己无须赡养父亲。小儿子认为自己是继子，与张某没有血缘关系，况且自己的生母早已去世，自己没有义务赡养继父。大女儿认为：自己已出嫁，也没有义务赡养父亲。小女儿更认为自己没有义务赡养生父张某。

法院审理后认为：张某的两个儿子和大女儿应当承担赡养费，小女儿不用承担该义务。因为大儿子和两个女儿均为张某的亲生子女，其中大儿子和大女儿由张某抚养长大，依法对生父张某有赡养义务。大儿子与张某的协议无效，应支付赡养费。大女儿以结婚为由主张自己无赡养义务于法无据，应支付赡养费。小女儿因 3 岁时被王某夫妻收养，因而其与张某间的权利义务关系已经终止，因此对张某没有赡养义务。小儿子虽为继子，但其 3 岁时起即由张某抚养长大，与张某形成了共同生活型的拟制直系血亲关系，对张某负有赡养义务，应支付赡养费。

本案知识点：父母对子女的抚养教育义务；子女对父母的赡养扶助义务。

父母子女的法律地位在不同的社会制度中有很大的差别。在社会主义国家，人与人之间是完全平等的，反映在亲子关系上，双方形成平等互助、养老育幼的关系，法律同时保护了父母和子女的合法权益。我国《民法典》第 1067～1073 条对父母子女关系作了明确规定。

一、父母对子女有抚养的义务

我国《民法典》第 26 条第 1 款规定："父母对未成年人子女负有抚养、教育和保护的义务。"第 1067 条第 1 款规定："父母不履行抚养义务的，未成年子女或者不能独立生活的成年子女，有要求父母给付抚养费的权利。"

（一）父母对子女的抚养义务

抚养子女既是父母应尽的义务，也是子女享有的权利。抚养，指父母在物质上、经济上对子女的供养及在生活上对子女的照料。如负担子女的生活费、教育费、医疗费及其他必要的费用。这是父母对子女所负义务的主要内容，也是子女健康成长的客观需要和物质保障。

父母对子女的抚养期限从子女出生时起到子女独立生活时止。父母对未成年子女的抚养是无条件的，从子女出生时起至子女能独立生活时止，除法律另有规定外（如将子女依法送养他人），该义务是不能免除的。即使父母离婚，任何一方也不能免除对未成年子女的抚养义务。父母对成年子女的抚养义务则是有条件的，一般情况下，父母的抚养义务到子女成年时为止，但对不能独立生活的成年子女，仍应负担必要的抚育费。根据《最高人民法院关于适用〈中华人民共和国民法典〉婚姻家庭编的解释（一）》第 41 条的规定："不能独立生活的成年子女"是指尚在校接受高中及其以下学历教育，或者丧失、部分丧失劳动能力等非因主观原因而无法维持正常生活的成年子女。对于已经独立生活的成年子女，父母自愿给予经济、生活上帮助的，法律也不禁止。

父母对子女的抚养义务是法定义务，不得相互推诿、懈怠。当父母不履行抚养义务时，未成年的或不能独立生活的成年子女有权向父母追索抚养费，而已独立生活的子女则不再享有此项权利。抚养费一般包括：①生活费，即未成年子女在日常生活方面所必需的费用。②医疗费，即用于未成年子女在生病时医治的费用。③教育费，即未成年子女在接受文化教育方面的费用。

追索抚养费的要求，可向父母所在单位或有关部门提出，也可向人民法院提出。人民法院审理此类案件时，首先应进行调解，调解不成时，依法判决。在调解书和判决书中，要确定抚养费的数额、给付的期限和方法。必要时，人民法院可以裁定的方式责令义务人先行给付，以保障被抚养人的正常生活。如义务人拒不执行裁定，人民法院可以根据情节轻重予以罚款、拘留，构成犯罪的，依法追究刑事责任。

（二）子女的姓名权

姓名是公民身份的标志，姓名权是公民人身权的组成部分。按照我国的传统习惯，子女出生后，一般随父姓。《民法典》第 1015 条规定："自然人应当随父姓或者母姓，但是有下列情形之一的，可以在父姓和母姓之外选取姓氏：（一）选取其他直系长辈血亲的姓氏；（二）因由法定扶养人以外的人扶养而选取扶养人姓氏；（三）有不违背公序良俗的其他正当理由。少数民族自然人的姓氏可以遵从本民族的文化传统和风俗习惯。"自然人原则上随父姓或者母姓符合中华传统文化和伦理观念，符合绝大多数自然人的意愿和实际做法，体现了男女平等的原则。根据《民法典》的上述规定，可以给子女在父姓和母姓之外选取第三姓，但从直系血亲、扶养人、公序良俗三个方面加以限制。按照《民法典》这一规定的精神，子女的姓名，应由父母协商确定。子女的姓名确定以后，在子女成年以前，非经父母协商不得改变，即使父母离婚，一方也不得单方变更子女的姓名。子女成年后，可以独立行使姓名权，既可以使用原来的姓名，也可以按照户籍管理的有关规定，变更自己的姓名。

二、父母对未成年子女有教育和保护的权利和义务

我国《民法典》第 1068 条规定："父母有教育、保护未成年子女的权利和义务。未成年子女造成他人损害的，父母应当依法承担民事责任。"本条规定是有效地保障子女身心健康和财产安全的法律依据。

（一）父母对未成年子女的教育和保护

父母作为子女的法定代理人和监护人，对子女有"教育和保护"的权利和义务。所谓教育，是指父母在思想、品德、学业等方面对子女的关怀和培养。教育子女是家庭的重要职能，父母对子女的教育是法律赋予父母的一项权利和义务，也是对社会应承担的一份责任，父母不得以任何借口拒绝履行。父母应帮助子女树立正确的人生观，培养良好的品德，使其身心健康地成长。父母应鼓励和帮助子女学习科学文化知识，熟练掌握劳动技能，使其成为对社会有用的人才。父母除在日常生活中根据子女成长过程中不同时期的生理、心理特点和规律有针对性地进行教育，积极引导子女树立远大的理想和高尚的品德外，还必须为子女创造必要的接受学校教育的条件和机会。我国《中华人民共和国义务教育法》（以下简称《义务教育法》）第 11 条第 1 款规定："凡年满六周岁的儿童，其父母或者其他法定监护人应当送其入学接受并完成义务教育；条件不具备的地区的儿童，可以推迟到七周岁。"《未成年人保护法》第 16 条第 5 项规定，未成年人的父母或者其他监护人应当"尊重未成年人受教育的权利，保障适龄未成年人依法接受并完成义务教育"。第 17 条第 5 项规定，未成年人的父母或者其他监护人不得"放任或者迫使应当接受义务教育的未成年人失学、辍学"。父母双方只有共同履行教育义务，才有利于子女健康人格的形成及良好品德的培养，有利于子女学业上或事业上的进步。那种对子女只抚养、不教育以及只着眼经济利益，让子女弃学经商、弃学务农等做法，都是与《民法典》的基本精神相违背的，也是违背我国《义务教育法》的。

所谓保护，是指父母防范和排除来自自然界或社会对未成年子女人身或财产权益的非法侵害，使未成年子女的身心处于安全状态。未成年子女是无民事行为能力人或限制民事行为能力人，他们缺乏对事物的理解能力和处理能力。根据《民法典》的有关规定，父母对子女的保护主要表现为：父母应当保护未成年子女的身心健康；管理未成年人的财产，除为了未成年子女的利益外，不得擅自处分属于未成年子女的财产；代理未成年人进行民事活动；为未成年子女提供住所；当未成年子女的人身或财产权益遭受他人侵害时，父母有权以法定代理人的身份提起诉讼，请求停止侵害、排除妨碍、赔偿损失等。

《民法典》的这一规定反映了家庭成员地位平等的法律精神，体现了对未成年子女人格和权利的尊重。父母应当尊重未成年人的人格尊严，按照法律和道德规范的要求，针对未成年人的身心发育特点，采取适当的方式进行教育。《反家庭暴力法》第 12 条明确规定，未成年人的监护人应当以文明的方式进行家庭教育，依法履行监护和教育职责，不得实施家庭暴力。据此规定，"不打不成材""棍棒出孝子"等教育方式都有可能触犯法律。父母实施家庭暴力，严重侵害未成年人合法权益的，人民法院可以根据未成年人的近亲属、居民委员会、村民委员会、县级人民政府民政部门等有关人员或单位的申请，依法撤销其监护人资格，另行指定监护人。但是，被撤销监护人资格的加害人，仍应继续负担相应的赡养、扶养、抚养费用。根据《反家庭暴力法》第 23 条的规定，当事人因遭受家庭暴力或者面临家庭暴力的现实危险，向人民法院申请人身安全保护令的，人民法院应当受理。当事人是无民事行为能力人、限制民事行为能力人，或者因受到强制、威吓等原因无法申请人身安全保护令的，其近亲属、公安机关、妇女联合会、居民委员会、村民委员会、救助管理机构可以代为申请。

父母对未成年子女的教育和保护既是父母的权利，也是父母的义务。法律要求父母对未成年子女进行教育和保护，一方面是为了保障子女的健康和安全，当未成年子女遭受不法侵害，如被拐骗而脱离家庭时，父母有权要求拐骗者归还子女，并有权要求司法机关追究拐骗者的刑事责任；另一方面是为了防止未成年子女损害他人和社会的利益。法律同时要求，教育和保护未成年子女的手段、方式、方法要得当，不得以损害未成年子女的权益为代价，更不允许虐待和遗弃未成年子女。依据《未成年人保护法》的规定，保护未成年人的工作，应当遵循的原则为：保障未成年人的合法权益；尊重未成年人的人格尊严；适应未成年人的身心发展特点；教育与保护相结合。

（二）承担民事责任的义务

未成年子女造成他人损害时，父母有承担民事责任的义务。这不仅是保护受害方合法权益的需求，也是父母对未成年子女保护和教育的法律要求。父母承担的"民事责任"包括财产责任和非财产责任，当未成年子女给国家、集体或他人造成财产损失时，父母应当赔偿经济损失；当未成年子女的行为虽然致人损害，但没有造成经济损失的，父母也应承担停止侵害、排除妨碍、赔礼道歉等民事责任。依据《民法典》第 1068 条的规定，未成年人造成他人损害的，由其父母承担民事责任。依据《民法典》第 1188 条的规定，父母尽到监护职责的，可以减轻其侵权责任。如果未成年子女拥有自己的财产，其行为造成他人损害时，应先从其本人财产中支付赔偿费用；不足部分再由其父母负责赔偿。

三、子女对父母有赡养扶助的义务

父母子女间的权利义务是相互的。我国《宪法》第 49 条规定，"成年子女有赡养扶助父母的义务"。我国《民法典》第 26 条第 2 款规定："成年子女对父母负有赡养、扶助和保护的义务。"《民法典》第 1067 条第 2 款不仅规定了父母对子女的抚养教育义务，还规定了子女对父母赡养扶助的义务："成年子女不履行赡养义务的，缺乏劳动能力或者生活困难的父母，有要求成年子女给付赡养费的权利。"《老年人权益保障法》第 13 条规定："老年人养老以居家为基础，家庭成员应当尊重、关心和照料老人。"

赡养，是指子女在物质上、经济上为父母提供必要的生活费用和条件。扶助，指子女给予父母精神上的安慰和生活上的照料。在我国现阶段，赡养老人仍然是家庭的一项重要职能。国家和社会对老年人的物质帮助，还不能完全取代家庭在这方面的作用，子女对父母履行赡养扶助义务，是对家庭和社会应尽的责任。《老年人权益保障法》规定了赡养扶助义务的具体内容：

1. 赡养人应当履行对老年人经济上供养、生活上照料和精神上慰藉的义务，照顾老人的特殊需要。

2. 赡养人应当使患病的老年人及时得到治疗和护理，对经济困难的老年人，应当提供医疗费用。

3. 赡养人应当妥善安排老年人的住房，不得强迫老年人居住或者迁居条件低劣的房屋。老年人自有的或者承租的住房，子女或者其他亲属不得侵占，不得擅自改变产权关系或者租赁关系。老年人自有的住房，赡养人有维修的义务。

4. 赡养人有义务耕种或委托他人耕种老年人承包的田地，照管或者委托他人照管老年人的林木和牲畜等，收益归老年人所有。

子女作为赡养人，应当履行对老年人经济上供养、生活上照料和精神上慰藉的义务，照料老年人的特殊需要。儿子和女儿都有义务赡养父母，已婚妇女也有赡养其父母的义务和权利。根据《老年人权益保障法》第 14 条的规定，赡养人的配偶应当协助赡养人履行赡养义务。

一切有经济能力的子女，对丧失劳动能力，无法维持生活的父母，都应予以赡养。对不在一起生活的父母，应根据父母的实际生活需要和子女的负担能力，给付一定的赡养费用。赡养费用一般不得低于子女本人或当地的普通生活水平；有两个以上子女的，可依据不同的经济条件，共同负担赡养费用；经济条件较好的子女应当自觉、主动地承担较大的责任。赡养人之间也可以就履行赡养义务签订协议，并征得老年人的同意；居民委员会、村民委员会或者赡养人所在组织监督协议的履行。

子女对父母的赡养不仅是法定义务，也是社会主义道德的要求，尊老、敬老一直是中华民族的传统美德。有经济能力的子女，对丧失劳动能力的或生活困难的父母，都应尽赡养扶助的义务。子女不得以放弃继承权或者其他理由拒绝履行赡养义务。赡养人不履行赡养义务，老年人有要求赡养人付给赡养费的权利。老年人的婚姻自由受法律保护，子女或者其他亲属不得干涉老年人离婚、再婚及婚后生活。赡养人不得因老年人的婚姻变化而拒绝赡养老人。子女不仅要赡养父母，而且要尊敬父母、关心父母，在家庭中的各方面给予扶助。当父母年老、体弱、病残时，更应妥善加以照顾，使他们在感情上得到慰藉，愉快地安度晚年。

子女对父母的赡养扶助义务与父母对子女的抚养教育义务不是对等的，父母子女间的抚养赡养关系不具有等价有偿的性质，不适用民法中的权利义务相一致的原则。子女是否可以拒绝赡养父母？如果可以，何种情况下可以？有些国家法律规定，父母对子女的犯罪行为会导致亲权的丧失，例如《日本民法典》第834条规定："父或母滥用亲权或有显著劣迹时，家庭法院应子女的亲属或检察官的请求，可以宣告其丧失亲权。"我国法律对此未作具体规定。实践中一般认为，如果由于客观原因使父母没有履行或无力履行抚育子女的义务，子女成年后，仍应赡养父母。如果子女不履行赡养义务，需要赡养的父母有权向子女要求付给赡养费，也可以通过有关部门进行调解或者向人民法院提起诉讼。人民法院在处理赡养纠纷时，应当坚持保护老年人的合法权益的原则，通过调解或者判决使子女依法履行赡养义务。如果父母有负担能力，基于主观原因，对子女犯有故意杀害（未遂）、虐待罪、遗弃罪或者强奸罪，子女成年后，允许他们不赡养父母。但是，如果父母仅有虐待、遗弃子女行为，尚未构成犯罪的，或犯有其他罪行的，子女仍应尽赡养义务。当然，父母犯有特定罪行，而子女事后表示谅解，主动尽赡养义务的，法律也不禁止。

父母子女间的抚养、赡养义务是法定义务，如果抚养人、赡养人拒不执行已经生效的调解书或者判决，受抚养人或者受赡养人可以申请人民法院依法强制执行。但法律只能以支付抚养费、赡养费的方式来强制抚养人、赡养人履行抚养、赡养义务，对于父母应尽的教育义务和子女对父母在精神上的抚慰和关心，因人身属性而不能强制执行。如果抚养人、赡养人拒绝履行抚养、赡养义务，情节、后果严重，构成犯罪的，应依法追究抚养人、赡养人的刑事责任。

四、父母子女间相互继承遗产的权利

根据《民法典》继承编的规定，父母和子女有相互继承遗产的权利，这种权利是以双方之间的身份为依据的。父母、子女都是被继承人最近的直系血亲，他们之间有着极为密切的人身关系和财产关系，这决定了他们之间的继承权。根据《民法典》继承编的规定，子女、父母都是第一顺序的继承人。这里享有继承权的父母，包括生父母、养父母和有抚养关系的继父母；子女包括婚生子女、非婚生子女、养子女和有抚养关系的继子女。司法实践中应注意以下问题：

1. 父母子女间的继承权是平等的，子女之间对父母的继承权也是平等的。婚生子女与父母间的继承权，不因父母婚姻的变化而变化，即使父母离婚，他们之间也互有继承权。

2. 胎儿拥有继承权。我国《民法典》第16条规定："涉及遗产继承、接受赠与等胎儿利益保护的，胎儿视为具有民事权利能力。但是，胎儿娩出时为死体的，其民事权利能力自始不存在。"第 1155 条规定："遗产分割时，应当保留胎儿的继承份额。胎儿娩出时是死体的，保留的份额按照法定继承办理。"

3. 子女先于父母死亡的，其晚辈直系血亲依法享有代位继承权。丧偶儿媳对公婆、丧偶女婿对岳父母尽了主要赡养义务的，作为第一顺序法定继承人继承遗产。

以上父母子女间的权利、义务，适用于父母与婚生子女之间、父母与非婚生子女之间、养父母与养子女之间及继父母与形成抚养教育关系的继子女之间。

第三节　父母与婚生子女

导入案例

2014 年 12 月，原告李某甲与被告刘某经人介绍相识。2015 年 1 月 2 日，原、被告开始同居生活，同居 1 个月左右，被告称自己怀孕了，原告在得知被告怀孕后，即怀疑被告怀的可能不是自己的孩子。为此，两人经常争吵。2015 年 7 月 11 日，被告在某县妇幼保健所生下一女婴，取名李某乙。小孩出生后，原告更加怀疑小孩与自己没有血缘关系。2015 年 12 月 21 日，双方办理了结婚登记，2006 年 1 月举行了结婚仪式。后原、被告再次发生争吵，被告外出广东务工，原告随后到广东找过被告，但双方夫妻关系并无实质性改善。原告从广东回来后，双方均无联系，小孩则一直由被告父母照顾。

诉讼中，原、被告均确认其两人第一次发生关系的时间是 2015 年 1 月 2 日。原告提供的某县妇幼保健所出具的小孩出生医学证明上记载小孩出生孕周为 34 周。原告要求作亲子鉴定，被告则明确予以拒绝。

法院审理后认为，原、被告婚姻基础脆弱，仅相识几天便开始同居生活。原告得知被告怀孕即认为被告怀的不是自己的小孩，两人经常发生争吵，婚后双方仍常为小孩的身世及其他家庭琐事争吵，甚至打架，后来分居并互无联系。原、被告间缺乏感情基础，婚后未真正建立起夫妻感情，婚姻关系难以继续维持。被告所生小孩李某乙，出生的孕周为 34 周约 238 日，而原、被告从 2015 年 1 月 2 日第一次发生关系至小孩出生日即 2015 年 7 月 11 日仅有 191 日。原告要求做亲子鉴定，被告明确拒绝。被告对此不能作出合理解释，对原告主张的事实又没有提供证据予以反驳。原告因此怀疑小孩与其没有血缘关系具有一定理由，被告依法应承担举证不能的后果，法院推定小孩李某乙非原告亲生子女。据此，法院作出上述一审判决。

宣判后，原、被告双方在法定期间内没有提出上诉，该判决已发生法律效力。

本案知识点：婚生子女的推定；婚生子女的否认。

一、婚生子女的概念

关于婚生子女概念的表述，各国及各地区法律规定不尽相同；关于婚生子女的定性大多较为宽松，也有一些国家及地区规定得较为严格。英国普通法规定子女在婚姻关系存续期间出生者，不问其是否婚前受胎，只要在出生时父母之间有合法婚姻关系，子女就取得婚生子女身份。《日本民法典》第772条规定，妻于婚姻中怀胎的子女即自婚姻成立起200日后，或自婚姻解除或撤销之日起300日内所生的子女为婚生子女。从上述规定可以看出，日本民法的规定显然要保守一些，这样的规定不利于保护未成年子女的利益。

我国《民法典》婚姻家庭编使用了"婚生子女"一词，但未明确规定婚生子女的概念。在司法实践中经常发生一些需要确认婚生子女身份的问题，如离婚案件及确认亲子关系的案件等，而我国法律对此没有明文规定。结合世界各国确定婚生子女的标准并考虑我国的伦理道德及婚俗习惯，可将婚生子女定义为：在合法婚姻关系中受胎或者出生的子女。

二、婚生子女的推定

婚生子女的推定，是对子女婚生性及合法性的法律认定，是指将妻子在婚姻关系存续期间受胎或出生的子女推定为婚生子女的法律制度。其目的是确认亲子关系，保护未成年子女的利益，维护婚姻家庭的和睦与稳定。

1. 婚生子女推定的条件。从世界各国立法来看，婚生子女应具备以下几个条件：①父母之间有合法的婚姻关系，这是推定婚生子女与非婚生子女的本质区别；②血缘来自具有合法夫妻身份的父母双方；③出生于合法的婚姻关系存续期间或婚姻关系消灭后的法定期限内。

2. 婚生子女推定的方法。各国关于婚生子女的推定大致有三种方法：

（1）仅把在婚姻关系存续期间受胎的，推定为婚生子女，如《日本民法典》第772条。这种推定方法将婚前受胎、婚后出生的子女排除在婚生子女之外，婚生子女范围过窄，不利于保护未成年子女的利益。

（2）子女在婚姻关系期间出生的，推定为婚生子女。按照这一标准，凡在婚姻关系期间出生的子女，不管是在婚姻关系存续期间受胎的，还是在婚姻关系存续期间前受胎的，均推定为婚生子女。

（3）在婚姻关系解除后一定时间内出生的子女，推定为婚生子女。《德国民法典》规定，从子女出生之日起，回溯第 181 日起至 302 日止，为受胎期。《法国民法典》规定，结婚满 180 天以上出生的子女为婚生子女。《瑞士民法典》规定，在婚姻关系存续期间或婚姻关系解除后的 300 天内出生的子女，推定为婚生子女。依据第三种方法推定的婚生子女较为准确，这种推定方法已为世界各国普遍接受。

三、婚生子女的否认

婚生子女的否认即亲子关系的否认，是对婚生子女推定的一种限制，是指当事人享有否认婚生子女为自己亲生的诉讼请求权的制度，简称否认权。婚生子女的推定是确认亲子关系的一种法律推定，但这种推定并未解决该子女是否真的为婚生子女。由于婚外性行为的客观存在，生活中确有被推定为婚生的子女实为其母与婚外第三人所生。为了保障当事人与子女的合法权益，维护婚姻的尊严与神圣，防止应承担抚养义务的生父逃脱责任，实现法律的客观与公正，各国法律在规定婚生子女推定的同时，也规定了婚生子女的否认。

1. 否认的原因。否认婚生子女的原因，多数国家采取概括主义，凡能够提供证据足以推翻子女为婚生的即可。否认的基本原因是证明妻在受胎期间未与其夫同居，或者证明妻受胎与其夫无关。如在妻受胎期间，夫在外地生活工作、生病住院、在监狱服刑等，以及夫有生理缺陷等原因不能生育或者经亲子鉴定证明父子（女）无血缘关系。

2. 否认权人。关于否认权人的范围，各国或各地区法律规定有所不同。有的国家或地区规定只有丈夫享有否认权，如根据《日本民法典》第 774 条的规定，具有法定情形时，"夫可以否认子女为婚生"。有的国家或地区规定丈夫和子女都享有否认权，如《瑞士民法典》第 256 条第 1 款规定："否认父权推定之诉，可在法官处，由夫提出或子女提出。"有的国家规定夫妻和子女都享有否认权。

3. 否认权的时效。为督促当事人及时行使权利，尽快确定子女的法律地位，更好地保护未成年子女的权益，各国法律均规定了否认权的时效问题，但时效的期限长短不一，有的长达几年，有的短则几个月。如《德国民法典》规定为 2 年，《日本民法典》《俄罗斯家庭法典》规定为 1 年，《法国民法典》规定为 6 个月，《比利时民法典》规定为 90 天。关于时效的起算，各国立法多规定自知悉子女出生之日起开始计算，如《瑞士民法典》第 256 条规定："夫在知悉生育及知悉其本人非子（女）之父或第三人在妻受胎期间与其同居的事实之后，得在 1 年的期限内起诉。超过出生后 5 年的，诉权自行失效。子女诉权的时效，无论何种情形，不得超过其成年后的 1 年。超过上述期限的无效之诉，只有因重要原因被谅解后，始得提出。"否认诉权，一般在时效期间届满、子女死亡、父母认可子女为婚生子女时消灭。

对于婚生子女的否认问题，我国《民法典》第 1073 条第 1 款规定："对亲子关系有异议且有正当理由的，父或者母可以向人民法院提起诉讼，请求确认或者否认亲子关系。"按照《民法典》的规定，如果当事人否认子女为婚生子女的，可以向人民法院提起确认之诉，由当事人负举证责任或通过亲子鉴定确认子女是否为婚生。《最高人民法院关于适用〈中华人民共和国民法典〉婚姻家庭编的解释（一）》第 39 条规定："父或者母向人民法院起诉请求否认亲子关系，并已提供必要证据予以证明，另一方没有相反证据又拒绝做亲子鉴定的，人民法院可以认定否认亲子关系一方的主张成立。父或者母以及成年子女起诉请求确认亲子关系，并提供必要证据予以证明，另一方没有相反证据又拒绝做亲子鉴定的，人民法院可以认定确认亲子关系一方的主张成立。"

第四节　几种特殊的父母子女关系

　　原告李某甲与被告陆某曾同居生活，期间生育了一个男孩李某乙，后因陆某与李某甲感情不和，未能在一起共同生活。2010 年 11 月，陆某向人民法院提起诉讼，经法院判决，解除了其与李某甲的同居关系，8 岁的儿子由陆某抚养，李某甲每月须支付抚养费 500 元。2014 年 9 月，陆某与王某办理了结婚登记。同年 12 月，陆某将李某乙的户籍一起迁入王某的户口名下，三人一起共同生活。

　　2017 年，李某甲以陆某再婚后四处奔波，未尽到监护责任，影响孩子的学习和健康成长为由，将陆某告上法庭，要求变更孩子的抚养权。陆某应诉后辩称，李某甲所说并非事实，自己再婚后，孩子就一直跟随夫妻俩共同生活。至于变更李某乙的抚养权问题，她尊重儿子的意愿，但李某甲几年来都没有支付抚养费，因此要求他支付生活困难补助费 3 万元。

　　法院经审理查明，2015 年 8 月，李某乙在学校的姓名已更改，随王姓，在户口簿上登记为王某的长子，遂依法追加王某为被告。另查，王某对李某乙承担了抚养和教育责任，继父子之间已形成抚养关系；李某乙愿意变更由其亲生父亲李某甲直接抚养。

经法院主持调解，双方当事人自愿达成协议：原告李某甲与被告陆某所生之子李某乙由原告李某甲抚养，被告陆某每月须支付抚养费 900 元。

本案知识点：继父母子女间的关系；继父母子女间的权利义务；继父母子女关系的终止及效力。

一、父母与非婚生子女

（一）非婚生子女的概念

非婚生子女，是指没有婚姻关系的男女所生之子女。我国俗称私生子，韩国民法称为婚姻外之子，日本民法称为非嫡出子。未婚男女或已婚男女与第三人发生性行为所生的子女，无效婚姻当事人所生子女及经过丈夫否认为婚生子女的人，以及妇女被强奸后所生之子女，均属于非婚生子女。在我国历史上的"婢生子"和"奸生子"就是属于非婚生子女。

非婚生子女有两个含义：①经生父认领抚育或经强制认领，或者其生父与生母结婚，从而与生父之间具有法律上亲子关系的"非婚生子女"；②未经生父认领抚育，也未经强制认领，其生父与生母又未结婚，从而与生父之间不具有法律上亲子关系的"非婚生子女"。前者称为准婚生子女；后者则为事实上的非婚生子女。

从生育的自然属性来讲，非婚生子女与婚生子女并无区别。但是，从生育的社会属性来讲，非婚生子女是婚生子女的对称，是没有合法婚姻关系的父母所生的子女。

（二）非婚生子女的法律地位

由于传统习俗对婚姻关系以外的性行为和生育行为的排斥，非婚生子女在历史上曾长期遭受歧视，地位远远低于婚生子女，人身权利和财产权利都得不到应有的保障。在我国封建社会，法律对"婢生子"和"奸生子"倍加歧视，如《大清现行刑律》中规定，"婢生子"和"奸生子"不得继承宗祧，在继承财产时只能得到婚生子一半的财产。早期的资本主义国家也有类似的规定，英国普通法最初称非婚生子女为"无亲之子"，非婚生子女与其生父、生母不发生法律上的亲子关系。1804 年的《法国民法典》规定，非婚生子女不得主张婚生子女的权利；非婚生子女不得成为继承人；即使经过合法认领的非婚生子女，如果与婚生子女同时继承，应继份额为婚生子女的 1/3。20 世纪以前，道德和法律对非婚生子女的态度是很不公平的。由于没有法律的保护，非婚生子女的死亡率和被遗弃的比例一直很高。直到 20 世纪初，社会对非婚生子女的态度始转向宽容，同时意识到非婚生子女的产生是其生父母的过错造成的，与非婚生子女无关，非婚生子女本身是无辜的，不应受到歧视和不公平待遇。因此出于人道主义、人权思想等观念，各国在 20 世纪开始采取措施，通过立法逐步提高非婚生子女的法律地位，许多国家通过准正和认领的程序，使非婚生子女婚生化，赋予非婚生子女与婚生子女同等的法律地位。但目前仍有一些国家保留了非婚生子女与婚生子女的区别待遇，如现行《日本民法典》规定，非婚生子女继承时的应继份为婚生子女应继份的 1/2。

中华人民共和国成立后，我国就确定了非婚生子女与婚生子女同等的法律地位，要求非婚生子女的生父母履行对非婚生子女的抚养教育义务。1950 年《婚姻法》第 15 条第 1、2 款规定："非婚生子女享受与婚生子女同等的权利，任何人不得加以危害或歧视。非婚生子女经生母或其他人证物证证明其生父者，其生父应负担子女必需的生活费和教育费全部或一部；直至子女 18 岁为止。如经生母同意，生父可将子女领回抚养。"2001 年《婚姻法修正案》第 25 条重申了这一精神，明确规定："非婚生子女享有与婚生子女同等的权利，任何人不得加以危害和歧视。不直接抚养非婚生子女的生父或生母，应当负担子女的生活费和教育费，直至子女能独立生活为止。"该条第 1 款重申了 1980 年《婚姻法》第 19 条第 1 款的规定，第 2 款对非婚生子女父母对该子女的生活费和教育费的负担作了规定。我国《民法典》沿袭了这一立法精神，在第 1071 条对此作出规定："非婚生子女享有与婚生子女同等的权利，任何组织或者个人不得加以危害和歧视。不直接抚养非婚生子女的生父或者生母，应当负担未成年子女或者不能独立生活的成年子女的抚养费。"就是说，非婚生父母对他们所生的子女有抚养、教育和保护的义务。在大多数情况下，非婚生子女的生父或生母没有同该子女共同生活，因此他们对其所生的子女的抚养、教育和保护义务主要表现就是为他们的生活和教育提供必要的费用。

（三）非婚生子女准正

1. 非婚生子女准正的概念。非婚生子女准正，是指已出生的非婚生子女因生父母结婚或司法宣告而取得婚生子女资格的制度。准正制度始于罗马法。基于尊重婚姻和保护非婚生子女利益的理念，现代各国普遍设立了非婚生子女的准正制度。

2. 非婚生子女准正的形式。准正有两种形式：①因生父母结婚而准正。这种准正形式又分为两种情况，一是仅以生父母结婚为准正的要件，如英国 1926 年的《准正法》；二是以生父母结婚和认领为准正的双重要件，如《日本民法典》《法国民法典》等。②当生父母协议结婚但结婚前一方死亡的，或因为其他障碍而不能结婚时，由法官宣告该非婚生子女为婚生子女的制度。如《德国民法典》。

3. 非婚生子女准正的条件。根据外国立法例，准正需具备一定的条件：须有血统上的非婚生子女关系；须有生父母的结婚或司法宣告；准正为法律事件，其发生无须生父母有何能力，也无须批准或其他程序。

4. 非婚生子女准正的效力。非婚生子女准正后取得婚生子女资格，但各国规定效力发生的时间有所不同。有的规定从父母结婚或法院宣告为婚生之日起算，如《法国民法典》第332条；有的规定溯及至子女出生之日起发生婚生效力，如《瑞士民法典》第259条。

（四）非婚生子女的认领

1. 非婚生子女认领的概念。非婚生子女的认领即亲子关系的确认，是指通过法定程序使非婚生子女实现婚生化的法律行为。认领通常是在非婚生子女无法准正的情况下发生的，认领是准正的一个补救措施。

非婚生子女的认领具有以下特征：①须有生父承认自己为非婚生子女生父的独立意思表示；②认领不受时效的限制，无论子女年龄大小均可以行使认领权；③以认领人和被认领人之间具有父子（女）血缘关系为前提。

2. 非婚生子女认领的形式。认领的形式有两种，即任意认领和强制认领。任意认领即生父主动承认自己为该非婚生子女的生父，并自愿对其承担抚育义务的法律行为。有的国家要求任意认领须经非婚生子女生母同意，如《德国民法典》《日本民法典》；有的国家规定认领成年子女须经子女本人同意，如《德国民法典》。任意认领有要式认领和不要式认领之分，要式认领一般须具备以下方式：①向户籍部门申报认领或用遗嘱方式认领；②认领除载入出生证书外，还须取得公证证明；③向特定官员声明；④由生父申请，经监护法院宣告认领。不要式认领是指非婚生子女是经生父抚育者，且生父有以该子女为自己子女的意思表示，即为认领。

强制认领是指当非婚生子女的生父不自动认领时，有关当事人得诉请法院予以强制认领的制度。强制认领的原因一般有两个：①未婚女子所生的子女，经生母指认的生父不承认该子女为他所生；②已婚女性与第三人发生婚外性行为所生育的子女，该已婚女性指认第三人为该子生父而遭否认时，生母向法院提起确认生父之诉。

3. 认领的效力。任意认领与强制认领所产生的效力基本相同，都使非婚生子女取得婚生子女的身份与资格，享有婚生子女的权利与义务。

4. 我国立法现状。《民法典》首次规定了亲子关系的确认和否认规则。第1073条规定："对亲子关系有异议且有正当理由的，父或者母可以向人民法院提起诉讼，请求确认或者否认亲子关系。对亲子关系有异议且有正当理由的，成年子女可以向人民法院提起诉讼，请求确认亲子关系。"这一规定，赋予了非婚生子女的父母提起亲子关系确认之诉的主体资格，也赋予成年子女要求确认亲子关系的主体资格。

《最高人民法院关于适用〈中华人民共和国民法典〉婚姻家庭编的解释（一）》第 39 条规定："父或者母向人民法院起诉请求否认亲子关系，并已提供必要证据予以证明，另一方没有相反证据又拒绝做亲子鉴定的，人民法院可以认定否认亲子关系一方的主张成立。父或者母以及成年子女起诉请求确认亲子关系，并提供必要证据予以证明，另一方没有相反证据又拒绝做亲子鉴定的，人民法院可以认定确认亲子关系一方的主张成立。"

这类案件起诉时，通常由生母向法院提供有关证据材料，如生母在受胎期内有与被告同居或被其强奸、诱奸的事实或证据；由生父所写的文字材料可证明其为生父，如生父的情书、日记、劝告堕胎的信件等。人民法院在必要时，可以委托专门的血液鉴定部门进行亲子鉴定。1987 年 6 月 15 日最高人民法院法（研）复（1987）20 号《关于人民法院在审判工作中能否采用人类白细胞抗原作亲子鉴定问题的批复》（现已失效）指出："对要求作亲子关系鉴定的案件，应从保护妇女、儿童的合法权益、有利于增强团结和防止矛盾激化出发，区别情况，慎重对待。对于当事人同意作亲子鉴定的，一般应予准许；一方当事人要求作亲子鉴定的，或者子女已超过 3 周岁的，应视具体情况，从严掌握；对其中必须作亲子鉴定的，也要做好当事人及有关人员的思想工作。人民法院对于亲子关系的确认，要进行调查研究，尽力收集其他证据。对亲子鉴定结论，仅作为鉴别亲子关系的证据之一，一定要与本案其他证据相印证，综合分析，作出正确的判断。"经鉴定或判断是亲子关系的，人民法院可以强制孩子的生父对其认领并负担子女必要的生活费和教育费的一部或全部，直至子女独立生活时为止。

非婚生子女的生父母身份确定后，他们就应当承担抚养教育该子女的义务。与其共同生活时，直接承担抚养责任的一方，应当为该子女的生活和教育提供必要的物质条件，并承担对其的教育和保护义务，保证其健康成长。不与该子女共同生活的一方应当提供抚养费和教育费的一部或全部，直至该子女能独立生活为止。根据我国《民法典》和其他法律的规定，该子女年满 18 周岁，就具有完全民事行为能力，视为能独立生活；该子女年满 16 周岁但未满 18 周岁，以自己的劳动收入为其主要生活来源的，也视为具有完全民事行为能力，能够独立生活。应当承担抚养费和教育费的一方不履行该义务的，有关当事人可以通过诉讼要求其给付。

二、养父母与养子女

收养制度是亲属制度的重要组成部分，也是生育制度的必要补充。收养使非直系血亲的收养人与被收养人之间建立起拟制血亲关系。与自然血亲不同，拟制血亲可以依法产生，也可以依法解除。养父母是指收养他人子女为自己子女的人，养子女是指被收养的子女。收养关系一经确立，养子女取得与亲生子女同等的法律地位，同时养子女与生父母之间的权利义务关系消除。因此，养子女可以继承养父母的遗产，但不能继承其生父母的遗产。如果收养关系解除，养父母与养子女之间的拟制血亲关系终止，原养子女就不能继承原养父母的遗产。

养子女与婚生子女、非婚生子女、有抚养教育关系的继子女的法律地位相同，均享有父母子女间的权利，并承担相应的义务。但与之相比，也有不同之处。

1. 法律关系的形成不同。婚生子女、非婚生子女均基于出生的事实与父母自然形成亲子关系；有抚养教育关系的继子女，是由生父母与继父母再婚，并由继父或继母自愿承担对继子女的抚养教育责任而形成的亲子关系。两者均无须经过特定的法律程序。养子女则不同，必须符合法定的条件和程序才能形成。

2. 法律关系的解除不同。父母与婚生子女、非婚生子女为自然血亲的亲子关系，这种血亲关系因出生而产生，因一方死亡而消灭。亲子关系消灭的原因是唯一的。有抚养教育关系的继父母、继子女之间的亲子关系，除生父或生母与继母或继父离婚外，也不得随意解除。而养父母与养子女之间的关系可以依法解除。

养父母与养子女关系的具体内容将在下一章专门阐述。

三、继父母与继子女

（一）继父母子女关系概述

配偶一方对他方与前配偶所生的子女，称继子女。子女对母亲或父亲的后婚配偶，称继父或继母，也称后父或后母。继父母和继子女关系，是由于生父母一方死亡，另一方带子女再婚；或父母离婚后，另行结婚而形成的。

（二）继父母子女关系的类型

继父母子女关系的类型有三种类型：

1. 继父母与继子女之间没有形成抚养关系。即生父（母）与继母（父）再婚时，继子女已成年并独立生活，或者继子女未成年但未与继父母共同生活，此类继父母子女关系为纯粹的直系姻亲关系。

2. 继父母与继子女之间形成抚养关系。即生父（母）与继母（父）再婚时，继子女尚未成年，他们随生父母一方与继父或继母共同生活时，继父或继母对其承担了部分或全部生活教育费，或者成年继子女在事实上对继父母长期进行了赡养扶助行为，亦视为形成了抚育关系。此类继子女与生父母、继父母之间形成双重权利义务关系。

3. 继父母收养继子女。即继父或继母经继子女生父母同意，已正式收养该子女为其养子女。同时，该子女与共同生活的生母（父）一方仍为直系血亲关系，而与不在一起共同生活的生父（母）一方的权利义务随之消灭。

（三）继父母子女的法律地位

在历史上，继子女经常受到继父或继母的歧视和虐待；当继父或继母年老时，也会遭到继子女的歧视和虐待。在现实生活中，同样也会出现这些情况。因此，我国《民法典》第1072条规定："继父母与继子女间，不得虐待或者歧视。继父或者继母和受其抚养教育的继子女间的权利义务关系，适用本法对父母子女关系的规定。"按照第1072条第1款的规定，无论继父母与继子女间是否形成抚养关系，都不得虐待或歧视。继父母子女之间应当相互尊重，彼此体谅，处理好与家庭的关系，这不但是家庭伦理道德的要求，也是法定的义务。按照第1072条第2款的规定，不是所有的继父母与继子女之间的权利义务都等同于《民法典》中关于父母子女之间的权利义务。如在抚养和赡养问题上继父或继母承担了对未成年继子女的抚养教育责任，继子女是在继父母的教养下成长的，他们之间具有抚养关系。继子女在成年后，应当赡养继父母，继父母子女之间可以相互继承遗产。在未成年继子女是由生父母一方或双方承担其抚养费和教育费，而不是由继父或继母负担的情况下，继父母与继子女不形成抚养关系，继父母子女之间不能相互继承遗产。但继父母对与其共同生活的未成年子女应当进行教育和保护，当继子女对国家、集体或他人造成损害时，继父母应当承担民事责任。当继子女在父或母再婚时已经成年并独立生活的，该子女与继父或继母不发生任何权利义务。

现实生活中的未成年子女随生父或生母再婚，继父或继母对其进行了抚养教育，同时该子女的生父或生母还在，对其也尽了抚养义务，这种情况下，该子女与生父母和继父母都发生权利义务关系。

在继子女的姓氏的问题上，继子女可以保留自己的原来的姓，即其父或母再婚前使用的姓，也可以随继父或继母的姓。如果继子女已有辨别能力的话，应当尊重其本人的意见。如果继子女小时候改随继父或继母的姓，其成年后，有权利改回其原来的姓。

（四）继父母子女关系的终止及效力

关于形成抚养教育关系的继父母子女之间的权利、义务能否解除的问题，我国《民法典》未作明文规定。审判实践中，在再婚关系存续期间，对尚未成年的继子女与继父母的关系，原则上不能解除。在再婚关系终止时，继父母继子女之间的抚养关系也不当然终止。因此，在一般情况下，继父或继母不得因其配偶，即继子女的生母或生父死亡而自动停止对未成年子女的抚养义务。继子女的生父或生母，不能不经继母或继父的同意，将该子女领回抚养。继子女的生母或生父死亡后，继子女归谁抚养、继父母与继子女之间的权利义务关系是否解除等问题，首先应当由双方协商，如果继子女已满10周岁的，应尊重该子女的意见。协商不成的，人民法院应当根据子女的权益判决。此外，最高人民法院在1993年《最高人民法院关于人民法院审理离婚案件处理子女抚养问题的若干具体意见》（已失效）中规定，生父与继母或生母与继父离婚时，对曾受其抚养教育的继子女，继父与继母不同意继续抚养的，仍应由生父母抚养。可见，生父母与继父母离婚的，可以解除已形成的抚养关系。

在通常情况下，受继父母抚育成人并独立生活的继子女，应当承担赡养继父母的义务，双方关系原则上不能终止。但是，如果双方关系恶化，经当事人的请求，人民法院可以解除他们之间的权利义务关系。成年继子女须承担丧失劳动能力、生活困难的继父母的晚年生活费用。

（五）加强对继父母继子女关系法律调整的思考

我国《民法典》虽然对继父母子女的法律地位作出了规定，但对继父母与继子女之间形成抚养教育关系的标准以及这种关系能否解除、继父母婚姻关系终止后，继父母与继子女关系的法律后果等问题没有作出明确的规定。这种立法上的空白往往会导致执法上的混乱。因为在现实生活中，继父母子女问题是一个十分复杂的问题，涉及继父母、生父母、继子女等多方利益，处理不好会损害当事人的合法权益，特别是将使未成年继子女及缺乏劳动能力又无生活来源的继父母的权益无法得到有效的保障。鉴于社会现实生活和风俗习惯，建议今后颁布相关司法解释时，应完善关于继父母继子女关系的规定，明确制定继父母与继子女形成抚养教育关系的标准、抚养教育关系的形式和种类；形成抚养教育关系的继父母继子女之间的权利义务以及与生父母间的权利义务关系；继父母婚姻关系终止后，继父母继子女关系变化的法律后果等，并鼓励继父母继子女之间建立拟制血亲关系。完善继父母继子女间关系的规定，目的在于建立良好的继父母继子女关系，有效保护各方当事人的合法权益，减少纠纷的发生。

四、父母与人工生育子女

（一）人工生育子女的概念

人工生育子女，是指利用人工生育技术受胎而出生的子女。人工生育不同于人类传统的自然生育，是根据生物遗传工程理论，采用人工方法取出精子或卵子，再经人工将精子或受精卵注入妇女子宫，使其受孕的一种新的生育技术。

自古以来，人类以男女两性结合的自然生殖方式进行自身繁衍，提供精子和卵子的男女双方与所生的子女形成具有血缘关系的父母子女关系。现代医学技术不仅切断了生育与性行为之前的联系，而且也打破了生育关系与遗传关系合为一体的生育规律，传统的父母子女关系的分类已不能涵盖人工生育的亲子关系。如何协调由此引发的伦理道德、婚姻家庭、血统以及法律等领域的冲突，已为世人关注。

（二）人工生育子女的种类

1. 人工体内授精子女，是指以人工方法将精子注入女性体内而授精，也称人工授精。人工授精又分为同质人工授精和异质人工授精两种。同质人工授精（AIH）是指将夫妻双方的精子和卵子细胞，用人工方法授精生育子女，夫妻与所生子女间具有天然血缘联系，与自然血亲的父母子女关系完全等同。异质人工授精（AID）是指由第三人提供的精子对妻子进行人工授精的方法。由于异质人工授精的子女，与生母之夫之间无任何血缘关系，因此须依法确认双方是否具有法律上的亲子关系。

2. 人工体外授精子女，是指用人工方法将精子与卵子在培养皿中授精，再将受精卵分裂的胚胎植入子宫内着、发育而分娩，即通常所说的"试管婴儿"。

3. 代孕母亲所生育的子女，是指精子卵子在体外授精，在试管内形成胚胎后植入子宫提供者的子宫内妊娠而生育的子女。这样胎儿可能存在多个父母，如生物学上的父亲（即精子提供者）、社会学上的父亲，以及生物学上的母亲（即卵子提供者）、妊娠生育母亲（即子宫提供者）。

（三）人工生育子女的法律地位

目前，世界上绝大多数国家对人工生育子女尚无法律规定，少数已立法的国家规定得也不尽相同。但是，对于在婚姻关系存续期间，因夫妻双方同意而经人工授精生育的子女，与该夫妻形成亲子关系，由接受人工生育的夫妇承担法律责任的规定，已基本一致。如1973年《美国统一亲子法》规定，如果已婚妇女使用第三人的精子通过人工授精怀孕，且经过其丈夫同意，由有资格的医生实施手术，该子女即被视为丈夫的婚生子女，捐精者法律上不视为该子女的自然父亲。加拿大、瑞典等国也有类似的规定。我国《民法典》对人工生育子女的法律地位没有作出明确的规定。1991年7月6日，《最高人民法院关于夫妻关系存续期间以人工授精所生子女的法律地位的函》指出："在夫妻关系存续期间，双方一致同意进行人工授精，所生子女应视为夫妻双方的婚生子女，父母子女之间权利

义务关系适用《婚姻法》的有关规定"。《最高人民法院关于适用〈中华人民共和国民法典〉婚姻家庭编的解释（一）》第 40 条规定："婚姻关系存续期间，夫妻双方一致同意进行人工授精，所生子女应视为婚生子女，父母子女间的权利义务关系适用民法典的有关规定。"据此，只要夫妻双方协商一致，同意进行人工授精的，不论所生子女是否与父母有血缘关系，都应视为夫妻双方的婚生子女。由于代孕母亲所生子女的身份及法律地位非常复杂，而且人工生育子女身份的确定也与传统民法的亲子关系相抵触，因此，我国长期以来对代孕一直持全面禁止的立场。原国家卫生部[1] 2001 年 2 月颁布的《人类辅助生殖技术管理办法》明确禁止任何形式的代孕技术，这意味着目前在我国，任何代孕行为都是违法行为。

实务训练

（一）示范案例

【案情】2003 年，李某甲与王某结婚（双方均为再婚），王某与前夫所生的二女一子也随其与李某甲共同生活。当时，长女李某乙 12 岁，次女李某丙 9 岁，儿子李某丁 5 岁。李某甲与王某靠微薄的工资共同抚养这三个孩子。到 2012 年，王某因患精神分裂症，独自离家出走。经多方寻找，仍不知王某下落。2017 年，李某甲向当地人民法院起诉，要求与王某离婚。法院依照法定程序，缺席判决准予李某甲与王某离婚，王某的上述三个孩子仍由李某甲抚养。此后，长女与次女相继参加了工作，有了固定的工资收入。在此期间，次女李某丙去外地自谋工作。李某甲在与王某离婚后又再行结婚，女方与其前夫婚生的一个未成年男孩也随其母与李某甲共同生活。李某甲的月工资收入为 5600 余元。李某甲与王某离婚后，与长女和儿子的关系由不融洽发展到非常紧张，长女和儿子不止一次地以打骂方式对待李某甲。李某甲感到与长女和儿子已无法共同生活，遂以二人为被告，向人民法院起诉，称：我与长女和儿子的母亲结婚时，长女李某乙才 12 岁，儿子李某丁才 5 岁，由我和他们的母亲共同抚养。2012 年他们的母亲因患精神病离家出走，至今下落不明。从她出走后被告就由我一人抚养。现在被告都已长大成人，并都有了工作，不但不尽赡养义务，还常对我实施暴力和进行辱骂，给我

---

〔1〕 2013 年 3 月原国家卫生部与原国家人口和计划生育委员会合并为国家卫生和计划生育委员会，2018 年 3 月，根据第十三届全国人民代表大会第一次会议批准的国务院机构改革方案，设立中华人民共和国国家卫生健康委员会，不再保留国家卫生和计划生育委员会。2018 年 3 月 28 日，新组建的国家卫生健康委员会正式挂牌。

精神上带来极大痛苦，要求与被告解除继父子女关系，并要求被告偿还我抚养他们十几年所支出的全部费用。

李某乙、李某丁辩称：李某甲与我们母亲离婚后，我们在与李某甲共同生活期间，给予了李某甲应有的照顾，彼此关系很融洽。2015年，我们与李某甲因李某乙的婚事产生了矛盾。我们打过李某甲，承认不对。李某甲要求与我们解除继父子女关系，我们同意，但不同意偿还李某甲的抚养费。后经法庭调解，李某乙、李某丁表示同意与李某甲解除继父子女关系，并同意给付李某甲9万元作为抚养他们多年的补偿费。

问：1. 李某甲与李某乙、李某丙和李某丁属于何种亲属关系？请说明原因。

2. 他们之间是否有法定的权利义务关系？如果有，请说明具体的权利和义务是什么。

3. 他们之间的亲属关系能否解除？请说明原因。

4. 如果他们之间的亲属关系被解除，李某丁、李某乙是否应支付李某甲补偿费？

【分析】

这是一起解除继父子女关系纠纷的案例。

1. 本案中，李某甲与李某乙、李某丙和李某丁属于拟制血亲关系。李某甲与李某乙、李某丙和李某丁的母亲结婚，从而与他们形成了继父子女关系。在实际生活中，继父母子女关系有两种情形：一种是形成抚养关系的，一种是未形成抚养关系的。形成抚养关系的继父母子女关系，系拟制血亲关系，在双方之间产生了如同生父母子女一样的权利义务关系。本案中李某乙、李某丙和李某丁自幼随其母去李某甲处，由李某甲和其母共同抚养；李某甲与其母离婚后，李某乙、李某丙和李某丁仍由李某甲抚养，他们之间无疑形成了抚养关系。

2. 他们之间有法定的权利义务关系。《民法典》第1072条第2款规定："继父或者继母和受其抚养教育的继子女间的权利义务关系，适用本法关于父母子女关系的规定。"因此，李某甲对李某乙、李某丙和李某丁有抚养教育和保护的权利义务；李某乙、李某丙和李某丁对李某甲有赡养扶助的义务；李某甲与李某乙、李某丙和李某丁之间有相互继承遗产的权利。

3. 拟制血亲关系是依法成立的，当然可以依法解除。但是，这种拟制的继父母子女关系不能"自然解除"，即既不能因为双方不在一起共同生活而"自然解除"，也不能因为继子女的生父或生母死亡或与继父或继母离婚而"自然解除"，因为继父或继母和受其抚养教育的继子女之间的权利和义务，适用对父母子女关系的有关规定。因而解除这种亲属关系，需要具备一定的条件，并经法定的程序。因此，李某甲与李某乙、李某丙和李某丁要解除继父子女关系，在双方协议解除不成的情况下，就只能经过诉讼程序解决。

4. 如果解除继父母继子女关系，李某丁、李某乙应支付李某甲补偿费。李某甲不仅在与李某丁、李某乙的母亲婚姻关系存续期间抚养他们，在与他们的母亲解除婚姻关系后，仍继续抚养他们。这无论从法理还是情理上，李某甲都可以要求补偿他在抚养李某丁、李某乙期间支出的生活费和教育费。一、二审法院正是从这方面考虑，并根据被告的实际经济状况，判令和调解被告在经济上给予原告以适当的补偿。

（二）习作案例

李某某（女）与陈某甲（男）于 2010 年 2 月结婚，2011 年 3 月生一女孩，2014 年 4 月双方办理了离婚手续，至今双方均未再婚。2015 年 7 月，李某某又生下一男孩陈乙，李某某称陈某甲即为该男孩的生父，要求陈某甲负担抚养费用，而陈某甲称双方早已离婚，拒绝承认自己是陈乙的亲生父亲。李某某遂以陈乙为原告，自己作为其法定代理人，向人民法院起诉要求确认原告陈乙与被告陈某甲之间的亲子关系，并要求被告承担原告必要的抚养费用。

法院经审理查明：原告李某某与被告陈某甲离婚后，还经常保持着联系，2014 年 9 月，陈某甲曾到过李某某在外地打工的地方，两人还在一起同居并发生过性关系。对此事实被告并不否认，但坚持自己与李某某的接触绝没有导致其怀孕，自己绝非原告陈乙的父亲。因被告不承认与原告间系亲子关系，原告的法定代理人李某某遂向法院申请进行亲子鉴定，但被告陈某甲经法院多次劝说均拒绝配合鉴定，同时坚持认为原告与其不存在任何关系。

问：被告拒做亲子鉴定时能否推定亲子关系？请说明理由。

🔍 复习与思考

1. 如何理解我国《民法典》关于父母子女之间权利与义务关系的规定？
2. 如何理解婚生子女的推定和否认？
3. 举例说明非婚生子女的准正和认领的主要情形。
4. 如何理解继父母与继子女关系的性质？
5. 什么是人工生育子女？结合国内外的立法实践，谈谈你对人工生育子女法律地位的认识。

第八章　祖孙关系与兄弟姐妹关系

祖孙关系、兄弟姐妹关系与夫妻关系、父母子女关系一样，均属于家庭关系的组成部分。夫妻之间、父母子女之间属于家庭关系的核心组成部分，而具有直系血缘关系的祖孙之间、具有旁系血缘关系的兄弟姐妹之间则是家庭中不可或缺的亲密关系。依照《民法典》1045 条之规定，祖孙关系、兄弟姐妹关系均属近亲属关系的范畴。

我国 1950 年《婚姻法》并未规定祖孙之间、兄弟姐妹之间的权利义务关系。后随着人们对这一问题的进一步认识，为了切实保障幼小、孤老的合法权益，在国家尚不能提供完全社会保障的情况下，1980 年《婚姻法》扩大了家庭关系的法律调整范围，规定了在一定条件下祖孙之间、兄弟姐妹之间互相承担抚养、赡养、扶养义务的内容。这些规定，不仅有利于发挥家庭成员间尊老爱幼、互相帮助的传统美德，更是对特殊家庭现实需要的法律回应。基于此，《民法典》延续了《婚姻法》规定的内容。

第一节　祖孙关系

导入案例

白某某（女）与张某某（男）婚后生有一子，取名张小某。2016 年，张某某里发现白某某行为表现异常，送医院检查被确诊患精神分裂症，白某某因此失去工作。家庭生活的重担压在张某某一人身上。2019 年 12 月，张某某意外死亡。只有 9 岁的张小某与母亲的生活陷入困境。白某某的父母以需照顾白某某生活且自身经济来源微薄为由，要求张某某的父母承担张小某的抚养责任。但张小某的祖父母认为自己的经济收入和身体状况也都欠佳，同意照料张小某的生活，但要求白某某的父母支付张小某所有的抚养费用，双方无法达成一致意见。

本案知识点：祖辈抚养孙辈的条件；祖父母、外祖父母共同承担抚养孙子女、外孙子女的义务。

一、祖孙关系的概念

祖孙关系包括祖父母与孙子女、外祖父母与外孙子女两类，属于一种隔代亲属关系。从产生原因来归类，祖孙关系可被分为自然血亲的祖孙关系和拟制血亲的养祖孙关系两种。

随着社会的变迁，虽然家庭结构越来越明显地向以夫妻关系和父母子女关系为中心的核心家庭过渡，但祖孙关系仍然是具有现代意义的家庭关系。这是因为：

1. 从我国家庭类型的实际来看，核心家庭虽然业已成为城乡家庭的主要类型，但主干家庭的模式仍具有一定的社会基础，同居一家生活的祖孙关系在我国特别是农村地区还比较普遍。

2. 人口寿命的延长和孩子出生数量的减少扩大了家庭、亲属体系中的纵向关系。也就是说，孩子出生数量的减少缩小了兄弟姐妹及堂表兄弟姐妹之间横向关系的范围；寿命的延长，则在纵向上扩展了家庭关系。

3. 现阶段我国的家庭依然承担着养老育幼的功能。父母子女或夫妻之间因某些客观原因不能或无力履行扶养责任时，需要由祖孙、兄弟姐妹等关系密切的近亲属承担扶养义务，以确保家庭中的老人、儿童受扶养的权利。

在一般情况下，子女由父母抚养，父母由子女赡养。尽管我国法律并未明确规定抚养义务人履行抚养义务的先后顺序，但《民法典》第1074条规定："有负担能力的祖父母、外祖父母，对于父母已经死亡或者父母无力抚养的未成年孙子女、外孙子女，有抚养的义务。有负担能力的孙子女、外孙子女，对于子女已经死亡或者子女无力赡养的祖父母、外祖父母，有赡养的义务。"这一规定非常明显的是将祖孙间的抚养、赡养义务置于了父母子女间抚养、赡养义务之后，即祖父母、外祖父母是孙子女、外孙子女的第二顺序抚养义务人；孙子女、外孙子女是祖父母、外祖父母的第二顺序赡养义务人。[1] 这就意味着，只有当一定的客观原因发生，致父母子女之间无法直接履行抚养、赡养义务时，才由居于第二顺序的抚养、赡养义务人即祖父母、外祖父母或孙子女、外孙子女履行抚养、赡养义务。换句话说，法律规定的祖孙间的抚养、赡养义务是有条件的。

二、祖父母、外祖父母抚养孙子女、外孙子女的条件

（一）孙子女、外孙子女的父母死亡或父母无力抚养

死亡包括自然死亡和依法被宣告死亡。父母死亡的直接后果是子女居于第一

---

〔1〕　杨大文主编：《婚姻家庭法》，中国人民大学出版社2000年版，第144页。

顺序的抚养义务主体消灭。但是，如果是父母一方死亡，则生存一方仍应承担抚养子女的义务。父母无力抚养是指父母不能以自己的收入满足未成年子女（包括亲生子女、养子女及形成抚养关系的继子女，下同）合理的生活费、教育费和医疗费的需要。父母因身体疾病的原因不能抚养子女的，视为无力抚养。

（二）祖父母、外祖父母有负担能力

这里的负担能力是指祖父母、外祖父母既具备一定的经济条件，又具备一定的监护能力。只有在祖父母、外祖父母本身具备负担能力时，才有可能对未成年孙子女、外孙子女承担抚养义务，也才能保证未成年孙子女、外孙子女的健康成长。如果祖父母、外祖父母自身尚缺乏经济来源或因年迈、疾病等原因行动不便，则祖父母、外祖父母也不存在对未成年孙子女、外孙子女的抚养义务。

（三）孙子女、外孙子女必须是未成年人

根据《民法典》第17条和第18条第2款的规定，未成年人是指不满18周岁的自然人；已满16周岁不满18周岁的未成年人，如果能以自己的劳动收入为主要生活来源的，视为完全民事行为能力人。也就是说，对于以劳动收入为主要生活来源的16周岁以上的未成年人，其祖父母、外祖父母的抚养义务是可以免除的。

在以上三个条件同时具备的情况下，祖父母、外祖父母则必须承担抚养孙子女、外孙子女的义务。适用此条规定时，并不以祖孙间是否同居一家、共同生活为限。如果祖父母、外祖父母均有负担能力，应将他们视为同一顺序的抚养义务人，由他们共同承担抚养义务。抚养费的负担与给付由祖父母、外祖父母协商确定，协议不成时，由人民法院判决。

对于父母已经死亡或父母无力抚养的、虽已成年但因身体疾病原因没有劳动能力、不能独立生活的孙子女、外孙子女，祖父母、外祖父母是否应当履行抚养义务呢？由于《民法典》第1074条将接受祖父母、外祖父母抚养的孙子女、外孙子女限定在未成年人的范畴之内，那么成年孙子女、外孙子女在既无劳动能力，又无抚养义务人的双重困境之下，其基本生存权益难以得到保障，生活势必陷入窘困。因此，本书建议我国应尽快完善有关这方面问题的法律制度，以确保每一位公民基本的生存权利。

三、孙子女、外孙子女赡养祖父母、外祖父母的条件

（一）祖父母、外祖父母的子女死亡或子女无赡养能力

祖父母、外祖父母的子女已经死亡（包括自然死亡或依法被宣告死亡），无法再对自己的父母履行赡养义务；这里的"子女死亡"是指所有子女均已死亡。"子女无力抚养"则是指祖父母、外祖父母的子女虽然生存，但由于无经济来源

或受疾病等身体原因所限，没有赡养父母的能力或不具备赡养父母的条件。如果祖父母、外祖父母有多个子女，一个子女的死亡并不免除其他子女的赡养义务，其他有赡养能力的子女应承担对父母的赡养义务。这时的孙子女、外孙子女并不承担赡养祖父母、外祖父母的义务。

（二）孙子女、外孙子女有负担能力

这里的"负担能力"应理解为孙子女、外孙子女是完全行为能力人且有能够维持其生活和赡养祖父母、外祖父母的经济收入。如果孙子女、外孙子女中数人均有负担能力，应根据他们的经济条件共同负担赡养义务。

当以上条件具备时，孙子女、外孙子女须对祖父母、外祖父母承担赡养义务。孙子女、外孙子女不得以祖父母、外祖父母未曾抚养过自己为由，拒绝承担赡养义务。至于在不具备上述条件的情形下，祖孙之间自愿照料对方生活的，法律并不干涉。

我国《民法典》关于祖孙之间抚养、赡养的规定，彰显了养老育幼的家庭美德。同时，为了确保没有赡养义务人的老年人生活有着落，《老年人权益保障法》第31条规定："国家对经济困难的老年人给予基本生活、医疗、居住或者其他救助。老年人无劳动能力、无生活来源、无赡养人和扶养人，或者其赡养人和扶养人确无赡养能力或者扶养能力的，由地方各级人民政府依照有关规定给予供养或者救助。对流浪乞讨、遭受遗弃等生活无着的老年人，由地方各级人民政府依照有关规定给予救助。"这一规定，则更是体现了国家对孤寡老人的社会关怀。

四、祖孙间的财产继承

根据我国《民法典》第1127条的规定，祖父母、外祖父母属于孙子女、外孙子女第二顺序的法定继承人。当孙子女、外孙子女死亡，又没有第一顺序继承人或第一顺序继承人放弃、丧失继承权的情况下，祖父母、外祖父母则以第二顺序法定继承人的身份，享有继承孙子女、外孙子女遗产的权利，与孙子女、外孙子女的其他第二顺序继承人一起参与遗产分配。

《民法典》之所以未将孙子女、外孙子女列为祖父母、外祖父母的法定继承人，是因为如果孙子女、外孙子女的父母先于祖父母、外祖父母死亡，按照《民法典》第1128条的规定可发生代位继承，即由孙子女、外孙子女代替其父亲或母亲继承祖父母或外祖父母的遗产。

当财产继承发生在祖孙之间时，并不以他们是否承担过抚养、赡养义务为条件。如果祖父母或外祖父母依照《民法典》第1074条的规定承担了抚养孙子女或外孙子女的义务，或者孙子女或外孙子女承担了赡养祖父母或外祖父母的义务，那么在遗产分配时，抚养、赡养义务人应当适当地多分得遗产。

第二节 兄弟姐妹关系

导入案例

林某甲、林某乙姐妹年幼时父母离异，父亲音讯杳无，母亲一人抚养着两个幼小的女儿，后母亲因积劳成疾患癌症死亡。林某甲读完初中后就开始打工挣钱供妹妹继续学习直到大学毕业，期间二人也得到了姨妈在经济上的资助和生活中的照料。多年后林某甲因在分娩时难产，胎儿死亡，丈夫离异，林某甲从此一病不起，失去了基本的劳动能力。已经成家的林某乙在生活上尽可能照顾姐姐，但因给姐姐看病需要太多的经济支出，林某乙的丈夫坚决反对继续为林某甲出钱治病。

本案知识点：兄姐扶养弟妹的条件；弟妹扶养兄姐的条件。

一、兄弟姐妹关系的界定

兄弟姐妹是血缘关系中最近的旁系血亲，它包括自然血亲的兄弟姐妹和拟制血亲的兄弟姐妹。兄弟姐妹关系是指法律规定的兄弟姐妹之间的权利义务关系。一般情况下，在子女未成年时，均由他们的父母履行抚养义务，兄弟姐妹间通常不存在亲属法意义上的权利与义务。只有在特定情形下，他们之间才会产生特定的权利义务关系。

我国《民法典》第 1075 条规定："有负担能力的兄、姐，对于父母已经死亡或者父母无力抚养的未成年弟、妹，有扶养的义务。由兄、姐扶养长大的有负担能力的弟、妹，对于缺乏劳动能力又缺乏生活来源的兄、姐，有扶养的义务。"根据这一规定，兄、姐与弟、妹属第二顺序的扶养义务人，换言之，他们之间的扶养是有条件的扶养。

二、兄、姐扶养弟、妹的条件

为了弥补父母对未成年子女抚养不能的缺憾，切实保护未成年人的合法权益，我国法律规定在符合下列条件时，兄、姐应当承担对弟、妹的扶养义务：

1. 父母已经死亡或父母无力抚养。父母死亡是指父母自然死亡或依法被宣告死亡。如果仅是父母一方死亡，生存一方则仍应承担抚养子女的义务。父母无力抚养是指父母自己的收入无法满足未成年子女的生活、教育及医疗所需。父母如因身体疾病的原因不能抚养子女的，视为无力抚养。

2. 兄、姐有负担能力。这里的"负担能力"是指兄、姐属于完全行为能力人，无论从身体方面还是经济方面都具备扶养弟妹的条件，能够承担对弟妹的监护义务。

3. 弟、妹尚未成年。接受兄姐扶养的弟、妹须是未满 18 周岁、没有独立生活能力的未成年人。如果弟妹已年满 16 周岁，且能够以自己的劳动收入为主要生活来源的，则兄、姐不再承担对弟、妹的扶养义务。如果弟妹已经成年，但因疾病、上学等原因缺乏生活来源而兄姐主动帮助、照料弟妹生活的，法律不予干涉。

三、弟、妹扶养兄、姐的条件

1. 兄、姐是既缺乏劳动能力又缺乏生活来源之人。兄、姐如果能以自己的财产维持其基本生活的，法律不要求弟、妹承担扶养责任；如果兄、姐有劳动能力且其劳动收入能够维持基本生活的，亦不需弟、妹承担扶养义务。所谓"缺乏劳动能力"，是指兄、姐因年老体弱不能从事劳动或因严重疾病，丧失劳动能力；所谓"缺乏生活来源"，是指兄、姐没有第一顺位的扶养义务人，即兄、姐属于没有配偶、没有父母、没有成年子女的孤独无依者，或是兄、姐虽然有第一顺位的扶养义务人，但其第一顺位的扶养义务人丧失了扶养能力。

2. 弟、妹是由兄、姐扶养长大。在父母死亡或虽未死亡但没有抚养能力的情况下，兄、姐扶养未成年弟、妹长大成人的，从权利义务相一致原则出发，当兄、姐既缺乏劳动能力又缺乏生活来源时，则由弟、妹承担扶养兄、姐的义务。如果弟、妹是由父母或祖父母、外祖父母抚养成人，则弟、妹没有扶养兄、姐的义务。当然，如果弟、妹自愿照顾兄、姐生活的，则应予以支持和鼓励。

3. 弟、妹有负担能力。首先，弟、妹必须是完全行为能力人；其次，弟、妹有经济来源；最后，弟、妹身体状况允许其扶养兄、姐。如果弟、妹是丧失劳动能力之人，则法律不要求他们承担此项义务。

当以上三个条件同时具备时，弟、妹应当承担扶养兄、姐的义务。在适用这一法律规定时，并不以兄、姐与弟、妹是否同居一家、共同生活为限。

四、兄弟姐妹间的财产继承

关于兄弟姐妹间的财产继承问题，我国《民法典》第 1127 条则非常明确地将兄弟姐妹列为第二顺序继承人。被继承人死亡后，在没有第一顺序继承人或第一顺序继承人均放弃、丧失继承权的情况下，由被继承人的第二顺序继承人继承遗产，即兄弟姐妹间可以在符合《民法典》第 1127 条规定的情形下互相继承遗产。如果被继承人的兄弟姐妹为数人，则应给对被继承人生前尽了较多扶养义务的兄弟姐妹适当地多分遗产。

实务训练

（一）示范案例

【案情】郑某甲、郑某乙系兄弟俩，其父母因车祸而死亡。当时，郑某甲年仅16岁，郑某乙只有10岁。突如其来的变故，不仅使兄弟俩的生活陷于窘困，年事已高且多病的奶奶的生活也陷入困境。为供养弟弟、照料奶奶，郑某甲毅然退学回家，靠从建筑工地、搬运工地挣来的微薄收入养家糊口并省吃俭用。有时甚至用卖血换来的钱维持弟弟的学习、生活所需以及支付奶奶住院看病的医疗费。数年后，弟弟终于考上了大学，郑某甲则继续以辛苦的劳动所得赡养奶奶，并保证郑某乙顺利完成了学业。在奶奶去世后，郑某乙大学毕业、参加工作。其所在单位效益很好，郑某乙的收入也颇为丰厚。多年来，由于既要供养、照顾弟弟，又要赡养奶奶，郑某甲因而一直没有结婚。郑某乙结婚生子后，郑某甲在继续工作的同时，还经常帮助弟弟、弟媳打理家务、照料孩子，以使他们能够腾出精力，全身心地投入工作。郑某乙夫妻也先后担任了各自单位的领导职务。

由于长期的生活压力和重体力劳动，郑某甲的身体每况愈下，患上了严重的风湿性关节炎，加之年迈衰老，郑某甲几乎不能再从事劳动。起初的几年，郑某乙夫妇还能较好地照料哥哥的生活，但随着时间的推移，郑某甲的病情越来越严重，不但生活不能自理，医疗费的开销也逐年增加。郑某乙的妻子表示不愿再负担郑某甲的生活、医疗费用，并以离婚相威胁；郑某乙遂置病榻上的哥哥于不顾，自己一家人过起了衣食无忧的富足生活。万般无奈的郑某甲向人民法院提起诉讼，要求郑某乙履行扶养义务，偿还自己因看病所借的医疗费2300元，并要求郑某乙以后每月给付生活费550元。

问：郑某乙是否有义务支付郑某甲的生活费和医疗费？

【分析】

我国《民法典》第1075条规定："……由兄、姐扶养长大的有负担能力的弟、妹，对于缺乏劳动能力又缺乏生活来源的兄、姐，有扶养的义务。"从这一规定可以看出，在一定条件下，弟妹应承担扶养兄姐的义务。具体条件为：①弟妹由兄姐扶养长大；②兄、姐既缺乏劳动能力又没有生活来源；③弟妹有负担能力。应当注意的是，只有在以上三个条件同时具备的情形下，弟妹方承担扶养兄姐的义务。

本案中，郑某甲在父母双亡后，毅然放弃学业，承担起了扶养、照顾弟弟郑某乙的义务。不仅如此，即便在郑某乙成年以后，郑某甲仍然用自己的劳动所得帮弟弟读完了大学。长期的生活重负，致郑某甲在年老体弱时，因病丧失了劳动能力，无法维持自己的生活所需。加之一无配偶、二无子女，他完全没有了生活来源，而除郑某乙外，郑某甲亦无其他扶养义务人。案例还告诉我们，郑某乙收入颇丰，这一点，说明了他是有负担能力的。

显然，《民法典》所要求的弟妹扶养兄姐需具备的三个条件，郑某乙全部符合，因此，郑某乙应当承担扶养哥哥郑某甲的义务。

（二）习作案例

王某某现年67岁，一直没有工作，依靠丈夫张某某的工资收入先后生育、抚养了张某乙、张某丙、张某丁、张某戊四个孩子。2004年，长子张某乙因工伤事故摔成高位截瘫，为了减轻张某乙妻子的生活压力，王某某夫妇将张某乙10岁的女儿张某敏接到家中抚养。2008年，张某乙去世，张某敏仍与爷爷奶奶共同生活，张某敏母亲每月给付王某某600元钱作为张某敏的生活费。2012年，张某敏去外地上大学。不久，张某某逝世，王某某的生活出现困难，女儿张某丁遂承担起了照料母亲的责任，张某丙、张某戊偶尔也给母亲一些生活费。2015年，张某丁因离婚、下岗、子女上学等问题经济拮据，而王某某却因年老多病，医疗费用的开支逐年增加。2017年和2018年王某某先后两次住院共花去医疗费32800元，张某丁遂请求哥哥张某丙、弟弟张某戊共同负担母亲的医疗费及生活费。张某丙以妻子下岗、自己身体不好为由，表示只能承担母亲以后每月的生活费500元，至于医疗费，他无力支付。张某戊则以哥哥都不承担医疗费，自己当然也不承担为由，拒绝了张某丁的请求。

2019年6月，王某某向人民法院提起民事诉讼，要求张某丙、张某戊给付生活费和医疗费，同时，王某某将孙女张某敏也列为被告诉至法院，理由是自己曾抚养张某敏多年，现张某敏已成年并参加工作，应当与姑姑、叔叔们共同承担赡养义务。

问：王某某的医疗费和生活费应由谁来负担？张某敏是否应承担赡养奶奶的义务？你认为本案还有什么问题需要处理？

复习与思考

1. 在什么情形下，祖父母、外祖父母须承担抚养孙子女、外孙子女的义务？
2. 简介兄弟姐妹间承担扶养义务的条件。

第九章　收养关系

第一节　收养制度概述

导入案例

被告王某甲、王某乙系同胞兄妹，原告郭某丙系两被告的表妹。被告之父是某市个体工商户，生活比较富裕，被告之母考虑到自己的弟弟在农村，子女多，生活比较困难，就把侄女郭某丙接来与自己一起生活，并送其上学读书，直至工作为止。2015年两被告的父母相继去世。在协助处理完后事之后，郭某丙以自己是被继承人的养女为由起诉到人民法院，要求与两被告共同继承遗产。人民法院经审理查明：原告虽在被告家中生活过一段时间，但始终保持着与自己父母的关系，与被继承人仍以姑父、姑母相称，从未办理任何收养手续。据此，法院判决：原告与被继承人之间是寄养关系，对被继承人的遗产没有继承权。考虑到原告对被继承人生前有过一定的照顾，依照《继承法》第14条的规定，根据具体情况分给其适当的遗产。

本案知识点：收养的概念；收养与寄养的区别。

一、收养的概念

收养是指自然人依法领养他人子女为自己的子女，在收养人和被收养人之间建立拟制的父母子女关系的民事法律行为。因这种行为而成立的法律关系称为收养关系。收养关系是一种身份上的法律关系。在收养法律关系中，收养他人子女的人为收养人，即养父母；被他人收养的人为被收养人，即养子女；将未成年子女或孤儿送给他人收养的生父母、其他监护人和社会福利机构为送养人。

收养制度作为一项古老的法律制度，是亲属制度不可缺少的组成部分。因其以设立亲子关系为目的，因此，它又是生育制度的重要补充。在我国，收养制度是我国家庭制度的重要组成部分，养父母与养子女间的权利义务关系，养子女与养父母近亲属间的权利义务关系都是家庭关系的重要内容。我国于 1991 年 12 月 29 日颁布了《收养法》(已失效),这是我国第一部专门调整收养关系的部门法。随着我国《民法典》的颁布,收养法也正式回归民法而成为我国《民法典》的重要组成部分。

二、收养的法律特征

1. 收养是一种民事法律行为。收养是在收养人、送养人和有识别能力的被收养人之间作出的建立一定身份关系的民事法律行为。收养行为的成立需收养人与送养人及有识别能力的被收养人达成收养的合意,它只能发生于自然人之间。由于收养行为能够引起改变身份关系的重要后果,涉及当事人和社会的利益,因此,成立收养关系必须符合法定的条件,履行法定的程序。

2. 收养是身份法上的行为。收养行为的目的和后果是创设特定的身份关系即养父母、养子女关系。这是一种发生在自然人之间的身份关系,自然人以外的民事主体不能收养或被收养。因此,它与国家收容、养育孤儿和弃婴这种行政法上的行为有着本质的区别。

3. 收养是变更亲属身份和权利义务关系的行为。收养具有法定的拟制效力和解除效力。收养关系成立后,收养人与被收养人之间产生了亲子身份和父母子女的权利义务关系;同时,解除了被收养人与其生父母的权利义务关系。应当指出的是,被收养人与生父母及其他亲属间的血缘关系依然存在,法律关于禁止近亲结婚的规定对于他们依然适用。

4. 收养只能发生在非直系血亲之间。收养的结果是使收养人与被收养人之间产生父母子女关系,原本就有直系血亲关系的亲属如发生收养,在法律上没有任何意义。因此,收养只能发生在没有直系血亲关系的自然人之间。

5. 收养关系是一种拟制血亲关系。收养所产生的亲属关系为拟制血亲关系,也称"法亲",它不是自然产生而是人为创设所形成的亲属关系。因此,它可以依法产生,也可以依法解除。

三、收养与相近行为的比较

从收养的上述特征中不难看出,收养与社会福利机构收容、养育孤儿、弃婴,与公民间的寄养以及公民间的义亲、干亲有着明显的区别。

(一) 收养与收容、养育孤儿、弃婴

收养是在收养人与被收养人之间产生父母子女亲属关系的民事法律行为,而收容、养育行为是国家社会福利机构根据有关行政法规而作出的一种社会福利性措施。两者之间有明显的区别,体现在:①法律性质不同。收养是民法(身份法)上的行为;社会福利机构收容、养育孤儿和弃婴是行政法上的行为。②成立

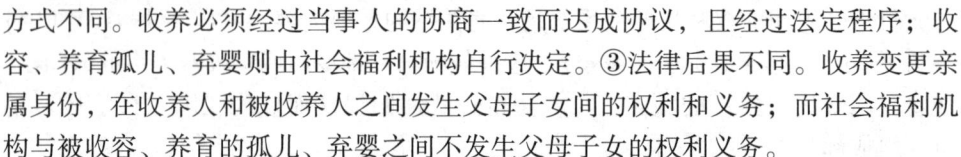

方式不同。收养必须经过当事人的协商一致而达成协议，且经过法定程序；收容、养育孤儿、弃婴则由社会福利机构自行决定。③法律后果不同。收养变更亲属身份，在收养人和被收养人之间发生父母子女间的权利和义务；而社会福利机构与被收容、养育的孤儿、弃婴之间不发生父母子女的权利义务。

（二）收养与寄养

寄养又称托养，是指父母出于某种原因无法与子女共同生活，不能亲自履行抚养义务，而委托他人代其抚养子女的行为。它与收养的区别在于：①程序不同。收养关系的成立和解除都必须经过法定程序；而寄养则无须经过法定程序。②法律后果不同。收养关系建立后，收养人与被收养人之间产生拟制血亲关系；而寄养是自然人之间的互助行为，虽然抚养子女的具体形式有所变化，但子女与其父母的身份关系并未改变，父母子女间的权利义务并未转移，受托人与被寄养的子女间并不产生法律拟制的父母子女关系。③共同生活期限不同。在正常情况下，收养关系是长期甚至永久的；而寄养是临时性的，它随寄养原因的消除而解除。

（三）收养与义亲、干亲

义亲是我国古代的一种收养制度。义亲是以恩义为基础收养异姓儿，故称为义亲。义亲的一方为义父母，另一方为义子女。在封建社会里，义亲不能继承嗣宗，只能继承一部分财产。目前我国法律不承认义亲关系。

干亲是从义亲演变而来的。干亲的确认形式是采取拜认的方式。干亲只是名义上的，双方只有感情上的联系，而没有法律上的权利义务关系。干亲不属于法律意义上的收养关系。

四、收养的意义

在我国目前社会条件下，养老育幼仍然是家庭所负担的一项重要社会职能。收养制度是我国家庭制度的重要补充。确立收养制度，保护合法的收养关系，维护收养关系当事人的权利，是充分发挥家庭养老育幼职能，完善社会主义婚姻家庭制度的需要。其意义在于：

1. 收养可以使父母双亡的孤儿，或查找不到生父母的未成年人以及生父母有特殊困难无力抚养的子女，能够重新得到家庭的温暖，有一个较好的生活条件和生存环境，在养父母的抚养教育下健康成长。

2. 收养可以满足无子女或者只有一名子女的人在生活上、感情上和心理上的需要。收养是社会生育制度的必要补充，它可以使无子女或者只有一名子女的人通过收养而建立起父母子女拟制血亲关系，充分享受天伦之乐，得到精神上的安慰；同时，在他们年老体衰时，得到养子女的赡养和扶助。

3. 收养制度的确立，有利于发扬我国尊老爱幼的民族传统美德，倡导社会成员之间的互助友爱精神，切实保障儿童和老人的合法权益，并在一定意义上为国家减轻了社会福利负担，促进了社会的和谐稳定和精神文明建设。

五、收养制度的历史沿革

收养制度起源甚早，源远流长，是亲属制度不可缺少的组成部分。追根溯源，该制度早在父系氏族社会就被当时的习惯所确认。恩格斯在《家庭、私有制和国家的起源》中指出："氏族可以收养外人入族，并用这个方法吸收他们为整个部落的成员。"[1] 当时的收养，带有非常朴素的色彩，完全是为了本氏族的利益，即氏族的繁荣兴旺，故称为"为族的收养"。这仅仅是收养制度最初的萌芽。进入阶级社会以后，收养已成为一项法律制度，成为不同时代、不同国家的亲属制度重要组成部分，并随着社会物质生活条件的变化及社会政治、文化、习俗等影响而不断演变，大致经历了"为家的收养""为亲的收养""为子的收养""为亲子双方利益的收养"等几个阶段。现代社会的收养，已摆脱了传宗接代、养儿防老的传统观念，也不再仅仅停留在为了抚孤育孤而收养的层面上。确立收养制度的出发点和落脚点不仅在于维护被收养人的利益，还在于维护收养人的利益。

（一）我国古代封建社会的收养制度

在中国古代，收养自原始社会起就在民间非常流行。我国古代宗法制度下的收养制度，实行以男性为中心的宗祧继承制度，主要分为"立嗣"和"乞养"两类。

1. 立嗣。立嗣俗称"过继"或"过房"，是指无后的男子许立同宗同姓辈分相当的他人之子为嗣子的一种特殊收养方式。立嗣的宗旨是为了承继宗祧。历代律例对立嗣多有规定，主要有：①男子无男性后代的才能立嗣；②所立嗣子必须为同姓同宗辈分相当的后代，不得立异姓子乱宗，也不得立女性为嗣；③嗣子与嗣父母间发生亲子关系，与嗣父母的亲属间也发生亲属关系；④嗣父母与嗣子的关系允许解除，称为"退继"；⑤无子的男子生前未立嗣，死后由其妻子或其父母等长辈代其立嗣，称为"继绝"。立嗣属于亲属间的收养。

2. 乞养。乞养是指非亲属间的收养，它是立嗣的补充。乞养与立嗣不同，不论同姓异姓，不分是男是女，一般也不以无后为条件，均可收养。《唐律·户婚》中规定："其遗弃小儿，年三岁以下，虽异姓，听收养，即从其姓。"乞养的对象，法律限定为了三岁以下的弃儿。异姓养子又称为"假子""螟蛉子"

---

〔1〕《马克思恩格斯全集》（第21卷），人民出版社1958年版，第101页。

"义子"等，其主要目的在于养儿防老和抚孤育孤。收养人为义父母，被收养人为义子女，双方不发生宗祧继承关系，也不得以无子为由将义子立为嗣子。可见，立嗣的效力高于乞养，嗣子的地位高于义子女。

归纳起来，在我国古代，立嗣和乞养是收养的两种主要方式。除此之外，在我国民间，还存在"同宗抚养子"这种收养形式。

（二）半殖民地半封建社会的收养制度

中国自清朝末年以来，历次民律草案中均规定了收养制度，但均未公布施行。

中华民国时期，"国民党政府"在1930年公布、1931年施行的"民法亲属编"中也有收养制度的规定，在具体内容上没有关于宗祧继承和立嗣的条款，但实质上未予以否定，在实际生活中收养制度与立嗣制度是同时并存的。一方面，在其"民法亲属编"施行法中规定，"民法亲属编"施行前所立之嗣子女，在其施行后与父母之关系与婚生子女同，这就明确承认过去的立嗣有效；另一方面，其"继承编"第1143条规定，无直系血亲卑亲属者，得指定继承人。而其"亲属编"第1071条又规定这种指定继承人与被继承人的关系除法律另有规定外，与婚生子女同，这就是所谓遗嘱养子女，为当时仍然流行的立嗣习俗继续合法地流传提供了依据。

（三）中华人民共和国的收养制度

中华人民共和国成立后，我国彻底废除了以继承宗祧为目的的立嗣制度，收养制度发生了根本变化，收养立法的发展经历了以下几个阶段：

1. 萌芽阶段（中华人民共和国成立初期至20世纪70年代）。1950年《婚姻法》和中华人民共和国成立初期以来最高人民法院的有关司法解释均承认和保护合法的收养关系。1950年《婚姻法》第13条规定了养父母与养子女相互间适用父母子女间的权利和义务关系。但对于收养的成立条件、程序、效力、解除等问题，均未作出具体规定。在司法实践中，基本上是按照最高人民法院的有关批复，在承认事实收养的基础上处理收养纠纷。[1]

2. 建立、完善阶段（20世纪70年代末~80年代末）。1979年发布的《最高人民法院关于贯彻执行民事政策法律的意见》对收养的条件、程序、解除等问题分别作出了规定；1980年《婚姻法》第20条规定了收养成立的法律效力、养子女的法律地位以及养子女与养父母间的权利义务关系、养子女和生父母的关系；1984年《最高人民法院关于贯彻执行民事政策法律若干问题的意见》进一步完

---

〔1〕 王丽萍主编：《婚姻家庭继承法学》，北京大学出版社2004年版，第229页。

善了对事实收养、养祖孙关系、解除收养的条件及其法律后果等问题的法律规定。

　　3. 健全、完备阶段（20 世纪 90 年代至今）。为了进一步加强对收养关系的法律调整，1991 年 12 月 29 日我国颁布了《收养法》，自 1992 年 4 月 1 日起施行。该法分为总则、收养关系的成立、收养的效力、收养关系的解除、法律责任和附则等六章，共计 33 条。1998 年 11 月 4 日第九届全国人民代表大会常务委员会第五次会议又通过了《关于修改〈中华人民共和国收养法〉的决定》，此决定自 1999 年 4 月 1 日起施行。这次修改的条文共 9 条，增加了 1 条。修改的主要内容体现在两个方面：①适当放宽收养条件；②统一收养程序。此外，还增加和补充了有关保护收养当事人（特别是被收养的未成年人）的合法权益的内容，加大了对遗弃婴儿和出卖亲生子女的违法行为的处罚力度。1991 年《收养法》的颁布，使我国有了专门的部门法作为调整收养关系的准则；1998 年《收养法》的修正，标志着我国收养制度进入了健全和完备的阶段。2001 年《婚姻法修正案》第 26 条进一步规定了养子女的法律地位以及养子女与养父母间的权利义务关系、养子女和生父母的关系。在《民法典》实施之前，我国收养制度以《收养法》为核心，还包括调整收养关系的相关法规、国务院所属有关部门针对收养问题所制定的规范性文件和最高人民法院司法解释等，例如《中国公民收养子女登记办法》《外国人在中华人民共和国收养子女登记办法》等法规、规章。

　　我国《民法典》进一步扩大了收养人和被收养人的主体范围，放宽了对收养子女数量的限制，完善了收养关系成立或者解除的条件。

第二节　收养制度的基本原则

导入案例

　　某甲（男）与某乙（女）离婚后，某乙经某甲同意，将 2 岁女儿送与某丙（男）和某丁（女）夫妇收养，办理了收养登记手续。某丙夫妇婚后多年未育，双方共同经营一酒楼，收入较稳定。去年以来，某丙经常赌博，夜不归宿，且染上吸毒恶习，导致夫妻感情恶化，某丁遂向人民法院起诉与某丙离婚。经人民法院主持调解，双方同意离婚，共同财产一人一半，但双方都要求将养女判归自己抚养。人民法院经审理认为，应从有利于该养女的抚养和健康成长出发，权衡双方各方面条件，判决该养女归养母某丁抚养。

本案知识点：收养制度的基本原则。

我国收养法的基本原则，是我国收养法的立法指导思想，也是收养法执法的基本准则。根据《民法典》第3、4、5、8和1044条的规定，收养必须遵循以下原则：

一、最有利于被收养人

保障被收养人的健康成长是实行收养制度的首要目的。《民法典》第1044条第1款规定："收养应当遵循最有利于被收养人的原则"。因此，最有利于被收养人，是我国收养法的首要原则。未成年的被收养人正处于身心发育阶段，建立收养关系必须以保证他们生理、心理各方面的健康成长为前提。为此，《民法典》在收养关系成立的条件、收养效力以及收养关系的解除等各方面均作了明确的保护性规定，并强调"禁止借收养名义买卖未成年人"（第1044条第2款），体现了有利于被收养人抚养、成长的立法精神，使未成年被收养人的权益得到了更有效的法律保障。

二、平等自愿

平等自愿是我国民事立法的基本原则，收养关系的成立或者解除，都是变更身份关系的重要民事法律行为，必须遵循我国《民法典》规定的平等自愿基本原则。在收养法律关系中，当事人的法律地位完全平等，不允许任何一方享有超越法律的特权，也不允许一方对他方加以强迫，否则，构成对当事人人身权利的侵害。同时，成立或者解除收养关系，必须由当事人在平等的基础上自愿决定，协商一致地进行，任何一方都不得以欺诈、胁迫等手段强令对方在违背真实意思的情况下进行。为体现这一原则，《民法典》既规定收养人和送养人的自愿，同时还规定收养年满8周岁以上的未成年人，应当征得被收养人的同意。

三、不得违背公序良俗

我国《民法典》第8条规定，民事主体从事民事活动，不得违背公序良俗。收养人行为不仅涉及当事人的切身利益，而且还涉及社会公共秩序与善良风俗。因此，收养既要符合法律规定，又要符合社会公共秩序与善良风俗的要求。成立收养必须有正当的动机和目的，不得违背与社会公共利益有关的社会秩序和社会公认的、良好的道德准则和风俗，更不得借收养之名掩盖非法目的。这一原则主要体现在《民法典》第1044条第2款、第1102条、第1118条的规定中。

四、尊重和保护收养秘密

收养关系是法律拟制的血亲关系，它与自然血亲关系的最大区别在于：可因收养的解除而终止。为了维护收养家庭的稳定和睦，保护收养关系当事人的隐私权和其他合法权益，凡收养人、送养人要求保守收养秘密的，任何个人和组织都必须尊重当事人的权利，不得泄露收养秘密。我国《民法典》第 1110 条规定："收养人、送养人要求保守收养秘密的，其他人应当尊重其意愿，不得泄露。"对于违反规定造成严重后果者，应追究相应的民事责任。

第三节 收养关系的成立

导入案例

　　刘某（男）与谭某（女）于 2018 年 11 月 11 日登记结婚，婚后未生育子女。2019 年 8 月 18 日，谭某收养一名男婴，并与该男婴的亲生父母订立了收养协议。同年 12 月 20 日，刘某以夫妻感情破裂为由向人民法院提起诉讼，要求与谭某离婚。在庭审中谭某同意离婚，但认为男孩是夫妻双方共同收养的，要求刘某给付抚养费。人民法院经审理后认为：依据我国《收养法》的规定，收养应当向县级以上人民政府民政部门登记，收养关系自登记之日起成立。该案当事人在收养小孩时虽与小孩的亲生父母订立了收养协议，但并没有到民政部门进行登记，收养关系不能成立。据此，刘某没有向该小孩支付抚养费的义务。

　　本案知识点：收养成立的实质要件；收养成立的形式要件。

一、收养成立的实质要件

　　收养成立的实质要件，是指收养各方当事人必须具备的条件。只有条件完全具备，才能成立收养关系。收养成立的实质要件既要符合《民法典》中有关民事法律行为的一般规定，又要符合《民法典》中有关收养行为的专门规定。由于收养是涉及收养人、送养人和被收养人多方利益的民事法律行为，他们各自的情况不同，有关收养成立的实质要件亦不完全相同，因此将其条件分为一般收养的条件和特殊收养的条件两大类。

　　（一）一般收养的条件

　　一般收养的条件，是指建立一般收养关系时当事人应具备的条件。它包括：

　　1. 被收养人的条件。根据我国《民法典》第 1093 条的规定，被收养人应当符合下列条件：

　　（1）年龄未满 18 周岁。收养未成年人，有利于培养和建立养亲子间的感情，稳定和发展收养关系。

（2）丧失父母的孤儿，或查找不到生父母的未成年人，或生父母有特殊困难无力抚养的子女。这里所指的"孤儿"，是指父母自然死亡或被宣告死亡的不满 18 周岁的未成年人；查找不到生父母的未成年人是指被父母遗弃且查找不到生父母的婴儿、儿童和其他未成年人。从现实情况看，被遗弃的对象多为女婴、残疾儿童和非婚生子女，遗弃者则主要是该儿童、弃婴或未成年人的生父母。"无力抚养的子女"是指生父母有特殊困难无法或不宜抚养子女。这只能根据当事人的具体情况来认定，例如生父母出于无经济负担能力、患有严重疾病或绝症、丧失民事行为能力或因违法犯罪滥用亲权而被剥夺亲权等原因，以致无法或不宜抚养子女，均可视为有特殊困难无力抚养的情形。

（3）收养 8 周岁以上未成年人的，应征得被收养人的同意。根据《民法典》第 19 条和第 1104 条的规定，年满 8 周岁以上的未成年人，属于限制民事行为能力人，具备初步的认识能力和判断能力，能够表达自己的意志。因此，当收养他们作为养子女时，应征求本人的意愿，取得其本人同意，这样有利于建立起和睦稳定的养父母子女关系。

2. 收养人的条件。根据我国《民法典》第 1098 条、第 1100 条的规定，收养人应当符合下列条件：

（1）无子女或者只有一名子女。这里的无子女，包括未婚者无子女、已婚者尚无子女以及无生育能力而不可能有子女等各种情形。只有一名子女是指收养人在收养时只有一名子女。因此，只有无子女者或者只有一名子女者才能收养子女，有两名以上（含两名）子女者一般不许收养。

（2）有抚养、教育和保护被收养人的能力。这里所指的能力，是指收养人须是完全民事行为能力人，具备抚养教育被收养人的经济条件、身体素质、良好的思想品德和智力能力等，能够确保抚养、管教和保护养子女职责的履行，使被收养人能够健康成长。

（3）未患有在医学上认为不应当收养子女的疾病。收养人应身心健康，才能抚养、照顾养子女。如果养父母患有严重疾病，生活不能自理，就无法履行抚养、照顾养子女的义务；在养父母身患传染病的情况下，就很容易传染给养子女，危害养子女的身体健康。

（4）无不利于被收养人健康成长的违法犯罪记录。《民法典》第 1098 条将"无不利于被收养人健康成长的违法犯罪记录"纳入收养人的条件，目的是使被收养人在被收养后能够得到养父母的悉心抚养和照顾。而有过不利于被收养人健康成长违法犯罪前科者，就丧失了作为收养人的资格。这是最有利于被收养人原则的一个具体体现。

（5）年满 30 周岁。这是取得收养人资格的最低年龄，不满 30 周岁的自然人一般不得收养子女，这是出于对收养关系的性质和生育时间及养子女的利益考虑。收养人必须是成年人，这是世界各国收养立法的通例，如《日本民法典》规定已达成年者可以收养子女。有的国家和地区则规定收养人与被收养人须有一定的年龄差距，如《阿根廷民法典》和《加拿大魁北克民法典》规定双方年龄差距至少应为 18（周）岁；《瑞士民法典》规定收养人不论是否已婚，须年满35 岁，并规定养子女最少得比养父母年少 16 岁。

（6）收养人必须自愿收养。收养人的收养意愿必须为真实的意思表示，完全自愿同意收养。依照《民法典》第 1101 条的规定："有配偶者收养子女，应当夫妻共同收养。"因此，如果收养人无配偶，则其本人同意即可，有配偶者收养子女，则必须配偶双方完全同意收养。被收养人为配偶双方的养子女。

在理解和把握收养人的条件时，应注意以下问题：

（1）收养子女的数量。根据《民法典》第 1100 条的规定，无子女的收养人可以收养两名子女；有子女的收养人只能收养一名子女。

（2）无配偶者收养后结婚的单方收养情况。在现实生活中存在的无配偶者收养后结婚的单方收养情形，只要符合收养成立的实质要件和形式要件，应确认收养关系有效。其配偶与被收养人的关系只有在其配偶也同意收养该子女，并与收养人、送养人共同到收养登记机关办理收养登记手续后，才正式形成养父母与养子女关系。如果被收养人已满 8 周岁的，还应当征得其本人同意。否则，被收养人与收养人的配偶只能是姻亲关系。

3. 送养人的条件。根据我国《民法典》第 1094 条、第 1095 条、第 1096 条、第 1097 条、第 1104 条、第 1108 条的规定，下列公民、组织可以作为送养人，但须符合相应的条件：

（1）未成年人的生父母作为送养人：①有特殊困难无力抚养子女。这与以生父母有特殊困难无力抚养的子女为被收养人的规定是一致的，只有因身体或经济等方面的特殊困难确实无力抚养子女的生父母，才能将子女送养他人。②生父母送养子女，须双方共同送养。生父母离婚后，一方要求送养子女的，须征得另一方同意，由双方共同送养。对于非婚生子女，也应由其生父母共同送养，生父母一方不明或者查找不到的，可以单方送养。与子女共同生活的生父母一方因患病或生活困难没有能力抚养子女的，首先应征得生父母另一方的同意；如果无法征得其同意的，可单方送养。③配偶一方死亡，另外一方要求送养子女的，死亡一方的父母有优先抚养的权利，送养前须征求死亡一方父母的意见。如果他们愿意并有能力抚养该孙子女或者外孙子女的，另一方就不得送养。

（2）监护人作为送养人。这里的监护人是指生父母以外、对未成年人负监护责任的人。监护人的选定，适用《民法典》第 27 条第 2 款的规定，当未成年人的父母已经死亡或者没有监护能力时，该未成年人的祖父母、外祖父母、兄、姐以及其他愿意担任监护人的个人或者组织（但须经未成年人住所地的居民委员会、村民委员会或者民政部门同意），可以担任未成年人的监护人。没有上述监护人的，根据《民法典》第 32 条的规定，应由民政部门担任监护人，也可以由具备履行监护职责条件的被监护人住所地的居民委员会、村民委员会担任监护人，上述监护人可作为送养人。但应注意以下两点：①根据《民法典》第 1096 条的规定，未成年人的父母均已死亡，其监护人要求将其送养，应征得有抚养义务的人同意。有抚养义务的祖父母、外祖父母或成年兄姐不同意送养，监护人又不愿意继续履行监护职责的，可依照《民法典》第 30、31 条的规定，由依法具有监护资格的人协议确定监护人；对监护人的确定有争议的，由被监护人住所地的居民委员会、村民委员会或者民政部门指定监护人，有关当事人对指定不服的，可以向人民法院申请指定监护人；有关当事人也可以直接向人民法院申请指定监护人。②根据《民法典》第 1095 条的规定，未成年人的父母均不具备完全民事行为能力且可能严重危害该未成年人的，该未成年人的监护人可以将其送养。

（3）儿童福利机构作为送养人。我国的儿童福利机构是指各地民政部门主管的收容、养育孤儿和查找不到生父母的弃婴、儿童的福利院。除了儿童福利机构外，其他任何机构不得送养上述孤儿、弃婴和儿童。公民拾得弃婴后，应当送交当地的儿童福利机构收容抚养。如果公民自愿收养弃婴，由抚养弃婴的儿童福利机构作为送养人。对于某些生父母自费送到儿童福利机构寄养的残疾儿童，儿童福利机构无权将他们送养。

（二）特殊收养的条件

所谓特殊收养，是指在一定条件下，某些特殊主体可不受部分收养实质要件限制的收养关系。特殊收养条件是相对于一般收养条件而言的，是在一般收养条件的基础上，针对某些特殊收养关系所作的变通规定，主要与收养主体的身份状况有关。

1. 亲属间的收养。亲属间的收养是指收养三代以内旁系同辈血亲的子女，包括收养兄弟姐妹、堂兄弟姐妹和表兄弟姐妹的子女。我国民间历来就有亲属间收养（俗称过继）的习惯。由于收养人和被收养人之间有着一定的血缘关系和亲属身份，彼此间比较了解，这种收养关系成立后相对比较稳定，因此，《民法典》第 1099 条对这类收养作了放宽规定：

（1）生父母无特殊困难、有抚养能力的子女，亦可为被收养人。

（2）无特殊困难、有抚养能力的生父母，亦可为送养人。

（3）无配偶者收养异性子女的，不受收养人与被收养人间须有 40 周岁以上年龄差的限制。

（4）华侨收养三代以内旁系同辈血亲的子女，除上述三种放宽情形外，还可以不受收养人无子女或者只有一名子女的限制。

2. 收养孤儿、残疾未成年人或者查找不到生父母的未成年人。收养孤儿、残疾未成年人或者由儿童福利机构抚养的查找不到生父母的未成年人的行为，具有援助弱者的人道主义性质，体现了对这类未成年人的爱心，有利于他们在其养父母的抚养下健康成长，同时也为国家减轻了负担，增进了社会公共利益，因此，国家对这种行为给予鼓励，在《民法典》第 1100 条第 2 款中对这类收养的条件也作了适当放宽，即不受收养人无子女或者只有一名子女和收养数量的限制。

此外，有配偶者须夫妻共同收养，无配偶者收养孤儿、残疾未成年人或者查找不到生父母的未成年人的，仍须有 40 周岁以上的年龄差，被收养人的年龄不得超过 18 周岁。

3. 收养继子女。继子女和继父母的关系是因生父母的再婚形成的，在一般情况下，他们只是姻亲，并无法律上的权利义务关系。为了家庭和睦与稳定，鼓励继父母将继子女收养为养子女，《民法典》第 1103 条在收养条件上作出了放宽性规定：

（1）生父母没有抚养子女的特殊困难，也可以将其子女送养。

（2）收养人不受无子女或者只有一名子女及年满 30 周岁和收养子女数量的限制。

继父母收养继子女，使得继父母子女关系转变为养父母子女关系，[1] 同时也改变了继子女原有的双重法律地位，即消除了继子女与继父或继母间、与生父或生母间的双重权利义务关系，只与自己共同生活的生父（母）养母（父）保持权利义务关系，这对家庭关系的和睦稳定是十分有利的。

继子女被继父（母）收养的，其与再婚关系之外的生父（母）的权利义务因收养关系的成立而消除。

4. 无配偶者收养异性子女。无配偶者是指未婚、离婚或丧偶的单身成年人。为了维护无配偶者的切身利益，满足他们对家庭温暖的需求，我国《民法典》

---

〔1〕 吴国平：《家事法疑难问题研究》，吉林大学出版社 2020 年版，第 199 页。

明确规定允许他们收养子女，但对收养人与被收养人之间的年龄间隔作了较严格的限制。除了必须适用一般收养成立的各项条件外，《民法典》第1102条还规定："无配偶者收养异性子女的，收养人与被收养人的年龄应当相差四十周岁以上。"这一规定的目的在于维护收养关系的伦理性，保护被收养人的合法权益，避免日后发生违背社会公德的不良行为。

对于无配偶的男性收养男性子女，或者无配偶的女性收养女性子女的，《民法典》未作年龄方面的限定性规定，只要他们具备收养的一般条件，即可允许收养。

二、收养成立的形式要件

收养是变更亲子法律关系的一种重要的民事法律行为，当事人具备了收养成立的实质要件之后，还必须符合形式要件，即履行法定的程序，才能产生法律效力。

《民法典》第1105条第1、3、4款规定："收养应当向县级以上人民政府民政部门登记。收养关系自登记之日起成立。""收养关系当事人愿意签订收养协议的，可以签订收养协议。""收养关系当事人各方或者一方要求办理收养公证的，应当办理收养公证。"可见，在我国，收养的法定形式要件为收养登记，而收养协议和收养公证是当事人可以自愿选择的程序，是对收养登记的必要补充。

（一）收养登记机关

办理收养登记的机关是县级以上人民政府的民政部门。依照《民法典》和2019年3月2日修订的《中国公民收养子女登记办法》第3条规定，根据被收养人的具体情况，应当向以下相应的登记机关进行登记：

1. 收养社会福利机构抚养的查找不到生父母的弃婴、儿童和孤儿的，在社会福利机构所在地的收养登记机关办理登记。

2. 收养非社会福利机构抚养的查找不到生父母的弃婴和儿童的，在弃婴和儿童发现地的收养登记机关办理登记。

3. 收养生父母有特殊困难无力抚养的子女或者由监护人监护的孤儿的，在被收养人生父母或者监护人常住户口所在地（组织作监护人的，在该组织所在地）的收养登记机关办理登记。

4. 收养三代以内旁系同辈血亲的子女，以及继父或者继母收养继子女的，在被收养人生父或者生母常住户口所在地的收养登记机关办理登记。

（二）收养登记的具体步骤

1. 申请。要求收养子女的当事人夫妻双方，必须亲自到民政部门的登记机关申请办理收养登记。如果一方不能亲自到收养登记机关的，应当书面委托另一

方办理登记手续，委托书应当经过村民委员会或者居民委员会证明或者经过公证。送养人为自然人的，须送养人亲自到收养登记机关办理收养登记；送养人为社会福利机构的，须由其负责人或委托代理人到收养登记机关办理收养登记。如果被收养人是年满 8 周岁未成年人的，亦必须亲自到收养登记机关办理收养登记。

申请办理收养登记时，收养人应当向收养登记机关提交收养申请书，并根据收养人和被收养人的不同情况提供相应的证明材料。申请书的内容应包括：①收养人情况；②送养人情况；③被收养人情况；④收养目的；⑤收养人作出的不虐待、不遗弃被收养人和抚育被收养人、使其健康成长的保证。

一般居为作为收养人的，应当提供以下证明材料：居民身份证和户口簿；申请人所在单位出具的或者村民委员会、居民委员会出具的加盖乡（镇）人民政府或者街道办事处公章的本人婚姻状况、生育情况和抚养教育被收养人的能力等情况的有效证明；县级以上医疗机构出具的未患有医学上认为不应当收养子女的疾病的身体健康检查证明。收养查找不到生父母的弃婴、儿童的，还应当提交收养人经常居住地计划生育部门出具的收养人生育情况证明；其中收养非社会福利机构抚养的查找不到生父母的弃婴、儿童的，收养人还应当提交收养人经常居住地计划生育部门出具的收养人生育情况证明和公安机关出具的捡拾弃婴、儿童报案的证明。收养继子女的，可以只提交居民户口簿、居民身份证和收养人与被收养人生父或者生母结婚的证明。

港澳同胞作为收养人的，应当提供以下证明材料：港澳居民身份证、港澳同胞回乡证；经国家主管机关委托的香港委托公证人、澳门政府民事登记或公证等部门签发的本人年龄、婚姻、家庭成员、职业、财产、健康等状况的证明。该证明自出具之日起 6 个月内有效。

台湾同胞作为收养人的，应当提供以下证明材料：在台湾居住的有效身份证明；国家主管机关签发或者签注的在有效期内的旅行证件；经公证的本人年龄、婚姻、家庭成员、职业、财产、健康等状况的证明。该证明自出具之日起 6 个月内有效。

华侨作为收养人的，应当提供以下证明材料：中华人民共和国护照、代替护照的证件；经居住国公证机关或者公证人公证并经该国外交部门或者外交部门授权的机构认证和我驻该国使领馆认证的年龄、婚姻、家庭成员、职业、财产、健康等状况的证明。该证明须是符合其居住国收养法律规定的证明，自出具之日起 6 个月内有效。这些证明材料应附有其居住国的官方中译本。如果华侨来自未与我国建立外交关系的国家，申请办理收养登记的，必须提交其居住国提供的有关经该国外交部门或者外交部门授权的机构认证，然后再办理与我国有外交关系国家使领馆的认证。

申请办理收养登记时，送养人应当向收养登记机关提交下列证件和证明材料：①送养人的居民户口簿和居民身份证（组织作监护人的，提交其负责人的身份证件）；②《民法典》规定送养时应当征得其他有抚养义务的人同意的，应提交其他有抚养义务的人同意送养的书面意见。

不同类型的送养人还应当向收养登记机关提交一些规定的证明材料：

（1）监护人为送养人的，应当提交实际承担监护责任的证明，孤儿的父母死亡或者宣告死亡的证明，或者被收养人生父母无完全民事行为能力并对被收养人有严重危害的证明。

（2）儿童福利机构为送养人的，应当提交未成年人进入社会福利机构的原始记录，公安机关出具的捡拾未成年人报案的证明，或者孤儿的生父母死亡或者宣告死亡的证明。

（3）父母为送养人的，应当提交其所在单位或者村民委员会、居民委员会出具的送养人有特殊困难的证明。其中，因丧偶或者一方下落不明由单方送养的，还应当提交配偶死亡或者下落不明的证明；子女由三代以内旁系同辈血亲收养的，还应当提交公安机关出具的或者经过公证的与收养人有亲属关系的证明。

（4）被收养人是残疾儿童的，还应当提交县级以上医疗机构出具的该儿童的残疾证明。

2. 审查。收养登记机关收到收养登记申请书及有关材料后，应当自次日起30日内进行审查，这是收养程序的中心环节。审查的主要内容包括：①收养当事人即收养申请人、被收养人和送养人是否符合法律规定的条件；②收养目的是否正当；③当事人申请收养的意思表示是否真实；④证件和证明材料是否齐全有效。审查的主要方式包括核对证件和证明材料、进行必要的询问和调查、进行收养评估等。通过严格的审查，全面考查和判断收养是否有利于被收养人的抚养和健康成长。《民法典》第1105条第5款特别规定："县级以上人民政府民政部门应当依法进行收养评估。"这是收养审查的重要内容。在实践中，由民政部门组织或者民政部门委托第三方（社会事务服务中心）组织法律、心理、医学等相关人士组成评审团，通过面试、心理测试、实地走访等方式，了解收养人的基本情况、收养动机、经济收入、是否有犯罪记录等情况，对收养人的整体情况进行评估，给出收养评估意见书。民政部门依据意见书结论，在30个工作日内给出最终收养成立证明。

3. 登记。经过审查后，收养登记机关对申请人证件和证明材料齐全有效、符合收养法规定的收养条件的，应为其办理收养登记，发给收养登记证，收养关系自登记之日起成立；对不符合《民法典》规定条件的，不予登记，并对当事人说明理由。对收养查找不到生父母的未成年人的，收养登记机关应当在登记前公告查找其生父母；自公告之日起满 60 日，未成年人的生父母或者其他监护人未认领的，视为查找不到生父母的未成年人。公告期间不计算在登记办理期限内。

收养关系成立后，需要为被收养人办理户口登记或者迁移手续的，由收养人持收养登记证到户口登记机关按照国家有关规定办理。

（三）收养协议和收养公证

《民法典》第 1105 条第 3 款规定："收养关系当事人愿意签订收养协议的，可以签订收养协议。"第 4 款规定："收养关系当事人各方或者一方要求办理收养公证的，应当办理收养公证。"根据上述规定，收养协议和收养公证并不是收养的法定形式要件，而是可以由当事人自主选择的规定。

1. 收养协议。收养协议，是收养关系当事人在自愿同意的基础上，依照法律规定的条件订立的关于成立收养关系的书面协议。订立收养关系协议应当符合如下法律要求：

（1）订立收养协议的当事人，即收养人、被收养人与送养人均须符合《民法典》规定的收养成立的条件。

（2）收养协议的主要条款，应当包括收养人、被收养人与送养人的基本情况、收养目的，收养人不虐待、不遗弃被收养人和抚育被收养人健康成长的保证，以及双方要求订立的其他内容。

（3）收养协议的形式，应当为书面协议。收养协议还应当载明达成协议的年、月、日，并由各方当事人亲笔签名。

在订立收养协议时，收养人、送养人双方还必须符合《民法典》第 143 条规定的民事法律行为应当具备的条件。收养协议自收养关系当事人正式签订之日起生效。

2. 收养公证。收养公证，是根据收养关系当事人各方或者一方的要求，由公证机关对其订立的收养协议依法作出的公证证明。

办理收养公证不是成立收养关系的必经程序。收养公证程序属于可选择性程序，只有在收养关系当事人要求办理收养公证时，才依法予以办理。

公证机关接受办理收养公证申请后，应当对收养关系当事人的条件和收养协议的内容的合法性进行审查，以查明收养人、送养人是否符合《民法典》规定的条件，有无欺骗、隐瞒的情况和不良的收养动机，全面权衡收养是否有利于被收养人的抚育和健康成长。经审查，认为证件和证明材料齐全有效，符合《民法典》规定的收养、送养条件、收养协议的内容合法有效的，准予办理收养公证，发放收养公证证明。

第四节 收养的效力

 导入案例

　　江苏省 A 县的武某夫妇婚后一直未生育。1991 年 9 月，他们共同收养了 4 岁女孩媛媛（化名），并经媛媛父母书面同意。此后，媛媛由武某夫妇抚育成人。2009 年 7 月，媛媛大学毕业后，在江苏省 B 市找到工作，并在当地结婚成家。武某夫妇给媛媛操办了婚事。没料媛媛结婚成家后很少回家。为保证将来养女能履行赡养义务，武某夫妇将媛媛诉至人民法院，请求确认收养关系。法院经审理认为，被告由原告于 1991 年收养并抚育成人，有当地基层组织、被告生父母、同村组邻居的书面证明等作为印证，同时被告自己也认可，因此原、被告之间存在事实上的养父母与养子女的关系。虽然双方未办理收养登记手续，但当事人的行为符合公共秩序的一般要求，符合我国收养法的立法精神，是我国农村的一种道德风范和值得提倡的公序良俗，且该收养关系发生在收养法实施前，故对原告诉讼请求应予以支持，遂判决确认原告与被告之间收养关系成立。一审判决后，原、被告在法定上诉期内没有上诉，该判决已生效。

　　本案知识点：事实收养；收养的拟制效力。

　　收养的效力，是指因收养行为的成立而导致的相应法律后果。收养是变更身份关系的民事法律行为，收养关系一经成立，便发生一系列的法律后果。我国《民法典》第 1111 条规定："自收养关系成立之日起，养父母与养子女间的权利义务关系，适用本法关于父母子女关系的规定；养子女与养父母的近亲属间的权利义务关系，适用本法关于子女与父母的近亲属关系的规定。养子女与生父母以及其他近亲属间的权利义务关系，因收养关系的成立而消除。"根据该条规定，可将收养的效力分为拟制效力和解消效力两个方面。同时，《民法典》第 1113 条还规定了无效收养行为及其法律后果。

一、收养的拟制效力

　　收养的拟制效力是指收养依法建立新的亲属关系及其权利义务的效力，也称为收养的积极效力。根据我国《民法典》的规定，收养的拟制效力不仅及于养父母与养子女，也涉及养子女与养父母的近亲属。

（一）养父母与养子女间形成法律拟制的父母子女关系

养父母与养子女之间的权利义务适用《民法典》关于父母子女关系的规定，养子女取得与婚生子女完全相同的法律地位。他们之间的权利义务有：①养父母对养子女有抚养的义务；②养父母对未成年养子女有抚养、教育和保护的权利和义务；③养子女对养父母有赡养扶助的义务；④养父母与养子女有相互继承遗产的权利；⑤养子女可以随养父或养母的姓氏，经收养当事人协商一致，也可以保留原姓氏。在实践中，如果养子女年满 8 周岁，有识别能力的，依法享有姓氏的选择权，是否变更姓氏应当征求其本人的意见。

（二）养子女与养父母的近亲属之间形成相应的拟制血亲关系

养子女与养父母的近亲属之间的权利义务适用《民法典》关于子女与父母的近亲属关系的规定。依照我国《民法典》的有关规定，子女与父母的近亲属具有权利义务关系的范围，包括孙子女与祖父母之间、外孙子女与外祖父母之间以及兄弟姐妹之间。因此，养子女与养父母形成收养关系后，养子女便与养父或养母的父母之间形成法律拟制的孙子女与祖父母、外孙子女与外祖父母的近亲属关系，与养父母的婚生子女之间形成法律拟制的兄弟姐妹近亲属关系。这是养亲子关系在法律上的延续。他们相互间依法承担扶养义务，依法享有遗产继承权。养兄弟姐妹、养祖父母、养外祖父母为第二顺序法定继承人；养孙子女、养外孙子女可以代位继承其养祖父母、养外祖父母的遗产。

关于养子女的晚辈直系血亲与养父母间的权利义务关系问题，我国法律目前没有作出明确规定。本书认为，收养关系成立后，养子女的晚辈直系血亲与养子女一样，在与养父母及其亲属间同样形成拟制血亲关系，他们相互间的权利义务和婚生子女及其晚辈直系血亲与生父母及其亲属之间的关系完全相同，但已超过近亲属范围的除外。

二、收养的解消效力

收养的解消效力，是指收养依法终止原有的亲属关系及其权利义务的效力，又称收养的消极效力。依照我国《民法典》的规定，我国的收养属于完全收养的性质，收养的解消效力不仅及于养子女与生父母，也及于养子女与生父母以外的其他近亲属。

（一）养子女与生父母的权利义务关系消除

根据《民法典》第 1111 条第 2 款的规定，自收养关系成立之日起，养子女与生父母之间的权利义务关系消除。双方不再承担相互抚养、赡养义务，也不再享有相互继承遗产的权利。

应当指出的是，收养的解消效力所消除的仅为法律意义上的父母子女关系，而非自然意义上的父母子女关系。养子女与生父母间基于出生而具有的直接血缘联系仍然存在，并对双方继续存在约束。因此，我国《民法典》中有关禁止直系血亲结婚的规定，对养子女与生父母仍然适用。

（二）养子女与生父母的近亲属的权利义务消除

我国《民法典》第 1111 条第 2 款还规定，养子女与生父母以外的其他近亲属间的权利义务关系，也因收养关系的成立而消除。收养关系成立后，养子女与生父母的父母不再具有祖孙间的权利义务关系；与生父母的其他子女间不再具有兄弟姐妹间的权利义务关系。但养子女与其他血亲间的血缘联系是客观存在的，并不因收养关系的成立而消失。因此，我国《民法典》中有关禁止直系血亲和三代以内旁系血亲结婚的规定，对养子女与生父母以外的其他近亲属也是适用的。

三、与收养有关的几个问题

（一）保守收养秘密

收养权是自然人依法享有的民事权利，收养秘密属于自然人个人的隐私范畴，均受到国家法律的保护。在司法实践中，有不少收养纠纷是由于送养人或其他知情人有意或无意向被收养人泄露收养事实，致使被收养人感情上和思想上受到打击并移情于生父母，造成养父母子女之间关系紧张而引起的。我国《民法典》第 1110 条规定："收养人、送养人要求保守收养秘密的，其他人应当尊重其意愿，不得泄露。"这一规定，对保护收养当事人的合法权益，特别是维护收养关系的稳定具有重要意义。

我国《民法典》的这一规定符合世界许多国家亲属法的通行规定。例如《德国民法典》第 1758 条第 1 款规定，除出于公共利益的特殊原因要求或者收养人和养子女的同意，"不得披露或探问适合于透露收养及其情事的事实"。《俄罗斯联邦家庭法典》第 139 条规定，收养秘密受法律保护，禁止不经收养人同意或者在收养人死后不经监护和保护机关同意，泄露任何关于收养的情况和提供关于收养的户籍登记簿内容摘抄。对违反收养人的意愿泄露收养秘密的人，可依法定程序追究责任。[1] 这些规定的目的，都是出于尊重收养双方的意愿、稳定双方的亲子关系。

---

〔1〕 蒋新苗：《比较收养法》，湖南人民出版社 1999 年版，第 436~437 页。

在贯彻执行这一规定时，应注意以下两个问题：

1. 保守收养秘密的范围。根据我国《民法典》第19条和第1104条的规定，收养人收养与送养人送养，须双方自愿。收养8周岁以上未成年人的，应当征得被收养人的同意。根据这些规定，在收养关系成立时，如果被收养人已年满8周岁，应当征得其同意，其对于收养事实是知道的，没有保守秘密的实际意义。因此，只有在收养关系成立时，被收养人尚不满8周岁（特别是婴幼儿）才适用这一规定。

2. 泄露收养秘密的后果。对于因泄露收养秘密而最终导致收养关系解体的，收养人或送养人可以向人民法院提起损害赔偿诉讼。人民法院得视具体情节和损害后果，责令泄密者对收养人或送养人因此受到的损害（包括精神损害）承担相应的民事责任。

（二）事实收养问题

事实收养是指未办理收养登记手续而以父母子女相待，共同生活多年，亲友、群众公认或者有关组织证明的收养。

1. 事实收养的条件。构成事实收养须具备以下条件：

（1）当事人间须以父母子女关系相待。即当事人相互间都公开承认养父母子女关系，包括相互使用父母子女的称谓，或子女的姓氏随养父母，或履行了父母子女的权利义务，或有收养文书、户口簿籍以及人事档案等其他材料，能够证明当事人之间已经形成了父母子女的关系。当事人是否以父母子女相待，应根据其中之一或几个方面的证明综合起来确认。

（2）当事人间须有共同生活的事实。一般应以"共同生活多年"为确认事实收养的依据，即当事人之间以父母子女的身份长期发生抚养或赡养的生活关系。这是确认事实收养关系存在的一个客观标志。

（3）须群众和亲友公认或者有关组织证明。即亲友和群众公认当事人之间以养父母与养子女关系长期共同生活。群众和亲友最了解当事人之间的真实情况，他们的看法对确定当事人关系的性质具有重要的证据作用。

（4）养子女与生父母须在事实上已经终止了权利义务关系。

只有同时符合上述四个条件，才构成事实收养。

2. 事实收养的性质及其处理。事实收养行为本身是不符合法律要求的，但由于我国收养法颁布于1991年12月，在规范收养行为方面过去长期无法可依，因此，对《收养法》颁布前形成的事实收养，不应定性为违法收养；而对《收养法》颁布后形成的事实收养，应视为违法行为。

在具体处理时，应以我国《收养法》的颁布实施作为认定事实收养成立的时间界限，区分情况分别处理。首先，对于 1992 年 4 月 1 日《收养法》实施前形成的事实收养，只要不违背我国收养制度基本原则，符合上述事实收养条件的，应认定为事实收养，按合法收养对待。当事人要求补办法定收养手续的，应准予办理。反之，不予承认。如果原先不符合收养条件，现已符合收养条件，应当在办理收养手续后承认其效力。其次，对于 1992 年 4 月 1 日《收养法》实施后形成的事实收养，无论是否符合法律规定的收养条件，都是无效的和违法的行为，一律不予承认。

（三）收养弃婴问题

弃婴是被抚养义务人遗弃的婴儿。从当前我国民间收养子女情况看，弃婴是当前收养子女的重要来源，[1] 而且被遗弃的婴儿主要是女婴、残疾婴儿或非婚生婴儿。遗弃婴儿是违法犯罪行为，应当追究法律责任，但收养弃婴是合法行为，应予鼓励和支持。

收养弃婴应注意以下几个问题：

1. 任何人拾捡到弃婴时必须主动送交儿童福利部门，禁止非法抱养和送养。

2. 收养弃婴必须在查寻遗弃人之后进行。只有在寻找遗弃人无着的情况下才能允许收养，否则就有可能助长弃婴和违法收养行为的发生。公告查找期间为60 天。

3. 收养弃婴须由收养人经常居住地计划生育部门出具收养人生育情况证明、公安机关出具的捡拾弃婴报案证明和民政部门出具的查找弃婴的生父母无着的证明书。收养人持上述证明，方可办理收养登记。

4. 对非法抱养、事实抱养应予以取缔。对于其中符合收养条件的，在规定期限内补办登记手续后发给收养登记证书。

（四）收养养孙问题

收养养孙，也称隔代收养，外国法称之为跳跃收养，是指收养他人的子女为自己的孙子女。这是收养的一种特殊形式。我国《民法典》中没有规定收养养孙的问题，但在司法实践中是承认收养养孙的。1984 年 8 月《最高人民法院关于贯彻执行民事政策法律若干问题的意见》第 29 条规定："收养人收养他人为孙子女，确已形成养祖父母与养孙子女关系的，应予承认。解决收养纠纷或有关权益纠纷时，可依照婚姻法关于养父母与养子女的有关规定，合情合理地处理。"据此，这种养孙子女与养祖父母间的权利义务，适用父母子女权利义务的规定。这是符合我国国情和群众利益的。因此，对《收养法》实施前已经形成的隔代

---

〔1〕 吴国平：《婚姻家庭立法问题研究》，吉林大学出版社 2008 年版，第 247 页。

收养关系，应当予以承认和保护。对《收养法》实施后出现的隔代收养关系，也应本着以人为本、实事求是的精神妥善处理。经审查，凡是符合收养的实质条件又办理了合法的收养手续，只是称谓不同的，应确认其收养关系为有效，并按养父母子女间的法律关系处理其权利义务。[1]

收养养孙必须具备以下条件：

1. 收养人与被收养人年龄必须相差至少 40 周岁，或者在原有的亲属关系中为隔代辈分。

2. 收养养孙的行为各方面均符合收养的法定条件，且办理了合法的收养手续，只是收养协议或登记的称谓不同而已。

3. 必须是收养人（包括收养人夫妻双方）本人直接收养，而不是代收养人的子女收养。在现实生活中，有些夫妻为使无民事行为能力或限制民事行为能力的子女在年老时有人照料生活而收养养孙，这样容易损害被收养人的利益，应当禁止其代为收养。如果确实是收养人自己收养并有能力抚养养孙到成年，只是名义上让养孙称收养人的子女为父母的，则不应禁止。因为在大多数情况下它可以构成一个代际完整的家庭，而且可以减轻社会负担，于国于民都有利。

养祖父母与养孙子女关系成立后，养孙子女与收养人的其他亲生子女、养子女虽然在称谓上不同，但法律地位是完全相同的，与收养人直接产生父母子女间的权利义务关系。同时，养孙子女也应当与养子女一样，一旦收养关系成立，其与生父母之间的权利义务关系就随之解除。

（五）养子女的姓名问题

我国《民法典》第 1112 条规定："养子女可以随养父或养母的姓氏，经当事人协商一致，也可以保留原姓氏。"这一规定充分体现了家庭关系中男女地位平等的原则和理念。在我国民间传统习惯上，收养关系成立后，养子女一般改随养父的姓，养父母为养子女另起名字的情况也十分常见，目的都是使被收养人逐步淡化对生父母及其原家庭的印象和感情，巩固对养父母的关系，从而实现家庭和睦稳定。虽然按照《民法典》的规定，在成立收养关系时，经当事人协商一致，被收养人也可以保持原姓氏，但这种情况在实践中并不多见。从《民法典》第 1112 条规定的立法精神来看，养子女是否更改姓氏，并不是收养关系成立的必要条件，它只是收养关系成立后所体现的法律效力之一，而且是一种任意性规定。因此，我们不能以养子女是否改从养父母的姓氏，或者改姓氏后又恢复其生父母的姓氏，作为判断是否存在收养关系的唯一依据。

---

〔1〕 陈爱萍、姬新江主编：《婚姻家庭法学》，中国检察出版社 2006 年版，第 145 页。

（六）养父母离婚后，与养子女的关系问题

根据我国《民法典》第 1084 条和第 1111 条规定的精神可以明确，养父母与养子女的关系，同父母子女之间的关系一样，并不因养父母离婚而消除。因此，在父母离婚后，养子女无论由养父还是养母抚养，仍然是养父母双方的养子女。养父母对于未成年养子女仍有抚养、教育和保护的义务；养子女对于养父母仍有赡养扶助的义务。

 第五节　收养关系的无效与解除

导入案例

　　三十多年前，老张夫妇收养了只有 3 岁的小张，但未办理收养手续。多年以来，老张夫妇一直将小张当成自己的亲生儿子来抚养，供养其读书，直至工作。去年底，小张结婚成家后却开始对老张夫妇不闻不问，也不履行赡养义务。老张夫妇决定起诉要求与小张解除收养关系，并要求小张支付抚养期间的生活和教育费用。在法庭上小张辩称，自己与老张夫妇已无任何关系。人民法院经审理后认为，小张自小由老张夫妇收养并抚养长大，虽然双方未办理收养登记，但已形成事实收养关系。老张夫妇作为养父母对小张履行了抚养、教育义务，但小张成年后对养父母没有尽到养子的赡养义务，致使其与养父母之间的关系恶化。小张在庭审中否认与老张夫妇存在任何关系，说明双方感情已彻底破裂。老张夫妇的诉讼请求符合法律规定。据此，人民法院依法判决解除老张夫妇与小张的收养关系，小张支付老张夫妇生活和教育费用共计人民币 18 万元。

　　本案知识点：收养关系的解除。

一、收养关系的无效

收养属于变更身份关系的民事法律行为，为了维护法律的严肃性和权威性，我国《民法典》在规定收养关系成立的法律效力的同时，还规定了无效收养问题。《民法典》第 1113 条规定了确认收养无效的法律依据及其法律后果。

（一）无效收养的概念与原因

无效收养是指欠缺收养成立的实质要件和形式要件的收养行为。这种行为不具有收养的法律效力，是一种无效的民事法律行为。根据我国《民法典》第 1113 条第 1 款规定的精神，有下列情形之一的，为无效收养：

1. 违反我国《民法典》第 143 条有关民事法律行为成立的有效要件的规定。

（1）行为人不具有相应的民事行为能力。如收养人或送养人系痴呆症患者，或者正处于精神病发病期间，不具有相应的民事行为能力，其收养或送养行为无效。

（2）当事人的意思表示不真实。即收养人同意收养、送养人愿意送养以及年满 8 周岁的被收养人同意被收养的意思表示有瑕疵。如他方以欺诈、胁迫手段或者乘人之危，使对方当事人在违背真实意愿的情况下作出的收养、送养或同意被收养的意思表示。

（3）违反法律、行政法规的强制性规定或者公序良俗。如违反已婚夫妻必须双方共同收养或生父母必须共同送养子女的规定，或者收养当事人双方以收养的合法形式掩盖非法目的，或者当事人弄虚作假、欺骗收养登记机关等。

2. 违反我国收养法规定的收养成立的实质要件和形式要件。

（1）收养人有两名以上（含两名）子女而收养非孤儿和残疾儿童的。

（2）收养人未满 30 周岁而收养的。

（3）除亲属间收养和华侨收养三代以内旁系同辈血亲的子女外，无配偶者收养异性子女的，收养人与被收养人两者年龄差距不足 40 周岁的。

（4）不符合收养成立的法定程序。

无效收养行为从行为开始实施时起就没有法律约束力。当事人对收养行为的效力有争议时，可请求人民法院确认。

（二）确认收养无效的程序

1. 行政程序。行政程序是指办理收养登记的民政部门依法确认收养无效的程序。根据民政部发布的《中国公民收养子女登记办法》第 12 条的规定，收养登记机关发现收养关系当事人弄虚作假骗取收养登记的，应宣布收养关系无效，撤销该收养登记，并收缴收养登记证。被撤销的收养关系不具有法律效力。该办法第 11 条规定，对于出具虚假证明材料的，由收养登记机关没收虚假证明材料，并建议有关组织对直接责任人员给予批评教育，或者依法给予行政处分、纪律处分。对于当事人和利害关系人能否依行政程序申请确认收养登记无效的问题，没有明确规定。

2. 诉讼程序。诉讼程序是指由人民法院依法审理宣布收养效力的程序。在审判实践中，依诉讼程序确认收养无效有两种情形：①当事人或利害关系人提出请求确认收养无效之诉，由人民法院依法判决宣告收养无效；②人民法院在审理有关案件过程中发现无效收养行为，在有关判决中宣告收养无效。如在审理遗产继承案件中，在确定继承人范围时发现被继承人生前的收养行为不符合法律的规定，依法宣告该收养关系无效，该"养子女"不能享有遗产继承权等。在这里，认定收养关系是否有效，是正确审理遗产继承案件的必要前提。

（三）收养无效的法律后果

我国《民法典》第1113条第2款规定："无效的收养行为自始没有法律约束力。"据此，收养行为经收养登记机关依行政程序或者经人民法院依诉讼程序确认无效的，即为自始无效。确认收养无效的后果为绝对无效，即收养行为从行为开始起就没有法律效力。确认收养无效的行政决定和司法判决具有溯及既往的效力，这是收养关系无效和收养关系解除的重要区别。如果无效收养的当事人违反法律、侵犯当事人合法权益的，还应承担相应的法律责任，包括行政责任和刑事责任。

二、收养关系的解除

收养关系是拟制血亲关系，可因当事人双方协议而成立，也可因双方协议或一方要求而解除。归纳起来，收养关系的终止原因有两个：①自然终止，即收养关系因收养人或被收养人死亡而终止；②人为终止，即通过法律手段人为地解除收养关系。因死亡而终止的，只是终止收养人与被收养人的关系，以收养关系为中介的其他亲属关系并不终止。因依法解除而终止收养关系的，以该收养关系为中介的其他亲属关系随之终止。

在现实生活中，因各种原因而解除收养关系的情况并不少见。如养父母或生父母的情况发生变化；养父母与养子女的关系恶化；因养子女不服管教、有违法行为屡教不改而产生矛盾致使收养关系无法维持；等等。因此，我国《民法典》第1115条和第1116条规定，在一定条件下可以解除收养关系，并根据收养当事人对解除收养所持的态度，规定了两种不同的解除方式：①依当事人协议而解除；②依当事人一方的要求而解除。

（一）协议解除收养

协议解除收养是指收养人与被收养人协商一致，双方同意解除收养关系。根据我国《民法典》第19条和第1114条第1款的规定，收养人在被收养人成年以前，不得解除收养关系，但收养人、送养人双方协议解除的除外，养子女年满8周岁以上的，应当征得本人同意。《民法典》第1115条规定："养父母与成年养子女关系恶化、无法共同生活的，可以协议解除收养关系。不能达成协议的，可以向人民法院提起诉讼。"法律禁止收养人在被收养人成年以前单方解除收养关系，是出于稳定收养关系、保护养子女合法权益的需要，以防止因收养人、送养人相互推卸抚养责任而侵害未成年养子女权益的情况。如果出现重大事由致使收养关系难以维持的，收养人和送养人可以在双方自愿基础上，达成解除收养关系的协议。养父母与成年养子女达成解除收养关系协议的，应当充分尊重双方的共同意愿和选择。

1. 协议解除收养关系的条件。

（1）当事人须有完全民事行为能力。解除收养是一种变更身份关系的重要法律行为，其直接后果就是解除养父母子女关系，必须由当事人亲自进行，不得由他人代理。当事人只有具有完全民事行为能力，才能认识自己行为的后果，作出自己的真实意思表示。

（2）当事人各方同意解除收养关系。即收养人、送养人双方均自愿同意解除收养关系，并达成书面协议。在养子女成年以前，一般不得解除收养关系，但经收养人和送养人协议同意的，可以解除。养子女年满8周岁的，应征得本人同意。这是为了防止因收养人、送养人相互推卸抚养责任而侵害未成年养子女权益现象的发生。年满8周岁的未成年养子女已具有部分民事行为能力，对解除收养关系的后果有一定的识别能力，是否解除收养关系，事关该养子女的切身利益，有必要征得其同意。在养子女成年后，收养人和被收养人可以协商解除收养关系。成年养子女具有完全民事行为能力，只要收养人与被收养人双方对解除收养关系作出一致的意思表示即可成立，无须原送养人同意。

（3）当事人已就解除收养关系后的财产和生活问题达成协议。即收养双方当事人须对财产和生活问题无争议，并在协议中作出自愿协商一致的妥善处理。

（4）当事人双方协议内容不得违反法律、行政法规的强制性规定，不得违背公序良俗。

2. 协议解除收养关系的程序。我国《民法典》第1116条规定："当事人协议解除收养关系的，应当到民政部门办理解除收养关系的登记。"在具体办理时，当事人应当持居民户口簿、居民身份证、收养登记证和解除收养关系的书面协议，共同到被收养人常住户口所在地的收养登记机关办理解除收养关系的登记。

收养登记机关收到解除收养关系登记申请书及有关材料后，应当自次日起30日内进行审查；对符合《民法典》规定的，为当事人办理解除收养关系的登记，收回收养登记证，发给解除收养关系证明书。至此，收养关系即告终止。

（二）诉讼解除收养

诉讼解除收养即一方要求解除的收养，是指收养关系当事人通过向人民法院起诉而解除收养关系。当收养人一方、送养人或已成年的被收养人一方要求解除收养关系而另一方不同意的，或者双方同意解除收养，但在财产和生活问题上有争议的，可以向人民法院起诉，由人民法院依法审理。

1. 诉讼解除收养关系的条件。根据我国《民法典》第1114条第2款和第

1115 条的规定，诉讼解除收养关系的条件是：

（1）收养人不履行抚养义务，有虐待、遗弃等侵害未成年养子女合法权益行为的，送养人有权要求解除养父母与养子女间的收养关系。送养人与收养人不能达成解除收养关系协议的，可以向人民法院提起诉讼。

（2）养父母与成年养子女关系恶化无法共同生活的，可以协议解除收养关系。不能达成协议的，可以向人民法院提起诉讼。

2. 诉讼解除收养关系的程序。人民法院审理要求解除收养关系的案件，应当查明有关事实，包括当事人请求解除收养关系的真实原因、养父母与养子女的实际生活情况，听取年满 8 周岁被收养人的意见，并根据我国《民法典》有关规定，坚持保护儿童和老人合法权益的原则，保护合法的收养关系，保障收养人和被收养人双方的利益，正确处理收养纠纷。人民法院在审理时，可对双方当事人进行调解，促成双方当事人达成保持或解除收养关系的协议，无重大理由的，一般应维持收养关系。调解无效时，依法作出准予或者不准予解除收养关系的判决。收养关系自准予解除收养的调解书或判决书生效之日起解除。在人民法院达成的已生效的解除收养调解书和准予解除收养判决书，具有同等法律效力，是解除收养关系的法律依据。人民法院在调解或判决准予解除收养关系时，要妥善处理好双方的财产和生活问题，将解除收养关系的协议载入调解书后，当事人无须另行签订书面协议，也无须再办理解除收养登记或公证证明。

（三）解除收养关系的法律后果

我国《民法典》第 1117 条、第 1118 条规定了解除收养关系的法律后果，包括直接后果与间接后果。

1. 收养解除的直接后果。收养解除的直接后果是指收养关系当事人的人身及财产方面权利义务发生变更的结果。

（1）养子女与养父母及其他近亲属间的权利义务关系消除。我国《民法典》第 1117 条规定："收养关系解除后，养子女与养父母及其他近亲属间的权利义务关系即行消除……"解除收养关系的直接后果是养父母与养子女关系的终止，相互间因收养而产生的权利义务随之解除。同时，养子女及其子女与养父母的近亲属之间的权利义务关系也随之终止。

（2）未成年养子女与生父母及其他近亲属间的权利义务关系自行恢复，即自然直系血亲和自然旁系血亲关系自行恢复。

（3）成年养子女与生父母及其他近亲属间的权利义务关系并不因收养的解除而自行恢复，而须由双方协商后确定是否恢复。

2. 收养解除的间接后果。收养解除的间接后果主要是指收养关系解除导致当事人生活费和抚养费的追偿及后期支付的后果。

（1）成年养子女的生活费给付义务。收养关系解除后，经养父母抚养的成年养子女，对缺乏劳动能力又缺乏生活来源的养父母，应当付给生活费。生活费的数额，可先由双方协议；协议不成时，由人民法院根据当地一般生活水平需要及养子女的实际负担能力来判决。

（2）养父母的补偿请求权。因养子女成年后虐待、遗弃养父母而解除收养关系的，养父母可以要求养子女补偿收养期间支出的抚养费。养父母这一权利的行使，不受"丧失劳动能力又无其他生活来源"的条件限制。如果生父母要求解除收养关系的，养父母可以要求生父母适当补偿收养期间支出的抚养费。例如生父母将子女送与他人收养后又反悔或者家庭情况发生重大变故，要求解除收养关系的，应补偿养父母在收养期间抚养养子女支出的抚养费。但因养父母虐待、遗弃养子女而解除收养关系的除外。

（3）共同财产的分割权。在解除收养关系时，应当对养父母与养子女在共同生活期间所形成的共同财产依法进行分割，双方分别就分割后其一方单独所有的财产享有所有权。养子女在收养期间因继承、遗赠、赠与、智力创作等原因取得的财产，属于养子女个人所有的财产，应允许其带走。

三、违反收养法的法律责任

（一）法律责任概述

我国《宪法》第 49 条第 1 款中明确规定："……儿童受国家的保护。"《民法典》第 1044 条第 2 款规定："禁止借收养名义买卖未成年人。"因此，在我国，儿童的人权同样是受宪法和法律保护的，借收养名义拐卖儿童、遗弃婴儿或者出卖子女不仅违反民法，而且是严重侵犯公民人身权利的违法犯罪行为，应区分情况依法追究违法犯罪行为人的法律责任。

（二）借收养名义买卖未成年人的法律责任

借收养名义买卖未成年人，是指行为人用欺诈、胁迫、利诱等手段，以营利为目的将未成年人拐卖给第三人为养子女的行为。这是一种犯罪行为，不仅严重侵害未成年人的身心健康，而且给未成年人的父母及其他亲属带来极大的痛苦和不幸。我国《民法典》第 1044 条第 2 款规定："禁止借收养名义买卖未成年人。"我国《刑法》第 240 条规定："拐卖妇女、儿童的，处 5 年以上 10 年以下有期徒刑，并处罚金；有下列情形之一的，处 10 年以上有期徒刑或者无期徒刑，并处罚金或者没收财产；情节特别严重的，处死刑，并处没收财产：①拐卖妇女、儿童集团的首要分子；②拐卖妇女、儿童 3 人以上的；③奸淫被拐卖的妇女的；④诱骗、强迫被拐卖的妇女卖淫或者将被拐卖的妇女卖给他人迫使其卖淫的；⑤以出卖为目的，使用暴力、胁迫或者麻醉方法绑架妇女、儿童的；⑥以出卖为目的，偷盗婴幼儿的；⑦造成被拐卖的妇女、儿童或者其亲属重伤、死亡或者其他严重后果的；⑧将妇女、儿童卖往境外的。拐卖妇女、儿童是指以出卖为目的，有拐骗、绑架、收买、贩卖、接送、中转妇女、儿童的行为之一的。"《刑法》第 241 条第 1 款规定："收买被拐卖的妇女、儿童的，处 3 年以下有期徒刑、拘役或者管制。"

（三）遗弃婴儿的法律责任

我国《宪法》第 49 条第 1 款规定："婚姻、家庭、母亲和儿童受国家的保护。"第 3 款还规定，"父母有抚养教育未成年子女的义务"。《民法典》第 1042 条第 3 款规定："……禁止家庭成员间的虐待和遗弃。"第 1068 条规定："父母有教育、保护未成年子女的权利和义务……" 2020 年 10 月 17 日修订的《未成年人保护法》第 17 条规定："未成年人的父母或者其他监护人不得实施下列行为：（一）虐待、遗弃、非法送养未成年人或者对未成年人实施家庭暴力；……"这些法律规定，充分体现了法律对婴儿的特别保护。在现实生活中，遗弃女婴、残疾婴儿或非婚生婴儿的现象仍时有发生，这不仅违反了为人父母的法定义务，而且还直接给弃婴的生命、健康造成严重威胁，有的甚至导致被弃婴儿死亡。因此，我国《刑法》第 261 条规定："对于年老、年幼、患病或者其他没有独立生活能力的人，负有扶养义务而拒绝扶养，情节恶劣的，处 5 年以下有期徒刑、拘役或者管制。"上述规定，是针对遗弃婴儿的违法犯罪行为作出的专门性规定，这对于保护婴儿的人身权益，制止和打击弃婴犯罪行为都具有重要意义。

实务训练

（一）示范案例

【案情】2015 年 5 月 8 日，家住农村的原告林某与妻子王某生育一对双胞胎儿子，由于生活困难，无力抚养，夫妻协商后经人介绍将双胞胎中之次子送与家住城市的被告严某夫妇抚养。根据两家协商，双方按亲戚往来，原告可以随时看望孩子。在儿子送养期间，原告也多次到被告处看望儿子。但在 2016 年 10 月，双方因探视权问题发生争执，后原告诉至人民法院要求解除收养关系。

人民法院经审理查明：在收养之初，被告严某夫妇自己已育有一女，并不具备法律规定的收养人的条件，且双方在建立收养关系时没有向县级以上人民政府民政部门登记。因此，原被告双方的收养行为应认定为无效。鉴于被告严某夫妇将原告的儿子抱回家已实际抚养一年有余，为抚养幼小的孩子付出了较大的精力

和财力；在双方作为亲戚走动期间出于对原告的帮助，送给原告 5000 元。据此，原告应当适当补偿被告在实际收养期间支出的生活费及其他费用。依照《民法通则》第 55 条和《收养法》第 6 条、第 15 条、第 25 条、第 30 条之规定，判决如下：①被告严某夫妇与原告林某之次子之间的收养行为无效。被告严某夫妇于本判决生效后 3 日内将原告林某之次子送还原告。②原告林某于本判决生效后 3 日内补偿被告 15 000 元。

问：这一收养关系是否有效？本案应如何处理？

【分析】

人民法院的判决是正确的，理由如下：

1. 关于收养关系成立的条件。从情理和民间的习惯做法上看，严某夫妇生活在城市，有稳定的收入，生育了一个女儿后想抱养一个儿子养老送终，合乎情理。送养人林某家住农村，生活比较困难，为了让自己的亲生儿子将来生活得更幸福，把儿子送给条件好、家里又无儿子的家庭抚育也无可厚非。但是，他们的收养愿望与法律相冲突，其收养行为不符合法律的规定。根据我国《收养法》第 6 条的规定，收养人应当同时具备的条件为：①无子女；②有抚养教育被收养人的能力；③未患有在医学上认为不应当收养子女的疾病；④年满 30 周岁。《收养法》第 15 条第 1 款规定收养关系成立的条件是："收养应当向县级以上人民政府民政部门登记。收养关系自登记之日起成立。"据此，在本案中，严某夫妇在收养林某的次子时，虽然双方经过协商，均属自愿，但严某夫妇二人在收养前已有一女，不符合收养时夫妇无子女的规定。严某夫妇收养林某次子后也未到民政部门进行登记。尽管事实上他们一直在家把林某的次子当作自己的亲生儿子抚育，但由于不符合《收养法》规定的收养成立实质要件和形式要件，因此，该收养行为是无效的。

2. 本案还涉及收养关系解除后的经济补偿问题。我国《民法通则》第 92 条规定："没有合法根据，取得不当利益，造成他人损失的，应当将取得的不当利益返还受损失的人。"《收养法》第 30 条第 2 款规定："生父母要求解除收养关系的，养父母可以要求生父母适当补偿收养期间支出的生活费和教育费，……"严某夫妇在抚养林某儿子一年多时间里付出了较大的精力和财力，在收养关系解除时，应当依法得到一定的补偿。反之，严某夫妇为林某养子一年有余所付出的心血和所支出的费用，对林某而言则属不当得利，林某应当依法对严某夫妇进行适当补偿。至于补偿的具体数额，应当结合当地人均消费水平、抚育孩子的实际支出以及双方过错的大小等因素综合考虑。

（二）习作案例

【案例 1】柳某（男）与陈某（女）结婚多年一直未能生育，经医院检查系陈某身体的原因。后经夫妻双方协商，决定共同收养一个孩子。经过他人介绍，他们收养了一名未满周岁的女孩，并办理了相关手续。在此后，柳某觉得这女孩虽然可爱，但毕竟不是自己所生，自己还年轻，没有亲生的孩子总是一个遗憾。在女孩2周岁时，柳某与陈某办理了协议离婚手续。根据陈某不能生育的实际情况，双方协商女孩归陈某抚养，家庭的主要财产留给陈某。之后，双方一直没有联系和来往。在女孩8岁时，突然身患重病住进医院，需要一大笔手术费。虽经社会捐助，但仍有较大缺口。陈某找到柳某请求其帮助承担一部分医疗费用，遭到柳某拒绝。柳某认为在他与陈某离婚时已有协议：女孩归陈某抚养。他与女孩之间已解除了养父女关系。因此，现在他已经没有为女孩承担任何费用的义务。陈某无奈之下诉至人民法院请求解决。

问：1. 养父母与养子女的关系是否因养父母离婚而自动解除？

2. 作为不在一起共同生活的柳某有无继续承担抚养教育女孩的义务？

3. 如果双方要解除收养关系，应符合什么条件？本案应如何处理？

【案例2】郝某的二叔婚后多年没有生育子女。郝某3岁时在其祖父的主持下，被过继给住在同村的二叔做养子。郝某长大后，在一家公司工作。他念及养父母和生父母对自己的养育和关爱，对他们都很孝顺。除了赡养年迈的养父母外，对生父母也经常探望。后其胞弟一家因车祸遭遇不幸，生父母身边无其他子女照顾，郝某又主动承担起照顾生父母生活的义务。生父母提出让郝某解除与养父母的关系，恢复与自己的父母子女关系，以便将来能继承自己的遗产。郝某觉得左右为难，遂请教律师。

问：1. 收养关系建立后，养子女与生父母间的权利义务关系是否还存在？

2. 如果不解除收养关系，养子女是否不能继承生父母的遗产？为什么？

复习与思考

1. 什么是收养？它有哪些法律特征？

2. 我国《民法典》规定的一般收养和特殊收养的条件有哪些？

3. 试述收养成立的程序。

4. 收养成立的法律效力体现在哪些方面？

5. 什么是事实收养？如何认定和对待事实收养？

6. 试述解除收养的条件和程序。

第十章　离婚制度

　　离婚制度是婚姻家庭制度的重要组成部分。离婚制度一方面在于规范婚姻关系解除的条件与情形，并使离婚当事人预知离婚的法律后果；另一方面在于确保婚姻当事人离婚后的权益，以及维护子女的利益。我国《民法典》婚姻家庭编对离婚的条件、程序等作了明确的规定，这对于正确处理离婚纠纷，改善我国的婚姻家庭关系，巩固社会主义的婚姻家庭制度，都具有重要的意义。

第一节　离婚制度概述

导入案例

　　高某（男）与李某（女）婚后生一女。现高某因婚外情要求与李某离婚，李某不同意。高某提出，如果李某同意离婚，女儿归李某抚养，他就将婚后购置的住房、60万元存款及家庭用品等全部留给李某和女儿，自己净身出户，且可以不到婚姻登记机关办理离婚手续。李某同意后，双方即自行签署了离婚协议。随后，高某便与情人以夫妻名义公开共同生活，不久生一子。3年后，李某向人民法院提起高某构成事实重婚的诉讼。法院认为，高某与李某达成的离婚协议没有经过法定的程序，不产生法律效力。高某在婚姻没有解除的情况下与他人以夫妻名义同居生活，构成事实重婚，应依法追究其刑事责任。

　　本案知识点：婚姻的终止；离婚的概念和特征。

一、婚姻的终止

　　婚姻的终止，又称婚姻的消灭，是指合法有效的婚姻关系因发生一定的法律事实而消灭。引起婚姻关系终止的原因有二，即配偶一方死亡和离婚。

　　（一）婚姻因配偶一方死亡而终止

　　配偶死亡，可分为配偶自然死亡和宣告死亡。将自然死亡和宣告死亡作为婚姻关系终止的原因，是世界各国立法的通例。

自然死亡是婚姻关系终止的自然原因，无须经过法定程序，婚姻关系自配偶一方死亡之日起自然终止，是婚姻关系的绝对解除。有些国家的婚姻家庭法还明文规定，婚姻因配偶一方死亡而终止。

宣告死亡是在法律上推定失踪人已经死亡，它与自然死亡产生相同的法律效力。根据我国《民事诉讼法》的规定，宣告死亡须经利害关系人向人民法院提出申请。人民法院在宣告死亡的公告期间届满时，应当根据被宣告死亡的事实作出宣告死亡的判决，被宣告死亡人与其配偶的婚姻关系自判决宣告死亡之日起即告终止。世界上多数国家均以宣告死亡之日作为婚姻关系终止之日。

我国《民法典》第51条规定："被宣告死亡的人的婚姻关系，自死亡宣告之日起消除。死亡宣告被撤销的，婚姻关系自撤销死亡宣告之日起自行恢复。但是，其配偶再婚或者向婚姻登记机关书面声明不愿意恢复的除外。"根据该规定，死亡宣告被撤销后，只要配偶向婚姻登记机关书面声明不愿意恢复婚姻关系，则婚姻关系就不能自行恢复，这在法律上赋予了配偶有选择是否恢复婚姻关系的权利。

对于被宣告死亡人重新出现、其原配偶已再婚的处理，外国法律的规定不尽相同。有的国家规定保护原有婚姻关系，允许生还的一方对配偶的再婚提出异议，如《意大利民法典》第68条第1款规定，如果被宣告死亡之人重新出现或者有证据证明被宣告死亡之人尚生存的，则再婚无效。[1] 有的国家则规定保护再婚关系，如《法国民法典》第132条规定："即使宣告失踪的判决已被撤销，失踪人的婚姻仍然解除。"[2] 法国目前只有宣告失踪制度。

（二）婚姻因离婚而终止

离婚与配偶一方死亡不同，是婚姻关系终止的人为原因，也是重要的民事法律行为，因此，必须依照法律规定的条件和程序才能产生婚姻终止的法律后果。离婚的法律效力不仅直接及于夫妻双方的人身关系和财产关系，而且还涉及子女的抚养、教育和亲属关系等方面。

二、离婚的概念与历史沿革

（一）离婚的概念

1. 离婚的含义。离婚是指夫妻双方在生存期间依照法定的条件和程序解除婚姻关系的法律行为。它具有以下特征：

---

〔1〕《意大利民法典（2004年）》，费安玲、丁玫、张宓译，中国政法大学出版社2004年版，第27页。

〔2〕《法国民法典》，罗结珍译，中国法制出版社1999年版，第59页。

（1）离婚双方的法律地位平等。无论双方是协议离婚还是诉讼离婚，无论是离婚的原告一方还是被告一方，其法律地位都是平等的，任何一方都不得将自己的意志强加于另一方。

（2）离婚的主体须为夫妻本人。离婚是解除夫妻身份关系的法律行为，离婚的意思表示只能由本人表示，他人不得代理。即使离婚的当事人委托了他人代理，当事人本人一般也必须到场。

（3）离婚须以有效婚姻关系的存在为前提。有效婚姻关系，既包括合法有效的登记婚姻，又包括符合结婚实质要件但未进行结婚登记而为法律承认其效力的事实婚姻，还包括法定的无效婚姻情形已经消失的，或者未在法定期间内行使撤销权的婚姻。对于具有法定的无效婚姻情形的，应申请宣告婚姻无效；对于1994年2月1日《婚姻登记管理条例》（现已失效）公布实施以后，男女双方符合结婚实质要件，但未补办结婚登记的，按解除同居关系处理。

（4）离婚须经过法定的程序。离婚作为一种法律行为，必须由当事人申请，经法律确认和准许后才发生法律效力，任何私下达成的离婚协议或者单方宣布解除婚姻关系的行为，均不发生离婚的法律效力。

（5）离婚将产生一系列法律后果。离婚不但导致婚姻关系的终止，引起夫妻人身关系、财产关系的消灭，而且还将由此产生夫妻共同财产的分割、婚姻期间所欠债务的清偿、经济补偿、经济帮助、离婚损害赔偿以及未成年子女的抚养、探望等一系列法律后果。因此，离婚不仅关系到婚姻关系当事人的利益，同时也会影响到子女及第三人的利益。

2. 离婚的分类。从当前各国立法来看，离婚可以分为以下几类：

（1）单意离婚与合意离婚。这是从夫妻双方对离婚所持的态度进行的分类。单意离婚在我国也称为一方要求离婚，是指夫妻中只有一方有明确的离婚意愿，而另一方则认为应该保持婚姻的存续。合意离婚在我国也称为双方自愿离婚，是指夫妻双方具有离婚的共识，一致要求解除婚姻关系。这一分类的法律意义在于，从婚姻自由原则出发，婚姻法对合意离婚在法定条件上的规定比单意离婚更为宽松，在程序上也更为简单便捷。

（2）行政离婚与诉讼离婚。这是从离婚程序的角度所作的分类。行政离婚，又称为登记离婚，是指符合法定条件的合意离婚，夫妻双方向主管行政机关申请离婚登记，经批准而解除婚姻关系。诉讼离婚是指夫妻一方向法院提起离婚诉讼，经法院依诉讼程序调解离婚或判决准予离婚。应当注意的是，许多国家认为离婚是一种司法行为，离婚的管辖权专属于法院，必须由法官批准，不承认行政离婚程序。我国现行法律采用行政登记和法院诉讼并列的离婚制度，凡双方自愿离婚且无其他争议的适用行政登记程序，凡一方要求离婚或虽然有离婚合意但对子女抚养、财产分割没有达成一致意见的，适用诉讼离婚程序。

（3）协议离婚与判决离婚。这是根据解除婚姻关系的方式所作的分类。协议离婚是指夫妻双方自愿离婚，经行政登记程序或者经诉讼程序由法官主持调解达成离婚协议而实现的离婚。其特点在于法律只要求双方具有离婚的合意并就离婚的后果达成协议，不需要双方陈述离婚的具体理由。协议离婚包括行政婚和诉讼离婚中的调解离婚。判决离婚，又称裁判离婚，是指夫妻一方提起离婚诉讼经法官主持调解无效时，对于具备法定离婚理由的，由法官以判决的形式准予离婚。从形式意义上说，凡是经过法院判决的都可以被称为判决离婚；而从实质意义上看，只有夫妻双方存在争议，由法院加以裁决的才是真正的判决离婚。一般来说，判决离婚和诉讼离婚的区别在于，前者立足于离婚的结果，后者着眼于离婚的程序；诉讼离婚并不全部以离婚结果告终，而双方达成协议的诉讼离婚与实质意义上的判决离婚也不相同。

除了上述分类外，还可以对离婚作其他分类，但无论怎样分类都不是绝对的，而是交叉渗透，从不同角度来反映整个离婚制度的。

3. 离婚与别居。别居是在中世纪欧洲的基督教禁止离婚主义的社会条件下产生的，它是由当事人申请、经法院裁决，从而解除夫妻同居的义务，但不解除其婚姻关系的一种法律制度。设立别居制度的目的是解决一些夫妻不堪共处的实际问题，把它作为不准离婚的补救手段，如意大利、西班牙等国早期就规定不准离婚只许别居。伴随着离婚制度的改革，别居制度已为许多国家所抛弃，但在一些国家，如意大利、法国、荷兰、瑞士、英国及美国的若干州等，别居制度仍然适用。但当代的别居制度已不是中世纪别居制度的延续，而是演变为离婚制度的一种过渡和补充形式。如果夫妻感情不和，先不解决离婚问题，而是令其别居，使紧张的夫妻关系得以缓和，如果别居一定时间仍不能和好，再考虑是否准许离婚。如《法国民法典》第 307 条第 1 款规定："在分居的一切情况下，分居得根据双方的请求改变为离婚。"《秘鲁民法典》规定，别居判决 1 年后，夫妻任何一方均可申请解除婚姻关系。

可见，离婚与别居既有联系又有区别，其主要区别如下：

（1）别居只是解除了夫妻间同居义务，婚姻关系依然存在，别居期间双方均不能再婚，否则视为重婚；而离婚则为完全解除婚姻关系的行为，离婚后，双方均获得再婚的权利，享有结婚自由。另外，别居之后夫妻双方如果愿意恢复共同生活关系，只要开始同居生活即可，不必再办理复婚手续；而离婚之后双方如果要恢复夫妻关系，必须通过复婚登记或者其他形式再行缔结婚姻。

（2）别居期间夫妻互负贞操义务，一方与他人的性行为，构成通奸。离婚后，双方不再互负贞操义务。

（3）别居期间夫妻间的权利义务并不完全消灭，夫妻间仍有相互继承遗产的权利、相互扶养的义务。离婚后，夫妻间的权利义务关系完全解除。

我国《民法典》婚姻家庭编没有规定别居制度，但现实生活中也存在夫妻关系不和睦、各自独立生活的分居现象。分居本身不是判决离婚的条件，但如果因感情不和分居满2年的，一方要求离婚经调解无效，应准予离婚。

4. 离婚和婚姻无效的区别。

（1）性质不同。离婚是对合法婚姻关系的解除，当事人之间原先存在的婚姻关系是合法的；而婚姻无效是对违法结合宣告其不具有法律效力，当事人之间所谓的婚姻是非法的。

（2）效力不同。离婚生效时，男女之间的婚姻关系始得解除，也就是说，离婚只对未来生效，不溯及既往。对于离婚的男女，其离婚之前的婚姻关系是合法、有效的；而婚姻无效的宣告具有溯及既往的效力，该婚姻自始无效。在我国，被宣告无效的婚姻从行为一开始就不具有合法婚姻的效力。

（3）请求权人不同。离婚只能由婚姻当事人提出，即配偶双方或一方提出，他人无权代为提出；而请求宣告婚姻无效，既可以由当事人提出，也可以由其他利害关系人提出。

（4）程序不同。离婚只能由男女当事人提出，有关机关不能主动要求当事人提出离婚或依职权主动宣告当事人离婚；而宣告婚姻无效既可以根据婚姻当事人的请求，也可以根据利害关系人的请求。根据《婚姻登记条例》第9条的规定，婚姻登记机关经审查认为受胁迫结婚的情况属实且不涉及子女抚养、财产及债务问题的，应当撤销该婚姻，宣告结婚证作废。

5. 离婚和可撤销婚姻的区别。

（1）性质不同。离婚是对合法婚姻的解除；而可撤销婚姻是对有瑕疵婚姻的纠正和制裁。

（2）请求权人不同。离婚可以由男女双方当事人提出；而按照我国《民法典》的规定，可撤销婚姻的请求权仅限于受胁迫的一方。

（3）提出的时间不同。离婚的提出在婚姻关系存续期间内都可以行使，除此之外没有时间的限制；而可撤销婚姻的请求，一般都有期间的限制，即必须在瑕疵婚姻发生或可以行使请求权的一定期间内提出，逾期则不允许再提出。我国《民法典》第1052条第2、3款规定，受胁迫结婚的一方请求撤销婚姻的，应当自胁迫行为终止之日起1年内提出。当事人被非法限制人身自由的，应当自恢复人身自由之日起 1 年内提出。

（二）离婚制度的历史沿革

离婚作为一种法律制度是一个历史范畴，是人类婚姻家庭制度发展到一定阶段的产物。它与社会形态的变迁相适应，有其发生、发展、演变的历史过程。在原始社会，群婚制、对偶婚制下两性关系的结合是松散的，解除也是自由的，分离时不须办理任何手续。随着社会生产力的发展，私有制和阶级社会逐步形成，人类婚姻家庭也由群婚制、对偶婚制向一夫一妻婚姻家庭制度演变。一夫一妻制确立之后，不同的社会制度基于统治阶段的利益和要求的不同，形成了各具特点的婚姻家庭制度，因而也就有了不同类型的离婚制度。

1. 离婚制度的立法主义。纵观人类历史的离婚制度，离婚立法逐渐由严格走向宽松、由宗教走向世俗。其过程主要可分为两大立法主义：①禁止离婚主义；②许可离婚主义。

禁止离婚主义是指禁止一切离婚的主张，它产生于基督教的寺院法，盛行于欧洲中世纪。教会视婚姻为"神作之合，人不可离异之"。夫妻在生存期间不论出于何种原因均不得离婚，夫妻关系恶化到不能共同生活的，以别居作为补救。15~16 世纪，欧洲掀起了宗教改革、文艺复兴，对旧教会法中的禁止离婚原则产生了有力的冲击，禁止离婚主义逐渐被淘汰，为许可离婚主义所替代。

许可离婚主义是允许解除婚姻关系的主张，它是人类进入文明时代以来始终存在的一种离婚制度，大致经历了专权离婚主义、限制离婚主义、自由离婚主义三个阶段。

专权离婚主义是丈夫享有离婚特权的制度，丈夫可以单方面决定解除婚姻关系，只要符合法定的条件和程序即可，妻子则无此单意离婚权。这种离婚制度是男子在政治上、经济上处于统治地位的必然结果。这种立法态度在奴隶社会、封建社会的成文法典中多有体现，如《汉穆拉比法典》。我国封建社会的"七出"是其典型表现形式。

限制离婚主义是指离婚必须符合法定的理由才准许离婚的制度。凡夫妻一方具有法定的理由时，另一方有权提出离婚，故又称有因离婚或过错原则，因此类离婚必须经过诉讼程序，亦称诉讼离婚或裁判离婚。早期的离婚立法将离婚的理由限制为一方有过错，如重婚、通奸、虐待、遗弃、一方被判刑等。此后立法者逐渐扩大离婚的法定理由，将一些虽非当事人的过错，但婚姻关系却不能维持的情况，也作为离婚的法定理由加以规定，如生理缺陷、重大不治之症、生死不明等。离婚理由逐渐由有责主义向无责主义发展。

自由离婚主义是指法律并不列举具体的离婚理由，也不以过错为离婚的必要条件，在婚姻破裂时，依当事人一方或双方的要求而准予离婚。自由离婚主义的主体在法律地位上是平等的，夫妻任何一方，无论是过错方还是无过错方都可依照法定的理由和程序提出离婚，因而自由离婚主义更加符合婚姻的本质，是现代离婚立法的发展趋势。20世纪60年代末以来，西方主要国家均对其离婚立法进行修改，实行自由离婚主义，或实行自由离婚主义与限制离婚主义相结合的制度。

2. 我国离婚制度的历史发展。

（1）中国古代的离婚制度。中国古代的离婚制度是与宗法家族制度及封建的伦理观念相适应的。封建礼教提倡女子"从一而终"，封建法律实行专权离婚制度，男尊女卑、夫权统治是其基本特征。根据我国历代封建法律的有关规定，离婚主要有以下四种方式：

第一，出妻。亦称休妻，是依据"七出"离弃妻子的行为，这是中国古代最常见的离婚方式。所谓"七出"，是男子弃妻、男家弃妇的一般理由。"七出"之说产生于我国奴隶社会，最初只是礼制上的要求，后为封建法律所援引并将之固定下来。根据《大戴礼·本命》的解释："妇人七出，不顺父母，为其逆德也。无子，为其绝世也。淫，为其乱族也。妒，为其乱家也。有恶疾，为其不可与共粢盛也。口多言，为其离亲也。窃盗，为其反义也。"

作为例外，古代的礼和法以"三不去"对"七出"进行限制。即妻子如果具有"三不去"的情形之一，则丈夫不能将之休弃。按《公羊传·庄公二十七年》注，"三不去"是指"尝更三年丧不出"，"贱取贵不去"，"有所爱而无所归不去"。唐律规定："虽犯七出，有三不去而出之者，杖一百，追还合。"但妻子若犯恶疾及奸者，不用此律。元、明、清律仅规定犯奸者不受"三不去"的保障。

第二，和离。这是中国古代一种通过协议允许夫妻离异的法律制度。《唐律·户婚》规定："若夫妇不相安谐而和离者，不坐。"自唐律之后，各朝代律例皆沿此制，但在男尊女卑、夫权统治的社会里，女性很难在平等的基础上与其夫和离，是否愿意离婚，取决于夫。有时妻犯"七出"之条，夫家不愿"家丑"外扬，便采用和离的方式休妻，所以和离往往成了出妻的别名。

第三，义绝。这是中国古代特有的一项强制离婚制度。如果夫妻之间，夫妻一方与他方的一定亲属之间、双方的一定亲属之间，发生了夫妻情义断绝，一方或相互有谋害、殴杀等法律所指明的事件，经官司处断后，法律即强制其解除婚姻关系。如唐律规定："诸犯义绝者离之，违者徒一年。"元、明、清的法律均规定，若犯义绝应离而不离者，杖八十。义绝对夫妻双方的规定是不平等的，其根本目的是维护封建的伦理纲常和宗法统治。义绝这种强制离异制度，直到民国初年仍为北洋军阀政府大理院的判例所沿用。

第四，呈诉离婚。除上述几种离婚方式外，我国历史上不同时代的封建法律还规定，基于某些特定的原因，夫妻一方亦可向官府呈诉离婚。夫据以诉请离婚的理由有："妻背夫在逃""男妇虚执翁奸""妻杀妾子""妻殴夫""妻魇魅其夫"等。妻据以诉请离婚的理由有："夫抑勒或纵容其妻与人通奸""夫逃亡三年不还""夫典雇妻妾""翁欺奸男妇"等。[1]

（2）"国民党政府""民法亲属编"中的离婚制度。1930 年 12 月 26 日"国民党政府"颁布的"民法亲属编"，在离婚问题上反映了旧中国半殖民地、半封建社会制度的特点与要求，在形式上模仿了日本、德国等大陆法系亲属法的体制，但在内容上仍保留了不少封建婚姻家庭制度的残余。该法规定的离婚方式有两愿离婚和判决离婚两种。

第一，两愿离婚。婚姻可因双方当事人的合意而解除，但未成年人须经法定代理人同意。两愿离婚应以书面形式订立，并有两个以上证人的签名。

第二，判决离婚。其法定理由为重婚、通奸、虐待、恶意、遗弃、杀害他方、不治之恶疾、重大不治之精神病、生死不明逾 3 年、被判处徒刑等。

（3）中华人民共和国的离婚制度。中华人民共和国的离婚制度，源于中华人民共和国成立前革命根据地的离婚立法。1950 年《婚姻法》全面奠定了中华人民共和国离婚制度的法律基础，该法第 17 条第 1 款规定，男女双方自愿离婚的，准予离婚。男女一方坚决要求离婚的，经区人民政府和司法机关调解无效时，亦准予离婚。但对判决离婚的理由该法并未规定。1980 年的《婚姻法》进一步规定了准予离婚的法定条件并完善了离婚的程序。在判决离婚的法定条件上，将夫妻感情确已破裂作为准予离婚的依据。在程序上，规定男女一方要求离婚的可由有关部门进行调解或直接向人民法院提起离婚诉讼。2001 年的《婚姻法修正案》在坚持原有的离婚制度的同时，针对 1980 年《婚姻法》关于离婚条件、程序和法律后果的不足，进行了修改和补充。我国《民法典》结合社会发展的需要，修改了离婚制度的部分规定，并增加了一些新规定。

三、处理离婚问题的指导思想

保障离婚自由，反对轻率离婚是我国离婚立法的指导思想，也是我国离婚制度的突出特征。

---

〔1〕 以上离婚的特定原因，参见《元史·刑法志》和《元典章》中的有关记载，以及明、清律中的有关备案。

（一）保障离婚自由

保障离婚自由，主要是指保障当事人依法行使解除其婚姻关系的权利。具体而言就是要保障当事人协议离婚的自由权和诉讼离婚的起诉权、抗辩权、胜诉权。起诉权、抗辩权是诉讼离婚的手段，胜诉权只是一种期待权，是诉讼离婚的目的，当事人的胜诉权能否实现，必须通过法律程序，由人民法院决定。因此离婚自由是有条件的、相对的，只有符合法定条件，当事人的离婚胜诉权才能够实现。

在社会主义国家，婚姻是男女双方基于爱情的结合，婚姻关系的维持也是以爱情为基础的。如果夫妻感情完全破裂，婚姻就失去了存在的条件，家庭的社会职能也无法正常地发挥。保障离婚自由，正是为了使这种在事实上已经死亡的婚姻关系，能够通过合法的程序得到解除，并使双方有可能重新建立幸福美满的家庭。列宁说："实际上离婚自由并不会使家庭关系'瓦解'，而相反地会使这种关系在文明社会中唯一可能坚固的民主基础上巩固起来。"离婚虽然会导致一些家庭的解体，给一些当事人带来感情上的创伤，但却能在宏观上有效地调整和改善整个社会的婚姻家庭关系，促进社会的安定团结。因此，我们既要依法维护婚姻关系的稳定性，使那些尚有生命力的婚姻得以继续存在，同时又要依法保障离婚自由，对符合离婚法定条件的，应准予离婚。

（二）反对轻率离婚

反对轻率离婚，是指反对在离婚问题上的不严肃态度，反对违背法律规定的精神和社会主义道德规范而任意离弃对方的行为。婚姻关系是一种极为重要的伦理关系和法律关系，当事人双方相互承担着明确的道德责任和法律责任，这种责任是不能随意抛弃的。费孝通先生曾说过："婚姻是用社会力量造成的，世界上从来没有一个地方把婚姻视作当事人之间个人的私事。"[1] 因此，离婚不能由当事人任性、轻率地对待和处理，轻率离婚对双方当事人、子女和社会都会带来不利的后果。离婚只是对已经不再符合婚姻本质的夫妻关系加以解除，如果超出这一限度，就违背了保障离婚自由的宗旨。

我国的离婚自由是以社会主义法律和道德为准则的，那些道德败坏、破坏他人家庭关系、追求个人享受、喜新厌旧、把个人幸福建立在他人痛苦之上的行为都是不道德的行为。对于某些因夫妻一方有过错而导致的离婚纠纷，对过错方要进行批评教育，帮助其改正错误，对违法行为应作必要处理，而不能轻易地准许离婚。但是也不能将不准离婚作为惩罚过错方的手段。对那些感情确已破裂、和

---

[1] 费孝通：《乡土中国生育制度》，北京大学出版社 1998 年版，第 129 页。

好无望的夫妻，应依法准予离婚。

保障离婚自由和反对轻率离婚是一个问题的两个方面，二者相辅相成，缺一不可，不能只强调一个方面而忽视另一个方面。

第二节　离婚的行政程序

导入案例

农村青年陈某（男）与于某（女）5 年前按照当地风俗举行了结婚仪式后即在一起共同生活，生一子。当时于某年仅 19 岁，未办理结婚登记手续。后陈某和另一女青年王某经常在一起被于某发现，双方经常发生争吵，矛盾不断激化，于某提出离婚，陈某表示同意。双方就子女抚养和财产分割问题达成协议后，到婚姻登记机关要求办理离婚登记手续。婚姻登记员告知，双方没有办理结婚登记手续，婚姻登记机关不予办理，双方应到人民法院起诉解除同居关系。

本案知识点：登记离婚的条件；不适宜登记离婚的情形。

一、登记离婚的条件

登记离婚是通过行政程序解除婚姻关系的民事法律行为，即凡夫妻双方自愿离婚的，应当签订书面离婚协议，并亲自到婚姻登记机关申请离婚登记。经婚姻登记机关认可并发放离婚证，婚姻关系即为合法有效地解除。在我国，登记离婚又习惯被称为协议离婚、两愿离婚、合意离婚。但严格地讲，协议离婚以夫妻的离婚合意为本质特征，它包括登记离婚和诉讼调解离婚。

登记离婚以双方当事人完全自愿并就离婚的后果达成协议为前提，反映了婚姻法尊重当事人意思自治的现代法治精神。这种离婚方式，不仅简便省时，而且无须陈述离婚的具体原因，双方友好地分手，便于协议的自愿履行。因此，这种离婚方式被称为文明的离婚，已为越来越多的离婚者采纳，反映了我国离婚发展的新趋势。

我国《民法典》第 1076 条规定："夫妻双方自愿离婚的，应当签订书面离婚协议，并亲自到婚姻登记机关申请离婚登记。离婚协议应当载明双方自愿离婚的意思表示和对子女抚养、财产以及债务处理等事项协商一致的意见。"对此，2003 年 10 月 1 日起施行的《婚姻登记条例》作了更为具体的规定。根据这些规定，登记离婚须具备以下条件：

1. 双方须办理过结婚登记，具有合法的配偶身份。离婚是具有强烈人身属性的行为，只能由夫妻本人亲自实施，任何第三人都不能替代。离婚的主体亦只能是夫妻双方，对于未办理过结婚登记的事实婚姻、同居关系，不能按登记离婚的程序办理。

2. 双方当事人须具有完全民事行为能力。离婚是重要的民事法律行为。只有双方是完全民事行为能力人，才能作出有效的意思表示。《婚姻登记条例》第12条规定，无民事行为能力人或限制民事行为能力人办理离婚登记的，婚姻登记机关不予受理。

3. 双方确实自愿离婚。双方对离婚的意愿必须是真实的、一致的，一方受对方或第三人欺诈、胁迫所达成的协议，不予办理离婚登记。

4. 双方对子女抚养和财产问题已达成协议。协议的内容包括离婚后子女随哪一方生活，子女的抚养费、教育费如何负担，夫妻共同财产如何分割，共同债务如何清偿，以及离婚后一方是否需要另一方给予经济帮助或经济补偿等。协议内容必须符合《民法典》婚姻家庭编的基本原则和有关法律规定。

二、登记离婚的冷静期

离婚冷静期是指夫妻登记离婚时，政府给申请离婚的双方当事人一段时间，强制当事人暂时搁置离婚纠纷，在法定期限内冷静思考离婚问题，考虑清楚后再行决定是否离婚。法律规定当事人冷静思考离婚问题的期限为离婚冷静期。

国外许多国家都有离婚冷静期的规定，只是名称有所不同。英国称为离婚反省期，法国称为离婚考虑期，韩国称为离婚熟虑期，美国称为离婚等候期，其目的是对离婚进行干预，降低离婚率，这对婚姻的解除起到了缓冲的作用。例如，《法国民法典》第231条规定：夫妻双方如坚持离婚的意愿，法官应向双方指出其申请应在3个月的考虑期以后重新提出。如在考虑期届满后6个月内未重新提出申请，该共同申请即失效。英国法律规定，婚姻当事人一方或双方作出离婚声明后，须经过9个月的反省与考虑期，如果离婚申请人和当事人都认为婚姻无法维持，则准许离婚。美国的普通离婚程序中，需要经过6个月的等候期之后，离婚手续才会办理完成，夫妻关系才可以终止。加拿大法律规定，婚姻破裂而且分居达1年者，才准许办理离婚手续，除非已有通奸或虐待的证据。比利时、奥地利、瑞典规定的考虑期为6个月。《俄罗斯联邦家庭法典》第19条第3款规定：从提交离婚申请之日起满1个月，户籍登记机关办理离婚并发给离婚证明。韩国为遏制不断上升的离婚率，在2005年推出了"熟虑期"和义务调解制度。规定申请离婚的夫妇如有子女，必须经过3个月的"熟虑期"；如无子女，则"熟虑期"为1个月。在冷静期间，婚姻登记机关并不是坐视不理，而是对当事人进行心理咨询，谈心谈话，了解当事人的婚姻实际状况，判定是危急婚姻还是死亡婚姻，哪方责任大，过错在谁等，并积极进行调解。这样，既可以促使双方当事人平息怨恨、缓解敌对情绪，珍惜自己与配偶的婚姻关系；也为以后审查当事人提交的离婚协议做了充分的准备。

我国《民法典》第 1077 条规定："自婚姻登记机关收到离婚登记申请之日起三十日内，任何一方不愿意离婚的，可以向婚姻登记机关撤回离婚登记申请。前款规定期限届满后三十日内，双方应当亲自到婚姻登记机关申请发给离婚证；未申请的，视为撤回离婚登记申请。"本条是《民法典》婚姻家庭编新增设的关于离婚冷静期的规定。

近年来，由于离婚登记手续过于简便，轻率离婚的现象不断增多，登记离婚的比例逐年提高，不利于家庭的稳定，为此，《民法典》增设了 30 日的离婚冷静期。申请协议离婚的当事人自向婚姻登记机关申请离婚之日起 30 日内，应当冷静、理智地对自己的婚姻状况和今后生活进行充分的考虑，重新考虑是否以离婚方式解决夫妻矛盾，考虑离婚对自身、对子女、对双方家庭、对社会的利与弊，避免冲动行为。在此期间，任何一方或者双方不愿意离婚的，可以向婚姻登记机关撤回离婚登记申请。如果在离婚冷静期届满后的 30 日内，当事人双方没有亲自到婚姻登记机关申请发给离婚证，则视为撤回离婚申请。

三、登记离婚的程序

登记离婚的程序同登记结婚一样，也必须到婚姻登记机关办理登记手续，取得离婚证，才能解除婚姻关系。2021 年 1 月 1 日起施行的《民政部关于贯彻落实〈中华人民共和国民法典〉中有关婚姻登记规定的通知》（民发〔2020〕116 号）中规定，根据《民法典》第 1076 条、第 1077 条和第 1078 条规定，对离婚登记按如下程序办理：

1. 申请。夫妻双方自愿离婚的，应当签订书面离婚协议，共同到有管辖权的婚姻登记机关提出申请。申请时应当持本人户口簿、身份证，本人的结婚证，双方当事人共同签署的离婚协议书，在婚姻登记机关现场填写的《离婚登记申请书》。离婚协议书应当载明双方当事人自愿离婚的意思表示和对子女抚养、财产以及债务处理等事项协商一致的意见。

2. 受理。婚姻登记员对当事人提交的上述材料进行初审。婚姻登记员对当事人提交的证件和证明材料初审无误后，发给《离婚登记申请受理回执单》。不符合离婚登记申请条件的，不予受理。

3. 冷静期。自婚姻登记机关收到离婚登记申请并向当事人发放《离婚登记申请受理回执单》之日起 30 日内，任何一方不愿意离婚的，可以持本人有效身份证件和《离婚登记申请受理回执单》，向受理离婚登记申请的婚姻登记机关撤回离婚登记申请，并亲自填写《撤回离婚登记申请书》。经婚姻登记机关核实无误后，发给《撤回离婚登记申请确认单》。自离婚冷静期届满后 30 日内，双方未共同到婚姻登记机关申请发给离婚证的，视为撤回离婚登记申请。

4. 审查。自离婚冷静期届满后 30 日内，双方当事人应当持离婚协议书、结婚证、有效身份证件等材料，共同到婚姻登记机关申请发给离婚证。婚姻登记机关对当事人的离婚申请应进行认真的审查，并询问相关情况。一方面，审查当事人是否符合登记离婚的条件；当事人的证件是否齐全、真实；离婚协议书的内容有无虚伪、欺骗情况；对子女抚养、财产以及债务的处理是否合法。有不恰当之处，应当根据法律的规定帮助当事人重新调整；达不成一致意见的，告知当事人到人民法院按诉讼离婚方式解除婚姻关系。另一方面，应当根据既保障离婚自由又反对轻率离婚的指导思想，对当事人进行调解、引导，尽可能挽救感情尚未完全破裂的婚姻。婚姻登记机关对不符合离婚登记条件的，不予办理。当事人要求出具《不予办理离婚登记告知书》的，应当出具。

5. 登记（发证）。离婚冷静期届满，当事人仍坚持离婚的，双方应当在离婚冷静期届满后的 30 日内，亲自到婚姻登记机关申请发给离婚证。婚姻登记机关查明双方确实是自愿离婚，并已对子女抚养、财产以及债务处理等事项协商一致的，予以登记，发给离婚证。

离婚证是证明婚姻关系已经解除的具有法律效力的证件，由国务院民政部门规定式样并监制。登记离婚的双方当事人从取得离婚证起，夫妻关系即告解除。离婚证遗失或损毁的，当事人可以持户口簿、居民身份证向原办理婚姻登记的机关或者一方当事人常住户口所在地的婚姻登记机关申请补领。婚姻登记机关对当事人的婚姻登记档案进行查证，确认属实的，应当为当事人补发离婚证。

四、不适宜登记离婚的情形

根据《民法典》婚姻家庭编和《婚姻登记条例》第 12 条的规定，下列情形婚姻登记机关不予受理：

1. 未办理过结婚登记的。婚姻登记机关只受理经过结婚登记、具有合法夫妻身份的离婚登记，对于未办理过结婚登记的事实婚姻，即使男女双方自愿离婚，并达成离婚协议，婚姻登记机关亦不予受理。

2. 未达成离婚协议的。对于子女抚养、财产和债务的处理没有达成一致意见的，应向人民法院起诉，通过诉讼方式来解决纠纷。

3. 属于无民事行为能力人或限制民事行为能力人的。婚姻问题关系到个人的切身利益，由于这两种人对婚姻问题不能进行正常的意思表示，法律为保护他们的利益，规定这两种人离婚不适用登记离婚程序，只能依诉讼程序，并由其法定代理人代为诉讼。

4. 其结婚登记不是在中国内地办理的。如果要在内地解除这种婚姻关系，应按《最高人民法院关于适用〈中华人民共和国民事诉讼法〉的解释》第14条和《婚姻登记条例》第12条的规定，向一方原住所地或者在国内的最后居住地人民法院起诉，即使双方是自愿离婚的，也不适用登记离婚的程序。

五、与登记离婚有关的问题

（一）登记离婚后，当事人因履行财产分割协议发生纠纷或者就财产分割问题反悔应如何处理的问题

对此，当事人可以提起诉讼，人民法院应当受理。在司法实践中，离婚协议中关于财产以及债务处理的条款，对男女双方具有法律约束力。登记离婚后当事人因履行上述协议发生纠纷提起诉讼的，人民法院应当受理。夫妻双方协议离婚后就财产分割问题反悔，请求撤销财产分割协议的，人民法院应当受理。人民法院审理后，未发现订立财产分割协议时存在欺诈、胁迫等情形的，应当依法驳回当事人的诉讼请求。[1]

一般来讲，双方当事人达成的离婚协议，是在平等自愿的前提下协商一致的结果，对任何一方当事人来说，这都是对自己权利的一种自由处分，协议对双方具有法律上的约束力，都理应接受这一决定所带来的法律后果。当事人基于这种具有民事合同性质的协议发生纠纷的，应当适用《民法典》总则编的基本原则及合同编的相关规定。凡是存在法律规定的欺诈、胁迫等特殊情形，当事人请求变更或者撤销的，人民法院应当予以支持。对于当事人的诉权，法律予以保护，即当事人向人民法院提起此类诉讼的，只要是在离婚后1年内提出的，人民法院都应依法予以受理。但当事人是否享有实体上的胜诉权，要看当事人是否能够证明订立协议时有欺诈、胁迫等情形存在。否则，人民法院应当驳回其诉讼请求。

（二）假离婚问题的处理

假离婚是指夫妻一方或者双方本无离婚的真实意思因双方通谋或受对方欺诈而作出离婚的意思表示。一般而言，假离婚包括通谋离婚和欺诈离婚两种情形。

1. 通谋离婚。通谋离婚是指婚姻当事人双方为了共同的或各自的目的，串通暂时离婚，等目的达到后再复婚的离婚行为。通谋离婚具有以下基本特征：

（1）双方当事人并无离婚的真实意思，不符合协议离婚的实质条件。

---

〔1〕 参见《最高人民法院关于适用〈中华人民共和国民法典〉婚姻家庭编的解释（一）》第69条第2款、第70条。

（2）双方当事人以离婚为手段，以达到共同的或者各自的目的。例如：逃避债务；给子女办理农转非户口；等等。

（3）双方均有恶意串通离婚的故意，共同采取欺骗或者隐匿事实真相的方法，欺骗婚姻登记机关以获取离婚登记。

（4）通谋离婚一般具有暂时性，待预期目的达到后，双方通常会按约定复婚。但也有一部分人弄假成真，离婚后置原先的约定于不顾，不愿复婚或者与他人再婚，从而容易引起纠纷发生。

2. 欺诈离婚。欺诈离婚是指一方当事人为了达到离婚的真正目的，采取欺诈手段向对方许诺先离婚后复婚，以骗取对方同意暂时离婚的行为。欺诈离婚具有以下特征：

（1）离婚是欺诈方的真实意思，而受欺诈一方并无离婚的真实意思。另一方同意离婚是基于对方采取伪造事实或者隐瞒事实真相所致。如果知道真相，不会作出同意离婚的意思表示。

（2）欺诈方的目的在于骗取对方同意离婚，以达到真正离婚的目的，因而并无复婚的意思，而受欺诈方却期待目的达到后即行复婚。

（3）受欺诈方既是受害人，又与欺诈方共同欺骗婚姻登记机关。

3. 假离婚的效力。假离婚既可以发生在登记离婚程序之中，也可以发生在诉讼离婚程序之中。前者为假离婚登记，后者为假离婚调解协议。但现实生活中以前种情况为多数。假离婚虽然履行了离婚的程序，但欠缺离婚的条件，是否发生离婚的法律效力，在学理上有不同的认识。有的学者主张对离婚意思采取实质意思说，认为离婚具备身份行为的表示方式，但欠缺身份行为的实质意思时，不能使身份关系消灭，假离婚应为无效或可撤销。也有学者认为，离婚以解除夫妻关系为内容，与结婚尚有所不同，考虑信赖离婚登记的第三人应受保护的立场，就离婚意思应采取形式意思说，故假离婚为有效。外国立法及判例对此亦极不统一，有的认为假离婚有效，有的认为无效，有的认为可撤销。[1] 本书认为，假离婚的效力应当区分以下两种情形：

（1）假离婚当事人均未与第三人结婚时，其离婚可以被宣告无效。根据1994年《婚姻登记管理条例》（已失效）第25条的规定，办理假离婚登记，骗取离婚证的，应当由办理离婚登记的婚姻登记管理机关宣布其离婚无效，并收回离婚证，但2003年《婚姻登记条例》对此未作规定。根据《民事诉讼法》第201条的规定，假离婚当事人系在人民法院骗取离婚调解书的，当事人对已经发

---

〔1〕　王洪：《婚姻家庭法》，法律出版社2003年版，第162~163页。

生法律效力的离婚调解书，提出证据证明调解违反自愿原则或者调解协议的内容违反法律的，可以申请再审。经人民法院审查属实的，应当再审，由法院裁定撤销原离婚调解书。值得注意的是，假离婚属于宣告无效而非当然无效，只有经婚姻登记机关或者人民法院依法宣告离婚无效并收回离婚证、离婚调解书，才自离婚之日起无效，婚姻关系视为未解除。未经婚姻登记机关或者人民法院宣告无效的，仍应认为假离婚发生离婚的法律效力。

（2）假离婚当事人一方或者双方已经与第三人结婚的，应承认其再婚有效，此时假离婚当事人请求宣告假离婚无效的请求权消灭，原假离婚发生法律效力。

第三节　离婚的诉讼程序

　导入案例

朱某（男）与王某（女）大学期间自由恋爱，婚后生活开始是幸福甜蜜的。随着朱某思想的变化，朱某经常在外泡吧找"小姐"，彻夜不归，有时甚至将"小姐"带到家中。王某好言相劝，朱某非但不听，反而恶语相向，拳脚相加。王某多次提出离婚，朱某均不同意。一次，朱某因嫖娼受到行政处罚，二人因此发生争吵，争吵过程中，朱某开始殴打王某，并将其打得遍体鳞伤，致王某耳膜破裂、鼻梁骨折。第二天，王某起诉到人民法院要求与朱某离婚。法院认为，朱某不但对王某实施家庭暴力（符合婚姻法规定的准予离婚的情形），还因嫖娼严重伤害了夫妻感情。夫妻双方感情确已破裂，应当准予离婚。

本案知识点：诉讼离婚的概念；判决离婚的法定条件；认定夫妻感情已破裂的方法；认定夫妻感情确已破裂的具体理由。

一、诉讼离婚的概念

诉讼离婚是指夫妻一方基于法定离婚原因，向人民法院提起离婚诉讼，人民法院依法通过调解或判决而解除夫妻间婚姻关系的离婚制度。

我国的诉讼离婚适用于以下三类离婚纠纷：①夫妻一方要求离婚，另一方不同意的；②夫妻双方都自愿离婚但对子女抚养、财产以及债务处理等问题没有达成协议的；③未依法办理结婚登记而以夫妻名义共同生活且为法律承认的事实婚姻。

通常情况下，任何婚姻关系以外的第三人，包括当事人的父母等近亲属，均无权替代婚姻当事人请求离婚。但在特殊情况下，为保护被监护人的权益，监护人可以依法代理无民事行为能力一方提起离婚诉讼。在司法实践中，无民事行为能力人的配偶有《民法典》第 36 条第 1 款[1]规定行为，其他有监护资格的人可以要求撤销其监护资格，并依法指定新的监护人；变更后的监护人代理无民事行为能力一方提起离婚诉讼的，人民法院应予受理。[2]

与登记离婚相比，诉讼离婚是对有争议的离婚纠纷进行裁决，它要求当事人提出离婚的请求和原因，法院通过行使审判权来解决其争端。诉讼离婚程序与一般的民事诉讼不同，属于合并之诉，不仅要解决是否准予离婚的问题，而且还要在准予离婚时一并解决离婚带来的一系列法律后果，如夫妻财产的分割、债务的清偿、经济帮助、经济补偿、子女抚养、探望权的行使、离婚损害赔偿等问题。

二、离婚的诉讼外调解

《民法典》第 1079 条第 1 款规定："夫妻一方要求离婚的，可由有关组织进行调解或直接向人民法院提出离婚诉讼。"据此，对于离婚纠纷，既可以在诉讼前由有关组织进行调解，也可以不经调解直接向人民法院提起离婚诉讼。

诉讼外的调解，也称诉前调解或行政调解，是指夫妻一方要求离婚的，可以先经有关组织进行调解的程序。所谓有关组织，包括当事人所在单位、群众团体、人民调解委员会和婚姻登记机关等。调解时，既可以由一个组织进行调解，也可以由几个组织联合进行调解。

诉讼外调解具有许多好处：①我国民间习惯自古就有调解处理民事纠纷的传统，用这种方式处理民间纠纷可以不伤或少伤和气，符合人们的心理，便于当事人接受；②当地有关组织对纠纷情况比较了解，容易抓住矛盾重点进行说服教育和疏导工作，使纠纷得到及时、妥善的解决，防止矛盾激化，劝导夫妻和好，增进团结和稳定；③就地解决，经济方便，不耽误当事人的生产、工作和生活；④大量的纠纷在基层解决，不必经过诉讼程序，减少了人民法院的诉讼案件，减轻了人民法院的工作负担。

诉讼外的调解不具有法律的强制性，不是离婚诉讼的必经程序，是否进行这种调解，应当坚持当事人自愿原则，由双方当事人自己决定，不得强制调解。当事人也可以不经过这一阶段而直接向人民法院起诉。

---

[1]　《民法典》第 36 条第 1 款，监护人有下列情形之一的，人民法院根据有关个人或者组织的申请，撤销其监护人资格，安排必要的临时监护措施，并按照最有利于被监护人的原则依法指定监护人：①实施严重损害被监护人身心健康的行为；②怠于履行监护职责，或者无法履行监护职责且拒绝将监护职责部分或者全部委托给他人，导致被监护人处于危困状态；③实施严重侵害被监护人合法权益的其他行为。

[2]　参见《最高人民法院关于适用〈中华人民共和国民法典〉婚姻家庭编的解释（一）》第 62 条。

诉讼外的调解一般会出现三种不同结果：①调解和好，消除纠纷，继续保持婚姻关系；②经过调解，双方达成离婚协议，并就子女抚养、财产分配以及债务处理等问题达成一致意见，双方应按《民法典》婚姻家庭编及《婚姻登记条例》的规定，到婚姻登记机关办理离婚登记；③调解无效，一方坚持要求离婚，另一方不同意或者双方虽然都同意离婚，但对子女抚养、财产分配以及债务处理等问题仍存在争议，婚姻当事人一方应当向人民法院提起离婚诉讼，由人民法院进行审理。

三、离婚的诉讼程序

根据《民法典》婚姻家庭编和《民事诉讼法》的有关规定，离婚的诉讼程序包括提起离婚诉讼、调解和判决三个阶段。

（一）提起离婚诉讼

离婚诉讼由夫妻中提出离婚的一方为原告向人民法院提起。离婚案件一般由被告住所地人民法院管辖，被告住所地与经常居住地不一致的，由经常居住地人民法院管辖。《民事诉讼法》第22条规定，下列民事诉讼，由原告住所地人民法院管辖；原告住所地与经常居住地不一致的，由原告经常居住地人民法院管辖：①对不在中华人民共和国领域内居住的人提起的有关身份关系的诉讼；②对下落不明或者宣告失踪的人提起的有关身份关系的诉讼；③对被采取强制性教育措施的人提起的诉讼；④对被监禁的人提起的诉讼。此外，对于夫妻一方离开住所地超过1年的，另一方起诉离婚的案件，由原告住所地人民法院管辖。夫妻双方离开住所地超过1年，一方起诉离婚的案件，由被告经常居住地人民法院管辖；没有经常居住地的，由原告起诉时居住地的人民法院管辖。非军人对军人提出的离婚诉讼，如果军人一方为非文职军人，由原告住所地人民法院管辖。离婚诉讼双方当事人都是军人的，由被告住所地或者被告所在的团级以上单位驻地的人民法院管辖。

（二）离婚诉讼中的调解

我国《民法典》第1079条第2款规定："人民法院审理离婚案件，应当进行调解……"这表明，调解是人民法院审理离婚案件的必经程序，是人民法院行使审判职能的重要方面。

离婚诉讼中调解与诉讼外调解不同：一方面，它是人民法院行使国家审判权的一种方式，与审判结合进行。人民法院在审理离婚案件的整个过程中，即从受理案件开始到判决前为止，审判人员都可以依职权主动进行调解。另一方面，离婚诉讼中的调解重在发挥人民法院的主导作用，必要时，审判人员可以主动提出解决方案，也可配合有关单位一起工作，促使当事人尽量达成协议。双方达成的

离婚协议必须得到人民法院的批准与认可，发给离婚调解书后才产生法律效力。

离婚诉讼中的调解一般有三种结果：①双方达成和好协议，原告撤诉的，人民法院将调解笔录存卷，诉讼活动结束；②双方达成离婚协议，人民法院按协议内容制作调解书，调解书送达后发生法律效力，婚姻关系即告解除；③调解无效，双方没有达成协议，人民法院即进入判决阶段。

（三）诉讼离婚的判决

人民法院对于调解无效的离婚案件，应当通过判决的方式来解决纠纷。人民法院的离婚判决包括判决准予离婚和不准予离婚两种情况。无论何种判决，都应当以经过开庭审理查明的事实为依据，以法律规定的判决离婚的法定条件即感情是否确已破裂为标准。破裂者，准予离婚；未破裂或未完全破裂者，不准予离婚。判决一经生效，就发生强制性效力，当事人必须执行。当事人对一审法院判决不服的，可在一审判决后 15 日内向上一级人民法院提起上诉，第二审人民法院作出的判决，为终审判决。根据《民事诉讼法》第 202 条的规定，当事人对已经发生法律效力的解除婚姻关系的判决、调解书，不得申请再审。因为离婚判决不同于一般的民事判决，夫妻关系一经解除，双方都可以与他人再婚。为此，已经发生法律效力的判决，即使依据的事实有误，也不应再审。双方愿意破镜重圆的，只能通过复婚来恢复婚姻关系。此外，对于判决不准离婚或调解和好的离婚案件，没有新情况、新理由，原告在 6 个月内又起诉的，人民法院不予受理。

四、判决离婚的法定条件

（一）感情确已破裂是准予离婚的法定条件

感情确已破裂，是指夫妻感情已不复存在，双方不能继续共同生活且无和好的可能。它包含三层意思：①夫妻感情已经破裂而不是将要破裂或可能破裂；②真正破裂而不是虚假现象或第三人的主观臆断；③完全破裂而不是刚刚产生裂痕或尚未完全破裂。

我国《民法典》第 1079 条第 2 款规定："人民法院审理离婚案件，应当进行调解；如果感情确已破裂，调解无效的，应当准予离婚。"这说明判决离婚的法定条件，其基本构成有两方面：①夫妻感情确已破裂；②调解无效。二者是不可分割的有机统一整体，并存在内在的辩证关系。感情确已破裂是判决准予离婚的实质要件，调解无效是判决准予离婚的程序要件，前者是主要依据，居于主导的决定地位，后者则是从条件。

在 2001 年修改《婚姻法》的过程中，对于是否应当继续坚持夫妻感情确已破裂的标准，曾有不同的意见。有不少人主张修改为"婚姻关系确已破裂"，其理由是：夫妻感情属于人的心理、情感的精神范畴，不属于法律调解的范畴，法官亦难以作出准确判断；夫妻感情不是婚姻关系的全部，感情破裂不能囊括离婚的所有原因。[1] 立法机关在广泛征求社会各界意见的基础上，尊重了公众的意愿，仍坚持以感情破裂作为判决离婚的法定条件，《民法典》婚姻家庭编亦沿袭了这一规定。

将夫妻感情确已破裂作为判决准予离婚的法定条件，主要依据如下：

1. 它反映了婚姻关系的本质。婚姻的成立，源自感情；离婚纠纷的产生，无不与夫妻感情有关。夫妻关系的维系是以感情为基础的。引起离婚纠纷的原因多种多样、各不相同，但归根结底都是通过感情的变化而起作用的。因此，法定离婚原因应看其离婚纠纷的本质，而不应着眼于其表面原因。

2. 它符合我国离婚立法的历史发展。以感情确已破裂作为离婚的原则界限，是我国离婚制度发展的结果。早在抗日战争时期，《晋冀鲁豫边区婚姻暂行条例》第16条就将"夫妻感情恶劣，至不能同居"作为离婚的根据。1943年的《晋察冀边区婚姻条例》第14条规定："夫妻感情意志根本不合致不堪同居者，任何一方得向司法机关请求离婚。"中华人民共和国成立后，1950年《婚姻法》第17条第1款规定："……男女一方坚决要求离婚的，经区人民政府和司法机关调解无效时，亦准予离婚。"当时并未指明准予离婚的条件。但随后在1953年中央人民政府法制委员会《有关婚姻问题的若干解答》中指出："人民法院对于一方坚决要求离婚，如经调解无效而又确实不能继续维持夫妻关系的，应准予离婚。如经调解虽然无效，但事实证明他们双方并非到确实不能继续同居的程度，也可以不批准离婚。"在这里"不能继续维持夫妻关系"已经成为准予离婚的标准。1963年在《最高人民法院关于贯彻执行民事政策几个问题的意见》中，明确提出了将"感情是否完全破裂"作为离婚的标准："对那些夫妻感情已完全破裂，确实不可能和好的，法院应积极做好坚持不离一方的思想工作，判决离婚。"1979年，最高人民法院在《最高人民法院关于贯彻执行民事政策法律的意见》中明确指出："人民法院审理离婚案件准离与不准离的基本界限，要以夫妻关系事实上是否确已破裂，能否恢复和好为原则。"1980年修正《婚姻法》时，正式把感情是否确已破裂作为离与不离的法定条件。通过以上可以看出，把夫妻感情确已破裂作为离婚的法定条件，符合当时的时代背景，是我国离婚立法历史发展的总结性成果，具有鲜明的中国特色。

3. 它是我国司法实践经验的总结。20世纪50年代，有关部门对离婚界限的把握，在解除封建包办强迫婚姻方面做得比较好，成绩显著。但后来，随着"左

---

〔1〕 李银河、马忆南主编：《婚姻法修改论争》，光明日报出版社1999年版，第131~154页。

倾"思想的影响，实行"唯理由论"的办案原则，即不管双方感情是否确已破裂，只要没有正当理由，一律不准离婚。特别是其中一方因喜新厌旧思想引起的离婚案件，不论双方感情是否确已破裂、有无和好可能，一概判决不准离婚，如夫妻一方因进城、提升、上大学地位发生变化等，即使过去是包办强迫婚姻或是夫妻感情已完全破裂没有和好可能的，也会以资产阶级思想、喜新厌旧等理由加以驳回，不准离婚。直到中国共产党第十一届三中全会以后，在总结了30年的审判实践经验和惨痛教训的基础上，我国将"感情确已破裂"作为离婚的法定条件，写入了1980年的《婚姻法》，这是我国司法实践经验总结性的成果。

（二）认定夫妻感情确已破裂的方法

对夫妻感情状况作出正确的判断，这是一个难度较大的问题，因为感情存在于当事人的内心，具有可变性和复杂性的特点，其他人难以判断。因此，我们在认定时，要发展地看问题，既要看过去，也要看现在、将来，要全面地进行分析。在认定夫妻感情变化时，不能只看一时一事，也不能轻信当事人的陈述，要深入了解夫妻关系的真实情况，不能仅凭执法者的主观臆断，而应根据实际，在全面调查研究的基础上，对夫妻感情进行全面分析。1989年《最高人民法院关于人民法院审理离婚案件如何认定夫妻感情确已破裂的若干具体意见》（已失效）中指出："判断夫妻感情是否确已破裂，应当从婚姻基础、婚后感情、离婚原因、夫妻关系的现状和有无和好的可能等方面综合分析。"根据该"意见"的规定，凡属规定的14种情况之一的，视为感情确已破裂，一方要求离婚，经调解无效，可依法判决准予离婚。由此可见，最高人民法院在审判实践中创造了认定感情确已破裂的方法，即综合分析法和具体理由相结合。

1. 综合分析法。在调查研究的基础上，对夫妻感情进行全面综合的分析，即从婚姻关系的四个层面进行分析评判。在适用《民法典》的时代背景下，综合分析法在实践中仍具有指导意义。

（1）看婚姻基础。婚姻基础是双方结婚时的感情状况和相互了解的程度，它是双方缔结婚姻关系的起点，对婚后感情的建立起着十分重要的作用。实践中，婚姻基础是以双方结合的方式、恋爱时间的长短、结婚的动机和目的等反映出来的。考察婚姻基础主要是看双方是自主自愿的，还是父母或他人包办强迫的；是以爱情为基础的，还是以金钱、地位为目的而结合的；是慎重了解还是草率结婚的；是出于真心相爱，还是出于其他目的的权宜之计。一般而言，婚姻基础好，婚后感情才会融洽，双方不易发生纠纷，即使双方发生纠纷，甚至一度破裂，通过调解比较容易和好。相反，婚姻基础差，婚后难以建立真正的感情，出现矛盾后，也就难以调和。对这个问题也要发展地分析，不可一概而论，看婚姻基础只是分析夫妻感情的一个方面，还应结合其他条件，进行全面的分析判断。

（2）看婚后感情。婚后感情是男女双方结婚后的相互关心、忠诚、敬重的喜爱之情。看婚后感情就是看夫妻共同生活期间的感情状况，主要通过以下几个方面来考察：①夫妻双方婚后地位是否平等，是否做到互敬互爱、互相帮助、互相体贴，共同抚育子女，有事共同商量。②夫妻感情的发展变化，是由好变坏，还是由坏变好，或是时好时坏，要根据具体事情作出全面的分析判断。③产生纠纷的具体情况，如发生纠纷的次数、程度、后果等。④双方本人及家庭状况，如男女双方的思想道德水平、工作态度、生活作风、性格爱好、脾气秉性以及家庭关系、婆媳关系、经济状况等。对上述情况的考察应透过现象看本质，当事人所列举的事实往往不能如实地反映夫妻感情的真相与本质，只有深入调查，了解夫妻感情变化的全过程，才会对夫妻婚后感情作出准确的判断。

（3）看离婚的原因。离婚的原因是导致离婚的最根本因素，是引起夫妻纠纷的主要矛盾或夫妻双方争执的焦点与核心问题。实践中，离婚的原因非常复杂，有的是单一的，有的可能是多种因素交错在一起；有的是主观上的，有的是客观上的；有的是本质的原因，有的是非本质的原因；有的是外部原因，有的是内部原因；有的是直接原因，有的是间接原因；有思想意识和道德品质问题，也有实际生活问题或生活琐事的影响；有第三者的干涉，也有当事人一方或双方为达到自己目的而制造的虚假现象。因此，首先要去假存真，查清离婚的真实原因，在此基础上区分造成离婚的原因是本质的，还是非本质的，是内部的，还是外部的，要抓住案件的主要矛盾，对症下药，正确解决纠纷。

（4）看夫妻关系的现状及有无和好的可能。这是在以上"三看"基础上，对婚姻现状和今后的发展前途所作的估计和预测。如夫妻双方对立情绪的大小，是否分居、夫妻间的义务是否停止，对子女是否牵挂，坚持不离的一方有无和好的行动，有过错的一方有无忏悔表现等。这些对正确判断夫妻感情现状及发展前途至为重要，也为最后判决提供了依据。对于有和好可能的婚姻，法院应尽力做好调解和好的工作，尽量使这种可能变为现实。对那些感情确已破裂、和好无望的婚姻，应依法准予离婚，不应久调不决。

以上"四看"相互联系、相互影响，是完整的认识结构与整体，它从婚姻关系的纵向和横向提供了认定夫妻感情是否破裂的综合分析方法。

2. 认定夫妻感情确已破裂的具体理由。为准确认定夫妻感情是否确已破裂，2001年《婚姻法修正案》对诉讼离婚的法定条件采取了概括性规定与列举性规定相结合的方式，在《最高人民法院关于人民法院审理离婚案件如何认定夫妻感情确已破裂的若干具体意见》（已失效）的基础上，总结了司法实践经验，剔除了 14 种情形中属于无效婚姻等其他情况，列举了常见的、多发性的原因，并缩短了分居的期限。《民法典》第 1079 条第 3 款例示规定了调解无效，应当准予离婚的几种情形。

（1）重婚或者与他人同居。这两种行为都是违反一夫一妻制、伤害夫妻感情、破坏婚姻秩序的严重过错行为。如果无过错方提出离婚，法院应当准许。如果是过错方提出离婚，法院也应当根据双方感情是否破裂的实际情况，依法进行判决。如果过错方有所悔改，或者无过错方对过错方予以谅解，双方感情有和好可能的，应当着重调解和好，判决不准离婚；如果过错方经批评教育无悔改表现，或无过错方虽不愿离婚，又无争取和好的实际行动，证明双方感情确已破裂，经调解无效，应准予离婚。不能以判决不准离婚作为惩罚有过错方的手段，维持名存实亡的夫妻关系。

（2）实施家庭暴力或虐待、遗弃家庭成员。《民法典》第 1042 条第 3 款规定："禁止家庭暴力。禁止家庭成员间的虐待和遗弃。"我国《刑法》第 260 条第 1、2 款规定："虐待家庭成员，情节恶劣的，处 2 年以下有期徒刑、拘役或者管制。犯前款罪，致使被害人重伤、死亡的，处 2 年以上 7 年以下有期徒刑。"《刑法》第 261 条规定："对于年老、年幼、患病或者其他没有独立生活能力的人，负有扶养义务而拒绝扶养，情节恶劣的，处 5 年以下有期徒刑、拘役或者管制。"可见，实施家庭暴力、虐待或遗弃家庭成员的行为，不仅违反《婚姻法》，而且也触犯刑律。根据我国《反家庭暴力法》第 2 条的规定，"本法所称家庭暴力，是指家庭成员之间以殴打、捆绑、残害、限制人身自由以及经常性谩骂、恐吓等方式实施的身体、精神等侵害行为"。持续性、经常性的家庭暴力，可以认定为虐待。[1] 虐待既包括积极的行为，如打骂、伤害等；也包括消极的不作为，例如不给饮食、患病不给治疗等。此外，还有一种新情况，即性虐待，表现在夫妻性生活方面缺乏互相爱护、体贴，有的不了解最基本的性科学卫生知识，粗野地将对方当作满足自己性欲的"性机器"。

人民法院审理涉及家庭暴力的案件，应当认真查明夫妻之间、其他家庭成员之间平时的感情状况，实施家庭暴力、虐待、遗弃的具体事实和情节。根据我国《反家庭暴力法》第 20 条的规定，人民法院可以根据公安机关出警记录、告诫书、伤情鉴定意见等证据，认定家庭暴力事实。如果夫妻之间、其他家庭成员之间平时感情较好，由于一时一事的原因，引起实施家庭暴力、虐待、遗弃的行为而且情节也不严重的，应当批评教育实施家庭暴力、虐待、遗弃行为的一方，责

---

〔1〕 参见《最高人民法院关于适用〈中华人民共和国民法典〉婚姻家庭编的解释（一）》第 1 条。

令其向对方承认错误，赔礼道歉，在此基础上，着重调解和好。如果夫妻之间、其他家庭成员之间平时感情不好，实施家庭暴力、虐待、遗弃的行为是经常性的，已严重伤害了夫妻感情，虽经法院调解，但被实施家庭暴力、虐待、遗弃的一方不予谅解，坚持要求离婚的，应准予离婚。如果实施家庭暴力、虐待、遗弃行为情节恶劣，已经构成犯罪的，还应当依法追究施暴者、虐待者、遗弃者的刑事责任。

（3）有赌博、吸毒等恶习屡教不改。赌博、吸毒等恶习，往往导致家庭经济条件窘迫、夫妻关系紧张甚至引发家庭暴力，使夫妻感情破裂。人民法院在审理此类案件时，应在查明事实的基础上做好当事人的调解工作。对于只是偶尔为之，没有成瘾，或者虽然曾有赌博、吸毒等恶习，但确有悔改表现的，要争取调解和好；对于屡教不改的且经调解无效，应准予离婚。适用本款时应注意：本款为例示性规范，除了明确列举的赌博、吸毒恶习之外，还应包括其他严重危害夫妻感情的恶习，如卖淫、嫖娼、酗酒等。

（4）因感情不和分居满 2 年。分居是指夫妻之间不再共同生活，不再履行夫妻义务。夫妻之间长期分居，互不履行夫妻义务，可以认定夫妻感情确已破裂。2001 年修改《婚姻法》过程中，对分居时间确定为几年有不同意见，有人认为分居时间不宜过长，否则容易给当事人造成精神压力，并对社会产生不安定因素；有人认为分居时间不宜过短，否则不利于保持家庭关系的稳定。最后确定为分居 2 年。但需要注意的是，分居 2 年必须是因感情不和而分居，而不是因工作、学习、治疗疾病等原因导致的分居，而且必须是持续分居 2 年以上，不能将前后几次的分居期间相加。当事人连续分居满 2 年的举证责任由原告方承担。

（5）其他导致夫妻感情破裂的情形。现实生活中，导致夫妻感情破裂、引起离婚诉讼的原因多种多样，法律不可能一一列举。为此，《民法典》婚姻家庭编在列举上述几种情形后，规定了该项弹性条款，由人民法院根据感情确已破裂这一原则，结合案件具体情况作出正确判定。如实践中出现的一方有生理缺陷或其他原因不能发生性行为，且难以治愈的；一方因强奸罪、奸淫幼女罪等被追究刑事责任，严重伤害夫妻感情的；一方在共同生活期间患精神病，久治不愈的；双方性格不合、志趣不投，难以共同生活的等等，都可以认定是导致夫妻感情破裂的情形。在司法实践中，夫妻双方因是否生育发生纠纷，致使感情确已破裂，一方请求离婚的，人民法院经调解无效，应依照“其他导致夫妻感情破裂的情形”处理。[1]

---

〔1〕 参见《最高人民法院关于适用〈中华人民共和国民法典〉婚姻家庭编的解释（一）》第 23 条。

五、一方被宣告失踪的离婚

《民法典》第 40 条规定："自然人下落不明满二年的，利害关系人可以向人民法院申请宣告该自然人为失踪人。"《民法典》第 1079 条第 4 款规定："一方被宣告失踪，另一方提出离婚诉讼的，应当准予离婚。"《民事诉讼法》第 183 条第 1 款规定："公民下落不明满二年，利害关系人申请宣告其失踪的，向下落不明人住所地基层人民法院提出。"按照民法典和民事诉讼法的规定，自然人下落不明满 2 年的，其配偶、父母、子女等利害关系人可以向下落不明的人住所地基层人民法院申请宣告其为失踪人。人民法院受理宣告失踪案件后，应当发出寻找下落不明人的公告，公告期间为 3 个月。公告期间届满，宣告失踪的事实如果得到确认，人民法院应当作出宣告失踪的判决。在夫妻一方被宣告失踪的情形下，婚姻关系已名存实亡，当事人已经不能达到婚姻的目的，对此如果另一方提出离婚请求，人民法院即应判决准予离婚。

六、判决不准离婚后又分居满一年的离婚

在审判实践中，经法院判决不准离婚后再次起诉离婚的现象比较普遍。针对这种情形，《民法典》第 1079 条第 5 款规定："经人民法院判决不准离婚后，双方又分居满一年，一方再次提起离婚诉讼的，应当准予离婚。"这一规定是《民法典》新增加的条款，其可操作性比较强，有利于审判实践工作的展开，可以解决现实生活中久拖不决的离婚案件。

第四节 诉讼离婚的特别规定

 导入案例

张某（女）和许某甲（男）于 2011 年 3 月结婚，婚后生一女孩许某乙，现年 5 岁。双方因性格差异，婚后常为生活琐事发生争吵，张某与公婆关系也不睦，致使夫妻关系紧张。2013 年 8 月，许某甲以双方无共同语言，张某对其不信任，无法继续共同生活为由，诉至人民法院，要求与张某离婚。经法院调解，许某甲撤回离婚诉讼。但此后，夫妻关系仍未好转。2016 年 12 月，张某计划外生一女孩，经双方同意送他人收养。2017 年 1 月，许某甲又以前诉理由诉至人民法院，坚决要求与张某离婚。法院认为，张某分娩后 1 年内许某甲不得提出离婚，依法驳回了许某甲的诉讼请求。

本案知识点：诉讼离婚中对女方的特殊保护。

一、诉讼离婚中对军人的特殊保护

《民法典》第 1081 条规定："现役军人的配偶要求离婚，应当征得军人同意，但是军人一方有重大过错的除外。"这是《民法典》通过对军人配偶离婚请求权的限制，来实现对现役军人婚姻的特别保护。

人民军队担负着巩固国防，抵抗外来侵略，保卫祖国，保卫社会主义现代化建设及保护人民安居乐业的神圣职责。在法律上对现役军人的婚姻给予特殊的保护，符合国家和人民的根本利益。我国《婚姻法》对军人的婚姻历来给予特殊的保护。1950 年和 1980 年的《婚姻法》均规定现役军人的配偶要求离婚，须得军人同意。这一规定在当时的立法背景下曾起到过重大的进步作用，但是由于这一规定过于绝对化，加之改革开放以后出现了一些新情况，对于双方感情确已破裂，尤其是因为现役军人的重大过错导致夫妻感情完全破裂，且无和好的可能时，由于军人不同意离婚，人民法院就只能判决不准离婚，这不仅对现役军人的配偶过于苛刻，违背婚姻自由的原则，而且也影响了军婚的质量。1984 年 8 月 30 日通过的《最高人民法院关于贯彻执行民事政策法律若干问题的意见》（已失效）指出："军人不同意离婚时，应教育原告珍惜与军人的夫妻关系，尽力调解和好或判决不准离婚。对夫妻感情已经破裂，经过做和好工作无效，确实不能继续维持夫妻关系的，应通过军人所在部队团以上政治机关，做好军人的思想工作，准予离婚。"实践证明，最高人民法院的这条司法解释将原则性和灵活性有机结合在一起，较好地调和了保护军婚与婚姻自由原则之间的冲突。2001 年在修改《婚姻法》时增加了"但书"条款。《民法典》维持了这一条款的规定。

在适用这一规定时，应注意以下几点：

1. 本条的适用范围。本条只适用于非军人一方向现役军人提出的离婚诉讼，即原告是非军人，被告是现役军人。对于现役军人向非军人的配偶一方提出离婚，或者双方均为现役军人，则不适用该条特别规定，按一般离婚规定处理。

所谓现役军人，是指正在人民解放军和人民武装警察部队服现役、具有军籍的干部和士兵。退役、转业、复员军人以及在军事单位中工作、未取得军籍的职工或者其他人员不包括在内。

2. 本条限制的是非军人一方的实体离婚权利。现役军人的配偶起诉要求离婚的，人民法院应当受理，但是，如果现役军人不同意离婚且无重大过错时，人民法院一般应当判决不准离婚。因此，现役军人的配偶的离婚胜诉权受到限制。

3. 军人一方有重大过错的情形。在司法实践中，军人一方如果有重婚或者与他人同居的行为；实施家庭暴力或者虐待、遗弃家庭成员的行为；赌博、吸毒等恶习屡教不改的行为或军人有其他重大过错导致夫妻感情破裂的情形等，均属于重大过错的行为。[1]

4. 本条与离婚法定条件的关系。本条与离婚的法定条件并不矛盾。离婚的法定条件广泛适用于一般的离婚案件，而《民法典》第1081条只适用于"现役军人的配偶要求离婚"的案件。依据"特别法优于普通法"的原则，在处理非军人要求与军人离婚的诉讼案件中，应首先适用《民法典》第1081条的规定。但是不能把此条绝对化地理解和机械化地适用，判决准予或者不准予离婚的标准，仍然是夫妻感情是否确已完全破裂，而不是军人或其配偶的主观愿望。

5. 对于破坏军婚的违法犯罪行为应给予坚决的打击。有的非军人一方提出离婚是由于第三者插足造成的，如第三者与军人配偶（非军人一方）通奸、姘居、重婚等，处理这类案件应首先制止破坏军婚的行为，根据《刑法》的有关规定，依法追究第三者的刑事责任，然后再根据夫妻关系具体情况处理离婚问题。

二、诉讼离婚中对女方的特殊保护

《民法典》第1082条规定："女方在怀孕期间、分娩后1年内或者终止妊娠后6个月内，男方不得提出离婚；但是，女方提出离婚或者人民法院认为确有必要受理男方离婚请求的除外。"这是保护妇女儿童身心健康的特别规定，是在一定期限内对男方离婚请求权的一种限制。因为女方在此期间内，身体上和精神上都需要特别照顾，如果允许男方提出离婚，势必给女方在精神上带来沉重的打击，不但影响女方的身心健康，也不利于胎儿、婴儿的发育、成长，因此，禁止男方在此期间提出离婚是完全必要的。

适用该条规定时，应注意以下几点：

1. 本条的适用范围。男方在下列三种情形下不得提出离婚：①女方在怀孕期间。如果原审人民法院判决离婚时，未发现女方怀孕，女方自己发现并提出上诉，应撤销判决、驳回男方离婚请求。②女方在分娩后1年内。只要女方有分娩的事实，无论婴儿是否活着出生，也不论出生后婴儿是否死亡，均受1年期间的限制。③女方终止妊娠后6个月内。终止妊娠的原因既包括因计划生育的原因，也包括不符合计划生育的原因。

2. 本条限制的是男方的离婚请求权。即男方在法律规定的上述期间提起离婚诉讼的，人民法院不予受理。但上述期间届满后，男方仍可依法行使其离婚请求权。因此，本条规定只是推迟了男方提起离婚之诉的时间，并没有剥夺其离婚

的请求权。

3. 女方在此期间提出离婚的，不受本条限制。因为女方在此期间提出离婚，说明本人对离婚已有思想准备，表明她认为离婚才更有利于保护自己和子女的利益。如不及时受理，可能更加不利于保护妇女、胎儿、婴儿的利益，故不应受此限制。另外，在此期间，如果男女双方自愿登记离婚的，符合本条的立法精神，应予准许。

4. 人民法院认为确有必要受理男方离婚请求的，也不在此限。在司法实践中，在男方有正当理由的前提下，人民法院也可以受理男方的离婚请求：①双方确实存在不能继续共同生活的重大而紧迫的事由，一方对他方有危及生命、人身安全的可能。②女方婚后与人通奸以致怀孕且通奸怀孕的事实为女方所不争执或经查属实的。

实务训练

（一）示范案例

【案情】原告王某甲（男）与被告肖某（女）于 1998 年经人介绍相识恋爱。1999 年原告应征入伍，被告即从原户籍地迁入原告家居住，双方经常保持通信往来。2002 年 10 月，双方登记结婚。2004 年双方生育一子王某乙，现在中学读书。双方结婚后在原告服兵役期间，原、被告相互通信往来频繁，被告曾多次去部队与原告共同生活。2008 年，原告退伍后被安排了工作。原、被告从婚后到2019 年 10 月前，夫妻关系一直很好，共同生活中一直互相帮助，经常交换思想，遇有挫折时，互相鼓励支持，夫妻恩爱、家庭和睦，受到外人称羡。2019 年 10月，原告在经营卡拉 OK 厅的过程中，与在该厅的一服务小姐关系暧昧，引起被告怀疑，双方为此时常吵闹，夫妻感情开始受到影响。但被告仍然十分关心原告，要求原告改正错误。2019 年 11 月 11 日和 18 日，原告先后给被告去信说，做了对不起被告的事，并向被告真诚地认错。2019 年 12 月 15 日，原告向人民法院起诉，要求与被告离婚。但原告在起诉后不久到被告处仍与被告一起同居生活。

原告王某甲诉称：婚后夫妻感情一般。自 2019 年 10 月开始，被告无端怀疑其有不正当的两性关系，双方为此时常吵闹，现夫妻感情已完全破裂。要求与被告离婚，婚生子王某乙由其抚养，抚育费自理，夫妻共同财产归被告所有，共同债务 4000 元由原、被告共同负责清偿。

被告肖某辩称：与原告恋爱 4 年之久后自愿结婚，婚姻基础是好的。结婚 17

年来，夫妻感情一直很好。只是原告从 2019 年 10 月开始与一异性有不正当的两性关系后，双方之间才产生矛盾。其间，原告曾向其认错，被告也愿意谅解原告，愿给原告改正错误的机会，并且考虑到夫妻感情和孩子的成长，坚决不同意离婚。

问：本案中，王某甲要求离婚，肖某不同意离婚，人民法院能判决他们离婚吗？为什么？

【分析】

本案的关键是原、被告之间的夫妻感情是否确已破裂。夫妻感情是否确已破裂，是界定是否准予离婚的标准。判断夫妻感情是否确已破裂，应当从婚姻基础、婚后感情、离婚原因、夫妻关系的现状和有无和好可能等方面综合分析：①从原、被告之间的婚姻基础来看，双方系自由恋爱，且时间长达 4 年之久，期间书信往来频繁，了解较深，可见双方的婚姻基础较好。②婚后双方在 17 年共同生活中互相帮助、经常交换思想。遇到挫折时，互相鼓励支持，共渡难关，夫妻恩爱，家庭和睦，是人人称羡的好夫妻，显然，婚后夫妻感情较好。③原告提出离婚是为了与其经营的卡拉 OK 厅内一服务小姐保持不正当关系，而不想再受被告的约束，以夫妻感情破裂为由提出离婚，其离婚原因不正当且理由不充分。④原告与被告夫妻感情并未有大的裂痕。原、被告之间的矛盾仅是在起诉前近两个月内，被告发现原告与异性有暧昧关系后才发生的，在矛盾发生后，被告仍然十分关心原告，教育帮助原告改正错误，原告也承认了自己的错误行为，并两次写信给被告认错，原告在向人民法院提起离婚诉讼后，仍然回到被告处同居生活。被告也愿意谅解原告的过错，坚决要求与原告重归于好的态度善意而真诚，因而夫妻关系是完全有和好可能的。

综上所述，人民法院应判决不准原告、被告离婚。

（二）习作案例

孙某是小学女教师，苏某在外地是解放军空军某部指战员。孙某和苏某于 2009 年 5 月经人介绍开始书信往来，由于双方字迹都很漂亮，知识均较丰富，双方很快相互产生了爱慕之情，经过 3 个月的相处建立了恋爱关系。2009 年末双方第一次见面就办理了结婚登记，并在苏某所在部队举行了结婚仪式。婚后苏某发现孙某清高、古怪，性格、为人处世均与自己不同。如：孙某去部队结婚，苏某热情款待，而孙某却拒绝接受款待，居然拿出自己的钱独自去食堂买饭票，各吃各的，保持双方经济的绝对分开，以此表明自己在经济上有独立能力，不依赖男人。苏某为新房准备了带花色的床单和窗帘，孙某对此表示非常不满，说苏某审美观庸俗，不高雅。对于首长和战友的多次探望，孙某也感到厌烦，蜜月中双方多次发生口角。

2015 年苏某去东北孙某处探亲，因缺乏经验只穿了南方冬天常用的冬装，加之孙某住房内取暖设备失修，苏某感到十分寒冷，常常搓手跺脚，孙某对此不闻不问，好像没有看到。而且孙某说话经常连讽带刺，让苏某觉得很不舒服，苏某的自尊心也特别强，在感情上不主动培养，不勉强对方。所以，双方关系处于冷漠状态，每一个探亲假都在郁闷、争吵中度过。2016 年孙某以苏某不懂生活，不关心自己为由提起离婚诉讼。苏某认为离婚名声不好，不同意离婚，并表示要努力搞好夫妻关系。法院判决不准离婚。但判决后，双方仍各自按自己的处世哲学生活，均不肯主动和好，而且互不探望，书信日益减少，信中互相指责，婚姻关系仍然没有改善。2020 年 2 月，孙某以感情破裂为由，再次提出离婚诉讼，苏某仍从面子考虑不同意离婚。

问：本案中，孙某提出与现役军人的丈夫离婚，其作为军人的丈夫不同意离婚，人民法院能判决他们离婚吗？为什么？

复习与思考

1. 什么是婚姻终止？什么是离婚？

2. 婚姻终止的原因有哪些？

3. 离婚与婚姻无效、可撤销婚姻有何区别？

4. 为什么既要保障离婚自由，又要反对轻率离婚？

5. 登记离婚有哪些条件和程序？

6. 如何认定夫妻感情确已破裂？

7. 《民法典》婚姻家庭编在诉讼离婚上的两项特别规定是什么？如何理解这两项特别规定？

第十一章 离婚的效力

离婚的效力，又称离婚的法律后果。它是指离婚在当事人的人身关系、财产关系和亲子关系等方面引起的一系列法律后果。

离婚的效力发生于婚姻关系正式解除之时。它只对将来发生效力，不发生溯及既往的效力。在登记离婚制度中，离婚的效力自当事人取得离婚证之日起产生；在诉讼离婚制度中，自调解书或判决书发生法律效力之日起产生。正确处理离婚的法律后果，对保护离婚当事人及其子女的合法权益都具有重要意义。

第一节 离婚在身份法上的效力

导入案例

于某（男）与康某（女）婚后生一女（现年9岁）。双方因感情不和诉讼到人民法院要求离婚。经法院审理，判决双方离婚。离婚后为照顾孩子方便，双方仍在一起居住。不久，于某因车祸死亡。康某要求继承于某遗产，于某的父母认为儿子与儿媳已经离婚，儿媳没有继承权。双方发生争执，于是康某到律师事务所咨询。律师解答：于某与康某已离婚，夫妻身份已终止，夫妻间的继承权也因离婚而消灭。虽然二人仍在一起居住，但属同居关系，双方之间没有继承权。

本案知识点：离婚在身份法上的效力；离婚致夫妻身份终止；离婚致夫妻间继承权消灭。

离婚在身份法上的效力是指离婚在夫妻身份关系方面所引起的法律后果。夫妻之间的身份关系因离婚而解除，基于夫妻身份而产生的夫妻间人身关系也随之消灭。这是离婚最为直接的法律后果。从国外立法看，离婚对当事人身份上的效力主要包括：①夫妻姓氏的恢复与保留。在因婚姻而导致夫妻姓氏发生变化的场合，夫妻因离婚而恢复其婚前的姓氏，也可由双方协议或法院决定保留婚后姓氏。②夫妻的同居义务消灭。一些国家的婚姻法明确规定夫妻互负同居义务，该义务因离婚而终止。③再婚自由及其限制。因离婚双方当事人恢复独身，不再受婚姻关系的约束，享有再婚自由权。但有的立法例对于因与他人通奸而经判决离婚或受刑事处罚者，设有不得与通奸人结婚的限制；有的对离婚妇女设有再婚禁止期间（即待婚期）的限制。④日常家事代理权终止。夫妻因婚姻共同生活而互享日常家事代理权，离婚后，这种代理权归于终止。⑤姻亲关系消灭。

我国《民法典》婚姻家庭编对于夫妻人身关系的内容规定得较为简略，离婚对夫妻身份上的效力主要表现为以下几个方面：

一、夫妻身份终止

男女双方因结婚而产生夫妻身份关系，互为配偶，具有固定的配偶身份和称谓，夫妻之间因此种亲属身份而在人身上、财产上产生各种权利义务关系。因离婚夫妻间的配偶身份终止的，称谓亦消除。

二、双方当事人均享有再婚的权利

婚姻关系解除后，男女双方各自重新成为单身者，双方均恢复了结婚的资格，取得了再婚的自由权利，一方对他方不得加以干涉。依登记程序离婚的，其再婚自由权自领取离婚登记证之日起恢复；依诉讼程序离婚的，其再婚自由权自人民法院离婚调解书或判决书生效之日起恢复。必须说明的是，经一审法院判决的离婚，一方不服向上级法院提起上诉的，原审法院所作的离婚判决并未生效，双方在此期间都不能再婚，否则构成重婚。经二审法院判决维持原判准予离婚的，当事人在终审判决后才能取得再婚的自由权利。如果二审法院改判不准离婚，当事人之间的婚姻关系依然存在，双方均不得再行结婚。

三、夫妻间扶养义务终止

离婚后，随着夫妻身份关系的消灭，夫妻间相互扶养的义务同时解除，任何一方都没有给付对方扶养费的义务，任何一方也没有向对方索取扶养费的权利。《民法典》第1090条虽然规定了离婚时应对生活困难一方给予适当的经济帮助，但这并非扶养义务，它有一定的条件性和时效性，与夫妻间的扶养义务在性质和内容上均不相同。

四、夫妻间继承权消灭

夫妻间有相互继承遗产的权利，相互都为对方遗产的法定继承人。一方先于另一方死亡，另一方就可以法定继承人的身份对死者遗产依法继承。当夫妻身份因离婚而消灭时，当事人相互继承遗产的资格不复存在，其继承权也归于消灭。

第二节 离婚在财产法上的效力

导入案例

马某（女）与宋某（男）结婚已有 9 年，一直居住在宋某所在单位分给的一套两居室住房内。1999 年宋某独自出资 6 万元将此房按"房改房"的标准价购买，房屋产权证上写的也是宋某的名字。后由于双方感情不和，夫妻关系出现裂痕。马某向人民法院起诉离婚，同时要求分割"房改房"。宋某认为马某不是他所在单位的职工，且该房屋是自己独自出资购买，因此，马某无权分割房屋。法院经审理后依法判决双方离婚，确认该房屋为夫妻共同财产，产权归宋某所有，由宋某拿出房屋价值的一半给马某。

本案知识点：夫妻共同财产的范围；分割夫妻共同财产的原则；分割夫妻共同财产的方法；离婚后房屋的处理。

离婚在财产法上的效力是指离婚在夫妻财产关系方面所引发的一系列法律后果。离婚不仅终止了夫妻间的人身关系，也终止了夫妻间的财产关系，进而引发夫妻财产的清算、共同财产的分割、共同债务的清偿、经济补偿请求权以及经济帮助救济方式的发生等。

一、夫妻共同财产的分割

（一）离婚时财产分割范围的确定

依照《民法典》第 1062 条、第 1065 条的规定，我国实行法定财产制和约定财产制两种制度。夫妻双方有约定的，离婚时应按约定处理；约定无效的，按法定财产制处理。我国的夫妻共同财产制虽然为婚后所得共同财产制，但这并不意味着离婚时在夫妻名下的财产都是夫妻共同财产。要正确处理夫妻离婚时的财产问题，首先应当明确哪些财产属于夫妻共同财产，哪些财产属于夫妻个人财产，哪些又属于其他家庭成员的财产。

1. 夫妻共同财产的范围。根据《民法典》婚姻家庭编和最高人民法院的有关司法解释，下列财产视为夫妻共同财产：

（1）夫妻在婚姻关系存续期间法定所得的财产。夫妻在婚姻关系存续期间法定所得的财产，除书面约定或法律另有规定的以外，为夫妻共同财产，包括工资、奖金、劳务报酬；生产、经营、投资的收益；知识产权中实际取得或者已经明确可以取得的财产性收益；继承或受赠的财产（但遗嘱或赠与合同中确定只归夫或妻一方的财产除外）；男女双方实际取得或者应当取得的住房补贴、住房公积金、养老保险金、破产安置补偿费等其他应当归夫妻共同所有的财产。其具体内容详见本书第六章第三节。

（2）夫妻分居两地分别使用、管理的婚后所得财产。

（3）分割发放到军人名下的复员费、自主择业费等一次性费用的，以夫妻婚姻关系存续年限乘以年平均值，所得数额为夫妻共同财产。

（4）对个人财产还是夫妻共同财产难以确定的，主张权利的一方有责任举证。当事人举不出有力证据，人民法院又无法查实的，按夫妻共同财产处理。

（5）夫妻共同经营的当年无收益的养殖、种植业等，属于夫妻共同财产。

对于上述夫妻共同财产，夫妻双方享有平等的所有权。在夫妻婚姻关系存续期间，不划分共有财产中属于自己的份额，只有在夫妻关系解体时，才能进行分割。因此离婚时，应对上述夫妻共同财产进行分割。

2. 夫妻个人财产的范围。除夫妻以书面形式约定的个人财产外，根据《民法典》第 1063 条的规定，下列财产为夫妻一方的个人财产：①一方的婚前财产；②一方因受到人身损害获得的赔偿或者补偿；③遗嘱或者赠与合同中确定只归一方的财产；④一方专用的生活用品；⑤其他应当归一方的财产。其具体内容详见本书第六章第三节。

离婚时，个人财产原则上归个人所有，但实物已在共同生活中自然毁损、消耗、灭失，一方要求以共同财产抵偿的，不予支持。

3. 夫妻共同财产与家庭财产的区分。家庭财产是指家庭成员的共同财产和各自所有的财产的总和。家庭财产既包括夫妻个人所有的财产、夫妻双方共同所有的财产，又包括夫妻之外其他家庭成员个人所有的财产以及全体家庭成员共同所有的财产。未成年人通过继承、受赠、获得奖励、因人身受到伤害获得的赔偿金等属于其个人财产，父母作为其监护人仅享有管理权，而不能将其视为父母的共同财产。离婚时，需要分割的仅限于夫妻的共同财产。对于家庭成员的共同财产，应当首先分家析产，分出属于夫妻共同所有的部分，然后夫妻双方再对此加以分割。对于确实难以查清的家庭财产问题，可以告知当事人另案处理，或者中止离婚诉讼，待析产案件处理后再恢复离婚诉讼。

（二）夫妻共同财产的分割

《民法典》第 1087 条第 1 款规定："离婚时，夫妻的共同财产由双方协议处理；协议不成的，由人民法院根据财产的具体情况，按照照顾子女、女方和无过错方权益的原则判决。"据此，分割夫妻共同财产的方式有两种：协议分割和判决分割。

协议分割是指夫妻双方离婚时，在平等自愿的基础上，就共同财产的处理达成一致意见的分割方式。夫妻双方通过协商达成共识，只要其内容是双方真实意思表示且符合法律规定，法律即予以承认。因此，协议分割夫妻共同财产，体现了法律对公民私权的尊重，也是意思自治原则的体现。在司法实践中，当事人达成的以协议离婚或者到人民法院调解离婚为条件的财产以及债务处理协议，如果双方协议离婚未成，一方在离婚诉讼中反悔的，人民法院应当认定该财产以及债务处理协议没有生效，并根据实际情况，依照《民法典》第1087条和第1089条的规定判决。当事人依照《民法典》第1076条签订的离婚协议中关于财产以及债务处理的条款，对男女双方具有法律约束力。根据《最高人民法院关于适用〈中华人民共和国民法典〉婚姻家庭编的解释（一）》第69条第2款和第70条的规定，登记离婚后当事人因履行上述协议发生纠纷提起诉讼的，人民法院应当受理。[1] 夫妻双方协议离婚后就财产分割问题反悔，请求撤销财产分割协议的，人民法院应当受理。人民法院审理后，未发现订立财产分割协议时存在欺诈、胁迫等情形的，应当依法驳回当事人的诉讼请求。[2]

判决分割是夫妻双方就共同财产的分割达不成一致意见时，由人民法院依法作出裁决的分割方式。根据《民法典》第1087条的规定，人民法院审理离婚案件对夫妻共同财产的处理，应当坚持男女平等，照顾子女和女方的权益，照顾无过错方，有利于生产、方便生活的原则，合情合理地进行分割。

1. 分割夫妻共同财产的原则。人民法院判决分割夫妻共同财产时，应遵循以下几项原则：

（1）男女平等原则。男女平等是婚姻法的基本原则，体现在夫妻共同财产分割上，夫妻双方对共同财产有平等分割的权利；对共同债务也应平等地承担清偿的义务。在日常生活中，夫妻双方的收入通常是有区别的，一般表现为男方经济收入高于女方。在分割夫妻共同财产时，不能因为女方经济收入较低，或者女方没有经济收入而少分或不分给其财产。在农村，女方离婚后，其责任田、口粮田和宅基地，应当受到保障。离婚时，任何一方对共同财产都依法享有平等的分割权利，那种以财产上的让步作为离婚的交换条件以及"财产在谁手中就归谁所有"的主张，侵犯了一方当事人的合法权益，与法律规定的精神是背道而驰的。

（2）照顾子女和女方权益的原则。坚持这一原则，应将未成年子女的利益放在首要地位，其次是照顾女方的合法权益。由于父母的离婚给未成年子女今后

---

〔1〕　参见《最高人民法院关于适用〈中华人民共和国民法典〉婚姻家庭编的解释（一）》第69条第2款。

〔2〕　参见《最高人民法院关于适用〈中华人民共和国民法典〉婚姻家庭编的解释（一）》第70条。

的生活带来一定的影响，为使下一代健康地成长，能有一个较好的成长环境，在分割夫妻共同财产时，要根据子女的生活和学习的需要，给抚养未成年子女的一方适当多分一些财产，以照顾子女的实际需要。目前，我国由于经济、社会及传统价值观念等各方面因素的影响，男女事实上不平等的现象仍然存在。这主要是由于女性受教育、就业的机会与男性有一定的差距，经济能力总体上弱于男性，另外，女性在家务中付出的往往较多，而这又难以物化为财产收益。因此，在分割夫妻共同财产时，有必要照顾女方的权益并通过适当多分，保证妇女不因经济问题而影响其行使离婚的权利，以避免妇女因离婚而造成生活困难。

（3）照顾无过错方权益的原则。所谓过错，是指行为人通过实施侵权行为所表现出来的在法律上和道德上应受非难的故意或过失状态。故意，是指行为人已经预见到自己行为的损害后果，仍然积极地追求或者听任该后果发生的心理状态。过失，是指行为人因未尽合理的注意义务而未能预见损害后果，并致使损害后果发生的心理状态。

照顾无过错方的原则与离婚损害赔偿制度是一个问题的两个方面。由于婚姻关系既是一种包含了人的生物性在内的非同一般的两性关系，又是一种伦理实体，在现代社会，人们已经抛弃了离婚是对有过错方的惩罚和对无过错方的补偿的观念，在婚姻关系是否应当解除的问题上，不看婚姻破裂的原因，即不追究过错行为，只看婚姻本身是否已经"死亡"，并不将离婚作为对过错方的惩罚。但是，在分割夫妻共同财产时，应当照顾无过错方，使其在财产上多分一些，以弥补其在感情、精神上遭受的伤害和痛苦，这体现了法律的公平与正义。

由于"照顾"不是一种民事责任，而"损害赔偿"是一种民事责任，因此，应对照顾的过错行为作较为宽泛的解释，而对导致损害赔偿的过错行为作严格的限定。依据 2001 年《婚姻法修正案》第 46 条的规定，只有存在重婚、有配偶者与他人同居、实施家庭暴力、虐待或遗弃家庭成员四种情形而导致离婚的，无过错方才有权主张损害赔偿。实践中，导致离婚的过错情形多种多样，不能完全为这四种情形所涵盖。因此，《民法典》第 1091 条在保留其中四种情形的基础上，将"有配偶者与他人同居"修改为"与他人同居"，并增设第五项"有其他重大过错"。该兜底条款，赋予法院个案判断的裁量权，为离婚无过错方提供了较为灵活的救济依据。

（4）有利于生产、方便生活的原则。分割夫妻共同财产时，应当注意有利于生产和生活的需要，从充分发挥共同财产的效用和不损害财产的经济价值出发，对于生活必需品，应当考虑双方和子女的生活情况，分给需要的一方；对生产资料或一方从事职业所必需的工具、图书资料等，应当分给需要的一方；对于特定物包括有经济价值的纪念物，不宜分割的，可根据财产的来源，分给获得者一方；对于当年无收益的种植业、养殖业，应分给继续经营的一方；对未分得上述财产的一方，可分给其他财产或由另一方给予相当于该财产一半价值的补偿。

（5）不损害国家、集体或他人利益的原则。在分割夫妻财产时，不能把属于国家、集体和他人所有的财产当作夫妻财产加以分割。贪污、受贿、盗窃等非法所得，必须依法追缴。对因从事生产、经营等与他人有共有财产关系的，离婚时应先分出属于夫妻共有的份额，然后再分割夫妻的共同财产，防止侵害他人的利益。

2. 分割夫妻共同财产的方法。离婚时分割夫妻共同财产的具体方法有：

（1）实物分割。即在不影响其财产的使用价值和特定用途下，对财产进行实际分配。双方根据各自享有的份额进行分割并取得相应财产。

（2）价金分割。即将共有物变卖，双方对变卖所得价金进行分割后各自取得价金。价金分割是在共有物不能分割或分割后有损其财产的使用价值和特定用途时使用的分割方法。

（3）价值补偿。即夫妻一方取得共有物，另一方获得相当于一半价格的补偿，取得价金。

（三）分割夫妻共同财产时应注意的问题

1. 关于彩礼问题。目前，结婚前给付彩礼的习俗在我国某些地区还相当普遍。不少家庭为给付彩礼而债台高筑，负担较重。虽然婚姻应当以爱情为基础，不主张也不支持结婚以给付彩礼为条件，但如果对请求返还彩礼问题完全不予处理，可能会使一些当事人的财产权益受到严重损害，另一些当事人则获得不当得利，有失公平。根据《最高人民法院关于适用〈中华人民共和国民法典〉婚姻家庭编的解释（一）》第5条的规定，当事人请求返还按照习俗给付的彩礼的，如果查明属于以下情形，人民法院应当予以支持：①双方未办理结婚登记手续；②双方办理结婚登记手续但确未共同生活；③婚前给付并导致给付人生活困难。应当注意的是，在后两种情形下请求返还彩礼，应当以双方离婚为条件。

2. 关于军人的各种费用。在司法实践中，军人的伤亡保险金、伤残补助金、医药生活补助费属于个人财产，这些费用是维持军人自身生存所必需的费用，夫妻双方离婚时，这些费用应当属于军人本人，不能作为夫妻共同财产进行分割。对于军人的复员费、自主择业费等一次性费用，以夫妻关系存续年限乘以年平均值所得数额为夫妻共同财产。离婚时夫妻双方可以进行分割，但应明确的是，这里所称年平均值，是指发放到军人名下的上述费用总额按具体年限均分得出的数额。其具体年限为人均寿命 70 岁与军人入伍时实际年龄的差额。[1] 例如，甲某（男）18 岁入伍，25 岁与乙某（女）结婚，40 岁离开部队自主择业，从部队领得自主择业费 6 万元，42 岁时甲与乙离婚，其自主择业费年平均值为 $60\,000 \div (70-18) = 1154$（元），其中夫妻共同财产的数额为 $1154 \times 17 = 19\,618$（元），其配偶可分得 9809 元。

3. 关于夫妻共同财产中的有价证券及股份。夫妻双方离婚时，共同财产中的股票、债券、投资基金份额等有价证券以及未上市股份有限公司股份的分割，根据《最高人民法院关于适用〈中华人民共和国民法典〉婚姻家庭编的解释（一）》第 72 条的规定，首先由夫妻双方协商分割，协商不成或者按市价分配有困难的，人民法院可以根据数量按比例进行分配。

4. 关于夫妻共同财产在有限责任公司、合伙企业组织、独资企业中的出资。随着社会生活的变化，现在的家庭财产，从财产的范围到财产的构成及财产的数量等都与以往不同，呈现出财产构成向多元化方向发展、财产数额显著增多、投资经营性财产在家庭财产中所占比例增大的趋势。相当一部分家庭财产中，除了传统意义上的储蓄存款、房屋等以外，还包括在一些企业中的出资，处理这些纠纷常常会涉及夫妻以外的第三人的利益。妥善解决这些复杂问题，除了要正确适用《民法典》婚姻家庭编的相关规定外，还必须与《公司法》《合伙企业法》《独资企业法》等法律法规的规定和精神保持一致。同时，还要坚持以下原则：①坚持《民法典》规定的男女平等原则，保护妇女、未成年人、老年人、残疾人合法权益的原则；②自愿协商原则；③维护其他股东、合伙人合法权益原则；④有利于生产和生活的原则。只有这样，才能既保护婚姻当事人的合法权益，又保护其他人的合法权益。

（1）在有限责任公司的出资。根据《最高人民法院关于适用〈中华人民共和国民法典〉婚姻家庭编的解释（一）》第 73 条的规定，人民法院审理离婚案件，涉及分割夫妻共同财产中以一方名义在有限责任公司的出资额，另一方不是该公司股东的，按下面两种情形处理：①夫妻双方协商一致将出资额部分或全部转让给该股东的配偶，其他股东过半数同意并且其他股东均明确表示放弃优先购买权的，该股东的配偶可以成为该公司股东；②夫妻双方就出资额转让份额和转让价格等事项协商一致后，其他股东半数以上不同意转让，但愿意以同等价格购买该出资额的，人民法院可以对转让出资所得财产进行分割。其他股东半数以上不同意转让，也不愿意以同等价格购买该出资额的，视为其同意转让，该股东的

---

〔1〕　参见《最高人民法院关于适用〈中华人民共和国民法典〉婚姻家庭编的解释（一）》第 71 条。

配偶可以成为该公司股东。用于证明过半数股东同意的证据，可以是股东会议材料，也可以是当事人通过其他合法途径取得的股东的书面声明材料。

（2）在合伙企业中的出资。根据《最高人民法院关于适用〈中华人民共和国民法典〉婚姻家庭编的解释（一）》第74条的规定，人民法院审理离婚案件，涉及分割夫妻共同财产中以一方名义在合伙企业中的出资，另一方不是该企业合伙人的，当夫妻双方协商一致，将其合伙企业中的财产份额全部或者部分转让给对方时，按以下情形分别处理：①其他合伙人一致同意的，该配偶依法取得合伙人地位；②其他合伙人不同意转让，在同等条件下行使优先购买权的，可以对转让所得的财产进行分割；③其他合伙人不同意转让，也不行使优先购买权，但同意该合伙人退伙或者削减部分财产份额的，可以对结算后的财产进行分割；④其他合伙人既不同意转让，也不行使优先购买权，又不同意该合伙人退伙或者削减部分财产份额的，视为全体合伙人同意转让，该配偶依法取得合伙人地位。

（3）在独资企业中的投资。根据《最高人民法院关于适用〈中华人民共和国民法典〉婚姻家庭编的解释（一）》第75条的规定，夫妻以一方名义投资设立个人独资企业的，人民法院分割夫妻在该个人独资企业中的共同财产时，应当按照以下情形分别处理：①一方主张经营该企业的，对企业资产进行评估后，由取得企业资产所有权一方给予另一方相应的补偿；②双方均主张经营该企业的，在双方竞价的基础上，由取得企业资产所有权的一方给予另一方相应的补偿；③双方均不愿意经营该企业的，按照《中华人民共和国个人独资企业法》等有关规定办理。

5. 与生产经营有关的夫妻共同财产。一方以夫妻共同财产与他人合伙经营的，入伙的财产可以分给一方所有，分得入伙财产的一方对另一方应给予相当于入伙财产一半价值的补偿。属于夫妻共同财产的生产资料，如家庭拥有的汽车、拖拉机、机械设备、工厂厂房等，可分给有经营条件和能力的一方。分得该生产资料的一方对另一方应给予相当于一半价值的补偿。对夫妻共同经营的当年无收益的养殖、种植业等，离婚时应从有利于发展生产、有利于经营管理考虑，予以合理分割或折价处理。

6. 夫妻分居两地分别管理、使用的婚后所得财产，具体分割时，可以采取各自所有、差额补偿的形式。

7. 离婚时一方尚未取得经济利益的知识产权，归一方所有。但在分割夫妻共同财产时，可以根据具体情况对另一方给予适当的照顾。

8. 婚姻关系存续期间，夫妻一方继承的遗产除了被继承人在遗嘱中确定的只归夫妻一方所有的以外，原则上都属于夫妻共有的财产。但在夫妻双方离婚时，若一方依法可以继承的遗产在继承人之间尚未实际分割，另一方请求分割这部分夫妻共同财产的，人民法院应当告知当事人在继承人之间实际分割遗产后另行起诉。[1]

9. 婚姻关系存续期间，夫妻双方实际取得或者应当取得的基本养老保险金属于夫妻共同财产。但离婚时夫妻一方尚未退休、不符合领取基本养老金条件，另一方请求按照夫妻共同财产分割基本养老金的，人民法院不予支持；婚后以夫妻共同财产缴纳基本养老保险费，离婚时一方主张将养老金账户中婚姻关系存续期间个人实际缴纳部分及利息作为夫妻共同财产分割的，人民法院应予支持。[2]

10. 夫妻一方隐藏、转移、变卖、毁损、挥霍夫妻共同财产，或者伪造夫妻共同债务企图侵占另一方财产的，在离婚分割夫妻共同财产时，对该方可以少分或者不分。离婚后，另一方发现上述行为的，可以向人民法院提起诉讼，请求再次分割夫妻共同财产。请求再次分割夫妻共同财产的诉讼时效期间为 3 年，从当事人发现之日起计算。[3]

（四）离婚后房屋的处理

1. 公房的使用、承租问题。根据《民法典》婚姻家庭编、《妇女权益保障法》的规定，在离婚案件中，当事人对公房的使用、承租问题发生争议，自行协商不成，或者经当事人双方单位或有关部门调解不成的，人民法院应坚持男女平等和保护妇女、未成年人、老年人、残疾人合法权益等原则，考虑双方的经济收入，实事求是、合情合理地予以解决。

2. 夫妻共有的商品房。商品房属于私人享有全部产权的房屋，其分割应按照其他夫妻共同财产进行分割，遵守分割夫妻财产的基本原则和各项规定。对于完全属于一方的个人财产，如果另一方离婚后生活困难、无房居住，可以暂时居住 2 年，或者一方以其住房等个人财产给予生活有困难的另一方以适当的帮助。

3. 婚后由一方父母出资为子女购买的不动产，产权登记在出资人子女名下的，可按照《民法典》第 1063 条第 3 项的规定，视为只对自己子女一方的赠与，该不动产应认定为夫妻一方的个人财产。由双方父母出资购买的不动产，产权登记在一方子女名下的，该不动产可认定为双方按照各自父母的出资份额按份共有，但当事人另有约定的除外。这也是 2011 年《婚姻法若干问题解释（三）》（已失效）第 7 条的规定。2021 年 1 月 1 日起施行的《最高人民法院关于适用

---

〔1〕　参见《最高人民法院关于适用〈中华人民共和国民法典〉婚姻家庭编的解释（一）》第 81 条。

〔2〕　参见《最高人民法院关于适用〈中华人民共和国民法典〉婚姻家庭编的解释（一）》第 80 条。

〔3〕　参见《民法典》第 1092 条、《最高人民法院关于适用〈中华人民共和国民法典〉婚姻家庭编的解释（一）》第 84 条。

〈中华人民共和国民法典〉婚姻家庭编的解释（一）》删除了此项规定。在本条规定被删除后，对于婚后父母出资为子女买房这一情形应该如何处理呢？本书认为，虽然该条规定被删除，但对于全款出资且登记在子女一方名下的情形，仍然应当依据不动产物权变动登记生效主义原则以及《民法典》第1063条第3项的规定，认定该房屋系父母对子女个人的赠与，即应当认定为子女的个人财产。对于婚后一方父母部分出资为子女购置房产，夫妻双方支付剩余款项，所有权登记在出资方子女名下，除当事人另有约定外，该不动产应当认定为夫妻共同财产。对于父母出资的部分，视为只对自己子女一方的赠与，所购房屋的产权及增值收益部分应当归夫妻双方共同共有。例如：婚后男方父母出资50万元，为男方购买了一套总价100万元的房屋，房屋登记在男方一人名下，后续的50万元由男女双方共同偿还。后房屋价值增长为300万元，离婚时该房屋应当认定为夫妻共同财产，父母出资的50万元归男方个人所有，房屋增值部分200万元由夫妻双方共同所有，即女方享有房屋125万元的权益，男方享有房屋175万元的权益。[1]

4. 一方婚前签订房屋买卖合同，以个人财产首付，并在银行贷款，婚后用夫妻共同财产还贷，该房屋登记于首付款支付方名下的，离婚时该房屋由双方协议处理。协议不成的，人民法院可以判决该房屋归产权登记一方所有，尚未归还的贷款为产权登记一方的个人债务。双方婚后共同还贷支付的款项及其相对应财产增值部分，应根据《民法典》第1087条第1款规定的原则，由产权登记一方对另一方进行补偿。

5. 婚姻关系存续期间，双方用夫妻共同财产出资购买、以一方父母名义参加房改的房屋，登记在一方父母名下，离婚时另一方主张按照夫妻共同财产对该房屋进行分割的，人民法院不予支持。购买该房屋时的出资，可以作为债权处理。

6. 夫妻共有房屋的价值及归属有争议的。在司法实践中，双方对夫妻共同财产中的房屋价值及归属无法达成协议时，人民法院按以下情形处理：①双方均主张房屋所有权并且同意竞价取得的，应当准许；②一方主张房屋所有权的，由评估机构按市场价格对房屋作出评估，取得房屋所有权的一方应当给予另一方相应的补偿；③双方均不主张房屋所有权的，根据当事人的申请拍卖、变卖房屋，就所得价款进行分割。[2]

---

〔1〕　参见蔡思斌："《民法典婚姻家庭编司法解释一》解读"，载 http://blog.sina.com.cn/ecai335（蔡思斌律师的新浪博客），最后访问日期：2021年1月4日。

〔2〕　参见《最高人民法院关于适用〈中华人民共和国民法典〉婚姻家庭编的解释（一）》第76条。

离婚时，双方对尚未取得所有权或尚未取得完全所有权的房屋有争议且协商不成的，人民法院不宜判决房屋所有权的归属，应当根据实际情况判决由当事人使用。待对房屋完全取得所有权后，当事人仍有争议的，可以另行向人民法院提起诉讼。

（五）离婚时对夫或妻土地承包经营权的保护

我国农村推行联产承包责任制以来，家庭普遍以户为单位与国家或者集体经济组织订立了承包合同，获得了对土地的承包经营权。根据我国《宪法》《民法典》物权编和婚姻家庭编的有关规定，公民的土地承包经营权受法律保护。夫妻作为农村承包经营户中的主要成员，与其他家庭成员共同享有土地承包经营权，对所承包的土地享有占有、使用和收益的权利。离婚时，夫或妻的土地承包经营权平等地受法律保护，任何人不得侵犯。但在实际生活中，女方的土地承包经营权在离婚后常常受到侵犯。女方结婚后，在娘家的土地可能被收回；离婚后，在婆家的责任田又无法带走，即使男方同意分出，也不便于耕作，这样就使得离婚妇女丧失了对土地承包的权利，生活陷入困境。为切实保护广大农村妇女的合法权益，《民法典》第1087条第2款规定："对夫或妻在家庭土地承包经营中享有的权益等，应当依法予以保护。"2018年12月修改的《中华人民共和国农村土地承包法》（以下简称《农村土地承包法》）第31条进一步明确规定："妇女离婚或者丧偶，仍在原居住地生活或者不在原居住地生活但在新居住地未取得承包地的，发包方不得收回其原承包地。"由此可见：

1. 农村妇女离婚后，集体经济组织应当保留对原承包土地的合法使用权。原夫妻关系解除后，所在的农村集体经济组织负责对原先由家庭共同使用和承包的土地予以划分和变更。在重新划分承包地和变更承包经营合同时，在数量上和质量上不因男女性别有所差异。

2. 农村妇女离婚后，其户籍迁移别地的，由新居住地的农村集体经济组织负责为其划分承包地。

3. 农村妇女离婚后，在新居住地未取得承包地的，原居住地的发包方不得收回其原承包地。

4. 夫妻关系存续期间从事的多种经营和承包责任田及粮田的当年收益，在离婚时应当作为夫妻共同财产处理。对于夫妻存续期间共同经营无收益的养殖业、种植业等，离婚时应本着有利于发展生产、有利于经营的原则，予以合理分割，不能分割的折价处理，以保障离婚妇女迁移别地的生活所需。

二、债务的清偿

我国《民法典》第1089条规定："离婚时，夫妻共同债务应当共同偿还。

共同财产不足清偿或者财产归各自所有的，由双方协议清偿；协议不成的，由人民法院判决。"据此，夫妻双方在离婚时，对债务的处理必须要分清是共同债务还是个人债务，属于共同债务的，由夫妻双方共同负清偿的责任；属于个人债务的，由本人单独偿还，另一方没有代为清偿的义务。但夫妻双方达成协议的除外。

（一）夫妻共同债务的清偿

根据我国《民法典》第 1064 条的规定，夫妻共同债务是指夫妻双方共同签名或者夫妻一方事后追认等共同意思表示所负的债务，以及夫妻一方在婚姻关系存续期间以个人名义为家庭日常生活需要所负的债务。

夫妻共同债务须具备以下三个条件：

1. 夫妻共同债务一般是在婚姻关系存续期间发生的债务，即从夫妻双方登记结婚之日起至婚姻关系终止之日所负的债务。但夫妻一方婚前所负的债务，确实用于婚后共同生活的，亦为夫妻共同债务。根据《最高人民法院关于适用〈中华人民共和国民法典〉婚姻家庭编的解释（一）》第 34 条的规定，夫妻一方与第三人串通，虚构债务，第三人主张该债务为夫妻共同债务的，人民法院不予支持。夫妻一方在从事赌博、吸毒等违法犯罪活动中所负债务，第三人主张该债务为夫妻共同债务的，人民法院不予支持。

2. 夫妻共同债务必须是为维持家庭共同生活或共同生产、经营活动所负的债务。为家庭共同生活所负的债务，包括因购置生活用品、购置或修建住房所负的债务，履行抚养教育义务和赡养义务、治疗疾病所负的债务，以及其他日常生活中发生的应当由夫妻双方负担的债务。为夫妻共同生产、经营活动所负的债务，包括双方共同从事工商业或在农村承包经营所负的债务，共同从事投资或其他金融证券交易活动所负的债务，在以上的经营活动中所应交纳的税收，经双方同意由一方经营且收入用于共同生活所负的债务，夫妻一方用夫妻共同财产投资以个人名义从事生产、经营活动或虽由一方独自筹资但收益用于共同生活所负的债务等。

需要注意的是，夫妻一方在婚姻关系存续期间以个人名义所负的超出家庭日常生活需要的债务，不属于夫妻共同债务；但债权人能够证明该债务用于夫妻共同生活、共同生产经营或者基于夫妻双方共同意思表示的除外。

3. 夫妻共同债务是连带之债。夫妻在婚姻关系存续期间所得财产为夫妻共同财产，但双方另有约定的除外。对共同所有的财产，夫妻双方有平等的处理权。这种对共同财产不分份额的共同共有以及平等的处理权，决定了夫妻对共同债务应不分份额地、平等地承担偿还义务。债权人有权要求夫妻任何一方清偿全部债务，夫妻任何一方有义务对全部债务作出清偿。因此，夫妻共同债务应为连带之债，即使夫或妻一方死亡的，生存一方仍然应当对婚姻关系存续期间的共同债务承担连带清偿责任。

夫妻共同债务应当由夫妻双方共同清偿。人民法院审理离婚案件分割夫妻共同财产时，如果有共同债务的，应先清偿债务，之后再分割剩余的共同财产，具体包括以下情形：

（1）离婚时双方具有共同财产的，对于已届清偿期的共同债务应由共同财产偿还。

（2）双方共同财产不足以清偿，或者财产归各自所有，或者离婚时尚未到期的共同债务，一方或双方不愿提前清偿，由双方协议确定各自所应承担的份额。如果当事人的离婚协议已经对夫妻财产分割问题作出处理的，债权人仍有权就夫妻共同债务向男女双方主张权利。[1] 因此，夫妻双方的协议仅具有对内效力。该协议只是夫妻双方约定各自分担债务的份额，并不因此产生对外效力。对债权人而言，夫妻离婚后，该项债务仍为连带债务，其仍有权向夫妻双方或任何一方请求履行清偿义务。

（3）双方协议不成的，由人民法院判决。人民法院根据双方的经济状况、经济能力及照顾直接抚养子女一方和女方的原则，判决由双方按一定比例清偿。在司法实践中，人民法院的判决书、裁定书、调解书已经对夫妻财产分割问题作出处理的，债权人仍有权就夫妻共同债务向男女双方主张权利。人民法院的判决书、裁定书、调解书确定的只是夫妻双方各自分担的债务份额，仅对夫妻内部有效力，并没有因此而改变该债务的性质，即该债务仍为连带之债。

（4）夫妻一方就共同债务承担连带清偿责任后，基于离婚协议或者人民法院的法律文书向另一方主张追偿的，人民法院应当支持。

（二）夫妻个人债务的清偿

夫妻个人债务是指夫妻一方婚前或者婚后以个人名义所负与共同生活无关的债务。根据《最高人民法院关于适用〈中华人民共和国民法典〉婚姻家庭编的解释（一）》的规定精神，下列债务应属于个人债务：

1. 夫妻一方婚前所负的债务，但能够证明所负债务用于婚后家庭共同生活的除外。

2. 夫妻一方婚后以个人名义所负的债务，且夫妻一方能够证明该债务确为

---

〔1〕　参见《最高人民法院关于适用〈中华人民共和国民法典〉婚姻家庭编的解释（一）》第35条第1款。

欠债人的个人债务。这主要有两种情形：①债权人与债务人明确约定该项债务属于个人债务；②属于《民法典》第 1065 条第 3 款规定的情况，即夫妻对婚姻关系存续期间所得的财产约定归各自所有，夫或者妻一方对外所负的债务，相对人知道该约定的，以夫或者妻一方的个人财产清偿。

3. 一方未经对方同意，擅自资助与其没有抚养义务关系的亲朋所负的债务。

4. 一方未经对方同意，独自筹资从事经营活动，其收入确未用于共同生活所负的债务。

5. 其他应当由个人承担的债务，如一方因个人违法犯罪行为所负的债务、为满足私欲而挥霍所负的债务等。

夫妻个人债务应当由本人以个人财产清偿，对方不负连带清偿责任。如果对方同意以共同财产清偿的，法律也不禁止。用于清偿个人债务的个人财产，包括法定的个人财产、约定的个人财产以及离婚时分割夫妻共同财产所得的个人份额。

夫妻之间订立借款协议，以夫妻共同财产出借给一方从事个人经营活动或用于其他个人事务的，应视为双方约定处分夫妻共同财产的行为，离婚时可按照借款协议的约定处理。

对于夫妻在婚姻关系存续期间进行智力投资所产生的债务，如一方借款为另一方上大学、进修、攻读研究生、出国留学或学习某项专业技术、技艺等所产生的债务，应认定为夫妻共同债务，还是一方个人债务，值得探讨。本书认为，对此问题不能一概而论，应根据智力投资后一方或双方的受益情况作出不同的处理。

1. 认定为受益一方的个人债务，由其个人偿还，具体包括两种情形：

（1）夫妻一方为另一方学习某项专业技术、技艺、攻读研究生或者出国留学等筹款而产生的债务，如果离婚时一方并未受益，应视为另一方的个人债务，由其个人偿还。

（2）夫妻一方为另一方攻读研究生或者出国留学等筹款而产生的债务。由于这种学习所产生的人力资本的含金量较高，即使离婚时另一方已经将所学之长产生的受益用于家庭共同生活，但如果离婚时受益时间不长，仍应认定为受益一方的个人债务，由其个人偿还。因为夫妻一方借款为另一方进行智力投资的结果是另一方人力资本的形成。另一方人力资本形成后，即获得了潜在的挣钱的能力，这是一种无形资产，是获得者终身享用的无价之宝，如果作为夫妻共同债务，是不公平的。

2. 认定为夫妻共同债务，由双方共同偿还。夫妻一方借款对另一方进行智力投资，另一方获得的仅是某项普通的技术或者技艺，人力资本的含金量不高，所借债务不多，且另一方获得某项普通的技术、技艺后，将利用所学之长挣得的钱用于家庭共同生活，其债务应属于夫妻共同债务，由夫妻双方共同偿还。

第三节　离婚在亲子法上的效力

导入案例

王某（女）与姜某（男）于 2014 年自由恋爱结婚，生一子（现年 1 周岁），婚姻初期感情尚好，后因家庭琐事闹过矛盾。2016 年 8 月，姜某因刑事犯罪被判处有期徒刑 10 年，现在狱中服刑。王某因此向人民法院起诉离婚，主张孩子由自己抚养。姜某表示同意离婚，但要求将其子判由他抚养，他可委托他的父母代为抚养。姜某 67 岁的母亲受姜某的委托，到法院表示：财产怎么处理都行，但孩子是姜家的根，坚持要为儿子代养孩子。法院判决王某与姜某离婚，孩子由母亲王某抚养。

本案知识点：离婚不消除父母子女关系；离婚后子女的抚养。

一、离婚不消除父母子女关系

《民法典》第 1084 条第 1 款规定："父母与子女间的关系，不因父母离婚而消除。离婚后，子女无论由父或者母直接抚养，仍是父母双方的子女。"

父母与子女的关系，不因父母离婚而消除。父母离婚后，对子女的权利义务仍然存在，子女无论随哪方生活，仍然是父母双方的子女。离婚只消除夫妻关系，不能消除父母与子女的关系。夫妻关系是双方当事人合意的两性结合，既可以依法成立，也可以依法解除。父母子女关系是基于子女出生而形成的自然血亲关系，不能人为地解除。离婚所变更的只是父母对子女的抚养形式，而不是父母子女关系。《民法典》婚姻家庭编关于父母子女间权利义务的规定，仍适用于离婚后的父母子女关系，即父母对子女仍有抚养教育的义务；子女对父母亦有赡养扶助的义务；相互间仍有继承遗产的权利。

养父母与养子女间的权利义务关系，不因养父母离婚而解除。养父母离婚后，未成年养子女不论由哪一方抚养，仍是养父母双方的子女。但这种拟制血亲关系毕竟不同于自然血亲关系，在某些特殊情况下，如养父母离婚时，经生父母及已满 8 周岁的养子女同意，也可依法解除收养关系，未成年的养子女由生父母一方或双方抚养，但变更和解除必须符合《民法典》婚姻家庭编关于收养的规定，不得侵犯未成年养子女的合法权益。

离婚时，继父母与形成抚养教育关系的继子女间的权利义务关系是否解除，应视具体情况而定。如果继子女未成年而继父母不同意继续抚养的，应由生父或生母抚养，该继子女与继父母的关系，可自然解除；如果继父母同意继续抚养继子女，并取得生父母同意的，该继父母与继子女关系不变；如果继子女受继父母长期抚养教育且已成年的情况下，该继父母与继子女的关系不能自然解除；只有在继父母或继子女一方或双方提出解除继父母子女关系，并符合法律要求的情况下，才可以解除。但由继父母抚养长大并独立生活的继子女，对生活困难、无劳动能力的继父母的晚年生活费用应当继续承担。

父母与其人工授精所生子女间的权利义务关系，与离婚后生父母与子女间的关系相同。

二、离婚后子女抚养问题

（一）离婚后子女直接抚养方的确定

离婚后，父母子女关系不变，但变更了父母对子女的抚养形式，即子女只能随父母一方生活，另一方以给付抚育费及行使对子女的探望权来履行其抚养教育子女的权利和义务。因此，离婚后，子女随哪一方生活，不仅直接关系到子女的权益，也是离婚诉讼中争执较多且难以解决的焦点问题。对此，《民法典》第1084条第2、3款规定："离婚后，父母对于子女仍有抚养、教育、保护的权利和义务。""离婚后，不满两周岁的子女，以由母亲直接抚养为原则。已满两周岁的子女，父母双方对抚养问题协议不成的，由人民法院根据双方的具体情况，按照最有利于未成年子女的原则判决。子女已满八周岁的，应当尊重其真实意愿。"《最高人民法院关于适用〈中华人民共和国民法典〉婚姻家庭编的解释（一）》对此作出进一步解释。综合起来，处理离婚后子女抚养问题，必须从有利于子女身心健康的原则出发，把维护子女利益放在首位，再结合父母双方的抚养能力和抚养条件，妥善解决。

1. 不满2周岁的子女，以由母亲直接抚养为原则。这是由哺乳期内的母婴生理特点所决定的，母乳哺育及母亲的精心照料，是婴儿健康成长的重要条件。同时，不满2周岁的子女由哺乳的母亲抚养，既是其权利也是其义务，母亲不得推卸抚养婴儿的责任。

母亲有下列情形之一，父亲请求直接抚养的，人民法院应予支持：①患有久治不愈的传染性疾病或其他严重疾病，子女不宜与其共同生活；②有抚养条件不尽抚养义务，而父亲要求子女随其生活的；③因其他原因，子女确无法随母亲生活的；④父母双方协议不满 2 周岁的子女由父亲直接抚养，并对子女健康成长无不利影响的。

2. 已满 2 周岁的未成年子女的直接抚养人，首先应当由父母双方协议，协议不成的，由人民法院判决。父母均要求直接抚养的，对于父母双方均要求子女随其共同生活的，判决时，一方有下列情形之一的，可予优先考虑：①已做绝育手术或因其他原因丧失生育能力；②子女随其生活时间较长，改变生活环境对子女健康成长明显不利；③无其他子女，而另一方有其他子女；④子女随其生活，对子女成长有利，而另一方患有久治不愈的传染性疾病或其他严重疾病，或者有其他不利于子女身心健康的情形，如有赌博、吸毒等恶习，或者无抚养子女的经济条件等，不宜与子女共同生活；⑤子女单独随祖父母或外祖父母共同生活多年，且祖父母或外祖父母要求并且有能力帮助子女照顾孙子女或外孙子女。

3. 8 周岁以上的未成年子女，应考虑其本人的意愿。根据《民法典》第 19 条的规定，8 周岁以上的未成年人为限制民事行为能力人，对事物有了一定的认识和判断能力。对于其随父或随母生活，应征求其本人意见，由其自己作出选择。人民法院一般应尊重其本人意愿。

4. 在有利于保护子女利益的前提下，父母双方协议轮流抚养子女的，可予准许。实践中，离婚诉讼中争养独生子女的现象较为普遍，增加了人民法院审理案件的难度。采取轮流抚养的办法，能使子女得到较完整的父爱与母爱，满足了父母双方抚养子女的愿望，也可减少人民法院处理离婚纠纷的阻力和难度。因此，双方协议轮流抚养的，如果对子女确实有利，人民法院应予准许。但应注意避免不断改变孩子的生活环境对其健康成长的不利影响。

（二）离婚后子女抚养关系的变更

离婚后，随着时间的推移，父母的抚养能力、抚养条件可能发生变化或者出现其他新情况，从而引发抚养关系新的纠纷。对此，可由父母双方协议变更子女的抚养关系，协议不成时，由人民法院判决。具有下列情形之一，父母一方要求变更子女抚养关系的，人民法院应予支持：①与子女共同生活的一方因患严重疾病或者因伤残无力继续抚养子女；②与子女共同生活的一方不尽抚养义务或者有虐待子女行为，或者其与子女共同生活对子女身心健康确有不利影响；③已满 8 周岁的子女，愿随另一方生活，该方又有抚养能力的；④有其他正当理由需要变更的。[1]

（三）离婚后子女抚养费的负担

《民法典》第 1085 条规定："离婚后，子女由一方直接抚养的，另一方应当

---

[1] 参见《最高人民法院关于适用〈中华人民共和国民法典〉婚姻家庭编的解释（一）》第 56 条。

负担部分或者全部抚养费。负担费用的多少和期限的长短，由双方协议；协议不成的，由人民法院判决。"关于子女抚养费的协议或判决，"不妨碍子女在必要时向父母任何一方提出超过协议或判决原定数额的合理要求。"在司法实践中，抚养费包括子女生活费、教育费、医疗费等费用。[1] 据此，离婚后，父母双方都有负担子女抚养费的平等义务。子女无论随父亲还是随母亲生活，对方都应当自觉地给付子女抚养费。在具体处理时，应首先由父母双方协议，协议不成的，由人民法院判决。无论协议或判决，都应当以子女的实际生活需要、父母双方的实际负担能力和当地的实际生活水平为依据。在协议离婚时，如果抚养子女的一方既有负担能力，又愿意独自负担全部费用，也允许对方不分担抚养费，但经查实，抚养方的抚养能力明显不能保障子女所需费用，影响子女健康成长的，不予准许。

1. 子女抚养费的数额。父母双方离婚后有平等的负担子女生活费和教育费的义务，但义务主体的平等，并不意味着抚养费用数额的平均分担，其数额的确定，可以根据子女的实际需要、父母双方的负担能力和当地的实际生活水平来确定。

（1）父母有固定收入的，抚养费一般可按其月总收入的 20%～30% 的比例给付。负担两个以上子女抚养费的，比例可以适当提高，但一般不得超过月总收入的 50%。

（2）父母无固定收入的，抚养费的数额可依据当年总收入或同行业平均收入，参照上述比例确定。

（3）有特殊情况的，可以适当提高或降低上述比例。例如双方收入悬殊较大，一方收入较少或生活难以维持，而另一方收入较高，经济条件优越，则应适当提高比例，收入少的一方可降低其比例。[2]

2. 抚养费的给付期限。子女抚养费的给付期限，一般至子女 18 周岁为止。16 周岁以上不满 18 周岁的未成年人，以自己的劳动收入为主要生活来源，并能维持当地一般生活水平的，父母可停止给付抚养费。

不能独立生活的成年子女，父母有给付能力的，仍应负担必要的抚养费。在司法实践中，不能独立生活的成年子女，是指尚在校接受高中及其以下学历教育，或者丧失、部分丧失劳动能力等非因主观原因而无法维持正常生活的成年子女。[3]

---

〔1〕 参见《最高人民法院关于适用〈中华人民共和国民法典〉婚姻家庭编的解释（一）》第 42 条。
〔2〕 参见《最高人民法院关于适用〈中华人民共和国民法典〉婚姻家庭编的解释（一）》第 49 条。
〔3〕 参见《最高人民法院关于适用〈中华人民共和国民法典〉婚姻家庭编的解释（一）》第 41 条。

3. 抚养费的给付方法。

（1）定期给付。子女的抚养费应定期给付，这是一般原则。定期给付，通常是指按月、按季度、按年或按收获季节给付。

（2）一次性给付。给付子女的抚养费，有条件的可一次性给付。一次性给付，是指按月或按年应付的抚养费数额，乘以将子女抚养到法定年龄的期限，计算出总数，一次性给付完毕。实践中，对一方要求一次性给付的要慎重处理。确有必要一次性给付的，要注意掌握条件。根据审判实践经验，对于出国出境人员、有能力支付的私营企业主、双方协商一致的、下落不明的一方以财产折抵的等情形，可以一次性给付。

（3）以物折价。对于一方无经济收入或下落不明的，可以用财物折抵子女抚养费。离婚时，为了便于执行，对子女抚养费的数额、给付期限和办法，都应当在调解协议或判决书中加以明确。

（四）离婚后子女抚养费的变更

离婚后，由于父母经济条件、子女需要等情况发生变化，可由父母双方协议变更子女的抚养费；协议不成的，可以另行起诉要求变更。抚养费的变更包括抚养费的增加、减少或免除。

1. 子女抚养费的增加。具有下列情形之一，子女要求有负担能力的父或者母增加抚养费的，人民法院应予支持：①原定抚养费数额不足以维持当地实际生活水平；②因子女患病、上学，实际需要已超过原定数额；③有其他正当理由应当增加。如物价上涨、生活地域发生变化、有给付义务的父方或母方经济收入明显增加等。至于子女抚养费是否增加及增加多少，应当由双方当事人协议，协议不成时，由人民法院依法裁决。

2. 子女抚养费的减少或免除。子女抚养费的数额可以在特定条件下减少甚至免除：①抚养子女的一方再婚，再婚配偶愿意负担子女抚养费的一部或全部，另一方的负担可以酌情减少或者免除；②负有给付义务的一方确有实际困难，如长期患病或丧失劳动能力，无经济来源，确实无力给付的，也可以通过协商或者判决酌情减免；③有给付能力的一方，因犯罪被判刑收监改造，无力给付的。

抚养费的减少或者免除直接关系到子女的切身利益，人民法院在决定时应慎重考虑，严格把握。应当指出的是，在一定条件下减少或免除当事人应当支付的抚养费并没有消除父母对子女抚养教育的义务。因此，在减少甚至免除的特定条件消失后，负有抚养费给付义务的一方经济条件明显好转时，应当自行恢复给付。

三、离婚后父或母对子女的探望权

《民法典》第1086条规定："离婚后，不直接抚养子女的父或者母，有探望子女的权利，另一方有协助的义务。行使探望权利的方式、时间由当事人协议；协议不成的，由人民法院判决。父或者母探望子女，不利于子女身心健康的，由人民法院依法中止探望；中止的事由消失后，应当恢复探望。"这是 2001 年《婚姻法修正案》新增加的条文，该条文确立了离婚后父或母对未成年子女的探望权的法律制度，《民法典》婚姻家庭编沿袭了这一规定。

（一）探望权的概念

探望权是指父母离婚后，不直接抚养子女的父母一方享有对未成年子女进行探望、联系、交往、短期共同生活的权利。探望权具有以下基本特征：

探望权是离婚后父或母对子女的一项法定权利。探望权是基于身份和血缘关系而产生的一项权利，不是司法机关给予的。《民法典》第 1084 条第 1 款规定，父母与子女间的关系，不因父母离婚而消除。离婚后，子女无论由父或者母直接抚养，仍是父母双方的子女。离婚后不与未成年子女共同生活的一方，通过看望、关心子女或与子女短时间共同生活，可以教育子女，与子女交流感情，可以得到精神抚慰。探望子女也可以使未成年子女享有正常的父母之爱，减少家庭破裂给他们幼小心灵带来的创伤，有利于未成年子女的健康成长。

（二）探望权的主体

探望权的权利主体为离婚后不直接抚养子女的父母一方；义务主体为直接抚养子女的父母一方。看望自己的子女，并与之交往、短时间共同生活为人之常情，抚养子女的一方负有不得妨碍其行使权利的义务、积极协作的义务，并应为其提供便利条件，保证对方权利的实现。

（三）探望权的行使

探望权的行使不得损害子女的身心健康。探望权是《民法典》婚姻家庭编赋予不直接抚养子女一方的法定权利，同时也是子女应当享受到完整的父母之爱的权利。但是这种权利是一种义务性的权利，其行使不得损害子女的身心健康。如果父或者母探望子女，不利于子女身心健康的，由人民法院依法中止其探望权。[1]

《民法典》婚姻家庭编设立的探望权，主要是针对现实生活中因探望子女而引发的纠纷日益增多的现象。由于一些当事人错误地认为"子女归谁抚养就归谁所有"，直接抚养子女的一方把子女当作个人私有财产，拒绝对方探望子女，甚至对探望子女的一方大打出手；不直接抚养子女的一方也认为自己与子女的关系仅局限于给付子女的抚育费，而忽视了对子女的探望权、对子女教育的参与权、

---

〔1〕 参见《最高人民法院关于适用〈中华人民共和国民法典〉婚姻家庭编的解释（一）》第 67 条。

与子女共享天伦之乐的权利。因此，《民法典》婚姻家庭编设立的探望权，不仅可以满足不直接与子女共同生活一方的感情需要，也有利于子女的健康成长，同时也有利于离婚纠纷案件的处理，有利于稳定家庭和社会秩序。这是我国政府落实《儿童权利公约》关于儿童最大利益原则的具体体现，是我国婚姻家庭立法上的一大进步。

《民法典》第1086条第2款规定："行使探望权利的方式、时间由当事人协议；协议不成的，由人民法院判决。"据此，行使探望权的时间、方式，有两种确定方式，即父母协商和法院判决。首先应当由父母协商，因为父母是探望权的权利主体和义务主体，如果他们能协商解决，有利于平衡各方和子女的利益，容易得到执行。当然，如果达不成协议，探望权人可以向人民法院提出请求，由人民法院依法对探望的时间和方式作出判决。对于已经生效的离婚判决，如果没有涉及探望权，当事人也可以就探望权问题单独提起诉讼，人民法院应予受理。在婚姻登记机关办理离婚登记手续的，应当同时就探望子女的时间、方式等达成协议，并写入离婚协议书，婚姻登记机关应对其内容进行审查。对于当事人达不成协议，或协议内容不合法的，不能通过行政程序登记离婚。

（四）探望权的中止和恢复

《民法典》第1086条第3款规定："父或者母探望子女，不利于子女身心健康的，由人民法院依法中止探望；中止的事由消失后，应当恢复探望。"据此，探望权中止的前提是探望权的行使不利于子女身心健康。而不利于子女身心健康的情形有哪些，《民法典》婚姻家庭编及相关司法解释并未具体列举。一般而言，其情形主要有：①探望权人是无民事行为能力或限制民事行为能力人；②探望权人患有严重传染性疾病或其他严重疾病，可能危及子女健康的；③探望权人在行使探望权时对子女有侵权行为或者犯罪行为，损害子女利益的；④探望权人与子女感情严重恶化，子女坚决拒绝探望的；⑤其他不利于子女身心健康的行为，如探望权人有酗酒、吸毒、骚扰子女等行为。

中止探望权的请求人为未成年子女、直接抚养子女的父或者母以及其他对未成年子女负担抚养、教育和保护义务的法定监护人。[1]

中止探望权必须经过人民法院判决，其他任何机关、任何人包括父母双方均无权中止探望权。直接抚养子女的一方如果认为对方行使探望权不利于子女身心健康的，不能自行决定不让对方探望子女，而应依法向人民法院申请中止。在司法实践中，当事人在履行生效判决、裁定或者调解书的过程中，请求中止行使探

---

[1] 参见《最高人民法院关于适用〈中华人民共和国民法典〉婚姻家庭编的解释（一）》第67条。

望权的，人民法院在征询双方当事人意见后，认为需要中止行使探望权的，依法作出裁定。当事人在履行生效判决、裁定或者调解书的过程中，一方请求中止探望的，人民法院在征询双方当事人意见后，认为需要中止探望的，依法作出裁定。[1]

中止探望权，只是暂时停止不直接抚养子女一方探望子女的权利，并非完全剥夺。当中止探望的情形消失后，人民法院应当根据当事人的请求书面通知其恢复探望。[2]

第四节　离婚时的救济方式

导入案例

陆某（男）与王某（女）婚后育有一女。双方因性格不合，经常发生口角甚至分居。在女儿1岁时，王某向人民法院起诉离婚，陆某不同意。经法院调解，王某同意撤诉，但此后双方关系未发生好转。后双方同意离婚，但对子女抚养及财产如何处理的问题发生争议。王某再次起诉到法院。法院经审理后认定，双方感情确已破裂，准予离婚。2岁女儿随母亲王某生活，夫妻共同财产平均分割。双方结婚后的住房是陆某的婚前个人财产，但考虑到王某离婚后无房居住，属于生活困难，将两居室的住房中的一间由王某暂时居住，暂住期为2年。

本案知识点：离婚时的救济方式；对生活困难一方的经济帮助；经济帮助的性质和条件；经济帮助的方法。

一、离婚时的经济补偿

2001年《婚姻法修正案》第40条规定："夫妻书面约定婚姻关系存续期间所得的财产归各自所有，一方因抚育子女、照料老人、协助另一方工作等付出较多义务的，离婚时有权向另一方请求补偿，另一方应当予以补偿。"这是2001年《婚姻法修正案》新增设的内容，是赋予对家庭付出较多义务的一方请求补偿权的规定，是离婚时的救济方式之一。

离婚时当事人在符合条件的情况下可以请求经济补偿，是法律赋予离婚主体

---

〔1〕　参见《最高人民法院关于适用〈中华人民共和国民法典〉婚姻家庭编的解释（一）》第66条。
〔2〕　参见《最高人民法院关于适用〈中华人民共和国民法典〉婚姻家庭编的解释（一）》第66条。

的一项权利。它使我国的离婚制度更加完善，对妇女的保护也更加充分，是实现法律公平和正义的重要体现。这一规定在主体上没有性别的限制，任何一方，无论男女，只要符合法定条件，均可享有离婚补偿请求权。但在现实生活中，因抚养子女、照料老年人、协助对方工作付出较多义务的绝大多数是妇女，补偿请求权正是考虑到女方在家庭中的实际付出，使经济上处于劣势的一方在离婚时得到补偿，从而打消她们对离婚的顾虑，以保障离婚自由的真正实现。

设立经济补偿制度，承认家务劳动与社会劳动具有同等的价值，这是我国立法上的一大进步。2001 年《婚姻法修正案》第 40 条的规定将经济补偿制度限制在"书面约定财产归各自所有"的前提下，此时针对夫妻共同财产制就存在难以适用的问题。从《婚姻法修正案》第 40 条的规定来看，实行共同财产制的夫妻，虽然一方为家庭付出了较多义务，但在离婚时因不符合该制度的适用范围而不能获得经济补偿。《民法典》第 1088 条将此条规定修改为："夫妻一方因抚育子女、照料老年人、协助另一方工作等负担较多义务的，离婚时有权向另一方请求补偿，另一方应当给予补偿。具体办法由双方协议；协议不成的，由人民法院判决。"《民法典》第 1088 条将"夫妻分别财产制"的条件删除，对于离婚补偿救济的规定不再限于"分别财产制"下，而是扩大了离婚经济补偿的适用范围。这在一定程度上能够盘活离婚经济补偿案件，使其真正地有利于相对弱势的一方，尊重对家庭付出较多的一方，因而更能体现夫妻双方之间权利义务的合理性和公平性。

适用这一制度时，应符合下列条件：

1. 请求经济补偿的时间限于离婚之时。夫妻双方中即使一方因抚育子女、照料老年人、协助另一方工作等负担较多义务，但在离婚之前或者离婚之后，均不能向对方提出请求。付出义务较多的一方行使经济补偿请求权，应当在离婚诉讼中向对方一并提出。如果在离婚时不请求对方补偿的，离婚后该请求权随即消失。

2. 享有补偿请求权的一方是承担义务较多的一方。所谓承担义务较多是指在家务劳动中付出了较多的时间和精力，如在抚育子女、照料老年人、协助另一方工作等负担较多义务。付出较多义务的一方有权要求对其所付出的义务予以补偿。补偿的数额应与一方所付出的劳动价值相当。具体数额应由双方协议，协议不成的，由人民法院根据双方当事人的具体情况，如请求权人付出义务的多少，另一方因此获得利益的情况、双方各自在子女抚育、老人赡养方面投入的多少，付出义务较多一方的职业机会利益损失，以及双方的财产状况和经济能力等情况进行判决。

二、对生活困难一方的经济帮助

《民法典》第 1090 条规定："离婚时，如果一方生活困难，有负担能力的另一方应当给予适当帮助。具体办法由双方协议；协议不成的，由人民法院判决。"本条规定平等地适用于男女双方，但就本条规定的针对性而言，主要是帮助女方解决离婚时的生活困难。因为目前我国男女两性的经济能力仍然存在一定的差距，离婚时，有生活困难的一方以女方居多。对生活有困难的一方给予经济上的帮助，有助于消除生活困难一方特别是女方在离婚问题上的经济顾虑，有助于离婚自由的充分实现。

（一）经济帮助的性质和条件

经济帮助是指夫妻离婚时如果一方生活困难，经双方协议或者人民法院判决，由有负担能力的另一方给予适当资助的制度。

经济帮助既不以一方付出较多的义务为条件，也不以一方是否有过错为必要，而是以一方在离婚时存在生活困难为前提，故与离婚经济补偿制度以及离婚损害赔偿制度都不同。

经济帮助也不同于夫妻间的扶养义务。夫妻间的扶养义务是夫妻在婚姻关系存续期间的法定义务，它随着配偶身份关系的解除而终止，而经济帮助不是夫妻间扶养义务的延续，而是离婚效力的体现，是由原来的婚姻关系派生出来的一种责任。经济帮助，既体现了我国人与人之间的互助互爱、扶弱济贫的新型社会关系，也是婚姻法上对离婚时生活困难一方予以经济保障的救济方式。

离婚时，夫妻一方请求夫妻他方给予经济帮助，应符合以下条件：

1. 一方生活困难。一方生活困难，是指依靠个人财产和离婚时分得的财产无法维持当地基本生活水平。一方离婚后没有住处的，属于生活困难。要求帮助的一方必须是生活确有困难并且自己无力解决，如丧失劳动能力、又无其他生活来源，生活难以维持的。

2. 经济帮助具有时限性。这种帮助仅限于一方在离婚当时生活有困难，而不是离婚后任何时间发生困难都可以要求另一方帮助。

3. 提供帮助的一方须有负担能力。即仅限于力所能及的程度。受帮助的一方另行结婚后，对方即终止帮助行为；原定经济帮助执行完毕后，困难一方又要求继续给予帮助的，一般不予支持。

（二）经济帮助的方法

困难一方符合应当获得另一方帮助的条件的，首先应当由双方协议，协议不成的，由人民法院根据具体情况在判决中予以确定。

1. 离婚时一方年轻有劳动能力，生活暂时有困难的，另一方可给予短期的或一次性的经济帮助。

2. 结婚多年，一方年老病残、失去劳动能力而又无生活来源的，另一方应在住房和生活方面给予适当的安排。在经济上可视具体情况，给予一次性帮助或长期的帮助。

3. 离婚时，一方以个人财产中的住房对生活困难一方进行帮助的，可以提供房屋的居住权，也可以提供房屋的所有权。

4. 提供经济帮助的一方所提供的住房及其他财物，应从提供经济帮助一方个人所有的财产中支付，不应与夫妻共同财产的分割混为一谈。经济帮助是一方对困难一方的有条件的帮助；夫妻共同财产的分割，是夫妻双方对共同财产依法享有的权利。不能用经济帮助的方式取代共同财产的分割，以防止经济较弱一方的财产权利受到损害。

实务训练

（一）示范案例

【案情】刘某某（女）与陈某某（男）2012年5月登记结婚，入赘刘某某家。2013年生育一子陈某伟。婚姻初期夫妻关系尚好，由于陈某某对家庭缺乏关心，个人生活作风不够严肃致使夫妻关系逐渐恶化。2018年8月，陈、刘夫妇出资19.6万元购进客运大客车1辆，挂靠在某汽车客运服务公司名下经营。2019年10月，该车被陈某某擅自转让给杨某某，陈某某从杨某某处收取现金人民币9.5万元，并获取杨某某旧大客车1辆。刘、陈二人于2016年6月还共同出资4.3万元向他人购置坐落在刘某某所在村房屋1套，由一家三口共同居住，经评估现价为5.5万元。双方其他共同财产有手机1部、洗衣机1台、自行车2台等。双方于2018年10月22日签署了夫妻共同债务清单，确定共同债务金额为10.55万元。嗣后，刘、陈二人共同归还借款1.6万元。加上陈某某所欠挂靠单位的上交款14 767.26元已由杨某某代交，合计共同债务为104 267.24元。

2019年1月，陈某某起诉要求离婚，后于2019年4月撤诉。但夫妻关系未得到真正改善。为此，刘某某于2020年1月再次起诉要求离婚。

原告刘某某诉称：由于被告陈某某的不轨行为导致夫妻感情破裂，现诉请与被告离婚。双方婚后共同购置的住房归原告所有；共同购置的大客车被陈某某擅自转让，转让款应依法分割，由此引起的损失陈某某负主要责任；由陈某某承担双方共同债务；孩子归原告直接抚养，陈某某每月付给500元抚养费。

被告陈某某辩称：夫妻婚后经常因生活琐事发生争吵，逐渐升级导致感情破裂，同意离婚。对共同财产及债务应依法处理。孩子是男孩子，应随父亲生活。

问：1. 刘某某与陈某某的婚姻关系是否应当解除？

2. 婚生之子陈某伟应由谁直接抚养？抚养费该如何承担？

3. 双方共同购置的住房以及其他夫妻共同财产该如何处理？

4. 刘某某与陈某某的债务该如何处理？

【分析】

1. 本案中，刘某某与陈某某夫妻感情确已破裂，双方都同意离婚，应予准许。

2. 婚生之子陈某伟随母亲刘某某生活为宜，父亲陈某某应给付抚养费。孩子由谁直接抚养应考虑"有利于孩子健康成长"的原则。本案中的父亲陈某某生活作风不严肃对孩子的健康成长显然不利，而且孩子长期和刘某某的父母一起生活，其生活、学习根基在刘某某处，现在突然改变孩子的生活和学习环境，对孩子的健康成长不利。为此，人民法院将孩子判归由刘某某直接抚养，陈某某每月给付抚养费 250 元。

3. 对于夫妻共同财产的归属，本案中的刘某某与陈某某没有约定，应按照法定财产制的规定来处理。《民法典》第 1087 条第 1 款规定："离婚时，夫妻的共同财产由双方协议处理；协议不成的，由人民法院根据财产的具体情况，按照照顾子女、女方和无过错方权益的原则判决。"刘某某与陈某某在分割夫妻共同财产上有争议，经法院调解达不成协议，则由人民法院判决解决，人民法院在判决时应遵循男女平等，照顾子女和女方权益，有利于生产、方便生活、照顾无过错一方、不损害国家、集体和他人利益等原则进行判决。本案中，导致夫妻感情破裂的主要原因是陈某某的不轨行为，因此他是夫妻感情破裂的过错方。夫妻双方对共同财产享有平等的处理权，陈某某擅自将价值 19.6 万元的大客车转让后得到一辆旧大客车及现金 9.5 万元，其行为显然贬损了夫妻共同财产的价值，陈某某未经夫妻双方一致同意擅自处分共有财产，一般应认定无效，但第三人杨某某善意有偿取得该财产，应当维护第三人的合法权益，故该损失应由擅自处理夫妻共同财产的陈某某承担。此外，考虑到孩子归刘某某直接抚养，从有利于孩子生活稳定角度出发，人民法院依法判决，双方共同购置的住房归刘某某所有，洗衣机 1 台及自行车 1 台归刘某某；大客车 1 辆归陈某某，手机 1 部及自行车 1 台归陈某某所有。

4. 刘、陈所欠债务 104 267.24 元由刘、陈各自清偿一半。根据《最高人民法院关于适用〈中华人民共和国民法典〉婚姻家庭编的解释（一）》第 35 条的规定，债权人杨某某对此判决虽然没有申请执行的权利，但杨某某仍有权向刘、陈双方主张债权，刘、陈夫妇仍是杨某某的连带债务人，只不过对刘、陈内部要按照法院判决的份额承担清偿责任罢了。

（二）习作案例

【案例1】原告黄某与被告陈某于2005年12月登记结婚，2007年6月生一女。因夫妻关系不和，于2020年1月20日经人民法院判决准予离婚。黄某对判决不服，于2020年2月1日上诉。上诉期间，被告陈某购买福利彩票并中得奖金人民币15万元，扣除税费，被告实际获得奖金人民币12万元。原告黄某主张该奖金应视为夫妻共同财产，故要求法院判决被告给付彩票奖金人民币6万元。

被告陈某辩称，原告所称的福利彩票奖金，虽然是自己参加登记和摇奖，但是该彩票非自己购买，而是第三人王某购买，所获奖金亦非自己所有，故不同意原告的诉讼请求。

第三人王某述称：原、被告所争议的彩票奖金是自己在2020年春节期间用子女给其的过节钱购买的彩票中奖所得，获得彩票一等奖入围资格后，其委托被告陈某进行摇奖，现获得的12万元奖金是自己所有，与原、被告无关，不同意原告的诉讼请求。

法院审理中查明：原、被告已于2018年11月分居，在经济上双方已各自独立，婚生女儿由被告一人抚养。2020年2月28日，被告陈某到电视台参加电视开奖活动，中奖人民币15万元，实际获得奖金12万元，公证机关对被告陈某摇奖及获奖过程当即出具公证书，被告同时收到现金支票。被告陈某获得奖金后，即到银行转为个人存款，存款户名为被告自己，并于2020年6月将12万元存款一次提取。

问：被告陈某购买福利彩票并中奖所得人民币12万元，是否属于夫妻共同财产？应当如何分割？为什么？

【案例2】谢某（女）与黄某（男）2008年经人介绍相识，2010年3月登记结婚。结婚时黄某在外省某部队机关工作。婚后，谢某的父母赠给两人名人字画6幅，纯金项链1条，金戒指1枚，共价值7.2万元。婚后不久，黄某复员回家，带回医疗费5000元，高原补助费4000元。因谢某与黄某的父母相处产生矛盾，便与黄某商量以2.7万元另购平房3间，搬出另住。买房款中包括谢某的父母资助1.7万元，另1万元从夫妻共同财产中支付。双方约定此3间平房为谢某个人财产，并订有双方签字的房产约定书，房产登记在谢某个人名下。2020年7月，黄某与一女同事出差时在旅店同居被谢某察觉，导致夫妻感情破裂。2个月后，谢某起诉到人民法院请求离婚，要求3间房产及结婚时父母所赠财产全部归其所有，并平均分配黄某从部队带回的医疗费、高原补助费及其他财产。

问：1. 3 间房产是谢某个人财产还是夫妻共同财产？

2. 谢某父母赠送的财产可否作为共同财产分割？

3. 黄某带回的医疗费、高原补助费是黄某个人财产还是夫妻共同财产？

【案例3】李某甲（女）是在读大学生，年幼时父母便离异。多年来，李某甲一直和母亲生活，父亲李某乙按照法院判决每月给她150元生活费。2010年李某甲考上大学，每学期的学费和住校生活费4800元。第一个学期，李某甲支付了这笔费用。下学期快开学时，李某甲去找父亲，希望他能出钱供自己读完大学。可李某乙认为女儿读书的费用前妻也应该负担一半，不该由自己出，拒绝了女儿的请求。

不久后，李某乙收到了人民法院送来的起诉状。原来，女儿到法院把他告了，要求他承担大一下学期学习费用的一半，共计2400元。李某乙又生气又伤心，到法院也提出了自己的主张，要求女儿返还18周岁以后每月收取的抚养费及大学一年级上学期的学费、住校生活费合计1万余元。

李某甲感到很失望。她说，自从父母离异后，她和母亲承受着经济、精神上的多重压力。目前，母亲刚刚下岗，无经济来源，又赶上自家动迁，仅靠父亲按法院原判决规定的每月150元的抚养费已经无法维持最低生活和读书所用。自己体弱多病，也无力勤工助学。而父亲享有医师资格，还开了一家私人诊所，月收入不菲，理应承担自己求学费用的一半。

父亲李某乙也有一肚委屈。他说，离婚后每月给付女儿抚养费150元，一直到女儿20岁还没有停止。如今自己也是人到中年，疾病残身，抚养子女的义务早已完成。

问：1. 李某甲的主张能否得到支持？为什么？

2. 李某乙的主张能否得到支持？为什么？

【案例4】贾某（男）与李某（女）于2016年1月登记结婚，双方均系再婚老年人。婚后居住在贾某2009年12月购买的房屋内。2016年10月贾某儿子因病去世，留有遗嘱，指定将A市的住房一套给父亲贾某继承。该房价值人民币30万元。婚后贾某劝李某辞去工作以安度晚年，李某考虑到自己身体确实不好，遂辞去工作。贾某再婚后仍忙于做生意，常早出晚归，李某认为贾某对自己冷漠，关心不够，加之其定居在国外、收入颇丰的女儿请她前去同住，遂于2018年9月向人民法院起诉离婚。李某诉称双方婚前缺乏了解，仓促结婚，并要求依法分割夫妻共同财产。李某认为其与贾某婚后共同居住的房屋和A市的1套住房均为夫妻共同财产，同时李某还要求贾某给予2万元的经济帮助，因为是贾某劝其辞去工作，致使其没有生活来源的。贾某同意离婚，但不愿意给予经济帮助。

在离婚诉讼期间，李某父亲去世，留有 10 万元的古画 1 幅，但未留下遗嘱，李某是其父的唯一的法定继承人。

问：1. 贾某与李某婚后共同居住的房屋能否作为夫妻共同财产分割？

2. A 市的住房能否作为夫妻共同财产分割？

3. 李某继承的古画是李某的个人财产还是夫妻共同财产？

4. 对李某提出的要求贾某给予经济帮助的请求，法院是否应予支持？

 复习与思考

1. 离婚对婚姻当事人的人身产生哪些法律后果？

2. 离婚时夫妻共同财产应如何分割？

3. 离婚时夫妻的债务应如何清偿？

4. 离婚时应当如何确定未成年子女的直接抚养方？

5. 离婚后子女抚养关系是否可以变更？应如何处理？

6. 离婚后子女的抚养费应如何负担？

7. 离婚后子女的抚养费是否可以变更？具体应如何处理？

8. 什么是探望权？探望权应如何行使？探望权在什么情形下中止和恢复？

9. 离婚时经济补偿的条件有哪些？

10. 离婚时经济帮助的性质和适用条件是什么？

第十二章　救助措施与法律责任

第一节　救助措施与法律责任概述

导入案例

吴某婚后经常殴打妻子梁某，梁某想离婚却又怕丈夫威胁娘家人的安全而不敢提出离婚，只能在挨打时找村委会干部求助。村干部曾多次对吴某进行说服教育，吴某虽承诺不再打妻子，但脾气上来便一切不管不顾。2020 年 6 月 5 日，吴某再次对妻子大打出手，梁某哭喊救命，村干部闻讯赶来劝阻，可吴某竟叫嚣说老婆是自己的，想打就打，别人无权干涉。并扬言若村干部胆敢踏进家门半步就立刻杀了妻子。村干部只好拨打 110，向警方求助。警察在出警了解情况后，对吴某进行了严厉的批评教育并出具了告诫书。

本案知识点：救助措施的概念；采取救助措施的组织和机关；救助措施的种类。

在 20 世纪 60 年代以前的相当长时间里，许多国家对发生在家庭成员间的暴力伤害行为均不够重视。在 2001 年以前的我国，家庭暴力更被认为是家务私事而未能受到公领域应有的关注和有效的干预。由于施暴人在施暴后无需承担法律责任，不用付出任何代价，其气焰得以助长，暴力程度不断升级。据全国妇联有关调查显示，在中国 2.7 亿个家庭中，有近 30% 的家庭存在家庭暴力。其中，施暴者九成是男性。近年来，大约每年有近 10 万个家庭因家庭暴力行为的持续发生而解体。[1] 家庭暴力受害人在遭受暴力侵害后，因求助无门而只能痛苦忍受，其自主意识、自信心和解决问题的能力均遭到不同程度的抑制和摧残，以至于恐

---

[1]　李亚杰等："我国 8100 万家庭充斥暴力，代表呼吁妇女勇敢说'不'"，载 http：//news. xinhua-net. com/misc/2006–03/07/content_ 4270497. htm，最后访问日期：2010 年 2 月 5 日。

惧、害怕、焦虑的心理和情绪让她们无法正常生活。很多受害人为了摆脱暴力侵害，在万般无奈的情况下，只能通过杀夫或自杀的极端方式来结束暴力以求解脱。

20 世纪 60 年代以后，在西方女性主义者的积极倡导下，家庭暴力等一系列侵犯家庭成员合法权益的问题和事件逐渐引起了国际社会的普遍关注和重视，联合国亦通过一系列的国际公约，敦促各国政府采取必要的措施及制定和完善相关的法律法规来预防和消除对于妇女、儿童的人身侵害的暴力行为。1979 年，联合国通过了《消除对妇女一切形式的歧视公约》，要求缔约国以现实的行动来保护妇女在家庭、工作场所或社会生活的所有其他领域免遭任何形式的暴力。1985 年，在肯尼亚首都内罗毕召开了第三届世界妇女大会，制定了《到 2000 年提高妇女地位内罗毕前瞻性战略》，该文件要求"各国政府还应着手提高公民针对妇女的暴力的认识，将其视为社会问题。制定政策和法律措施来查明其原因并防止和消除这类暴行……"。1995 年，闭幕于北京的第四届世界妇女大会又通过了《行动纲领》，对妇女暴力问题进行了更为详尽的论述，向各国政府及国际社会明确提出了消除对妇女暴力行为所应采取的具体措施，如要求各国政府检审现有的立法状况，建立有效的法律制度，为受暴妇女提供现实可行的诉讼渠道；对受害妇女采取公正和有效的救济办法；等等。联合国《消除对妇女一切形式歧视公约》已经在 170 多个国家获得批准，全世界已有 80 多个国家和地区制定了反对家庭暴力的专门性法律。[1] 中国作为《消除对妇女一切形式歧视公约》的缔约国，也向国际社会作出了履行国际义务、消除对妇女暴力行为的郑重承诺。中国政府对此类国际条约的积极回应与接受、同意，都为反对家庭暴力的国内立法提供了国际法方面的有力支持。

为了切实保护妇女儿童的人身利益，为了维护和睦稳定的家庭关系，也为了兑现我国在联合国各项保护妇女权益公约中的承诺，全国人大常委会在 2001 年修正《婚姻法》时，首次将"禁止家庭暴力"写进了法律，并就遭受家庭暴力、虐待、遗弃等侵权行为的受害人的权益维护问题，特设"救助措施与法律责任"的专章予以规定。2015 年 12 月 27 日，第十二届全国人民代表大会常务委员会第十八次会议通过了《中华人民共和国反家庭暴力法》，于 2016 年 3 月 1 日起施行。2001 年《婚姻法修正案》对家庭暴力问题的明文规定以及《反家庭暴力法》的实施，在推动中国反家庭暴力工作法制化的进程中具有里程碑意义。《民法

---

〔1〕 "我国妇女遭遇家暴数据吓死人"，载 http：//help. 3g. 163. com/15/0925/07/B4BF9BU300964000. html，最后访问日期：2017 年 2 月 8 日。

典》婚姻家庭编保留了《婚姻法》中有关家庭暴力的相关规定。所有这些法律规定，对预防和制止家庭暴力、虐待、遗弃等婚姻家庭领域的违法犯罪行为均具有重要的意义。

1. 赋予相应机关和组织一定的权利，加强了对暴力行为的公力救助。《反家庭暴力法》明确规定："县级以上人民政府有关部门、司法机关、人民团体、社会组织、居民委员会、村民委员会、企业事业单位，应当依照本法和有关法律规定，做好反家庭暴力工作。"并要求"各级人民政府应当对反家庭暴力工作给予必要的经费保障。"这些规定充分揭示了家庭暴力是为我国政府、法律所不允许的违法行为，矫正了以往人们认为家庭暴力是家务私事的传统理念。

2. 公力机关及基层组织通过采取一定的救助措施，能在一定程度上对施暴者起到震慑与教育的作用，从而化解家庭矛盾，解决家庭纠纷，降低和防止家庭成员之间暴力伤害事件的进一步升级或恶化。

3.《民法典》《反家庭暴力法》在相关规定中均要求加害人对其侵权行为承担一系列不利之后果。通过对侵权行为人违法行为的制裁和法律责任的追究，达到补偿和抚慰受害人的效果，落实了保护妇女、未成年人、老人、残疾人合法权益这一婚姻家庭制度的基本原则，对维护平等、和睦、文明的家庭关系有着积极的作用。

4. 从立法规范上来看，实体法的立法模式在逻辑结构上一般均是由权利、义务、责任三部分构成，即法律在赋予社会主体在一定社会生活领域内享有权利的同时，也要求其承担相应的义务；另一方面，一部逻辑结构严密的法律还应当明确规定在主体违反法律规定、不履行法定义务、侵害相对人合法权益时所应承担的法律责任。只有做到权利、义务与责任三者的有机结合，才能有力地保障公民的权利，进而维护实体法的权威性。《反家庭暴力法》第五章以专章的形式对法律责任的规定以及《民法典》总则编及侵权责任编对侵权行为人所应承担的民事责任的要求，标志着两部法律在立法结构上的完备。

一、救助措施的概念与种类

（一）救助措施的概念

救助措施是指当权利主体在实现自己的权利过程中遇到障碍或受到侵害时，法律允许权利主体或有关机关依法采取的各种旨在保护或恢复权利的手段和方法。[1] 救助措施有广义和狭义之分，广义的救助措施包括公力救助和私力救助两种，公力救助又包括司法救助及社会救助。司法救助是指国家司法机关为保护

---

〔1〕 李明舜主编：《婚姻法中的救助措施与法律责任》，法律出版社 2001 年版，第 1 页。

婚姻家庭关系中当事人合法权益而依法采取的必要措施。如国家公权力机关对加害人民事、行政、刑事法律责任的追究从本质上也是对受害人公力救助的方式之一。因司法救助具备一定的法律强制性而成为一种有较强力度的救助措施。社会救助则是指政府有关职能部门及基层组织为保护婚姻家庭关系中的权益受损方而依法采取的必要措施。社会救助因其实施机关的不同，又可分为政府救助和民间救助。[1] 所谓私力救助是指权利主体为保护或恢复自己的权利所采取的必要的手段和方法。

根据《反家庭暴力法》关于救助措施的相关规定，可以得出我国婚姻家庭领域的救助措施制度具有以下特征：

1. 比较侧重于公力救助。在规定相关单位、组织、机构对受害人承担救助责任的同时，还要求公、检、法机关对受害人履行司法救助之义务。

2. 救助措施旨在恢复和保护受损的民事权利。劝阻、制止、告诫书、保护令等措施的采取可以阻止不法侵害的继续，各救助措施均具有排除妨害的特性。

3. 救助措施的采取，是基于发生了受害人权利受到侵害的客观事实或受害人面临家庭暴力的现实危险。

4. 采取救助措施的机关必须在法律赋予的职权范围内依法实施救助。

为了能正确理解和把握救助措施这一概念的内涵与外延，我们还需要注意下列问题：

（1）《反家庭暴力法》设立了司法救助与非司法救助两种途径供受害人选择。家庭暴力、虐待、遗弃等行为，通常都是发生在一定的家庭成员之间。考虑到受害人与加害人之间关系的密切性和特殊性，只要加害人的伤害行为未达到一定的严重程度、未给受害人造成严重的伤害后果，法律赋予受害人自己选择解决问题途径的权利。在司法实践中，很多伤害程度不严重的受害人在求助时，主要目的是希望有关机关对加害人进行批评教育，以求得一个既完整又安全的家，其内心并不追求法律对加害人的惩处。单方面地惩罚加害人，有时未必能彻底解决问题，却可能扩大加害人对受害人的仇视和暴力程度。正是考虑到现实生活中的具体情况，《反家庭暴力法》才向受害人提供了可供其选择的司法救助与非司法救助两种途径。受害人选择非司法救助的方式，可以避免司法机关对家庭矛盾的强力介入，体现了当事人意思自治的民法原则，更充分发挥和调动了公民解决家庭矛盾的主观能动性。

（2）救助措施请求权的主体，可以是受害人，也可以是受害人之外的其他

---

〔1〕 卓冬青、刘冰主编：《婚姻家庭法》，中山大学出版社 2002 年版，第 237 页。

人或组织。通常情况下，家庭暴力救助措施的请求权主体是受害人本人。考虑到诸如受害人可能无民事行为能力，或者被施暴者限制人身自由，或者害怕施暴者报复而不能或不敢投诉等情况，《反家庭暴力法》第13条将请求权主体扩大到了受害人的法定代理人和近亲属。针对无民事行为能力人、限制民事行为能力人遭遇家暴侵害的情形，《反家庭暴力法》第14条还规定："学校、幼儿园、医疗机构、居民委员会、村民委员会、社会工作服务机构、救助管理机构、福利机构及其工作人员在工作中发现无民事行为能力人、限制民事行为能力人遭受或者疑似遭受家庭暴力的，应当及时向公安机关报案……"《反家庭暴力法》第23条第2款也规定："当事人是无民事行为能力人、限制民事行为能力人，或者因受到强制、威吓等原因无法申请人身安全保护令的，其近亲属、公安机关、妇女联合会、居民委员会、村民委员会、救助管理机构可以代为申请。"《反家庭暴力法》第14条、第23条对请求权主体的这些规定，突出了法律对社会组织与国家机关在反家庭暴力工作中的责任要求，凸显了《反家庭暴力法》对更为弱势的群体的特别照顾与保护。

需要注意的是，在受害人及其法定代理人、近亲属等请求权主体未提出救助请求、而相关组织和国家机关在知晓有家庭暴力存在时，应当依职权主动积极地介入和干预。因为有些施暴者在实施家庭暴力的同时，也往往控制了受害者的人身自由，受害人根本没有提出救助请求的机会与条件；还有些施暴者采取威胁、恐吓的手段，阻止受害人及其法定代理人或近亲属求助。在这样的情况下，如果公力救助不能及时、主动介入，家庭暴力行为的升级与伤害后果的加重则成为必然，直至危及受害人的生命安全。因此，根据实际情况主动介入家庭暴力案件，及时阻却家庭暴力的循环升级，亦是各救助机构的工作职责。

（二）实施救助措施的组织与机关

根据《反家庭暴力法》的规定，有义务采取救助措施的组织和机关包括：

1. 群众性组织。居民委员会和村民委员会是最基层的群众自治性组织，由于他们与辖区内的群众生活比较贴近，对辖区内居（村）民的家庭情况比较了解，当家庭暴力等侵害家庭成员的行为发生后，居（村）民委员会可以及时介入，通过灵活的工作方法，有的放矢地解决家庭矛盾。

工会、共产主义青年团、妇女联合会、残疾人联合会等组织具有群体代表性，承担着维护群体利益的责任，通常也会是受害人求助的部门。《反家庭暴力法》要求这些组织对实施家庭暴力的加害人进行法治教育，必要时可以对加害人、受害人进行心理辅导。

2. 当事人所在单位。当事人所在单位是指当事人工作、学习的国家机关、团体、企业或事业组织。针对家庭暴力行为，由加害人所在单位采取相应的救助措施，更有利于快捷地对加害人的批评和教育。根据《反家庭暴力法》的要求，用人单位应当对实施家庭暴力的工作人员给予批评教育，并做好家庭矛盾的调解、化解工作。当然，当事人所在单位亦可根据本单位的内部规章，对情节严重、影响恶劣的家庭暴力加害人给予必要的行政处分。

3. 有关国家机关。主要是指公安机关、人民检察院和人民法院。公安机关的任务就是维护社会秩序的稳定、保护公民的人身与财产安全、预防犯罪行为的发生；人民检察院和人民法院则通过司法程序的启动，救济公民在婚姻家庭中受损的人身与财产利益。

4. 其他单位。《反家庭暴力法》对学校、幼儿园、医疗机构、社会工作服务机构、救助管理机构、福利机构、法律援助机构以及政府部门如何应对与解决家庭暴力问题也提出了一定的工作要求，还就家庭暴力预防的社会责任、受害人临时庇护机构、生活帮助等问题做了相应规定。这些规定的目的，旨在构筑一个多部门、多机构合作的反对家庭暴力的联动机制，为家庭暴力受害人各种救助措施的落实提供可能的体制保障。

（三）救助措施的种类

1. 帮助与处理。《反家庭暴力法》第 13 条第 1 款规定："……有关单位接到家庭暴力投诉、反映或者求助后，应当给予帮助、处理。"帮助是指有关单位对家暴受害人在就医、报警、伤情鉴定、诉讼维权等方面给予的指引与协助。而处理是指有关单位对受害人所采取的医治伤口、心理疏导、经济救助、临时庇护等措施。

2. 劝阻。所谓劝阻，包括两层含义：①劝说行为人停止其侵害其他家庭成员合法权益的违法行为；②对于劝说无效的情形可以采取适当的干预手段阻止行为人侵害行为的发生或继续，及时解救受害人。《反家庭暴力法》第 13 条第 3 款规定："单位、个人发现正在发生的家庭暴力行为，有权及时劝阻。"

3. 调解。调解是我国处理民间纠纷的有效方式，它是指居（村）民委员会及当事人所在单位及人民调解组织，对家庭矛盾的双方当事人有针对性地采取的说服教育和疏导工作，促使当事人双方相互谅解、平等协商，在自愿的基础上达成协议，从而及时、合理地解决矛盾纠纷的一种工作方法。基层群众性自治组织及当事人所在单位的调解工作，以其独特的方式，对调处婚姻家庭纠纷一直发挥着积极的作用，其工作具有非常明显的不可替代性。根据《人民调解委员会组织条例》的有关规定，居（村）民委员会的调解工作必须遵循合法自愿的原则。对于当事人一方或双方拒绝调解的或虽接受调解但事后又反悔的情况，调解组织的调解工作不能强制推行。

对于家庭纠纷，调解组织通过合法有效的调解工作以达到预防和减少家庭暴力发生的效果。对于轻微家庭暴力事件，居（村）民委员会及当事人所在单位可以将劝阻和调解的工作手法结合使用。但对于长期存在的比较严重的家庭暴力案件，不适合调解解决的，要及时报警或提供其他救助措施。

4. 制止。所谓制止是指公安机关对正在发生的家庭暴力所采取的强制加害人停止其加害行为并对其进行批评教育的措施。公安机关作为行政执法机关，其威慑力是不言而喻的。对正在发生的家庭暴力，公安机关的及时介入，无疑会遏止暴力行为的继续，帮助受害人摆脱暴力的侵害。同时，公安机关通过有效的介入和批评教育，会对加害人产生一定的威慑和帮助作用，使施暴者认识到暴力行为的违法性和严重性，从而对其暴力行为有所收敛乃至彻底放弃。

5. 告诫书。告诫书是指公安机关对尚不构成行政处罚的轻微家庭暴力案件的加害人通过批评、训诫、警示等方式督促其停止家庭暴力行为的一种干预措施。告诫书以书面形式签发，旨在通过发挥公安机关的威慑力量来遏制家庭暴力的再次发生。

家暴受害人在遭受暴力侵害的第一时间，通常会拨打 110 求助，公安机关接到报案出警后的一系列工作，不仅对加害人起到了震慑作用，更是向其他施暴者和全社会表明了国家公权力对家暴行为严正反对并强力干预的态度，是一次良好的警示教育过程，无疑会对家庭暴力的预防工作带来积极效果。

在《反家庭暴力法》出台之前，江苏省率先在全国建立了家庭暴力告诫制度。2013 年 7 月江苏省高级人民法院、江苏省人民检察院、江苏省公安厅和江苏省妇女联合会印发了《江苏省家庭暴力告诫制度实施办法（试行）》，要求公安机关在处理家庭暴力案件时，出具书面告诫令对施暴人提出禁止暴力等限制性要求，旨在发挥公安机关治安行政指导在防治家庭暴力中的作用。[1] 江苏经验之后，宁夏、河北等地也先后建立了具有地方意义的告诫制度。这些地方性法规和文件的出台与实施，为我国随后《反家庭暴力法》中告诫制度的确立积累了经验、奠定了基础。

6. 人身安全保护令。人身安全保护令是一种民事强制措施，是人民法院为了保护家庭暴力受害人及其子女和特定亲属的人身安全而作出的民事裁定。其价值在于通过对家庭暴力的司法干预，以公权力的力量阻却暴力的继续，并将加害

---

〔1〕 "家庭暴力告诫制度"，载 http：//acwf. people. com. cn/n1/2016/0407/c390819-28257861. html，最后访问日期：2017 年 2 月 15 日。

人与受害人在物理空间上隔离开来，避免暴力升级，给受害人提供一个安全的生活环境。

早在《反家庭暴力法》出台前的2008年3月，最高人民法院中国应用法学研究所就发布了《涉及家庭暴力婚姻案件审理指南》，对人身保护令的试行提出了要求，最高院在全国各地确定了"涉及家庭暴力案件人身保护令"的试点法院。《涉及家庭暴力婚姻案件审理指南》的发布，无疑推动了各级人民法院对家庭暴力危害后果严重性的认识；而各试点法院落实《涉及家庭暴力婚姻案件审理指南》的要求、对人身保护令的积极签发，也为《反家庭暴力法》将人身保护令确立为一项司法制度做了必要的实践准备。

《反家庭暴力法》第23条第1款规定："当事人因遭受家庭暴力或者面临家庭暴力的现实危险，向人民法院申请人身安全保护令的，人民法院应当受理。"该规定一改对于家暴案件传统的、事后处罚的单一手段，而是通过事前和事中的干预，加大了司法干预的力度与广度，为受害人尽快脱离受虐环境提供了切实的法律保障。

二、法律责任的概念与种类

（一）法律责任的概念

法律责任有广义和狭义之分。广义的法律责任是指社会主体对法律的遵守以及主体在违反义务时所应承担的法律上的不利后果。在这里，我们从狭义上理解法律责任，它仅是指行为人对自己所实施的侵害家庭成员合法权益的违法行为所承担的不利后果。主体违法行为的实施是其承担法律责任的前提和根据；法律责任是违法行为所导致的必然后果；它意味着国家对违法行为的否定性反应；意味着一定的国家机关代表国家对违法行为予以查处和追究。

（二）法律责任的种类

根据违法行为的性质及危害程度的不同，妨害家庭成员婚姻家庭权益的违法行为的法律责任可分为以下三种：

1. 民事责任。民事责任是指由于违反民事法律、违约或基于民法的规定所应承担的一种责任。民事责任主要是一种救济责任，其功能主要在于救济当事人已受侵害的权利，赔偿或补偿当事人的损失。[1] 婚姻家庭领域的法律责任更多的是民事责任。《民法典》总则编关于民事责任的一般性规定和侵权责任编对于侵权责任的规定均适用于婚姻家庭领域。《民法典》婚姻家庭编中对婚姻家庭领域民事责任的特别规定，无疑给婚姻家庭关系中权利人提供了更具有针对性的保

---

〔1〕 沈宗灵主编：《法理学》，北京大学出版社2001年版，第351页。

护。对于不履行家庭义务、遗弃家庭成员的行为，依据受害人的请求，人民法院应当依法作出要求义务人支付扶养费、抚养费、赡养费的判决。在离婚诉讼中，施加家庭暴力等过错行为的行为人亦应承担相应的民事赔偿责任。

当义务人拒不执行人民法院生效的判决或裁定时，人民法院则有权力依照法定程序，通过强制的方法要求义务人履行生效的判决或裁定。这一诉讼活动被称为强制执行。

2. 行政责任。行政责任是指公安机关或其他行政主体依照法定权限和程序对尚未构成犯罪的违法行为人依据行政法规所给予的制裁。如公安机关依据《中华人民共和国治安管理处罚法》（以下简称《治安管理处罚法》）对违法行为人所采取的警告、拘留行政处罚措施。

根据我国《治安管理处罚法》第 45 条的规定，公安机关要求实施家庭暴力或虐待、遗弃家庭成员的加害人承担的行政法律责任包括警告、拘留。《反家庭暴力法》第 33 条也规定了对于构成治安管理处罚的家庭暴力行为，应依《治安管理处罚法》给予相应的行政处罚。

归纳起来，无论是家庭暴力行为还是虐待、遗弃家庭成员的行为，均是为我国法律明文禁止的侵权行为。对其中尚不构成刑事犯罪的，可根据《治安管理处罚法》的规定予以治安处罚。对行为人采取必要的行政处罚措施，不仅制裁了违法行为，维护了法律的尊严，同时也是对社会公众有益的警示教育。

3. 刑事责任。刑事责任是指行为人因其违法行为触犯刑法，构成犯罪而必须承受的、由司法机关代表国家对其所进行的惩罚。通过刑事法律的形式，规范婚姻家庭领域的严重侵权行为，无论对惩治侵权人、抚慰受害人还是维护婚姻家庭关系都具有积极的意义。婚姻家庭领域的违法行为在触犯《刑法》规定时，受害人可以提起刑事自诉；对于情节恶劣、后果严重的妨害婚姻家庭权利的犯罪案件，检察机关应当依法定程序提起公诉，由人民法院依法作出追究犯罪嫌疑人刑事责任的判决。

第二节 救助措施与法律责任的具体规定

 **导入案例**

高某（男）与杨某（女）结婚已有 15 年。2020 年 10 月高某与刘某的婚外情被杨某发现，二人矛盾激化。高某时常对杨某实施家庭暴力，杨某提出协议离

婚，高某不但不同意还威胁要杀了杨某及其娘家人。绝望的杨某跳楼自杀，经抢救虽保住了性命却高位截瘫，生活完全不能自理，而高某索性与刘某公开同居。高、杨二人的女儿正在读高中，数次央求父亲回家照料母亲，高某却认为女儿是受了杨某教唆来找自己麻烦的，不但拒绝照料妻子还跑回家变本加厉地对妻子施暴谩骂。高某还因不满女儿的批评，拒绝提供女儿的生活费和教育费。无奈的杨某母女只能分别诉请于法院，杨某向法院申请人身安全保护令，并起诉离婚且要求高某承担损害赔偿责任，而杨某的女儿则要求父亲高某履行抚养义务、支付生活费和教育费。

本案知识点：家庭暴力的救助措施；家庭暴力的法律责任；遗弃的法律责任；离婚损害赔偿；父母对子女的抚养义务。

一、遭受家庭暴力或虐待的救助措施

早在《反家庭暴力法》出台之前，我国已有湖南省、陕西省、浙江省湖州市、江苏省常州市等20多个省、市、县相继发文或制定了有关反家庭暴力方面的地方性法规或文件。这些地方性法规、文件的出台与实施，对家庭暴力的预防和制止发挥了积极的作用，也为《反家庭暴力法》的出台积累了地方经验。随着2016年3月1日《反家庭暴力法》的实施和各界人士对家庭暴力问题认识的逐渐提高，全社会必将形成一个共同反对家庭暴力的良好氛围。但是同时，我们还应该清楚地认识到，对受害人进行必要救济的社会支持系统尚未有效建立，《反家庭暴力法》中确立的各项救助措施与制度也需要在实践经验的基础之上不断地完善与落实。

《反家庭暴力法》在规定帮助、调解、劝阻、制止几项措施之外，还特别就告诫书与人身安全保护令作了规定。这些救助措施的设立，为受害人构建了一个相对全面的救助体系。

《反家庭暴力法》第16条要求公安机关对家庭暴力情节较轻的加害人给予批评教育、出具告诫书以遏制暴力的继续；第17条则进一步要求公安机关将告诫书送交加害人、受害人，并通知居民委员会、村民委员会。居民委员会、村民委员会、公安派出所有义务对告诫书的落实情况进行查访，以监督加害人不再实施家庭暴力。

人身安全保护制度是《反家庭暴力法》第四章的内容，其中，对人身安全保护令的申请、管辖、申请条件、形式、措施、期限、执行等问题做了较为全面的规定。

关于人身安全保护令作出的时间，《反家庭暴力法》第28条要求基层法院快

速回应人身安全保护令的申请："人民法院受理申请后，应当在 72 小时内作出人身安全保护令或者驳回申请；情况紧急的，应当在 24 小时内作出。"该规定之所以要求法院在受理申请后一个较短的时间里签发保护令，其目的就是要为受害人的人身安全保护争取必要的时间，帮助受害人尽快脱离受虐环境，避免因时间上的拖延造成更重的伤害后果。

关于人身保护令的措施种类，《反家庭暴力法》第 29 条规定了下列几种：①禁止被申请人实施家庭暴力；②禁止被申请人骚扰、跟踪、接触申请人及其相关近亲属；③责令被申请人迁出申请人住所；④保护申请人人身安全的其他措施。

以上保护措施既有对加害人行为上的各种禁止令，也有责令加害人与受害人保持一定距离的远离令、迁出令等，这些措施既可以单独适用，也可以合并适用。无疑，《反家庭暴力法》第 29 条的这些规定为受害人构筑起一道防御家庭暴力的制度围墙。

关于人身保护令的有效期间，《反家庭暴力法》第 30 条规定："人身安全保护令的有效期不超过六个月，自作出之日起生效。人身安全保护令失效前，人民法院可以根据申请人的申请撤销、变更或者延长。"由于家庭暴力具有反复性、周期性的特点，人身安全保护令非常有必要在一个较长的期间内持续、有效地存在，其目的是阻断暴力循环，打破暴力周期，以保证受害人在一定的时期内能够比较安全地生活，同时，也为受害人以后的生活安排提供了相对充分的准备时间。

为了确保人身安全保护令的有效落实，《反家庭暴力法》第 32 条规定人民法院是人身安全保护令的执行机关，并要求人民法院将保护令送达申请人、被申请人、公安机关以及居民委员会、村民委员会等有关组织，公安机关以及居民委员会、村民委员会等组织则有义务协助人民法院执行人身安全保护令。

《反家庭暴力法》在规定公安机关和人民法院采取告诫书、保护令等救助措施的同时，还要求各相关单位与组织依不同的工作职能向受害人提供庇护场所、临时生活帮助、法律援助、诉讼费用的缓、减、免等必要的帮助措施，以满足不同受害人的具体需求。

二、遭受遗弃的救助措施

遗弃是指家庭成员中负有扶养义务的一方，对需要接受扶养的另一方不履行其应尽义务的违法行为。遭受遗弃的扶养权利人有权向人民法院提起追索扶养费、抚育费和赡养费的民事诉讼，人民法院应根据义务人的经济能力和扶养权利人的实际生活的需要确定合理的扶养费用。由于扶养费、抚育费、赡养费能否及时给付，直接关系到被遗弃人的现实生活，因此，根据《民事诉讼法》的有关规定，人民法院在审理有关追索扶养费、抚育费、赡养费的案件时，可以应扶养权利人的申请，作出先予执行的裁定。

三、离婚过错赔偿

（一）离婚过错赔偿制度概述

离婚过错赔偿制度是指婚姻当事人一方因法定过错行为而导致离婚，基于无过错方的诉讼请求，由过错方赔偿无过错方损失并承担相应民事责任的一种婚姻法律制度。

婚姻的缔结尽管是当事人自主自愿的行为，但它却并不仅仅是当事人的自由合意，它从产生之日起，便承载了诸如种族延续、经济互助、维系社会伦理秩序等社会功能，使它更多地成为一种伦理实体、一种重要的社会行为。[1] 当事人在缔结婚姻时，就意味着他们要无可选择地承担起婚姻共同体所承载的各种责任和义务。当一方违背婚姻义务时，也就损害了另一方的合法权益；同时也损害了婚姻的社会功能，破坏了社会秩序。而当损害程度足以导致婚姻破裂时，那么，法律在确认当事人离婚的同时，还应要求过错方对其违背义务的行为承担相应的损害赔偿的法律后果，这不仅体现了法律对婚姻社会功能的再强调，也是对法律制度的严肃和尊重，同时更是对无过错方受损权利的必要补偿和救济。离婚过错损害赔偿制度的确立，也是当代亲属法中的公平原则在离婚问题上的必然要求。[2] 正是基于以上原因，离婚损害赔偿制度已成为现代各国离婚法律制度中的一项普遍规定。如《法国民法典》第 266 条就规定："如离婚被判为过错全在夫或妻一方，则该方得判赔偿损害，以补偿他方因解除婚姻而遭受的物质或精神损失。"

纵览各国和地区法律，其设置损害赔偿的功能不外有三：①遏制，即通过赔偿的方式使得违反法定义务的行为人为其实施的损害行为承担不利之法律后果，使侵害人在对受害人支付赔偿金的过程中，在其财力受到一定损耗的同时，在心灵上丧失从事损害行为的信心，从而遏制从事违法行为的意念；②补偿，也就是说国家通过公力救助的方式，使得受到侵犯的权利人相对利益得到补偿，从而强调国家对权利的保障；③社会权益衡量，即国家通过衡量侵权责任的设置过程中社会财富和人员间关系，使财富与人际达到最佳或是均衡状态，最大限度地增加社会财富、保护平等地位的当事人各方的合法权益。

---

〔1〕 杨遂全等编著：《婚姻家庭法典型判例研究》，人民法院出版社 2003 年版，第 308 页。

〔2〕 姚红等编著：《〈中华人民共和国婚姻法〉释解》，群众出版社 2001 年版，第 210 页。

（二）我国确立离婚过错赔偿制度的作用

2001年，立法机关在修正《婚姻法》时，考虑到婚姻家庭领域重婚、家庭暴力、虐待、遗弃等侵权行为的现实存在，借鉴其他国家和地区的立法经验，首次确立了离婚损害赔偿法律制度，填补了我国婚姻家庭法律制度的一项立法空白。《民法典》婚姻家庭编保留了《婚姻法》中的离婚损害赔偿制度。该制度有以下几个方面的积极作用：

1. 填补了受害人损失，有效保障了无过错方的合法权益。从我国婚姻家庭关系的现状来看，重婚、有配偶者与他人同居以及家庭暴力、虐待、遗弃家庭成员等诸多违法行为还普遍存在，因以上原因导致的离婚案件一直占有相当大的比例，过错方的违法行为直接给其配偶造成了一定的人身伤害和财产损失。损害赔偿制度的确立，不仅使无过错方受损的权益得到了必要的救济和补偿，通过对过错方过错责任的追究和处罚，也有利于抑制重婚、有配偶者与他人同居、家庭暴力等违法行为的发生。这是离婚赔偿制度最基本的作用。

2. 给予受害人以精神抚慰。夫妻一方的重大过错行为，不仅造成了配偶在人身和物质方面的损害，同时也会给无过错方造成一定的精神损害，在要求过错方承担物质损害赔偿的同时，一并对其过错行为处以经济处罚，以填补受害人精神损害补偿之需，从而使受害人在获得物质补偿的同时，获得精神上的安抚和心理上的慰藉。

3. 制裁违法行为。损害赔偿作为侵权行为人应当承担的民事责任之一，具有制裁违法行为人的功用。通过责令过错方承担损害赔偿的责任，降低甚或抵消侵权人的获益，达到对违法者进行制裁的目的。

4. 告诫他人，预防违法行为的发生。作为社会规范的法律，通过对过错方采取一定的制裁措施，教育和提醒其他有违法意图的行为人，避免违法侵权行为的再发生，从而发挥法律教育、指引公民行为的作用。

（三）离婚过错赔偿制度确立的意义

1. 确立离婚过错制度，体现了婚姻义务的本质要求。[1] 法律预先设定了配偶间的义务和责任，这些义务既有要求当事人积极作为的，如尊重对方人格、相互扶养、共同生活等；也有要求当事人消极不作为的，如禁止重婚、禁止与婚外异性同居、禁止家庭暴力、禁止虐待、遗弃等。在婚姻关系存续期间，夫妻双方应当全面地履行其法定义务。当一方违背法律规定逃避义务和责任时，一方面可

---

〔1〕 杨立新、秦秀敏主编：《中华人民共和国婚姻法释义与适用》，吉林人民出版社2001年版，第478页。

由当事人采取一些措施自觉调适和解决，使婚姻关系继续维持和发展；另一方面，对于重大的过错行为侵害了对方合法权益、导致婚姻关系解体的，法律要求过错方承担相应的赔偿责任，既是对其违反义务的必要惩处，也是维护婚姻义务严肃性和法律权威性的基本要求。

2. 离婚过错赔偿制度的确立，是配偶身份权民法属性的必然反映。[1] 现代社会的配偶身份权是建立在人格独立、人格自由、人格平等和人格尊严的前提之下的，配置了夫妻之间尊重、扶养、生育等权利义务的内容，进入婚姻共同体的当事人必须按照配偶身份权的规则约束自我，只有这样，才能既维护自己的权利，也尊重对方的权利。与配偶身份权相配套，法律应当确定侵犯身份权的后果归属及救济性措施。而配偶权属于私法的范畴，势必需要通过民事法律规范进行调整。

3. 离婚过错赔偿制度的确立，是保护无过错方的合法权益，维护平等、和睦、文明的婚姻家庭关系的现实需要。由于侵害婚姻家庭成员的违法过错行为的存在，不仅给无过错方造成了身心、财产的损害，也会给正常的家庭生活带来负面影响。因此，法律要求过错行为人承担损害赔偿责任，不仅补救了受害人的权益，同时也教育广大公民和家庭成员主动履行法律义务，维护平等、和睦、文明的婚姻家庭关系。

（四）离婚损害赔偿的构成要件

根据《民法典》婚姻家庭编的有关规定，离婚损害赔偿的构成需符合下列条件：

1. 有妨害婚姻家庭关系的法定过错行为的发生。即行为人一方违背夫妻之间的法定义务，实施了使对方人身、财产或配偶身份利益遭受损害的过错行为。《民法典》第 1091 条用列举的方式将承担损害赔偿的过错行为基本限定为重婚、与他人同居、实施家庭暴力及虐待、遗弃家庭成员五种，这五种法定过错也被称为重大过错行为。同时，《民法典》第 1091 条第 5 项还规定了"其他重大过错"作为兜底以弥补列举之不足。

2. 有损害事实的存在。因过错方违法行为的发生，给无过错方的人身、财产和精神利益造成了一定的损害事实。

3. 过错行为与损害事实之间存在因果关系。无过错方需要有证据证明自己遭受的人身损害及财产损失是对方过错行为的结果。实践中，无过错方精神损害

---

〔1〕 杨立新、秦秀敏主编：《中华人民共和国婚姻法释义与适用》，吉林人民出版社 2001 年版，第 478 页。

的认定根据无过错方是否有证据证明对方实施过家庭暴力、重婚、虐待、遗弃等行为即可。

4. 过错行为人主观上出于故意。即行为人明知自己的行为会侵害对方的合法利益或明知其行为是违背法律规定的，却故意实施了违法行为，损害其配偶的合法权益。

5. 法定过错行为导致婚姻关系破裂。依据《民法典》第1091条的规定，承担损害赔偿责任的主体是离婚诉讼当事人中的过错方，且离婚是因过错方的法定过错行为所致。换言之，损害赔偿发生的前提是存在法定过错且该过错又导致婚姻关系解体。在现行立法框架之下，不离婚则无法获得损害赔偿。

（五）离婚过错损害赔偿的方式

《最高人民法院关于适用〈中华人民共和国民法典〉婚姻家庭编的解释（一）》第86条规定了离婚时的损害赔偿包括物质损害赔偿和精神损害赔偿两种方式。

物质损害主要是指因过错方的过错行为而造成的无过错方实际财产利益的减少。如因家庭暴力行为致使无过错方身体受到伤害而支出的医药费、治疗费等。按照一般的财产侵权理论，物质损害赔偿实行全部赔偿原则。

精神损害主要是指因过错方的违法行为，给无过错方造成精神痛苦、心情压抑等精神利益的损害。要求加害人承担精神损害赔偿的目的，是为了抚慰受害人受伤的心灵。《最高人民法院关于适用〈中华人民共和国民法典〉婚姻家庭编的解释（一）》第86条规定，涉及精神损害赔偿的，适用《最高人民法院关于确定民事侵权精神损害赔偿责任若干问题的解释》的有关规定。由于精神损害的无形性及不可估价性，在确定精神损害赔偿数额的时候，应参考下列因素综合确定：①侵权行为人的过错程度；②侵害的手段、场合、行为方式等具体情节；③侵权行为所造成的后果；④侵权人的获利情况；⑤侵权人承担责任的能力；⑥受诉法院所在地群众的平均生活水平。

（六）离婚损害赔偿的法律适用

根据《最高人民法院关于适用〈中华人民共和国民法典〉婚姻家庭编的解释（一）》的规定，离婚时损害赔偿的法律适用应注意下列问题：

1. 在婚姻关系存续期间，当事人不起诉离婚而单独提起损害赔偿请求的，人民法院不予受理。

2. 离婚时的损害赔偿适用"当事人告诉乃论"的原则，但人民法院在受理离婚案件时，有义务告知当事人享有要求损害赔偿的权利。

离婚时的损害赔偿是法律赋予无过错当事人的一项诉讼权利，而权利的行使与否完全取决于当事人的选择。如果无过错方并不愿意在离婚诉讼中提起损害赔偿的诉请，人民法院则不能主动就损害赔偿的问题作出判决。但是，人民法院在受理案件后，有义务以书面的形式告知当事人享有提出损害赔偿请求的权利。至于是否提出，则完全由当事人自己决定。

3. 过错方的过错行为符合《民法典》第 1091 条规定的过错情形并导致离婚的，无过错方作为原告，在提起离婚诉讼的同时，必须一并提起损害赔偿的请求。

4. 对于无过错方作为被告的离婚诉讼，如果被告不同意离婚也不基于《民法典》第 1091 条规定的情形提起损害赔偿请求的，无过错方可以就损害赔偿问题单独提起诉讼。

5. 无过错方作为被告的离婚诉讼案件，一审时被告没有基于《民法典》第 1091 条规定的情形提出损害赔偿的，二审期间提出的，人民法院应当进行调解，调解不成的，告知当事人另行起诉。双方当事人同意由第二审人民法院一并审理的，第二审人民法院可以一并裁判。

6. 对于当事人在婚姻登记机关办理离婚登记手续后，以《民法典》第 1091 条规定为由向人民法院提出损害赔偿请求的，人民法院应当受理。但当事人在协议离婚时已经明确表示放弃该项请求的，人民法院不予支持。

7. 当夫妻双方均存在《民法典》第 1091 条规定的过错情形，一方或者双方向对方提出离婚损害赔偿请求的，人民法院不予支持。

8. 无过错方能否要求"第三者"给予损害赔偿？所谓"第三者"，一般是指明知对方有配偶而与其发生男女两性关系，进而同居甚至重婚的行为人。由于"第三者"的插足，往往会导致夫妻关系的破裂进而离婚。离婚时，无过错一方能否向"第三者"要求损害赔偿呢？人们对此认识并不一致。在司法实践中，由于诸如"第三者"概念的界定的分歧、取证的困难、"第三者"介入与当事人婚姻破裂之间是否一定存在因果关系等一系列问题的存在，我国《民法典》婚姻家庭编并未要求"第三者"承担损害赔偿责任。《最高人民法院关于适用〈中华人民共和国民法典〉婚姻家庭编的解释（一）》第 87 条第 1 款规定："承担民法典第一千零九十一条规定的损害赔偿责任的主体，为离婚诉讼当事人中无过错方的配偶。"这一规定明确限定了承担损害赔偿责任的主体只能是离婚诉讼当事人中的过错一方。

四、对隐藏、转移、变卖、毁损、挥霍财产等行为的处理

针对配偶一方在婚内侵占或变相侵占夫妻共有财产的行为，《民法典》赋予了另一方在不离婚的情况下分割夫妻共有财产的权利。《民法典》第 1066 条规定："婚姻关系存续期间，有下列情形之一的，夫妻一方可以向人民法院请求分割共同财产：（一）一方有隐藏、转移、变卖、毁损、挥霍夫妻共同财产或者伪造夫妻共同债务等严重损害夫妻共同财产利益的行为；（二）一方负有法定扶养义务的人患重大疾病需要医治，另一方不同意支付相关医疗费用。"

《民法典》第1066条的规定，是法律制度对现实需求的必然回应。随着该规定在司法实践中的运用，会为未来婚内财产的分割及夫妻财产制的进一步完善积累经验、创造条件。

针对在离婚前或离婚诉讼过程中一方妨害公平分割夫妻共同财产的行为，《民法典》第1092条规定："夫妻一方隐藏、转移、变卖、毁损、挥霍夫妻共同财产，或者伪造夫妻共同债务企图侵占另一方财产的，在离婚分割夫妻共同财产时，对该方可以少分或者不分。离婚后，另一方发现有上述行为的，可以向人民法院提起诉讼，请求再次分割夫妻共同财产。"

一般而言，离婚时夫妻的共同财产应均等分割，如果配偶一方实施了《民法典》第1092条规定的各种行为，则必然导致另一方在离婚财产分割时利益受损。法律对侵权行为人苛以少分或不分的处罚，是以特殊的形式追究侵权行为人的法律责任；法律赋予财产权益受损方在离婚后可以再次提起分割共同财产之诉，是对合法财产权益一方当事人受损财产权益的有效救济。这些规定，无不彰显了《民法典》公平公正的价值理念。

五、婚姻家庭案件的执行问题

当婚姻家庭案件中败诉一方拒不履行生效判决书或裁定书内容时，另一方当事人可以向人民法院申请执行。根据《最高人民法院关于人民法院执行工作若干问题的规定（试行）》第17条第2款之规定，发生法律效力的具有给付赡养费、扶养费、抚育费内容的法律文书、民事制裁决定书，由审判庭移送执行机构执行。执行程序的启动，就是运用国家强制力迫使义务人履行判决书、裁定书中确定的义务。由于执行是以强制措施为主要特征，因此，执行又被称为"强制执行"。通过执行，在维护当事人权益的同时，也确保了人民法院审判活动的有效性，维护了法律的尊严和权威。

（一）对具有财产内容的判决、裁定强制执行的具体措施

根据我国《民事诉讼法》的有关规定，结合婚姻家庭案件的具体特点，当涉及诸如扶养费、抚育费、赡养费、财产分割等一系列具有财产内容的婚姻家庭案件时，具体的执行措施主要有：冻结或划拨被执行人的存款；扣留或提取被执行人的个人收入；查封、扣押、拍卖、变卖被执行人的财产；强制其交付法律文书指定的某项财物或者票证；责令其限期搬离房屋或退出土地；等等。以上各强

制措施既可单独采用，也可同时采用。

人民法院在进行强制执行时，有关单位和个人有义务协助人民法院完成执行工作。

（二）有关子女探望问题的判决、裁定的执行

与其他以财产给付为内容的判决、裁定相比较，子女探望问题因涉及了人身内容而显示出一定的特殊性，而探望权纠纷也成为一种比较特殊的婚姻家庭纠纷案件。探望权的实现，其执行标的为一定的探望行为，不仅依赖于对方当事人的协助，还受制于被探望人（未成年子女）的态度。人民法院在处理这类纠纷时，应注意以下几方面工作：

1. 探望权纠纷的裁判文书应具有可操作性。人民法院应当在充分了解当事人双方具体情况的前提下，尽量促使双方就探望子女的时间、地点、方式达成协议，协议不成的，人民法院应当充分考虑当事人的实际情况，做出便于执行的明确的裁判文书。

2. 要充分考虑未成年子女的实际情况。有关探望纠纷的裁判应有利于孩子的健康成长，不仅如此，在探望权行使过程中，如果探望方有影响孩子健康成长的事由发生，未成年子女、直接抚养子女的父或母及其他对未成年子女负担抚养、教育义务的法定监护人有权向人民法院提出中止探望权的请求。

3. 慎重适用强制措施。由于人身关系具有不可强制执行的特性，因此，人民法院在执行有关探望权的案件时，应尽量多做说服教育工作，力促当事人达成共识。《最高人民法院关于适用〈中华人民共和国民法典〉婚姻家庭编的解释（一）》第68条规定："对于拒不协助另一方行使探望权的有关个人或者组织，可以由人民法院依法采取拘留、罚款等强制措施，但是不能对子女的人身、探望行为进行强制执行。"

六、实施家庭暴力、虐待行为的行为人应承担的具体行政法律责任

《反家庭暴力法》第33条规定："加害人实施家庭暴力，构成违反治安管理行为的，依法给予治安管理处罚……"《治安管理处罚法》第43条第1款规定："殴打他人的，或者故意伤害他人身体的，处五日以上十日以下拘留，并处二百元以上五百元以下罚款；情节较轻的，处五日以下拘留或者五百元以下罚款。"对于多次殴打、伤害他人或者一次殴打、伤害多人的，《治安管理处罚法》第43条第2款进一步规定应给予10日以上15日以下拘留，并处500元以上1000元以下罚款。同时，《治安管理处罚法》第45条还规定："有下列行为之一的，处五日以下拘留或者警告：①虐待家庭成员，被虐待人要求处理的；②遗弃没有独立生活能力的被扶养人的。"

七、重婚、家庭暴力、虐待、遗弃行为的行为人应承担的刑事法律责任

禁止重婚、禁止家庭暴力、禁止家庭成员间的虐待和遗弃，是我国《民法典》婚姻家庭编的原则性规定。无论是重婚、家庭暴力，还是发生在家庭成员间的虐待、遗弃行为，都是对公民婚姻家庭权利的必然侵害和对法律的违背，要求侵权行为人承担相应的法律责任，不仅是对受害人的救济，同时也是对法律尊严的捍卫。针对重婚、家庭暴力、虐待、遗弃等行为的手段、伤害程度、危害后果的不同，行为人所应承担的法律责任也不尽相同，既可能是相应的民事责任或行政责任，也可能是刑事责任。在这里，就重婚、家庭暴力、虐待、遗弃等行为刑事责任的追究问题作一分析说明。

（一）重婚罪的刑事责任

重婚罪是指有配偶的人又与他人结婚或以夫妻名义共同生活的行为，或者明知对方有配偶而与其结婚或与其以夫妻名义共同生活的行为。根据是否办理结婚登记，重婚行为被划分为法律上的重婚和事实上的重婚。无论是何种形式的重婚，均为无效婚姻。

重婚行为不仅严重侵犯了配偶一方的婚姻权利，也是对我国一夫一妻婚姻法律制度的严重破坏和挑衅，为了打击和严惩这一行为，维护法律制度的权威性，根据我国《刑法》第258条规定，犯重婚罪的，处2年以下有期徒刑或者拘役。对于构成重婚罪的，公安机关应当依法侦查，人民检察院应当依法提起公诉。

（二）家庭暴力行为人及相关国家工作人员应承担的刑事责任

目前我国《刑法》尚无家庭暴力罪这一罪名，但这并不意味着实施家庭暴力就可以逃避《刑法》的制裁。如果家庭暴力行为给受害人身体造成身体健康方面伤害后果的，人民法院则可视情节依《刑法》规定之故意伤害罪，过失致人重伤罪，追究当事人的刑事责任。《刑法》第234条第1款规定："故意伤害他人身体的，处3年以下有期徒刑、拘役或者管制。"《刑法》第235条规定："过失伤害他人致人重伤的，处三年以下有期徒刑或者拘役……"如果家庭暴力行为致使被害人死亡的，则又可依照《刑法》之故意杀人罪或过失致人死亡罪追究当事人的刑事责任。对于实施家庭暴力构成犯罪的，受害人可依照《刑事诉讼法》的有关规定，向人民法院自诉；公安机关应当依法侦查，人民检察院应当依法提起公诉。

反对与制止家庭暴力不仅是法律部门的任务，也是全社会的共同使命，更是相关职能单位不可推卸的工作责任。基于此，《反家庭暴力法》第36条对承担反家庭暴力工作的国家工作人员进一步要求道："负有反家庭暴力职责的国家工作人员玩忽职守、滥用职权、徇私舞弊的，依法给予处分；构成犯罪的，依法追究刑事责任。"

（三）虐待罪的刑事责任

虐待是指行为人以打骂、冻饿、禁闭、强迫过度劳动、有病不给治疗等方法，肆意摧残、折磨家庭成员，情节恶劣的行为。

虐待罪的主体是与受虐待人同居一家的、具有刑事责任能力的家庭成员；其行为的主观方面表现为故意；客观方面则表现为对家庭成员进行虐待且情节恶劣。根据我国《刑法》的相关规定，虐待行为只有达到一定的恶劣程度时，才会被认定为犯罪，否则，仅属于一般的违法行为。在这里，情节恶劣主要是指虐待手段狠毒、残忍；虐待行为长期存在；屡教不改、引起强烈公愤的；等等。

依据我国《刑法》第260条的规定，虐待家庭成员，情节恶劣的，处2年以下有期徒刑、拘役或者管制，且被害人告诉的才处理。犯虐待罪致使被害人重伤、死亡的，处2年以上7年以下有期徒刑，公安机关应当依法侦查，人民检察院应当依法提起公诉。

（四）遗弃罪的刑事责任

遗弃罪是指对于年老、年幼、患病或其他没有独立生活能力的人，负有扶养义务而拒绝扶养，情节恶劣的行为。

遗弃罪的主体为负有抚养、扶养、赡养义务且有能力履行义务的被遗弃人的家庭成员；主观方面，本罪表现为故意，即行为人明知自己不履行义务会给被扶养人造成困难和伤害，而有意识地拒绝履行法定义务；客观方面表现为行为人有遗弃行为，即行为人以不作为的方式对被遗弃人不管不问。遗弃行为须情节恶劣的才构成犯罪。这里的"情节恶劣"是指因遗弃行为的发生致使被遗弃人重伤、死亡或因生活无着而流离失所。行为人屡教不改的视为情节恶劣。

根据我国《刑法》第261条的规定，犯遗弃罪者，处5年以下有期徒刑、拘役或者管制。对于情节恶劣的遗弃行为，公安机关应当依法侦查，人民检察院应当依法提起公诉。

实务训练

（一）示范案例

【案情】蔡某某（女）与林某某（男）是大学同班同学，大学三年级时，他们建立了恋爱关系。大学毕业时，林某某应聘去了外企，蔡某某就职于一机关单位。2009年国庆节，二人结婚，组成了幸福的家庭，2011年4月他们的女儿出生。为了支持丈夫的事业，教育好女儿，蔡某某将自己的业余时间几乎全都投入到了家庭中。在妻子的大力支持下，林某某不仅完成了硕士阶段的学习任务，并且在工作中也成绩斐然，担任了企业要职。女儿在妈妈的培养照料之下，10岁时就通过了小提琴8级考试，学习成绩优异。

2019年6月，正当蔡某某为这一切感到无比骄傲的时候，却在一次洗衣服时发现了丈夫与另一年轻女子的亲密合影。伤心无比的她质问丈夫，丈夫承认有了外遇并写了"悔过书"，保证以后再也不与第三者往来。但后来蔡某某发现丈夫并未悔改，借口工作忙经常夜不归宿。愤怒中的蔡某某找到"第三者"将其羞辱了一番。林某某得知后，回到家辱骂、殴打了蔡某某，致蔡某某身体多处软组织损伤，数日不能起床，并花去医疗费1860元。伤好后的蔡某某曾去找林某某的领导，希望他们能制止林的行为，然而换来的却是丈夫回到家后更为激烈的争吵和更为恶劣的殴打。2020年8月，一次激烈的争吵之后，林某某从家中搬走并将妻子的电话及微信号码全部拉黑。2020年12月，蔡某某到林某某单位找林索要孩子的生活费时，才知道林某某已经辞职。经打听，蔡某某得知丈夫不仅应聘了一家工资待遇更好的单位，还在外租了房子，与"第三者"在一起同居生活。

2021年3月，蔡某某向人民法院提起离婚诉讼，要求坚决与林某某离婚，并要求林某某承担家庭暴力和婚外与他人同居的损害赔偿责任，还要求"第三者"给予自己经济赔偿。庭审中，蔡某某向法院递交了林某某的"悔过书"及自己被打伤后的照片及医院证明。林某某表示同意离婚，但不同意承担损害赔偿责任，其理由如下：①他并没有对蔡某某实施家庭暴力，每次发生冲突都是双方互相对打，他也曾多次被蔡打伤；②因为不愿意面对没完没了的夫妻争吵他才搬出去住的，这完全是被逼无奈，况且他一直是一个人独住，并没有和所谓的"第三者"同居。

问：本案中，林某某是否应承担损害赔偿责任？

【分析】

本案中，当事人就婚姻的解除意见一致，双方争执的焦点是损害赔偿的问题。离婚时的过错赔偿，是指因配偶一方的重大过错行为导致婚姻关系破裂的，无过错方有权要求过错方给予赔偿的一项法律制度。根据我国《民法典》第1091条的规定，导致损害赔偿的法定情形有：①重婚；②与他人同居；③实施家庭暴力；④虐待、遗弃家庭成员；⑤有其他重大过错。本案中，原告蔡某某是基于被告的家庭暴力及婚外与他人同居的行为要求林某某给予损害赔偿的。问题的焦点是林某某的行为是否属于家庭暴力和婚外与他人同居？庭审中，林某某陈述了与蔡某某有互相打斗的事实，且蔡某某有被打后受伤的照片及医院的诊断证明，而林某某并未向法庭出示自己所谓的受伤证据，故林某某存在对妻子实施家庭暴力的事实是可以认定的。关于林某某婚外是否与他人同居，尚需进一步的证据来证明，如林某某所住地的邻居、社区干部的证明等等；如果没有足够的证据证明这一事实，则林某某仅对其家庭暴力行为承担损害赔偿责任。而其婚外情的行为，因不属损害赔偿的法定情形，所以蔡某某的这一诉请在证据不足的情况下将无法得到人民法院的支持。

关于蔡某某向"第三者"追索赔偿费的请求应如何处理呢？根据《民法典》婚姻家庭编的规定，离婚过错损害赔偿的义务主体是婚内的过错方，即离婚诉讼中的当事人一方，而非"第三者"，因此，蔡某某的这一诉请也无法得到人民法院的支持。

（二）习作案例

郭某（男）和常某（女）结婚已 18 年，孩子 15 周岁。在婚姻关系存续期间，夫妻二人共同经营了一家餐馆，生意十分兴隆，还开了两家连锁店。2018年 3 月，常某因病不再参与经营，而把餐馆的所有事情全部交由郭某一人掌管。抱病在家的常某，情绪一直不是很好，而郭某又以生意忙为由很少回家照顾有病的妻子。近年来，夫妻间矛盾不断升级，夫妻关系出现裂痕，郭某一两个星期也难得回趟家。2020 年 8 月，常某得知郭某在邻县又开了一家连锁餐馆，遂前往散心，结果却意外得知郭某与一名叫刘某某的女子已在一起生活近两年时间，且还生了一个男孩。郭某不仅将连锁店交由刘经营，还在该县买了房屋，供其居住，郭某也时常回来团聚。常某遂找丈夫理论，却遭郭某数次殴打，2020 年 10 月，在郭某又一次施暴后，常某向人民法院提交了保护令申请书并获得支持。2021年 1 月，常某起诉要求与郭某离婚；同时要求分割包括刘某某经营的餐馆在内的所有经济收益，并要求追究郭某的重婚罪，还要求郭某承担损害赔偿的责任。

问：此案应如何处理？

🔍 **复习与思考**

1. 我国《反家庭暴力法》针对家庭暴力规定的救助措施有哪些类型？
2. 妨害婚姻家庭的行为可能承担的法律责任有哪些？
3. 简述离婚过错损害赔偿的构成要件。
4. 对于在婚姻关系存续期间一方侵害对方共同财产权益的行为应如何处理？

第十三章 附 论

 第一节 涉及华侨、港澳台同胞的婚姻

一、涉及华侨、港澳台同胞的结婚

涉及华侨、港澳台同胞的结婚问题，根据婚姻缔结地的不同，可分为以下两种情况：

（一）华侨在中国境外结婚

我国法律鼓励华侨按照居住国的法律在当地办理结婚登记或举行结婚仪式，并承认其效力。但是，适用的外国法律不得违背中华人民共和国的社会公共利益，该项婚姻不得与我国法律的基本原则相抵触。如某项婚姻违反了我国婚姻家庭法关于婚姻自由和一夫一妻制等规定，我国则不承认该项婚姻为有效。若申请结婚的当事人双方都是居住在国外的华侨，驻在国法律又允许外国使、领馆办理婚姻登记的，也可到我国驻该国使、领馆办理结婚登记。

（二）华侨、港澳台同胞与在国内居住的公民在我国境内结婚

华侨、港澳台同胞与在国内居住的公民在我国境内结婚，结婚的主体双方都有中国国籍，无涉外因素，婚姻缔结又在我国境内，所以结婚条件和程序完全适用我国《民法典》婚姻家庭编和其他有关规定，但由于此类婚姻有自己的特点，我国 2003 年 10 月 1 日起施行的《婚姻登记条例》对此在具体手续上有某些特殊规定。

1. 登记机关。内地居民与香港居民、澳门居民、台湾居民、华侨在中国内地结婚的，男女双方应当共同到内地居民常住户口所在地的婚姻登记机关办理结婚登记。内地居民与香港居民、澳门居民、台湾居民、华侨办理婚姻登记的机关是省、自治区、直辖市人民政府民政部门或者省、自治区、直辖市人民政府民政部门确定的机关。

2. 申请结婚登记双方当事人所应持有的证件与证明材料。办理结婚登记的内地居民应当出具下列证件和证明材料：①本人的户口簿、身份证；②本人无配

偶以及与对方当事人没有直系血亲和三代以内旁系血亲关系的签字声明。办理结婚登记的香港居民、澳门居民、台湾居民应当出具下列证件和证明材料：①本人的有效通行证、身份证；②经居住地公证机构公证的本人无配偶以及与对方当事人没有直系血亲和三代以内旁系血亲关系的声明。

办理结婚登记的华侨应当出具下列证件和证明材料：①本人的有效护照；②居住国公证机构或者有权机关出具的、经中华人民共和国驻该国使（领）馆认证的本人无配偶以及与对方当事人没有直系血亲和三代以内旁系血亲关系的证明，或者中华人民共和国驻该国使（领）馆出具的本人无配偶以及与对方当事人没有直系血亲和三代以内旁系血亲关系的证明。

婚姻登记机关应当对结婚登记当事人出具的证件、证明材料进行审查并询问相关情况。对当事人符合结婚条件的，应当当场予以登记，发给结婚证；对当事人不符合结婚条件不予登记的，应当向当事人说明理由。

二、涉及华侨、港澳台同胞的离婚

（一）登记离婚

根据《婚姻登记条例》的规定，内地居民同香港居民、澳门居民、台湾居民、华侨在中国内地自愿离婚的，男女双方应当共同到内地居民常住户口所在地的婚姻登记机关办理离婚登记。内地居民与香港居民、澳门居民、台湾居民、华侨办理婚姻登记的机关是省、自治区、直辖市人民政府民政部门或者省、自治区、直辖市人民政府民政部门确定的机关。

办理离婚登记的内地居民应当出具下列证件和证明材料：①本人的户口簿、身份证；②本人的结婚证；③双方当事人共同签署的离婚协议书。离婚协议书应当载明双方当事人自愿离婚的意思表示以及对子女抚养、财产及债务处理等事项协商一致的意见。

办理离婚登记的香港居民、澳门居民、台湾居民、华侨除了应当出具本人的结婚证、双方当事人共同签署的离婚协议书外，香港居民、澳门居民、台湾居民还应当出具本人的有效通行证、身份证，华侨还应当出具本人的有效护照或者其他有效国际旅行证件。

婚姻登记机关应当对离婚登记当事人出具的证件、证明材料进行审查并询问相关情况。对当事人确属自愿离婚，并已对子女抚养、财产、债务等问题达成一致处理意见的，应当当场予以登记，发给离婚证。

（二）诉讼离婚

仅一方要求离婚或一方不能到婚姻登记机关申请离婚的，可由有关部门进行调解或直接向国内（内地）一方户口所在地的人民法院提出离婚诉讼。是否判决离婚以及离婚后的子女抚养教育和财产分割等问题，按《民法典》婚姻家庭编的规定处理。

一方要求离婚的，无论哪一方向人民法院提起离婚诉讼，国内一方所在地的人民法院都有权管辖。如果国外一方在居住国法院起诉，国内一方向人民法院起诉的，国内受诉人民法院依然有权管辖。

1. 华侨同国内公民之间离婚。国内配偶以华侨在国外重婚为理由提出离婚，查有实据的，应准予离婚。华侨久不回国，杳无音讯，国内配偶提出离婚的，经调查属实，可以公告送达诉讼文书，在公告期满后判决准予离婚。判决书公告送达后，经上诉期满即发生法律效力。国外华侨与国内配偶有通讯联系，并汇款供养亲属，国内配偶要求离婚，国外华侨不同意离婚的，一般应尽量调解不离。如国内配偶坚持离婚，矛盾已激化，可根据具体情况准予离婚。华侨有充足理由提出离婚的，如果查证属实，一般应准予离婚。离婚后的子女抚养和财产分割等问题，按我国《民法典》婚姻家庭编的有关规定处理。

2. 夫妻双方均是定居国外的华侨的诉讼离婚，原则上应向居住国有关机关申办离婚手续。但居住国因某种原因不受理时，根据2021年1月1日起施行的《最高人民法院关于适用〈中华人民共和国民事诉讼法〉的解释》第13条、第14条的规定，在国内结婚并定居国外的华侨，如定居国法院以离婚诉讼须由婚姻缔结地法院管辖为由不予受理，当事人向人民法院提出离婚诉讼的，由婚姻缔结地或者一方在国内的最后居住地人民法院管辖。在国外结婚并定居国外的华侨，如定居国法院以离婚诉讼须由国籍所属国法院管辖为由不予受理，当事人向人民法院提出离婚诉讼的，由一方原住所地或者在国内的最后居住地人民法院管辖。

3. 关于夫妻双方都在港澳定居的港澳同胞的离婚诉讼。夫妻双方原在内地结婚，后来都到港澳地区定居，因特殊原因，双方回内地向人民法院提起离婚诉讼，可由当事人原婚姻登记地、原婚姻缔结地或被告原住所地人民法院受理。

4. 涉及台湾同胞的诉讼离婚问题。在大陆居住的中国公民，要求与在台湾地区的配偶离婚，可以向其住所地人民法院提出离婚诉讼。从台湾地区回大陆定居的中国公民要求与在台湾地区的配偶离婚，可向定居后的住所地人民法院提出离婚诉讼。

人民法院在审理涉及华侨、港澳台同胞的离婚案件时，如果离婚一方当事人在国外或在港澳台居住的，涉及在国外或在港澳台的一方负担子女抚养费和教育费等内容需要执行的，须考虑我国目前和世界大多数国家尚未签订司法协助协议和港澳台与内地实行一国两制的情况，为避免生效的判决或调解协议发生执行上的困难，应尽可能采取一次性给付并立即执行的办法。必要时亦可责令域外一方提供经济担保，以保障判决或调解协议的执行。

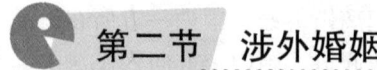

第二节　涉外婚姻

一、涉外结婚

涉外结婚是指我国公民与外国人或外国人与外国人在我国境内结婚的法律行为。如果当事人在我国境内结婚，应适用我国法律。根据《婚姻登记条例》第4条第2款规定，中国公民同外国人在中国内地结婚的，男女双方应当共同到内地居民常住户口所在地的婚姻登记机关办理结婚登记。

中国公民同外国人在中国内地结婚的，双方当事人应当共同到内地居民常住户口所在地的婚姻登记机关办理结婚登记。中国公民同外国人办理婚姻登记的机关是省、自治区、直辖市人民政府民政部门或者省、自治区、直辖市人民政府民政部门确定的机关。申请结婚登记的外国人应当出具下列证件和证明材料：①本人的有效护照或者其他有效的国际旅行证件；②所在国公证机构或者有权机关出具的、经中华人民共和国驻该国使（领）馆认证的本人无配偶的证明，或者所在国驻华使（领）馆出具的本人无配偶的证明。

二、涉外离婚

涉外离婚，是指中国公民与外国人、外国人与外国人之间在我国境内按照我国法律办理离婚的法律行为。我国《婚姻登记条例》规定了中国公民与外国人在中国内地自愿离婚的登记程序。中国公民与外国人、外国人与外国人之间在我国境内诉讼离婚的，则应按我国《民事诉讼法》《民法典》婚姻家庭编等法律规定办理。

（一）登记离婚

根据我国《婚姻登记条例》的规定，中国公民同外国人在中国内地自愿离婚的，男女双方应当共同到内地居民常住户口所在地的婚姻登记机关办理离婚登记。中国公民同外国人办理离婚登记的机关是省、自治区、直辖市人民政府民政部门或者省、自治区、直辖市人民政府民政部门确定的机关。

办理离婚登记的内地居民应当出具下列证件和证明材料：①本人的户口簿、身份证；②本人的结婚证；③双方当事人共同签署的离婚协议书。办理离婚登记的外国人除应当出具本人的结婚证、双方当事人共同签署的离婚协议书外，还应当出具本人的有效护照或者其他有效国际旅行证件。婚姻登记机关应当对离婚登记当事人出具的证件、证明材料进行审查并询问相关情况。对当事人确属自愿离婚，并已对子女抚养、财产、债务等问题达成一致处理意见的，应当当场予以登记，发给离婚证。

（二）诉讼离婚

我国人民法院受理的涉外离婚诉讼，适用我国有关法律法规。涉外离婚当事人应按我国《民事诉讼法》的有关规定，向具有管辖权的人民法院提出离婚诉讼。一般由被告住所地或者中国公民住所地或者经常居住地的人民法院管辖。根据 2021 年 1 月 1 日起施行的《最高人民法院关于适用〈中华人民共和国民事诉讼法〉的解释》第 15 条、第 16 条、第 17 条的规定，中国公民一方居住在国外，一方居住在国内，不论哪一方向人民法院提起离婚诉讼，国内一方住所地人民法院都有管辖权。国外一方在居住国法院起诉，国内一方向人民法院起诉的，受诉人民法院有权管辖。中国公民双方在国外但未定居，一方向人民法院起诉离婚的，应由原告或者被告原住所地人民法院管辖。已经离婚的中国公民，双方均定居国外，仅就国内财产分割提起诉讼的，由主要财产所在地人民法院管辖。

人民法院审理涉外离婚案件，应根据我国《民法典》第 1079 条规定的离婚条件作为准予离婚的法定条件。对于离婚引起的夫妻共同财产的分割、子女抚养费的负担、债务的清偿和一方对他方的经济帮助以及离婚损害赔偿等问题，也应按我国《民法典》婚姻家庭编的规定一并处理。在处理这些问题中涉及金钱给付时，原则上应确定国外一方一次性给付。这主要是由于我国目前与不少国家尚未签订司法协助协议，这些判决不便强制执行。为了保护中国公民及其子女的合法权益，应确定国外一方一次性给付。如果国外一方一次性给付确有实际困难的，可由居住在我国境内有相当财产的中国公民或外国公民担保。到期不履行的，由保证人清偿。

第三节 涉及华侨、港澳台同胞的收养

一、华侨、港澳台同胞收养子女的条件

关于华侨回国收养子女，我国《民法典》婚姻家庭编对其有一些特殊的规定，主要是针对华侨回国收养三代以内同辈旁系血亲的子女，收养条件要宽松，受到的限制少一些。根据我国《民法典》第 1099 条的规定，华侨收养三代以内同辈旁系血亲的子女，可以不受未成年人的"生父母有特殊困难无力抚养"、送养人"有特殊困难无力抚养子女""无配偶者收养异性子女的，收养人与被收养人的年龄应当相差 40 周岁以上"、收养人"无子女或者只有一名子女"条款的

限制。

关于港澳台同胞回内地收养子女，在法律关系上属于国内公民之间的民事法律行为，我国法律目前对此未作特殊规定，因此，港澳台同胞收养子女的条件与内地公民收养子女的条件无异。

二、华侨、港澳台同胞收养子女的程序

民政部 1999 年 5 月 25 日公布了《华侨以及居住在香港、澳门、台湾的中国公民办理收养登记的管辖以及所需要出具的证件和证明材料的规定》，对于华侨、港澳台同胞在内地收养子女的程序作出了具体规定。

（一）收养登记机关

华侨以及居住在香港、澳门、台湾地区的中国公民在内地收养子女的，应当到被收养人常住户口所在地的直辖市、设区的市、自治州人民政府民政部门或者地区（盟）行政公署民政部门申请办理收养登记。

（二）登记人应持有的证件和证明材料

1. 华侨办理收养登记时应当持有的证件、证明材料。居住在已与中国建立外交关系国家的华侨申请办理成立收养关系的登记时，应当提交收养申请书和下列证件、证明材料：①护照；②收养人居住国有权机构出具的收养人的年龄、婚姻、有无子女、职业、财产、健康、有无受过刑事处罚等状况的证明材料，该证明材料应当经其居住国外交机关或者外交机关授权的机构认证，并经中国驻该国使领馆认证。居住在未与中国建立外交关系国家的华侨申请办理成立收养关系的登记时，应当提交收养申请书和下列证件、证明材料：①护照；②收养人居住国有权机构出具的收养人的年龄、婚姻、有无子女、职业、财产、健康、有无受过刑事处罚等状况的证明材料，该证明材料应当经其居住国外交机关或者外交机关授权的机构认证，并经与中国建立外交关系的国家驻该国使领馆认证。

2. 香港同胞办理收养登记时应当持有的证件、证明材料。香港居民中的中国公民申请办理成立收养关系的登记时，应当提交收养申请书和下列证件、证明材料：①香港居民身份证、香港居民来往内地通行证或者香港同胞回乡证；②经国家主管机关委托的香港委托公证人证明的收养人的年龄、婚姻、有无子女、职业、财产、健康、有无受过刑事处罚等状况的证明材料。

3. 澳门同胞办理收养登记时应当持有的证件、证明材料。澳门居民中的中国公民申请办理成立收养关系的登记时，应当提交收养申请书和下列证件、证明材料：①澳门居民身份证、澳门居民来往内地通行证或者澳门同胞回乡证；②澳门地区有权机构出具的收养人的年龄、婚姻、有无子女、职业、财产、健康、有无受过刑事处罚等状况的证明材料。

4. 台湾同胞办理收养登记时应当持有的证件、证明材料。台湾居民申请办理成立收养关系的登记时，应当提交收养申请书和下列证件、证明材料：①在台湾地区居住的有效证明；②中华人民共和国主管机关签发或签注的在有效期内的旅行证件；③经台湾地区公证机构公证的收养人的年龄、婚姻、有无子女、职业、财产、健康、有无受过刑事处罚等状况的证明材料。

第四节　涉外收养

涉外收养是指具有涉外因素的收养。广义的涉外收养，应当包括中国公民在外国收养子女和外国人在中国收养子女。我国《民法典》对涉外收养是在狭义上使用和规定的，即仅规定了外国人在中国收养子女。

我国《民法典》第 1109 条规定："外国人依法可以在中华人民共和国收养子女。外国人在中华人民共和国收养子女，应当经其所在国主管机关依照该国法律审查同意。收养人应当提供由其所在国有权机构出具的有关其年龄、婚姻、职业、财产、健康、有无受过刑事处罚等状况的证明材料，并与送养人签订书面协议，亲自向省、自治区、直辖市人民政府民政部门登记。前款规定的证明材料应当经收养人所在国外交机关或者外交机关授权的机构认证，并经中华人民共和国驻该国使领馆认证，但是国家另有规定的除外。"中华人民共和国民政部于 1999 年 5 月 25 日颁布实施了《外国人在中华人民共和国收养子女登记办法》，对涉外收养程序问题作了具体规定。

一、涉外收养的实质要件

涉外收养的实质要件，是指外国人或者无国籍人在中国境内收养中国儿童时所必须具备的条件。外国人在中国境内收养中国儿童，应当适用中国法律，具备中国《民法典》婚姻家庭编规定的成立收养关系的实质要件：

1. 被收养人应是符合《民法典》第 1093 条规定的未成年人；
2. 送养人应是符合《民法典》规定的个人或组织；
3. 收养人应符合《民法典》第 1098 条的规定条件及有关规定。

二、涉外收养的形式要件

具体说来，办理外国人在中华人民共和国收养子女的事宜，必须遵循如下要求：

（一）外国人在华收养子女的申请

外国人在华收养子女，应当通过所在国政府或者政府委托的收养组织（以下简称外国收养组织）向中国政府委托的收养组织（以下简称中国收养组织）转交收养申请并提交收养人的家庭情况报告和证明。收养人的收养申请、家庭情况报告和证明，是指由其所在国有权机构出具经其所在国外交机关或者外交机关授权的机构认证，并经中华人民共和国驻该国使馆或者领馆认证的下列文件：①跨国收养申请书；②出生证明；③婚姻状况证明；④职业、经济收入和财产状况证明；⑤身体健康检查证明；⑥有无受过刑事处罚的证明；⑦收养人所在国主管机关同意其跨国收养子女的证明；⑧家庭情况报告，包括收养人的身份、收养的合法性和适当性、家庭状况和病史、收养动机以及适合于照顾儿童的特点等。在华工作或者学习连续居住1年以上的外国人在华收养子女，应当提交上述八项文件中除身体健康检查证明以外的文件，并应当提交在华所在单位或者有关部门出具的婚姻状况证明，职业、经济收入或者财产状况证明，有无受过刑事处罚证明以及县级以上医疗机构出具的身体健康检查证明。

（二）送养人应提交的证明材料

送养人应当向省、自治区、直辖市人民政府民政部门提交本人的居民户口簿和居民身份证（社会福利机构作为送养人的，应当提交其负责人的身份证件）、被收养人的户籍证明等情况证明，并根据不同情况提交下列有关证明材料：①被收养人的生父母（包括已经离婚的）为送养人的，应当提交生父母有特殊困难无力抚养的证明和生父母双方同意送养的书面意见；其中，被收养人的生父或者生母因丧偶或者一方下落不明，由单方送养的，并应当提交配偶死亡或者下落不明的证明以及死亡的或者下落不明的配偶的父母不行使优先抚养权的书面声明；②被收养人的父母均不具备完全民事行为能力，由被收养人的其他监护人作为送养人的，应当提交被收养人的父母不具备完全民事行为能力且对被收养人有严重危害的证明以及监护人有监护权的证明；③被收养人的父母均已死亡，由被收养人的监护人作为送养人的，应当提交其生父母的死亡证明、监护人实际承担监护责任的证明，以及其他有抚养义务的人同意送养的书面意见；④由社会福利机构作为送养人的，应当提交弃婴、儿童被遗弃和发现的情况证明以及查找其父母或者其他监护人的情况证明；被收养人是孤儿的，应当提交孤儿父母的死亡或者宣告死亡证明，以及有抚养孤儿义务的其他人同意送养的书面意见。送养残疾儿童的，还应当提交县级以上医疗机构出具的该儿童的残疾证明。

（三）民政部门对送养人与被收养人情况的审查

省、自治区、直辖市人民政府民政部门应当对送养人提交的证件和证明材料进行审查，对查找不到生父母的弃婴和儿童公告查找其生父母；认为被收养人、送养人符合我国《民法典》规定条件的，将符合《民法典》规定的被收养人、送养人名单通知中国收养组织，同时转交下列证件和证明材料：①送养人的居民户口簿和居民身份证（社会福利机构作为送养人的，为其负责人的身份证件）复制件；②被收养人是弃婴或者孤儿的证明、户籍证明、成长情况报告和身体健康检查证明的复制件及照片。省、自治区、直辖市人民政府民政部门查找弃婴或者儿童生父母的公告应当在省级地方报纸上刊登。自公告刊登之日起满 60 日，弃婴和儿童的生父母或者其他监护人未认领的，视为查找不到生父母的弃婴和儿童。

（四）中国收养组织对外国收养人情况的审查与通知

中国收养组织对外国收养人的收养申请和有关证明材料进行审查后，应当在省、自治区、直辖市人民政府民政部门报送的符合我国《民法典》规定条件的被收养人中，参照外国收养人的意愿，选择适当的被收养人，并将该被收养人及其送养人的有关情况通过外国政府或者外国收养组织送交外国收养人。外国收养人同意收养的，中国收养组织向其发出来华收养子女通知书，同时通知有关的省、自治区、直辖市人民政府民政部门向送养人发出被收养人已被同意收养的通知。

（五）涉外收养登记

外国人来华收养子女，应当亲自来华办理登记手续。夫妻共同收养的，应当共同来华办理收养手续；一方因故不能来华的，应当书面委托另一方。委托书应当经所在国公证和认证。

外国人来华收养子女，应当与送养人订立书面收养协议。协议一式三份，收养人、送养人各执一份，办理收养登记手续时收养登记机关收存一份。书面协议订立后，收养关系当事人应当共同到被收养人常住户口所在地的省、自治区、直辖市人民政府民政部门办理收养登记。

收养关系当事人办理收养登记时，应当填写外国人来华收养子女登记申请书并提交收养协议，同时分别提供有关材料。收养人应当提供下列材料：①中国收养组织发出的来华收养子女通知书；②收养人的身份证件和照片。送养人应当提供下列材料：①省、自治区、直辖市人民政府民政部门发出的被收养人已被同意收养的通知；②送养人的居民户口簿和居民身份证（社会福利机构作为送养人的，为其负责人的身份证件）、被收养人的照片。

收养登记机关收到外国人来华收养子女登记申请书和收养人、被收养人及其送养人的有关材料后，应当自次日起 7 日内进行审查，对符合《民法典》及《外国人在中华人民共和国收养子女登记办法》规定的，为当事人办理收养登记，发放收养登记证书。收养关系自登记之日起成立，收养登记机关应当将登记结果通知中国收养组织。

收养关系当事人办理收养登记后，各方或者一方要求办理收养公证的，应当到收养登记地的具有办理涉外公证资格的公证机构办理收养公证。

复习与思考

1. 简述涉外结婚、涉外离婚的法律适用。
2. 华侨回国收养近亲属子女时有哪些放宽条件？
3. 试述外国人在华收养子女须具备的实质要件。
4. 试述外国人在华收养子女须具备的形式要件。

参考文献

1. 《马克思恩格斯选集》（第 4 卷），人民出版社 1972 年版。

2. 《马克思恩格斯全集》（第 21 卷），人民出版社 1958 年版。

3. 《马克思恩格斯全集》（第 27 卷），人民出版社 1958 年版。

4. 《法国民法典》，罗结珍译，中国法制出版社 1999 年版。

5. 《瑞士民法典》，殷生根、王燕译，中国政法大学出版社 1999 年版。

6. 《意大利民法典（2004 年）》，费安玲、丁玫、张宓译，中国政法大学出版社 2004 年版。

7. 《魁北克民法典》，孙建江、郭站红、朱亚芬译，中国人民大学出版社 2005 年版。

8. 《德国民法典》，陈卫佐译注，法律出版社 2006 年版。

9. 《最新日本民法》，渠涛编译，法律出版社 2006 年版。

10. 《最新阿根廷共和国民法典》，徐涤宇译注，法律出版社 2007 年版。

11. 林纪东等编纂：《新编基本六法参照法令判解全书》，五南图书出版股份有限公司 2007 年版。

12. 费孝通：《乡土中国生育制度》，北京大学出版社 1998 年版。

13. 王政、杜芳琴主编：《社会性别研究选译》，生活·读书·新知三联书店 1998 年版。

14. 李银河、马忆南主编：《婚姻法修改论争》，光明日报出版社 1999 年版。

15. 蒋新苗：《比较收养法》，湖南人民出版社 1999 年版。

16. 史尚宽：《亲属法论》，中国政法大学出版社 2000 年版。

17. 杨大文主编：《婚姻家庭法》，中国人民大学出版社 2000 年版。

18. 杨立新、秦秀敏主编：《中华人民共和国婚姻法释义与适用》，吉林人民出版社 2001 年版。

19. 姚红等编著：《中华人民共和国婚姻法释解》，群众出版社 2001 年版。

20. 李明舜主编：《婚姻法中的救助措施与法律责任》，法律出版社 2001 年版。

21. 巫昌祯主编：《婚姻家庭法新论——比较研究与展望》，中国政法大学出版社 2002 年版。

22. 杨大文主编：《婚姻家庭法学》，复旦大学出版社 2002 年版。

23. 陶毅主编：《新编婚姻家庭法》，高等教育出版社 2002 年版。

24. 杨立新：《人身权法论》，人民法院出版社 2002 年版。

25. 卓冬青、刘冰主编：《婚姻家庭法》，中山大学出版社 2002 年版。

26. 马原主编：《新婚姻法案例评析》，人民法院出版社 2002 年版。

27. 杨遂全等编著：《婚姻家庭法典型判例研究》，人民法院出版社 2003 年版。

28. 杨遂全等：《婚姻家庭法新论》，法律出版社 2003 年版。

29. 王洪：《婚姻家庭法》，法律出版社 2003 年版。

30. 祝铭山主编：《离婚中的财产分割纠纷》，中国法制出版社 2003 年版。

31. 李丽主编：《婚姻法实务与案例评析》，中国工商出版社 2003 年版。

32. 王丽萍主编：《婚姻家庭继承法学》，北京大学出版社 2004 年版。

33. 杨大文主编：《婚姻家庭法》，中国人民大学出版社 2006 年版。

34. 杨大文、龙翼飞主编：《婚姻家庭法学》，中国人民大学出版社 2006 年版。

35. 王洪：《婚姻家庭法》，法律出版社 2003 年版。

36. 陈爱萍、姬新江主编：《婚姻家庭法学》，中国检察出版社 2006 年版。

37. 巫昌祯、夏吟兰主编：《婚姻家庭法学》，中国政法大学出版社 2007 年版。

38. 蒋月主编：《婚姻家庭与继承法》，厦门大学出版社 2007 年版。

39. 杨大文、龙翼飞、夏吟兰主编：《婚姻家庭法学》，中国人民大学出版社 2007 年版。

40. 杨大文主编：《婚姻家庭法》，中国人民大学出版社 2006 年版。

41. 王歌雅：《中国亲属立法的伦理意蕴与制度延展》，黑龙江大学出版社 2008 年版。

42. 吴国平：《婚姻家庭立法问题研究》，吉林大学出版社 2008 年版。

43. 吴国平：《家事法疑难问题研究》，吉林大学出版社 2020 年版。

44. 巫昌祯、夏吟兰："民法典婚姻家庭编之我见"，载《政法论坛》2003 年第 1 期。

45. 夏吟兰："民法典离婚家务劳动经济补偿制度完善的人权内涵"，载《人权研究》2020 年第 2 期。

46. 蔡思斌:"《民法典婚姻家庭编司法解释一》解读",载 http：//blog. sina. com. cn/ecai335(蔡思斌律师的新浪博客),最后访问日期：2021 年 1 月 4 日。